Dezentrale Innovationspolitik

Europäische Hochschulschriften

Publications Universitaires Européennes
European University Studies

Reihe V
Volks- und Betriebswirtschaft

Série V Series V
Sciences économiques, gestion d'entreprise
Economics and Management

Bd./Vol. 2875

PETER LANG
Frankfurt am Main · Berlin · Bern · Bruxelles · New York · Oxford · Wien

Olaf Tidelski

Dezentrale Innovationspolitik

Entwurf einer anreizgerechten Reform am Beispiel Nordrhein-Westfalens

PETER LANG
Europäischer Verlag der Wissenschaften

Die Deutsche Bibliothek - CIP-Einheitsaufnahme

Tidelski, Olaf:

Dezentrale Innovationspolitik : Entwurf einer anreizgerechten Reform am Beispiel Nordrhein-Westfalens / Olaf Tidelski. - Frankfurt am Main ; Berlin ; Bern ; Bruxelles ; New York ; Oxford ; Wien : Lang, 2002

(Europäische Hochschulschriften : Reihe 5, Volks- und Betriebswirtschaft ; Bd. 2875)
Zugl.: Witten, Herdecke, Privatuniv., Diss., 2001
ISBN 3-631-39227-3

ISSN 0531-7339
ISBN 3-631-39227-3

www.peterlang.de

Vorwort

Innovation ist nur selten das Ergebnis eines isolierten Tüftlers. Das Neue entwickelt sich vielmehr aus intensiven Kooperationsbeziehungen zwischen unterschiedlichen Wissens- und Funktionsträgern, die aus Wirtschaft und Wissenschaft, aus Beratung und Förderpolitik stammen können. Diese Kernaussage der neueren Innovationsforschung korrespondiert mit dem Entstehen der vorliegenden Untersuchung, die von der Fakultät für Wirtschaftswissenschaft der Privaten Universität Witten Herdecke als Dissertationsschrift angenommen wurde. Mein Such- und – hoffentlich auch – Entdeckungsprozess war in ein breites Netz von Personen eingebettet, denen ich an dieser Stelle meinen herzlichen Dank aussprechen möchte.

An erster Stelle bedanke ich mich bei den 102 Einrichtungen dezentraler Innovationspolitik in Nordrhein-Westfalen, die sich an meinen empirischen Erhebungen beteiligt haben – insbesondere bei den über 30 Gesprächspartnern aus Kommunen und Kammern, aus Technologie- und Gründerzentren, aus Transfer- und Beratungsstellen sowie aus regionalen Beteiligungsgesellschaften, die mir zusätzlich in persönlichen Interviews tiefe Einblicke in ihre Arbeit gewährt haben. Da ich ihnen Vertraulichkeit zugesichert habe, bleiben ihre Namen unerwähnt. Ohne die Kooperationsbereitschaft der Beteiligten vor Ort wäre eine empirische Untersuchung wie diese nicht möglich.

Darüber hinaus danke ich *Oliver Falk*, *Julia Menning* und *Rainer Vormweg*, die mir bei etlichen und oft langwierigen Literaturrecherchen geholfen haben. Großartige Unterstützung erfuhr ich von *Ulrich Nitsche* M.A., der das Manuskript mit viel Sorgfalt und Überblick lektoriert hat, sowie von *Dr. Carsten Rolle* und *Dr. Jobst-Hinrich Wiskow*, die mich von Beginn bis zum Abschluß meiner Promotion als permanente Diskussionspartner begleitet und dabei enorm motiviert haben. Ihnen gebührt ebenso großer Dank wie meiner Frau *Dr. Marie-Luise Meinhold* und meinen Eltern *Dipl.-Ing. Rainer* und *Syster Tidelski* – sie alle waren stets für mich da.

Schließlich danke ich Professor *Dr. Michael Schefczyk*, SAP-Stiftungslehrstuhl für technologieorientierte Existenzgründung und Innovationsmanagement an der Technischen Universität Dresden, und Professor *Dr. Birger P. Priddat*, Lehrstuhl für Volkswirtschaft und Philosophie an der Universität Witten/Herdecke, für ihre Tätigkeit als Akademie- bzw. Fakultätsgutachter.

Ohne die ebenso tatkräftige wie großzügige Unterstützung meines Betreuers und hoch geschätzten Lehrers, Herrn Professor *Dr. Wolfgang Benkert*, Professur für Wirtschaftspolitik und öffentliche Finanzen an der Universität Witten/Herdecke, hätte diese Arbeit in der vorliegenden Form nicht entstehen können. Für die hervorragende Zusammenarbeit in Witten, die weit über diese Dissertationsschrift hinausgeht, danke ich ihm sehr.

Witten, im Dezember 2001 *Olaf Tidelski*

Inhaltsverzeichnis

Abbildungsverzeichnis

Tabellenverzeichnis

Abkürzungsverzeichnis

AGIT	Aachener Gesellschaft für Innovation und Technologietransfer
ARL	Akademie für Raumforschung und Landesplanung
Anm. d. Verf.	Anmerkung des Verfassers
Bd.	Band
BVK	Bundesverband deutscher Kapitalbeteiligungsgesellschaften
bzw.	Beziehungsweise
DIHT	Deutscher Industrie- und Handelstag
DM	Deutsche Mark
et al.	et alied (und andere)
GREMI	Groupe de Recherche Européen sur les Milieux Innovateurs
H.	Heft
Hrsg.	Herausgeber
ifo	Institut für Wirtschaftsforschung, München
IHK	Industrie- und Handelskammer
MBI	Management Buy-In
MBO	Management Buy-Out
Mio.	Million
MSWF	Ministerium für Schule, Wissenschaft und Forschung des Landes Nordrhein-Westfalen
MSWWF	Ministerium für Schule und Weiterbildung, Wissenschaft und Forschung des Landes Nordrhein-Westfalen
MWMEV	Ministerium für Wirtschaft und Mittelstand, Energie und Verkehr des Landes Nordrhein-Westfalen
MWMT	Ministerium für Wirtschaft, Mittelstand und Technologie des Landes Nordrhein-Westfalen
MWMTV	Ministerium für Wirtschaft und Mittelstand, Technologie und Verkehr des Landes Nordrhein-Westfalen
N.F.	Neue Folge
Nr.	Nummer
NRW	Nordrhein-Westfalen
o. V.	ohne Verfasser
RECHAR	Reconversion Programme for former Coal Mining Areas

RESIDER	Reconversion Programme for former Steel Areas
RWTH	Rheinisch-Westfälische Technische Hochschule Aachen
S.	Seite
TGZ	Technologie- und Gründerzentrum
TPW	Technologieprogramm Wirtschaft des Landes Nordrhein-Westfalen
TZ-NRW	Verein der Technologiezentren in Nordrhein-Westfalen
WSI	Wirtschafts- und Sozialwissenschaftliches Institut
ZENIT	Zentrum für Innovation und Technik in NRW
ZIM	Zukunftsinitiative für die Montanregionen
ZIN	Zukunftsinitiative für die Regionen in Nordrhein-Westfalen

„My starting points are simple to the point of being trite – one must accept that markets and governments are both imperfect systems; that both are unavoidable features of reality; that the operation of each is powerfully influenced by the existence of the other; and that both are processes unfolding in real time, whose evolution is dependent on history and buffeted by surprises."

AVINASH K. DIXIT (1996), S. 2.

1. Anlass und Aufbau der Arbeit

1.1. Anlass der Arbeit

Die Fähigkeit zur Innovation entscheidet über den wirtschaftlichen Erfolg eines Unternehmens und den ökonomischen Wohlstand einer Volkswirtschaft. „Wer nicht innovativ ist", schreibt eine der führenden Management-Beratungen, „fällt zurück und muss früher oder später aufgeben."[1] In einer marktlichen Ordnung ist es daher geradezu ein „Überlebensprinzip"[2], sich mit neuen Ideen gegenüber Konkurrenten durchzusetzen. Mobiles Kapital, globale Märkte sowie neue Informations- und Kommunikationstechniken haben zuletzt einen rasanten Innovationswettlauf ausgelöst, der wie selten zuvor das Wirtschaftsleben verändert. Begriffe wie *New Economy* und *E-Commerce*, Wissensgesellschaft oder Wagnisbereitschaft beherrschen seit geraumer Zeit die Medien.

Populäre Handlungsfelder zu besetzen ist ein typisches Merkmal von Politik. Staatliche Akteure greifen nur dann ein Thema auf, wenn sie damit Wählerstimmen mehren, prestigeträchtige Ämter bekleiden und persönliche Macht ausüben können. Das zumindest lehrt die ökonomische Theorie der Demokratie. Vor diesem Hintergrund wundert es kaum, dass sich die Förderung von Gründung und Innovation zu einem immer bedeutenderen Politikbereich entwickelt hat. Vor allem dezentrale Akteure bieten mit einer steigenden Zahl von Technologiezentren, Transferstellen und Beteiligungsgesellschaften innovativen *Start-ups* Hilfe an, um den Strukturwandel zu begleiten und zukunftsträchtige Arbeitsplätze zu schaffen.

---

1 Eglau/ Kluge/ Meffert/ Stein (2000), S. 93 in *McKinseys-Strategien für Innovation.*

2 Ebenda.

Während es bis Mitte der achtziger Jahre noch keine dezentrale Innovationsförderung in Deutschland gab, existieren heute mehr als

- 200 Technologie- und Gründerzentren,
- 240 Technologieberatungsstellen bei den Industrie- und Handelskammern, Handwerkskammern und anderen Wirtschaftsorganisationen,
- 160 Transferstellen der Universitäten, Fach- und Gesamthochschulen,
- 100 eigenständige Technologiemittler der Kommunen und Kreise,
- 40 regionale Kapitalbeteiligungsgesellschaften von Organisationen der Sparkassen oder Genossenschaftsbanken.[3]

Als Reaktion auf diese Entwicklung sind bisher zwei Arten von wissenschaftlichen Arbeiten entstanden: Auf der einen Seite findet man eher *normative* Beiträge, die Staatseingriffe in den Wettbewerbsprozess grundsätzlich verurteilen und daher von einer weiteren Analyse der bestehenden Instrumente absehen.[4] Sie verweisen auf die Steuerungsdefizite von Politik und Förderbürokratie. Auf der anderen Seite stehen *pragmatische* Wirkungsanalysen zu einzelnen Maßnahmen, die empirisch ausgerichtet sind und die ökonomischen Bedenken zur Innovationspolitik nur bedingt aufgreifen; ihr Fokus liegt jeweils auch nur auf einem Instrumententyp.[5] Es mangelt folglich an einer Studie, die sowohl das wirtschaftstheoretische Fundament als auch die breite Palette der förderpolitischen Aktivitäten auf dezentraler Ebene *in einem Zusammenhang* betrachtet – eine Untersuchung, die ökonomische Effizienz und politische Eigenlogik *zugleich* berücksichtigt.

Diese Lücke will die vorliegende Arbeit schließen. Dabei stellt sie sich der folgenden Forschungsfrage: Welche Probleme kennzeichnen dezentrale Innovationspolitik, und welche institutionellen Lösungen gibt es, um sie kosteneffizienter und kundenorientierter zu gestalten – trotz möglichen Eigennutzes und Opportunismus der beteiligten Akteure?

---

3 Siehe Reinhard/ Schmalholz (1996), S. 107, www.bvk-ev.de sowie eigene Erhebungen. Die genauen Zahlen lassen sich auf Grund der Dezentralität und der Abgrenzungsprobleme der einzelnen Einrichtungsarten nicht beziffern.

4 Siehe zum Beispiel Staudt (1996), grundlegend auch Oberender (1986).

5 Siehe zu den Technologie- und Gründerzentren zum Beispiel Sternberg et al. (1996), zu den Transfer- und Beratungsstellen Reinhard/ Schmalholz (1996) und zu den regionalen Beteiligungsgesellschaften Kremer/ Westphal (1996).

Das Neue der Untersuchung besteht darin, dass sie vier, bisher weitgehend getrennte wirtschaftswissenschaftliche Theoriestränge zusammenzieht und zu einem Referenzmaßstab dezentraler Innovationspolitik verbindet. Aus diesem ökonomischen Blickwinkel betrachtet sie sodann die gegenwärtige Förderpraxis in den Regionen Nordrhein-Westfalens, dem bevölkerungs- und wirtschaftsstärksten Land der Bundesrepublik Deutschland. Das Augenmerk richtet sich dabei nicht nur auf die interne Organisationsstruktur und das externe Leistungsangebot der drei wichtigsten Instrumentengruppen, also Technologie- und Gründerzentrum, Transfer- und Beratungsstelle sowie regionale Beteiligungsgesellschaft. Auch der institutionelle Rahmen des Politikfeldes wird einer eingehenden Prüfung unterzogen. Auf dieser Grundlage werden dann Vorschläge für eine anreizgerechte Reform dezentraler Innovationsförderung entworfen.

1.2. Aufbau der Arbeit

Die Arbeit gliedert sich in fünf Kapitel: Nach dem Überblick über das gewählte Forschungsdesign (KAPITEL 1) ist zunächst ein Abriss der Innovationsforschung und der Innovationspolitik notwendig. Beide Bereiche haben sich in jüngerer Zeit gewandelt. Neben eine zunächst noch rein zentralstaatliche Forschungs-, Technologie- und Innovationspolitik sind in den vergangenen fünfzehn bis zwanzig Jahren immer mehr regionale Fördermaßnahmen getreten. Welche unterschiedlichen Ideen und Instrumente mit diesem evolutorischen Prozess verknüpft sind und wie sie mit dem gegenwärtigen Stand der Innovationsökonomik korrespondieren, skizziert KAPITEL 2. Dabei klärt es grundlegende Begriffe, markiert wesentliche Problemfelder und legt so die Basis für die weitere Analyse.

KAPITEL 3 generiert schrittweise den bisher fehlenden Referenzmaßstab dezentraler Innovationspolitik. Seine Bausteine sind Aussagen der Ordnungstheorie und der ökonomischen Föderalismustheorie, der Neuen Institutionenökonomik und der regionalen Netzwerktheorie. Wie die Argumentation zeigen wird, können diese Theoriezweige zwar Teile der zuvor freigelegten Problemfelder erhellen, doch jeweils für sich allein betrachtet reichen sie nicht weit genug. Erst durch eine schlüssige Synthese ihrer Argumente lässt sich dezentrale Innovationspolitik angemessen untersuchen und beurteilen. Daher wird zum Abschluss ein Analysekonzept vorgestellt, das ökonomische Perspektiven 1.) zum institutionellen Rahmen, 2.) zu den Instrumenten und 3.) ihrem Leistungsangebot zusammenführt.

Dieser dreistufige Referenzmaßstab bildet das Gerüst für den empirischen Teil der Arbeit; die Darstellung und Analyse der dezentralen Innovationspolitik in Nordrhein-Westfalen (KAPITEL 4). Dieses Land eignet sich in besonderem Maß für solch eine vertiefte Analyse, denn mit der *Zukunftsinitiative für die Regionen Nordrhein-Westfalens (ZIN)* hat sich in den vergangenen Jahren eine eigenständige Innovationspolitik entwickelt. 1989 hatte die Landesregierung die dezentralen Akteure aufgefordert, konkrete Handlungsempfehlungen im Bereich der Innovations- und Technologiepolitik zu erarbeiten und im Konsens eine regionale Entwicklungsstrategie zu verwirklichen. Das Land hat dabei erhebliche Mittel für neue innovationspolitische Instrumente bereitgestellt – mehr als eine Milliarde DM allein für Technologiezentren. Kein anderes Bundesland hat mit ähnlicher Intensität und Konsequenz politische Handlungsspielräume regionalisiert. Nirgendwo sonst sind so viele Fördereinrichtungen auf dezentraler Ebene entstanden. Nach mehr als einer Dekade ist nun der geeignete Zeitpunkt gekommen, um dieses ambitionierte Konzept zu bilanzieren.

Neben verfügbaren Sekundärstudien stützt sich die Untersuchung auf eigene Erhebungen unter den nordrhein-westfälischen Kreisen und kreisfreien Städten, den Transfer- und Beratungsstellen der Hochschulen, der Industrie- und Handelskammern, der Handwerkskammern und der regionalen Beteiligungsgesellschaften. Hinzu kommen qualitative Tiefen-Interviews mit innovationspolitischen Entscheidungsträgern in drei ausgewählten Fallregionen. Als roter Faden durchzieht das gesamte Kapitel die Frage, wie der Rahmen, die Instrumente und deren Leistungen anhand des ökonomischen Referenzmaßstabs zu bewerten sind. Es geht also nicht nur um eine Dokumentation dezentraler Innovationspolitik in Nordrhein-Westfalen, sondern vor allem auch darum, ein ebenso theoretisch wie empirisch fundiertes Urteil über Stand und Perspektiven des Politikfeldes zu finden.

Auf der Basis der gesamten Arbeitsergebnisse plädiert KAPITEL 5 schließlich für eine anreizgerechte Reform dezentraler Innovationspolitik. Dabei stellt es Vorschläge zur Diskussion, wie sich künftig die Qualität der politischen Maßnahmen steigern lässt. Dem Grundgedanken dieser Arbeit folgend, darf sich der Blick dabei nicht nur auf das Förderinstrumentarium verengen. Auch der politische Rahmen, in dem sich die dezentralen Akteure bewegen, entscheidet maßgeblich über Kosteneffizienz und Kundennähe des Angebots.

Die Empfehlungen mögen sich nicht nur auf Nordrhein-Westfalen beschränken, sondern auch zu einer besseren Förderung von Gründung und Innovation in einer marktwirtschaftlichen Ordnung insgesamt beitragen.

Den Gang der Untersuchung und die Gegenstände der einzelnen Untersuchungsschritte fasst Abbildung 1.1 zusammen.

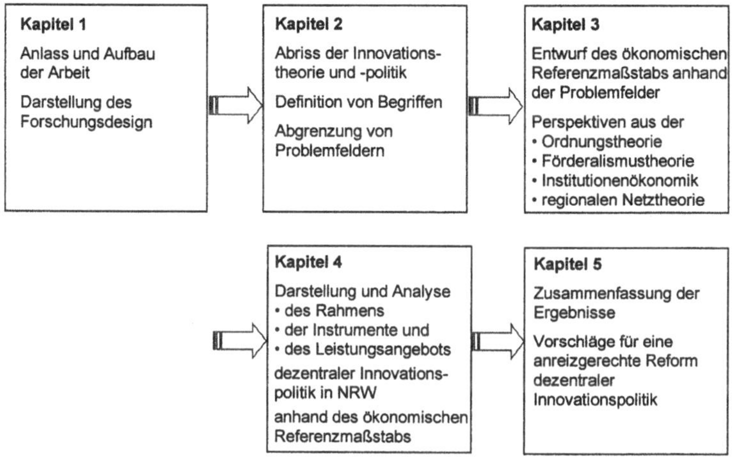

Quelle: Eigene Zusammenstellung.

Abbildung 1.1: Gang der Untersuchung

„(Der) 'Prozess der schöpferischen Zerstörung'
ist das für den Kapitalismus wesentliche Faktum.
Darin besteht der Kapitalismus und
darin muss auch jedes kapitalistische Gebilde leben."

JOSEPH A. SCHUMPETER (1942), S. 134-135.

„Um zu verstehen, wie die demokratische Politik (dem) sozialen Ziele dient,
müssen wir vom Konkurrenzkampf um Macht und Amt ausgehen
und uns klar werden, dass die soziale Funktion,
so wie die Dinge nun einmal liegen, nur nebenher erfüllt wird."

JOSEPH A. SCHUMPETER (1942), S. 448.

2. Innovationstheorie und Innovationspolitik im Wandel

Eine systematische Untersuchung der dezentralen Förderung von Innovation muss sich zu Beginn mit den Grundlagen der Innovationstheorie und -politik beschäftigen; nur so lässt sich der Gegenstandsbereich der weiteren Analyse präzise abstecken. Das folgende Kapitel gibt daher zunächst einen Überblick über wesentliche Befunde der wirtschaftswissenschaftlichen Innovationsforschung (Abschnitt 1). Danach beleuchtet es die Innovationspolitik in Deutschland (Abschnitt 2), wobei der Fokus auf den Zielen und Instrumenten der dezentralen Akteure liegt (Abschnitt 3). Vor diesem Hintergrund werden zum Abschluss einige Problemfelder herausgestellt, die in den späteren theoretischen und empirischen Teilen der Arbeit dann eingehend untersucht werden.

2.1. Innovation in der ökonomischen Theorie

Wenden wir uns zunächst einem Abriss der Innovationstheorie zu. Nach einer begrifflichen Definition wird die Entwicklung vom so genannten linearen Innovationsmodell bis hin zum interaktiven Netzwerkmodell und der evolutorischen Ökonomik skizziert.[6]

---

6 Eine sehr gute Übersicht über Stand und Entwicklung der Innovationsforschung bieten Broß (2000), S. 7-124 und Grupp (1997), S. 49-93. Zu den Elementen einer evolutorischen Innovationstheorie siehe Erdmann (1993), S. 15-132.

2.1.1. Begriffsbestimmung

Unter Innovation versteht man in der ökonomischen Literatur neue, am Markt erfolgreiche unternehmerische Aktivitäten.[7] Was im einzelnen darunter zu fassen ist, lässt sich aus dem bahnbrechenden Werk von *Joseph A. Schumpeter* ableiten – in seiner 1911 veröffentlichten „Theorie der wirtschaftlichen Entwicklung" hat er sich als erster Ökonom intensiv mit Neuerungsprozessen und ihrer Bedeutung für die Volkswirtschaft beschäftigt. Darin spricht er von der „Durchsetzung neuer Kombinationen", die sich auf fünf Bereiche erstrecken kann:[8] Ein Unternehmer kann

- ein neues oder qualitativ besseres Gut herstellen,
- ein neues Herstellungsverfahren einführen,
- einen neuen Absatzmarkt erschließen,
- eine neue Bezugsquelle von Rohstoffen oder Vorleistungen freilegen oder
- eine organisatorische Neuheit durchführen.

Dieses breite Verständnis des Innovationsbegriffs, das Produkt- und Prozessinnovation ebenso wie Markt- und Organisationsinnovation umfasst, liegt auch der folgenden Arbeit zu Grunde. Innovation ist demnach nicht nur als eine technische Neuheit zu begreifen, wie es in der staatlichen Innovationsförderung lange Zeit üblich war,[9] sondern „jedes ‚Andersmachen' im Gesamtbereich des Wirtschaftslebens."[10] Damit öffnet sich der Blick auf alle unternehmerischen Tätigkeiten, sei es im produzierenden Gewerbe oder im Dienstleistungssektor. Die fünf genannten Varianten sind selbst neunzig Jahre nach Erscheinen des Buches aktuell; so zeichnet sich gerade die *New Economy* durch eine Fülle neuer Waren und Serviceangebote, Herstellungs- und Kommunikationsmethoden, Einkaufs- und Absatzwege sowie Wettbewerbs- und Unternehmensstrukturen aus.[11]

---

[7] Siehe Ewers (1995), S. 499-507.

[8] Schumpeter (1911), S. 100-101.

[9] Siehe zum Beispiel Heinze (1992), S. 11 oder Meyer-Krahmer (1989), S. 1.

[10] Schumpeter (1932), S. 91.

[11] So auch Hanusch (2000), S. 64.

2.1.2. Vom linearen zum interaktiven Innovationsmodell

Über die definitorischen Grundlagen hinaus hat*Schumpeter* die Darstellung und Erklärung des Innovationsprozesses nachhaltig beeinflusst. In seinen frühen Arbeiten geht er davon aus, dass ein einzelner Unternehmer kraft seiner herausragenden Fähigkeiten das Neue auf den Markt bringt. Während die übrige Wirtschaft sich in einem unbeweglichen Stadium befindet, sucht ein solcher Entrepreneur rastlos und risikofreudig nach neuen Kombinationen. Neben der Aussicht auf wirtschaftlichen Erfolg treiben ihn vor allem persönliche Motive an.[12] Gelingt ihm eine Innovation, werden die bisherigen Preis- und Mengenverhältnisse am Markt durcheinander gebracht. In dieser Situation der Instabilität löst die Vorreiterrolle des kreativen Unternehmers etliche Imitationen aus, so dass die ursprünglichen Monopolgewinne des Pioniers wieder abschmelzen. In späteren Schriften modifiziert *Schumpeter* diese Sicht insofern, als neben dem Einzelunternehmer auch spezialisierte Forschungsabteilungen von Großunternehmen Neuerungen vorantreiben können.[13] Innovation hängt demnach nicht nur vom Geniestreich einer Person ab, sondern wird zum Gegenstand des planvollen Handelns eines gesamten Betriebes. In beiden Fällen trennt er jedoch den Innovationsprozess in zwei unabhängige Phasen: zum einen die eigentliche Erfindung, die er als gegeben voraussetzt und nicht gesondert untersucht, und zum anderen die unternehmerische Vermarktung, die er als Prozess der schöpferischen Zerstörung des Alten durch das Neue ausführlich beschreibt.[14]

Die Aufteilung des Neuerungsprozesses in verschiedene, aufeinander folgende Phasen kennzeichnet auch das lineare Innovationsmodell, das bis Ende der achtziger Jahre die innovationstheoretische und -politische Diskussion beherrscht (Abbildung 2.1).[15] Demnach stehen am Anfang jeder Neuheit die wissenschaftliche Grundlagen- und angewandte Forschung. Das erzeugte Wissen fließt sodann in die technische Entwicklung, die Konstruktion und das Design eines Prototypen, der sich mit einem Patent schützen lässt. Anschließend setzt die Phase der

---

12 Siehe Schumpeter (1911), S. 134 und 138. Dort nennt er drei persönliche Motivgruppen: „der Traum und der Wille, ein privates Reich zu gründen“, „der Siegerwille“ sowie die „Freude am Gestalten“.

13 Schumpeter (1942), Kapitel 7. Daraus folgt in der späteren Fachliteratur die so genannte Schumpter-Hypothese, wonach Großunternehmen effizienter F&E-Aktivitäten durchführen können als kleinere Betriebe. Siehe Grupp (1997), S. 58.

14 In Anlehnung an Schumpeter wird oftmals zwischen *Invention*, also der eigentlichen Erfindung, *Innovation*, also ihrer wirtschaftlichen Nutzung, und *Diffusion*, also der Verbreitung der Neuheit unterschieden. Siehe Domrös (1994), S. 26.

15 Eine Darstellung findet sich bei Knoblauch (1996), S. 27-31 oder Massey/ Quintas/ Wield (1992), S. 57-60. Grundlegend Price/ Bass (1969), S. 802-806.

Innovation im engeren Sinne ein, die als erstmalige kommerzielle Anwendung der vorangegangenen Erfindung verstanden wird. Die Phase endet dann mit der erfolgreichen Markteinführung eines neuen Produkts oder Herstellungsverfahrens. Neuheiten können dabei entweder durch das vorhandene Forschungsangebot (*technology-push*) oder durch den Nachfragesog der Kunden (*demand-pull*) ausgelöst werden.

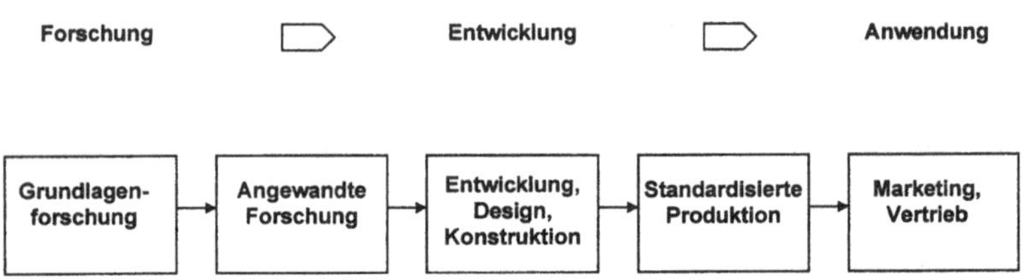

Quelle: nach Massey/ Quintas/ Wield (1992), S. 57.

Abbildung 2.1: Lineares Modell des Innovationsprozesses

Neuere Beiträge zur Innovationsforschung verwerfen jedoch das Bild, Innovation sei eine gerade Linie von Forschung, Entwicklung und Anwendung, die einseitig durch Angebot oder Nachfrage stimuliert wird.[16] Wenn neue Produkte oder Verfahren erstmals auf dem Markt erscheinen, sind sie nämlich oftmals nur wenig ausgereift. Erst wenn sich die am Innovationsprozess beteiligten Akteure aufnahmefähig für neue Ideen und die Reaktionen des Marktes zeigen, verbessert sich die Qualität des Neuen. Vor diesem Hintergrund setzen *Stephen J. Kline* und *Nathan Rosenberg* an die Stelle des linearen ein interaktives Innovationsmodell (Abbildung 2.2).[17] Alle Entwicklungsstufen sind nunmehr rückwirkend miteinander verbunden: Produktentwicklung und -vertrieb sowie Forschung und Wissenschaft können sich jederzeit wechselseitig befruchten, so dass eine zunächst noch unfertige Marktidee immer weiter veredelt wird.

16 Siehe erstmalig Kline (1985). Die Kritik am linearen Innovationsmodell trägt Knoblauch (1996), S. 29-31 zusammen.

17 Kline/ Rosenberg (1986). Zum interaktiven Innovationsmodell siehe ausführlich auch OECD (1992), S. 15-43.

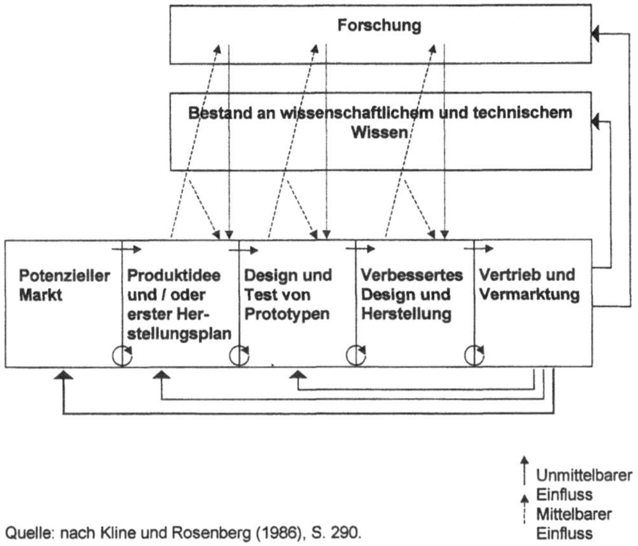

Quelle: nach Kline und Rosenberg (1986), S. 290.

Abbildung 2.2: Interaktives Modell des Innovationsprozesses

Komplexe Wechselbeziehungen zwischen den Innovatoren unterstreichen auch die Vertreter der evolutorischen Ökonomik.[18] Im Gegensatz zur Neoklassik interessiert sich dieser junge Forschungszweig nicht für formale Gleichgewichte. Das Augenmerk richtet sich vielmehr auf diejenigen Kräfte, die zu ökonomischen Ungleichgewichten und Wandel führen und dabei charakteristischen Entwicklungsmustern folgen. Der technologische Fortschritt resultiert demnach aus fortwährenden Experimentier- und Lernprozessen in Wirtschaft und Gesellschaft, die sich – in begrifflicher Anlehnung an die Evolutionsbiologie – durch Variation und Selektion auszeichnen. Triebfeder des Wandels sind in erster Linie endogene Faktoren wie Kreativität und Anpassungswille der Wirtschaftsakteure; exogenen Einflüssen wie den relativen Preissignalen des Marktes werden gerade bei längerfristigen Innovationsprojekten eine weniger wichtige Rolle zugedacht.

---

18 Zentrale Beiträge stammen von Nelson/ Winter (1982), Dosi (1982), (1988a), (1988b) und (1993), Dosi/ Freeman/ Nelson et al. (1988) und Freeman (1990). Einen Überblick über jüngere Forschungsergebnisse bieten Nelson (1995), Saviotti (1996), Witt (1996) sowie Herrmann-Pillath/ Lehmann-Waffenschmidt (2001).

Nach dem Verständnis der evolutorischen Ökonomik sind Innovationen in hohem Maße von der technologischen Entwicklung in der Vergangenheit bestimmt. Neuerungsprozesse verlaufen deshalb kumulativ, weil die Akteure stets an ihrem Erfahrungsschatz und den bereits vorhandenen Problemlösungen anknüpfen. Auf Grund der begrenzten kognitiven Fähigkeiten der Menschen konzentriert sich das jeweilige Innovationsprogramm nur auf bestimmte Gebiete. *Giovianni Dosi* prägte dafür die Begriffe des „technologischen Paradigmas“ und der „technologischen Trajektorie“.[19] Ein Paradigma kennzeichnet das Problemfeld, auf das sich fortan die Aufmerksamkeit richtet, während die Trajektorie die Richtung und den Fortschritt auf dem gewählten Entwicklungspfad umschreibt. Nicht nur bei einer einzelnen Technologie tritt diese Pfadabhängigkeit auf, sondern auch für Gruppen von Technologien. Insofern wird bildhaft von*innovation avenues* gesprochen.[20] Je länger der einmal eingeschlagene Weg beschritten wird, desto schwieriger ist es, sich wieder von ihm zu lösen. So kann die Innovationstätigkeit ganzer Wirtschaftszweige in einer Sackgasse münden, bei der ein Wechsel zu anderen Problemlösungen nicht oder nur mit erheblichen Kosten möglich ist (*lock-in*-Effekt).[21]

Vor diesem Hintergrund ist es wichtig, Innovationen nach der Reichweite zu unterscheiden:[22] Bei einer *inkrementellen* Innovation handelt es sich um eine Neuheit mit begrenzter Wirkung; sie vollzieht sich innerhalb eines schon existierenden Paradigmas. Beispiele sind Qualitätsverbesserungen an Gütern oder Produktionsverfahren. Durch das bereits bestehende Beziehungsgeflecht innerhalb eines Marktes stoßen sie vergleichsweise rasch auf Nachfrage. Mit dem Alter eines Paradigmas und damit der Reife eines Gutes bzw. Verfahrens nimmt jedoch die Möglichkeit ab, inkrementelle Innovationen hervorzubringen, bis sie schließlich ganz versiegt. *Radikale* oder *Basis*-Innovationen sind dagegen Neuheiten mit ungleich stärkeren Effekten. Sie ebnen einem gänzlich neuen Paradigma den Weg. Die Erfindung des Internets oder mobiler Kommunikationstechniken sind Beispiele dafür. Radikale Innovationen lassen sich jedoch schwerer durchsetzen, weil sie erst einen neuen Markt erschließen müssen.[23]

---

19 Dosi (1982a), S. 148 und Dosi (1982b), S. 1128.

20 Siehe Domrös (1994), S. 31.

21 Siehe grundlegend David (1985) und Arthur (1989). Linscheidt (1999), S. 7 nennt als Beispiel den Energiesektor: Während Unternehmen, Wissenschaftler und Politiker sich über Jahrzehnte auf Kernenergie und fossile Stromerzeugung konzentriert haben, blieben Alternativen wie regenerative Energieformen lange unbeachtet.

22 Siehe Saviotti (1996), S. 73.

23 Das zeigen u. a. das Fax-Gerät oder die LCD-Anzeige, die erst Jahrzehnte nach ihrer Erfindung kommerzialisiert werden konnten. Siehe Meinhold (2001), S. 5-9.

Neben der Pfadabhängigkeit von Innovationen betonen evolutionsökonomische Beiträge auch die Bedeutung von Wissen und Lernen.[24] Beiden Untersuchungsobjekten fällt eine zentrale Rolle zu, weil die Weitergabe von relevanten Informationen keineswegs so problemlos ist, wie es das lineare Innovationsmodell mit seinen unterschiedlichen Entwicklungsstufen suggeriert. Denn neben dem so genannten expliziten Wissen (*codified knowledge*), das sich schriftlich festhalten und damit recht leicht an Kooperationspartner transferieren lässt, gibt es ein implizites oder stilles Wissen (*tacit knowledge*), das im Innovationsprozess eine herausragende Rolle spielt.[25] Dabei handelt es sich um bewusste oder unbewusste Kenntnisse, die an die Erfahrung von Personen oder Organisationen geknüpft und damit nur schwer artikulierbar sind. Allenfalls über eine enge Zusammenarbeit lässt sich dieses Wissen vermitteln.[26] Die dazu erforderlichen Lernprozesse können durch praktische Erfahrung, Imitation, Anwendung oder durch Interaktion erfolgen.[27] Die Fähigkeit der Wirtschaftsakteure, neues Wissen zu verarbeiten, hängt dabei maßgeblich von ihren bereits zuvor gesammelten Erfahrungen und Kenntnissen ab.

In der Literatur nehmen schließlich Beiträge über *innovative Netzwerke* einen breiten Raum ein.[28] Das betriebliche Innovationsverhalten hängt demnach nur zu einem Teil von unternehmensinternen Einflüssen wie der F&E-Kapazität und dem Innovationsmanagement der Firma sowie der Kompetenz der Mitarbeiter ab.[29] Eine wichtige Rolle spielen auch unternehmensexterne Variablen: Neuerungsprozesse sind durch ein hohes Ausmaß an Arbeitsteilung zwischen verschiedenen Wissensträgern gekennzeichnet. Dazu zählt die Kooperation zwischen verschiedenen Unternehmen, zwischen Anbietern und Abnehmern sowie zwischen Firmen und öffentlichen Akteuren wie Universität, Forschungseinrichtung, Transferstelle, Kammer oder Beratungsagentur. Jeder einzelne Akteur verfügt über spezifische Wissensressourcen, die den Innovationsprozess positiv

---

24 Siehe Kerber (1991), Cohen/ Levinthal (1989), S. 569-596.

25 Siehe Polanyi (1966), der den Begriff *tacit knowledge* prägte. Zur Bedeutung des impliziten Wissens bei Innovationsprozessen siehe Muller (2001).

26 Siehe Capello (1999), S. 352ff., Senker/ Faulkner (1996), S. 76ff.

27 Zum *Learning by doing* siehe bereits Arrow (1962a), mit dem *Learning by using* beschäftigt sich Rosenberg (1982), das *Learning by interacting* untersucht Lundvall (1992) und das *Learning to learn* beschreibt Stiglitz (1987).

28 Siehe Koschatzky (2001), Fritsch (2001), Fritsch et al. (1998). Grundlegend Freeman (1991) und Håkansson (1989) (1987).

29 Zur betriebswirtschaftlichen Literatur zum Innovationsmangement siehe z. B. Gerpott (2001) (1999), Hauschildt (1997) und Specht/ Beckmann (1996).

beeinflussen können. Empirische Erhebungen zeigen:[30] Je wissensintensiver die Innovationsaktivität von Unternehmen sind, desto notwendiger und erfolgsfördernder werden regionale Netze und räumliche Nähe (*face-to-face*-Kontakte). Dies trifft besonders auf kleine und mittlere Betriebe zu.

Die Bedeutung der sozialen Interaktion hebt zudem das – mit dem Netzwerkansatz eng verwandte – Konzept des *Nationalen Innovationssystems* hervor,[31] das neuerdings auch auf die regionale Ebene übertragen wird.[32] Auf Grund von positiven Wissens-*Spillovers* lässt sich die Durchsetzung des Neuen auch hier nur noch bedingt einem Einzelnen zuschreiben. Zumindest bis zu einem gewissen Grad geht sie auf mehrere Personen und innovationsrelevante Einrichtungen zurück und wird von ihnen allen geteilt.[33] Ob eine vertrauensvolle Kooperation zustande kommt und wie sich die weitere Zusammenarbeit entwickelt, hängt maßgeblich von den persönlichen Motiven, den herrschenden Anreizstrukturen in den beteiligten Organisationen sowie den institutionellen Rahmenbedingungen in einer Gebietseinheit ab.[34]

Abbildung 2.3 fasst die Faktoren zusammen, die nach heutigem Forschungsstand das Innovationsverhalten von Unternehmen besonders beeinflussen.[35]

---

30 Siehe Arndt (1999), ähnlich auch Sternberg (1999) oder Baptista/ Swann (1998). Die Bedeutung von *Face-to-Face*-Kontakten in einem Netzwerk betonen Nohria/ Eccles (1992), S. 288-308.

31 Das Konzept geht zurück auf Freeman (1987), S. 1. und Lundvall (1988).

32 Zum *Regionalen Innovationssystem* siehe Fritsch (2000), Howells (1999), Cooke et al. (1997). Porter (1998) spricht analog von *Clustern.*

33 Siehe Hanusch/ Cantner (1993), S. 30-31 und Durth (2000), S. 633-640.

34 Dazu zählen keineswegs nur formale Institutionen wie ein Rechtssystem, sondern auch informelle Institutionen wie eine gemeinsame Sprache, Traditionen oder mentale Modelle. Siehe grundlegend North (1994).

35 Wobei empirische Studien zu unterschiedlichen Ergebnissen über das relative Gewicht der unternehmensinternen und -externen Einflüsse gelangen. Siehe Sternberg/ Arndt (2000), Koschatzky (1997c) und Kilper/Latniak (1996).

Quelle: Eigene Zusammenstellung nach Sternberg/ Arndt (2000), S. 4 und Koschatzky (1997a), S. 179.

Abbildung 2.3: Einflussfaktoren auf das Innovationsverhalten von Unternehmen

Aus diesem kurzem innovationstheoretischen Abriss lässt sich folgendes Zwischenfazit ziehen: Das Unternehmen und seine Mitarbeiter spielen im Innovationsprozess eine herausragende Rolle, doch es wird der Realität nicht gerecht, die relevanten Einflussfaktoren ausschließlich auf betrieblicher Ebene zu suchen. Innovation ist vielmehr das Resultat von markt- und kundenorientierten Kooperationen zwischen unterschiedlichen Wissensträgern, die in einem gemeinsamen sozialen Umfeld eingebettet sind. *Chris DeBresson* und*Fernand Amesse* bringen die Bedeutung eines solchen Innovationsnetzes auf den Punkt, wenn sie schreiben: „*No firm, large or small, can innovate or survive without a network.*"[36] Auf diesen wichtigen Befund kommen wir bei dem Entwurf des ökonomischen Referenzmaßstabs dezentraler Innovationspolitik in Kapitel 3 noch einmal zurück. Dabei wird ausführlich die Bedeutung eines regionalen Netzes untersucht, da

36 DeBresson/ Amesse (1991), S. 369.

hier möglicherweise politische Erwartungen der Betriebe und Gestaltungsspielräume für die dezentrale Akteure bestehen.

2.2. Innovationspolitik in Deutschland

Eine staatliche Innovationspolitik gibt es in Deutschland seit mehreren Jahrzehnten.[37] Anfangs sind die Fördermaßnahmen allein beim Bund angesiedelt, erst danach entwickelt sich eine eigenständige Innovationspolitik der Länder, später dann auch der dezentralen Ebene. Die historisch gewachsene Förderlandschaft ist durch eine Fülle von Entscheidungsträgern, eine Vielfalt von Instrumenten und damit durch eine hohe Komplexität gekennzeichnet. Dies soll der folgende Abschnitt illustrieren, wenngleich eine Gesamtschau der politischen Aktivitäten damit nicht verbunden sein kann. Zunächst aber wird der Begriff der Innovationspolitik präzisiert.

2.2.1. Begriffsbestimmung

Innovationspolitik lässt sich nur bedingt von anderen Politikfeldern abgrenzen.[38] Sie vermischt sich mit der Wissenschafts-, Forschungs- und Technologiepolitik ebenso wie mit der Struktur-, Regional- und Industriepolitik. *Frieder Meyer-Krahmer* versteht unter Innovationspolitik die „staatliche Einflussnahme auf die technologische Entwicklung und ihre wirtschaftliche Umsetzung."[39] Diese Definition greift jedoch insofern nicht weit genug, als unter Innovation nicht nur technische Neuheiten, sondern jegliche Veränderungsprozesse in der Wirtschaft fallen. Daher fasst die vorliegende Arbeit unter Innovationspolitik alle staatlichen Maßnahmen, die darauf abzielen, Neuerungsprozesse zu unterstützen.[40]

---

[37] Während einige Autoren den Aufbau des Hochschulwesens ab 1949 als den Ausgangspunkt der Innovationspolitik ansehen, verbinden andere Autoren den Beginn mit der Gründung des *Bundesministeriums für wissenschaftliche Forschung* und seiner Programmförderung im Jahre 1962. Einen guten Überblick über die Entwicklung der Innovationspolitik bieten Henze (1992), S. 14ff., Schroeder (1990), S. 163ff. oder Meyer-Krahmer/ Kuntze (1990b). Hotz-Hart (1993), S. 284-298 gliedert die staatliche Innovationspolitik in fünf Phasen: Technikproduktion – Technikdiffusion – Technologietransfer – Regionalisierung/ Dezentralisierung – Kooperation und Netzwerke.

[38] Siehe Gaudin (1985), S. 11-47.

[39] Meyer-Krahmer (1989), S. 1.

[40] So auch Henze (1992), S. 12.

Unter dezentrale Innovationspolitik fallen die Fördermaßnahmen der Gemeinden, Städte und Kreise. Hinzu kommen die Aktivitäten öffentlich-rechtlicher Einrichtungen mit regionalem Wirkungskreis wie Wirtschaftsförderungsgesellschaften, Hochschul- und Forschungseinrichtungen, Kammern und Sparkassen. Finanzielle Förderprogramme der Bundesländer gehören nach dieser Definition *nicht* zur dezentralen Innovationspolitik. Gleichwohl wird ihr Handeln insoweit beleuchtet, als es dezentrale Innovationspolitik institutionell beeinflusst.[41]

2.2.2. Von der zentralen zur dezentralen Innovationspolitik

In den Zeiten des starken Wirtschaftswachstums der Bundesrepublik spielt die staatliche Förderung von Innovation nur eine Nebenrolle: Bis Ende der sechziger Jahre ist dieser Politikzweig wirtschaftspolitischen Globalzielen untergeordnet, beschränkt sich auf einige, wenige Technikfelder wie Atomenergie sowie Luft- und Raumfahrttechnik und liegt ausschließlich in bundespolitischer Verantwortung. Erst mit der ersten großen Rezession – zwischen 1970 und 1974 springt die Arbeitslosenquote in Westdeutschland von 0,7 auf 4,7 Prozent – entsteht eine eigenständige Innovationspolitik. Als wesentliche Ursache dieser Krise wird die „Technologie- und Umsetzungs-Lücke“[42] angesehen, die eine mangelnde Innovationskraft der deutschen Volkswirtschaft, gerade im Vergleich mit den USA und Japan, zum Ausdruck bringt. Der Bund reagiert mit Subventionen für so genannte Schlüsseltechnologien wie Datenverarbeitung, Nachrichten- und Umwelttechnik, und gewährt steuerliche Sonderabschreibungen und Investitionszuschüsse. Liegen die staatlichen Ausgaben für Forschung und Entwicklung 1962 noch bei 2,2 Milliarden DM (2,1 Prozent des öffentlichen Gesamthaushaltes) steigen sie bis 1974 auf 11,3 Milliarden DM (3,6 Prozent).[43]

Auch Bundesländer, die besonders stark von der Wirtschaftskrise betroffen sind, verabschieden im Rahmen ihrer regionalen Strukturpolitik eigene Technologieprogramme. Die nordrhein-westfälische Landesregierung fördert zum Beispiel Großforschungsprojekte in den Montan- und Bergbauregionen. Parallel dazu baut sie die Hochschul- und Forschungslandschaft aus. Dabei stützt sie sich auf

---

41 Mit einem dezentralen Ansatz in der Innovationspolitik beschäftigen sich u. a. auch Fritsch (2000) (1990), Feldotto (1997a und b), Koschatzky (1995), Gielow (1994), Ewers/ Allesch (1990), Fritsch (1990) Voelzkow (1990) und Schütte (1985).

42 Siehe Henze (1992), S. 16.

43 Siehe BMBF (2000), S. 455. Zuletzt waren es etwa 31 Milliarden DM (1998/99), das entspricht 2,9 Prozent des öffentlichen Gesamthaushalts.

das lineare Innovationsmodell.[44] Ein verstärktes staatliches Engagement, so die Grundannahme, könne Barrieren im Technologie- und Wissenstransfer abbauen. Wie sich in der Folgezeit herauskristallisiert, kann diese Politik allerdings weder die Konkurrenzfähigkeit der begünstigten Wirtschaftszweige nachhaltig steigern, noch einen Anstieg der räumlichen Disparitäten verhindern.[45] Auch ein konzeptioneller Wandel zur *mobilitätsorientierten Regionalpolitik* Ende der siebziger Jahre ist nur von mäßigem Erfolg gekrönt. Anstatt die Wirtschaftsaktivität in den strukturschwächeren Regionen zu beleben, führt der massive Ausbau der Verkehrsinfrastruktur zu einer Zunahme der Pendlerbewegungen von der Peripherie in die ohnehin schon ökonomisch agilen Ballungsräume.

Vor diesem Hintergrund richten Bund und Länder ihren Förderansatz in den achtziger Jahre wiederum neu aus, indem sie Technologie-, Innovations- und Regionalförderung miteinander zu koppeln versuchen. Ziel der neuen *innovationsorientierten Regionalpolitik* ist es, das endogene Entwicklungspotenzial einer Gebietseinheit zu entfalten.[46] Zu diesem Zweck wirken fortan örtliche Akteure an der Auswahl und Gestaltung der Fördermaßnahmen mit, da ihnen ein besseres Wissen über regionale Stärken, Schwächen und räumliche Entwicklungschancen zugetraut wird. Bund und Länder und vor allem die Europäische Gemeinschaft haben seither eine Reihe von Förderprogrammen konzipiert, die örtliche Projektträger für innovationspolitische Instrumente nutzen können.[47] Wie kaum ein anderes Bundesland verfolgt Nordrhein-Westfalen die innovationsorientierte Regionalpolitik, da hier die Strukturkrise weiterhin ungelöst ist. Im Zuge der *Zukunftsinitiative für die Regionen Nordrhein-Westfalens* (1989) fordert die Landesregierung alle „gesellschaftlich relevanten Kräfte“ in den Regionen auf, konkrete Projektanträge zur Förderung von Technologie und Innovation zu erarbeiten und in einem regionalen Entwicklungskonzept zu bündeln. Dieser konzeptionelle Wandel, der sich an das interaktive Innovationsmodell anlehnt, ebnet einer eigenständigen dezentralen Innovationspolitik den Weg.[48] Damit sind allerdings enorme Anforderungen an die Akteure in Kommune, Kreis und Region verbunden: Traditionelle Wirtschaftsförderung beschränkte sich auf eine Flächen- und Liegenschaftspolitik, die oft in einem hoheitlichen Selbstverständnis

---

44 Siehe Habersam et al. (1994), S. 60 oder Voelzkow (1990), S. 19-34 . Zur Förderpolitik in Nordrhein-Westfalens siehe auch Heinze et al. (1996), S. 22-42.

45 Zur Kritik der zentralen Innovationspolitik siehe Meyer-Krahmer (1990a), S. 350.

46 Siehe ausführlich Ellwein/ Bruder (1980) und Ewers et al. (1980) oder den Überblick von Meyer-Krahmer/ Gundrum (1995), S. 177-184.

47 Siehe Kapitel 4.2.

48 Siehe Gielow (1994), Kirchhoff/ Müller-Godeffroy (1991), Grabow/ Heuer/ Kühn (1990) und Ewers/ Allesch (1990).

ausgeübt wurde. Nun aber sind serviceorientierte Fördermaßnahmen gefragt, die auf der Basis einer engen Zusammenarbeit zwischen allen innovationsrelevanten Akteuren eine Selbstentwicklung der Region herbeiführen sollen.[49] Wie sich dieser Umbruch vollzogen hat, steht im Mittelpunkt der empirischen Untersuchung.

Mit der Dezentralisierung der Innovationspolitik verschiebt sich auch die Zielgruppe der öffentlichen Fördermaßnahmen. Lag der Fokus früher auf Großunternehmen in ausgewählten Industriezweigen, öffnet sich die Politik nun kleinen und mittleren Unternehmen (KMU), jungen Technologieunternehmen (JTU) und technologieorientierten Unternehmensgründungen (TOU).[50] Weil die vorliegende Untersuchung Innovation nicht nur in einem technischen, sondern auch in einem weiteren Sinne versteht, werden die Adressaten dezentraler Innovationspolitik zusammenfassend als *innovative Start-ups* bezeichnet. Den Unternehmen ist gemein, dass sie sich in einem frühen Entwicklungsstadium befinden (Neu- oder Ausgründung), eine bestimmte Größe noch nicht überschritten haben (kleine und mittlere Unternehmen)[51] und etwas Neues auf den Markt bringen wollen, sei es ein innovatives Produkt oder Verfahren, Design oder Dienstleistung. Wie eine Reihe von empirischen Studien auf nationaler und internationaler Ebene gezeigt hat, können innovative *Start-ups* wichtige Impulse für die regionale Wirtschaftsentwicklung auslösen:[52] Erfolgreiche Betriebe tragen zum Strukturwandel bei, indem sie die Branchen- und Betriebsgrößenstruktur erneuern (*Struktureffekt*). Sie helfen, die vielerorts angespannte Beschäftigungslage zu lindern, indem sie neue, zukunftsträchtige Arbeitsplätze schaffen (*Beschäftigungseffekt*). Und sie können Innovationen vorantreiben, indem sie neue Markt- und Kundenpotenziale erschließen (*Innovationseffekt*). In vielen Fällen können innovative *Start-ups* ihr Wachstums- und Innovationspotenzial zunächst jedoch nicht entfalten, weil sie sich typischen Entwicklungshemmnissen gegenüber sehen:[53] Einerseits sind diese Engpässe auf persönliche und fachliche Mängel der Unternehmer zurückzuführen. Andererseits werden dafür Defizite in den äußeren Rahmenbedingungen verantwortlich gemacht (z. B. Kapitalmarkt-Hemmnisse, rechtliche Hürden, Defizite in der regionalen Infrastruktur). Vor diesem Hintergrund haben die innovationspolitischen Akteure in Kommune, Kreis und Region verschiedene Fördereinrichtungen aufgebaut, deren Grundkonzepte nun vorgestellt werden.

---

49 Dazu Benkert (1990), S. 75-95.

50 Siehe Lessat et al. (1999), S. 85-93 oder Ewers/ Wein (1993).

51 Nach den Förderrichtlinien der Europäischen Union zählen zum Segment der mittleren Unternehmen Betriebe mit bis zu 500 Mitarbeitern.

52 Siehe Elle et al. (1997b), S. 75-80. Grundlegend Acs/ Audretsch (1992).

53 Siehe Ullrich (2000), Sabisch (1999a) (1999b) oder Koschatzky (1997d).

2.2.3. Instrumente dezentraler Innovationspolitik

Zu den wichtigsten Instrumenten dezentraler Innovationspolitik zählen das Technologie- und Gründerzentrum, die Beratungs- und Transferstelle sowie die regionale Beteiligungsgesellschaft.[54] Weil diese Institutionen eine herausragende Rolle in der weiteren Untersuchung spielen, werden sie im Folgenden charakterisiert.

2.2.3.1. Technologie- und Gründerzentrum

Das Technologie- und Gründerzentrum zählt in Deutschland zu einem der bekanntesten Instrumente dezentraler Wirtschafts- und Innovationspolitik.[55] Seit der Gründung der ersten Zentren in Berlin 1983 und Aachen 1984 sind zirka 200 Einrichtungen im gesamten Bundesgebiet hinzugekommen,[56] in jüngerer Zeit vor allem in den neuen Ländern.[57] Die genaue Zahl lässt sich nur schwer ermitteln. Denn unter dem „schillernden‘[68] und aus kommunalpolitischer Sicht beliebten Begriff Technologie- und Gründerzentrum firmieren höchst unterschiedliche Einrichtungen. Erst eine eingehende Analyse der Mieterstruktur und der Angebotspalette könnte klären, ob es sich lediglich um Gewerbe- oder Industriezentren ohne einen besonderen Gründungs- oder Innovationsbezug oder um ambitioniertere Konzepte handelt. Die vorliegende Arbeit definiert das Technologie- und Gründerzentrum als eine Standortgemeinschaft von innovativen*Start-ups*, die Mieträume sowie Service- und Beratungsleistungen der Zentrumsführung in Anspruch nehmen können; ihr Aufenthalt ist dabei zeitlich begrenzt.[59]

---

54 Zur Abgrenzung des Instrumentariums siehe auch Staudt et al. (1996), Gielow (1994), Grabow/ Heuer/ Kühn (1990) oder Schütte (1985). Dezentrale monetäre Fördermaßnahmen (KMU-Finanzhilfen) sind auf Grund des Beihilfenverbots der EU nicht erlaubt und werden in dieser Untersuchung nicht weiter thematisiert.

55 Über das Technologie- und Gründerzentrum hat sich inzwischen eine breite Literatur entwickelt. Siehe die Forschungsübersicht von Elle et al. (1997b), S. 106-111. Neuere Beiträge stammen von Heukeroth et al. (2001), Benzler/ Wink (2000), Proff (2000), Salomo (1999) und Feldmann (1999).

56 Siehe Baranowski/ Heukeroth (2000).

57 Siehe Tamasy (1998) und Pleschak (1996).

58 Sternberg et al. (1996), S. 1, die in ihrer bundesweiten Studie *Bilanz eines Booms* bei zahlreichen Einrichtungen einen „Etikettenschwindel“ kritisieren.

59 Zur Definition und Abgrenzung von anderen Einrichtungen siehe auch Sternberg et al. (1996), S. 1-3 oder Quiehl (1995), S. 187-197.

Wie Abbildung 2.4 veranschaulicht, gehören Gewerbepark, Forschungspark oder Gewerbe-Servicezentrum damit nicht zum Gegenstand der weiteren Analyse dezentraler Innovationspolitik.

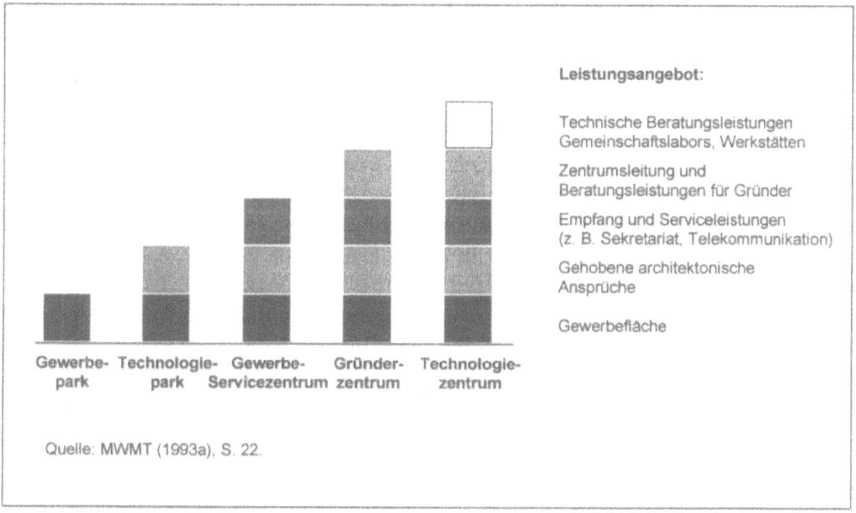

Abbildung 2.4: Merkmale von Technologie- und Gründerzentren

Nach dem Selbstverständnis ihrer Geschäftsführer sollen Technologie- und Gründerzentren Unternehmensgründungen fördern, qualifizierte Arbeitsplätze schaffen und den Wissens- und Technologietransfer intensivieren.[60] Trotz oder gerade wegen ihrer politischen Popularität sind die Einrichtungen keineswegs unumstritten. Während eine Gruppe von empirischen Beiträgen organisatorische Defizite bemängelt, etwa die unzureichenden Leistungsangebote oder räumlichen Standortbedingungen einiger Häuser,[61] stellen andere Autoren das Konzept grundsätzlich in Frage:[62] Sie sehen keine Legitimation dafür, dass staatliche Akteure mithilfe von Technologie- und Gründerzentren in den Wettbewerbs- und Innovationsprozess eingreifen. Die kontroversen Argumente werden später eingehend geprüft.

60 Siehe Sternberg et al. (1996), S. 38-39.

61 Siehe Benzler/ Wink (2000), S. 426-428, Sternberg et al. (1996), S. 190-214.

62 So zum Beispiel Salomo (1999).

2.2.3.2. Transfer- und Beratungsstelle

Transfer- und Beratungsstellen sind ebenfalls ab Anfang der achtziger Jahre als Instrumente der Innovationsförderung entstanden; sie sollen den Wissensfluss zwischen Wissenschaft und Wirtschaft erleichtern.[63] Nach einer Erhebung des *ifo Instituts für Wirtschaftsforschung, München* sind inzwischen etwa 500 dezentrale Einrichtungen im gesamten Bundesgebiet tätig.[64] Wie Abbildung 2.5 zeigt, lässt sich diese breite Transferlandschaft in zirka 160 forschungsnahe, 240 wirtschaftsnahe und 100 eigenständige Mittler systematisieren.

Forschungsnahe Mittler sind rechtlich oder personell mit einer wissenschaftlichen Einrichtung verbunden. Dazu zählen Transferstellen an den Fach- und Gesamthochschulen, an den Universitäten und Forschungsinstituten. Sie dienen als zentrale Anlaufstelle für Kooperationsanfragen aus der Wirtschaft, zunehmend aber auch für Absolventen oder Wissenschaftler aus dem eigenen Haus, die sich selbständig machen wollen. Forschungsnahe Mittler zielen darauf ab, Kooperationsprojekte zwischen Wissenschaftlern und Unternehmen anzubahnen, mitunter auch zu begleiten, sowie gründungs- und innovationsrelevante Informationen bereitzustellen, zum Beispiel über Märkte, Branchen oder Finanzierungsquellen.

Wirtschaftsnahe Mittler sind Organisationen, die ausschließlich von der Wirtschaft getragen werden. Beispiele sind die Transferstellen der Industrie- und Handelskammern oder des Technologietransferrings der Handwerkskammern. Sie üben vorwiegend Makler- und Beraterfunktionen aus. Ihre Aufgabe ist es, Wissensproduzenten und –anwender miteinander in Kontakt zu bringen. Dabei greifen die Einrichtungen vielfach auf die Mitglieder ihrer Wirtschaftsorganisation zurück, also die Unternehmen des IHK- oder des Handwerkkammerbezirks.

Darüber hinaus arbeiten *eigenständige Mittler*, die weder einer wissenschaftlichen noch einer wirtschaftlichen Organisation angehören. Hierzu gehören Transfer- und Beratungsagenturen der Kommunen, der Kreise oder des Landes, sofern sie dezentral agieren. Ihr Leistungsspektrum umfasst vor allem eine Gründer-, Technologie- oder Fördermittelberatung. Einige Einrichtungen fungieren als Projekträger für Förderprogramme oder bearbeiten selbst öffentliche Projekte. Andere Agenturen setzen einen besonderen fachlichen Schwerpunkt, etwa auf Patentrecherchen oder Brancheninformationen.

---

63 Siehe Schmoch/ Licht/ Reinhard (2000), Brockhoff (1999), Beise/ Licht/ Spielkamp (1995) und mit besonderem Bezug zur dezentralen Innovationspolitik Frey/ Henke (1989). Reinhard/ Schmalholz (1995), S. 19-20 verstehen unter Wissens- und Technologietransfer „die planvolle Übertragung wissenschaftlichen und technologischen Wissens zwischen Personen und Organisationen zum Zwecke der Innovation."

64 Siehe ausführlich Reinhard/ Schmalholz (1996), S. 105-163.

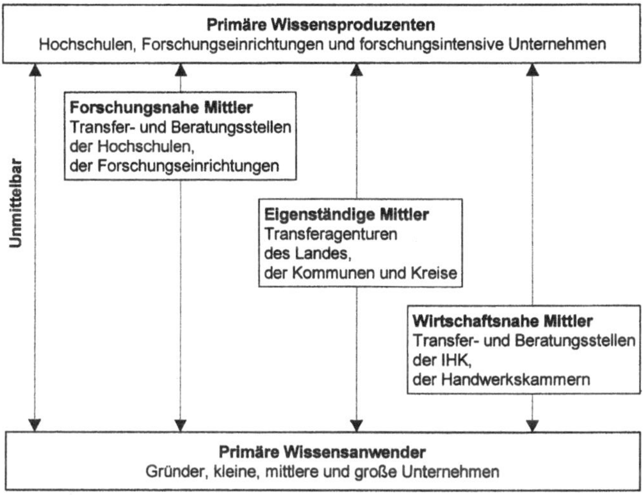

Quelle: nach Reinhard / Schmalholz (1996), S. 20.

Abbildung 2.5: Merkmale von Technologie- und Transferstellen

Der Auf- und Ausbau von Transferstellen basiert ursprünglich auf dem linearen Innovationsmodell. Vor allem den forschungsnahen Mittlern wurde unterstellt, dass sie das brachliegende Wissen der Hochschulen leichter in die Wirtschaft weiterleiten können. Ob dies gelingt, wird in der einschlägigen Literatur jedoch zunehmend bezweifelt.[65] Wie die spätere Analyse offenlegt, hemmen vor allem die bestehenden Anreizstrukturen innerhalb des öffentlichen Sektors die bisherige Transferarbeit.

---

65 Siehe Elle (1998), S. 93ff. und Reinhold/ Schmalholz (1996), S. 13.

2.2.3.3. Regionale Beteiligungsgesellschaft

Das begrenzte Angebot an risikotragendem Beteiligungskapital gilt oft als das zentrale Entwicklungshemmnis für innovative *Start-ups* in Deutschland.[66] Seit Mitte der achtziger Jahre nimmt deshalb die Beteiligungsfinanzierung als Instrument der Innovationspolitik einen immer größeren Platz ein.[67] Am Anfang stehen finanzielle Förderprogramme des Bundes und der Länder. In jüngerer Zeit sind zudem eine Reihe von regionalen Beteiligungsgesellschaften entstanden. Die vorliegende Untersuchung fasst darunter die Kapitalbeteiligungsgesellschaften der Sparkassen, der Volks- und Raiffeisenbanken und öffentlich-rechtliche Banken mit räumlich begrenztem Arbeitsbereich.[68] Die Einrichtungen sind zwar erwerbswirtschaftlich organisiert, investieren aber risikotragendes Kapital innerhalb ihres Auftrages zur Unterstützung der regionalen Wirtschaft. Auf Grund dieser ausdrücklichen Förderorientierung sind sie ein wichtiger Bestandteil dezentraler Innovationspolitik (Abbildung 2.6).[69]

Regionale Beteiligungsgesellschaften bieten in der Regel stille Beteiligungen oder eigenkapitalähnliche Titel wie zum Beispiel Gesellschafterdarlehen oder Darlehen mit Rangrücktritt an, gelegentlich gehen sie auch direkte Beteiligungen ein.[70] Die Einrichtungen beraten zudem ihre Portfoliounternehmen bei kaufmännischen Problemen. Doch angesichts ihrer begrenzten finanziellen und personellen Kapazitäten können sie zumeist keine aktive Managementbetreuung leisten. Auch das Beteiligungsvolumen ist – je nach Finanzkraft der Muttergesellschaft – stark limitiert. Die Einrichtungen versuchen üblicherweise, durch laufende Entgeltzahlungen eine positive Rendite zu erwirtschaften. Ihr räumlicher Bezug macht es notwendig, geringere Wachstumsanforderungen an die Unter-

---

66 Wissenschaftlicher Beirat beim Bundesministerium für Wirtschaft (1997), S. 1. Unter Beteiligungskapital sind Eigenkapital oder eigenkapitalähnliche Titel zu verstehen, die als direkte oder stille Beteiligungen bzw. eigenkapitalähnliche Darlehen außerhalb des organisierten Kapitalmarktes eingebracht werden. Siehe Lessat et al. (1999), S. 94ff, ausführlich auch Kulicke/ Wupperfeld (1996).

67 Siehe Schefczyk (2000a), S. 95-104, der die bestehenden Förderprogramme in drei Gruppen einteilt: 1.) indirekte Förderung über Refinanzierungs- bzw. Risikoentlastung von Beteiligungsgebern, die Kapital für innovative *Start-ups* bereitstellen, 2.) direkte Finanzierungshilfen für nicht börsenreife Unternehmen und 3.) öffentliche Förderprogramme für Existenzgründer. Zahlreiche Bundesländer haben inzwischen auch eigene Beteiligungsgesellschaften gegründet. Zur staatlichen Förderung von Beteiligungskapital siehe auch Licht/ Hemer/ Kulicke (1998).

68 So auch Kulicke (2001a), S. 191.

69 Siehe Kremer/ Westphal (1996) und Kirchhoff/ Müller-Godeffroy (1991).

70 Zu den einzelnen Finanzierungsformen siehe Lessat et al. (1999), S. 94-95.

nehmen zu stellen und einen breiten Bereich an Finanzierungsanlässen abzudekken. Andernfalls wäre das Potenzial an möglichen Unternehmensbeteiligungen in vielen Regionen zu gering.[71]

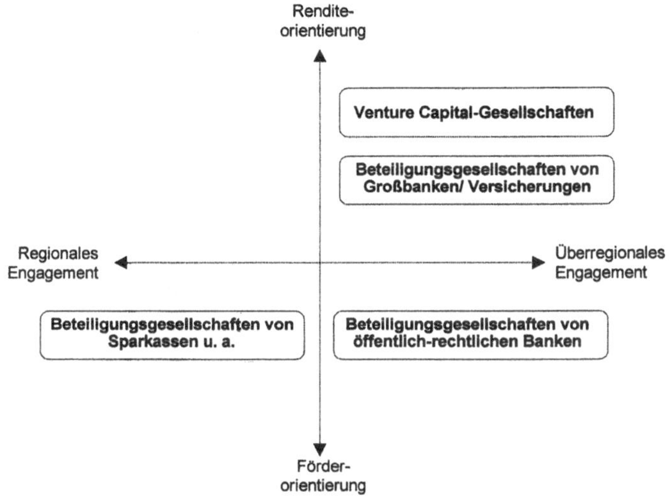

Quelle: Kremer/ Westphal (1996), S. 44, eigene Zusammenstellung.

Abbildung 2.6: Merkmale von Beteiligungsgesellschaften

Strikt davon zu trennen sind *Venture-Capital*-Gesellschaften sowie Beteiligungsgesellschaften der Groß- und Privatbanken, Versicherungen und anderer Unternehmen. Diese eindeutig renditeorientierten Kapitalgeber engagieren sich nur bei *Start-ups* mit besonders hohem Wachstums- und Ertragspotenzial, die auch entsprechende Risiken aufweisen. Durch eine direkte Beteiligung und intensive Managementunterstützung versuchen sie, ihre Anteile mit möglichst hohem Gewinn wieder zu veräußern, sei es durch einen Börsengang, durch den Verkauf an andere Investoren oder an das Portfoliounternehmen selbst. Dabei verfolgen sie dabei keinerlei förder- oder regionalpolitischen Ziele.

---

71 Siehe Kulicke (2001a), S. 191 und Nolte/ Stummer (2000), S. 1066-1067.

2.3. Ökonomische Problemfelder dezentraler Innovationspolitik

Wie der innovationspolitische Überblick gezeigt hat, verfügen nicht nur Bund und Länder,[72] sondern zunehmend auch Regionen und Kommunen über eigenständige Förderinstrumente, die sich seit Mitte der achtziger Jahre immer weiter differenziert und vermehrt haben. Dabei handelt es sich weniger um ein proaktives Politikdesign, das auf einem geschlossenen Gedankengebäude ruht. Vielmehr haben die Verantwortlichen immer wieder auf neue Wirtschaftskrisen oder Strömungen in der Innovationsforschung reagiert. Als Folge dieses evolutorischen Prozesses, der sich bisweilen auch als ein politisches Verfahren von Versuch und Irrtum charakterisieren lässt, ist inzwischen eine komplexe Förderlandschaft entstanden: Technologie- und Gründerzentren, Transfer- und Beratungsstellen sowie regionale Beteiligungsgesellschaften – sie alle zielen darauf ab, innovative *Start-ups* zu begleiten und damit die lokale Wirtschaft zu kräftigen. Aus dem Blickwinkel des ökonomischen Betrachters lassen sich angesichts des historisch gewachsenen Angebotsspektrums vier Problemfelder erkennen, die einer eingehenden Untersuchung bedürfen.

- *Das Legitimationsproblem*: Zunächst stellt sich eine eher grundsätzliche Frage: Ist es überhaupt notwendig und sinnvoll, dass Politiker und Verwaltungsbeamte innovative *Start-ups* so intensiv unterstützen? Die begünstigte Adressatengruppe müsste sich als förderbedürftig und förderungswürdig erweisen, um ein staatliches Engagement ökonomisch zu rechtfertigen. Andernfalls würden knappe öffentliche Gelder vergeudet oder anderen, möglicherweise besseren Verwendungsformen vorenthalten. Gleiches gilt auch dann, wenn die politisch-administrativen Akteure ihrerseits Defizite aufweisen sollten, die einer effizienten Förderung entgegenstehen. Die folgende Analyse muss also Gründe und Grenzen der Innovationspolitik beleuchten.
- *Das Kompetenzproblem:* Neben Bund und Ländern betreiben auch regionale und kommunale Akteure eine Innovationspolitik. Welche Rationalität steht hinter dieser Dezentralisierung von politischen Kompetenzen? In welcher Hinsicht ist das Engagement in Stadt, Gemeinde und Kreis sinnvoll oder auch nicht? Die weitere Arbeit muss also zweitens die Vor- und Nachteile erkunden, die mit einem dezentralen Ansatz in der Innovationspolitik verbunden sind.

---

72 Zu den aktuellen Förderprogrammen von Bund und Länder siehe BMBF (2000).

- *Das Interessenproblem*: Dass es keine monolithische dezentrale Innovationspolitik gibt, hat der Überblick über die Instrumente und ihre Träger zum Ausdruck gebracht. Auf dem Politikfeld bewegen sich ganz unterschiedliche Akteure – Repräsentanten aus Kommune und Kreis, Technologiezentrum und Transferstelle, Kammer und Kapitalbeteiligungsgesellschaft. Welche Eigeninteressen verfolgen die verantwortlichen Personen, wenn man von der politischen Vorgabe, innovative Start-ups zu fördern, absieht? Stehen ihre individuellen Motive im Einklang, oder sind typische Konflikte vorgezeichnet, möglicherweise zu Lasten der eigentlichen Zielgruppe, den Unternehmen? Die folgende Analyse muss daher drittens thematisieren, ob und wie die beteiligten Akteure ihre persönlichen Interessen zum Ausgleich bringen – sowohl innerhalb einer Region mit ihren jeweiligen Fördereinrichtungen als auch zwischen benachbarten Gebietskörperschaften.
- *Das Vernetzungsproblem:* Nach den neueren Befunden der Innovationsforschung kann die intensive Zusammenarbeit zwischen unterschiedlichen Wissens- und Funktionsträgern das betriebliche Innovationsverhalten enorm bereichern. Doch welche instrumentellen Konsequenzen ergeben sich daraus für die Akteure dezentraler Innovationspolitik? Können sie durch ihre Fördermaßnahmen regionale Innovationsnetze flechten? Die weitere Arbeit muss also viertens erforschen, wie innovative Netze funktionieren und welchen Beitrag die öffentliche Hand für ihren Aufbau leisten kann.

„Is it possible to draw some guidelines for good policy analysis, recognizing explicity that our rationality is bounded ...? We think it is. ... The role of analysis is to enhance understanding of the problem. The objective is not to find an optimum. The tactical objective is to identify reasonable next moves in the chess game of policy development.“

RICHARD R. NELSON UND SIDNEY G. WINTER (1982), S. 382.

3. Ökonomischer Referenzmaßstab dezentraler Innovationspolitik

3.1. Entwurf eines ökonomischen Referenzmaßstabs

Welche grundlegenden Fragen dezentrale Innovationspolitik aufwirft, hat das vorherige Kapitel bereits kurz angerissen. Mit den vier genannten Problemkomplexen – ökonomische Legitimation, dezentrale Kompetenz, politisches Eigeninteresse und instrumentelle Vernetzung – wird sich nun der theoretische Hauptteil der Arbeit eingehend beschäftigen. Zwei Ziele stehen dabei im Vordergrund: Das Kapitel versucht erstens, kritische Erfolgsfaktoren des Politikfeldes im Kern zu erfassen und anhand von Analyse-Objekten genau zu benennen. Zweitens sollen Perspektiven darüber gewonnen werden, an welchen ökonomischen Referenzpunkten sich die verantwortlichen Akteure dezentraler Innovationspolitik künftig orientieren können, um die Qualität der Förderaktivitäten zu erhöhen. Das besondere in der Vorgehensweise besteht in dem Zugriff auf vier wirtschaftswissenschaftliche Theoriezweige. Dazu zählen Erklärungsbeiträge der

- Ordnungstheorie (Kapitel 3.2),
- ökonomischen Föderalismustheorie (Kapitel 3.3),
- Neuen Institutionenökonomik (Kapitel 3.4) und
- regionalen Netzwerktheorie (Kapitel 3.5).

Der mehrdimensionale Ansatz gründet sich auf der These, dass all diese ökonomischen Zugänge zwar Teilbereiche dezentraler Innovationspolitik erschließen, aber für sich allein nicht weit genug reichen.[73] Die Arbeit versucht daher zu zeigen, dass sich die Ansätze zu einem schlüssigen Referenzmaßstab verbinden lassen (3.6). Aus dieser ökonomischen Warte lässt sich dezentrale Innovationspolitik künftig sachgerechter untersuchen; mögliche Reformansätze lassen sich genauer erkennen.

Vor Beginn der Analyse ist es unverzichtbar, einige methodische Aspekte zu klären: So ist darauf hinzuweisen, dass es weder *die* Ordnungstheorie oder Föderalismustheorie noch *die* Institutionenökonomik oder Netztheorie gibt. Vor allem die beiden letztgenannten Zweige zeichnen sich durch Variationen aus. Trotz dieser Vielfalt im Detail sind sie aber durch bestimmte Grundlinien charakterisiert, die jeweils einen originären Beitrag für die Analyse und das Verständnis des Politikfeldes erwarten lassen.

Die Auswahl der Theoriezweige erfolgt insofern *problemorientiert*, als sie alle mit je einem der zuvor markierten Problembereiche korrespondieren, die für eine kritische Analyse dezentraler Innovationspolitik bedeutsam erscheinen. Da sich der Referenzmaßstab aus mehreren Komponenten zusammensetzt, muss er dabei einem wichtigen methodischen Anspruch genügen: Seine Aussagen müssen inhaltlich konsistent sein, um Eklektizismus zu unterbinden. Deshalb handelt es sich hier ausnahmslos um *ökonomische* Konzepte. Obwohl sie sich mit verschiedenen Fragen beschäftigen, ruhen sie auf einheitlichen Prämissen.[74] Unzulässig wäre es hingegen, wissenschaftliche Theorien zu verknüpfen, die auf abweichenden Grundannahmen basieren. Die gewählte Reihenfolge der theoretischen Zugänge folgt ihrer chronologischen Entwicklung – die Darstellung beginnt also mit der klassischen Ordnungstheorie und mündet in der jüngeren Theorie regionaler Netze.

Ein dritter Punkt schließt sich daran an: In einigen Bereichen *überlappen* sich – zwangsläufig – die ökonomischen Theoriefelder. So sind die Konsequenzen, die sich aus dem eigennutzorientierten Verhalten der innovationspolitischen Akteure ergeben können, bei der Darstellung der Institutionenökonomik ebenso bedeut-

---

73 Zwei Beispiele zur Illustration: Die traditionelle Föderalismustheorie empfiehlt einen subsidiären Politikansatz, blendet dabei jedoch institutionelle Bedingungen aus. Dieser Frage widmet sich die Neue Institutionenökonomik. Die Ordnungstheorie beschäftigt sich mit dem „Ob“, nicht aber mit dem „Wie“ einer konkreten förderpolitischen Maßnahme. Hier helfen möglicherweise die Erkenntnisse über Innovationsnetze.

74 Grundlegend zum ökonomischen Theorieansatz Becker (1976), McKenzie/ Tullock (1985) und Kirchgässner (1991). Prägnante Überblicke stammen von Frey (1990), Frey/ Bohnet (1993) und Becker (1993).

sam wie in der Ordnungstheorie oder der regionalen Netztheorie. Die Gliederung, die sich entlang der Theoriezweige auffächert, muss bis zu einem gewissen Grad schematisch bleiben. Aber damit steigert sie die Transparenz der Argumentation.

Zudem muss betont werden, dass die Arbeit der Reichhaltigkeit der vier Ansätze nur *selektiv* gegenübertreten kann: Die ganze Breite der gewählten Zugänge zu erörtern, würde nicht nur über den Rahmen der Studie hinausgehen. Sie liefe unter Umständen auch Gefahr, das primäre Forschungsziel zu vernachlässigen. So besteht das Interesse stets darin, jene Beiträge zu destillieren, die eine problemorientierte Analyse dezentraler Innovationspolitik bereichern können.

Eine entscheidende methodische Restriktion besteht schließlich darin, dass die Theoriezweige zwar kritische Erfolgsfaktoren offenlegen, die für eine kostenbewusste und kundennahe Innovationspolitik bedeutsam sind. Die Ansätze können aber selbst nicht präzisieren, wie sie sich generell erreichen lassen. Ein Beispiel ist die Notwendigkeit institutioneller Arrangements, die eine dauerhafte Kooperation zwischen den Vertretern benachbarter Kommunen gewährleisten könnten. Ohne Zweifel ist ein solcher Gesichtspunkt für die Bewertung dezentraler Innovationspolitik relevant. Niemand kann jedoch *allgemeingültig* definieren, welche konkreten Institutionen eine Zusammenarbeit begünstigen und – mehr noch – wie sie sich konstruieren lassen. Kurz: Die Theoriezweige können zwar ein Problem diagnostizieren und ein politisches Ziel definieren, bieten aber keine Patentlösung für die Therapie. Offensichtlich ist es daher auch nicht möglich, ein einzig richtiges oder gar pareto-optimales Beurteilungsraster aufzustellen. Das ist auch nicht das Anliegen dieser Arbeit. Wohl aber kann sie ökonomische Perspektiven zusammenführen, die in ihrer Gesamtheit helfen, sensible Aspekte dezentraler Innovationspolitik aufzudecken und mögliche Reformansätze für die Entscheidungsträger zu erkennen.[75] Ob und wie sich die Akteure diesen Leitbildern nähern, ist Gegenstand des empirischen Teils der Studie.

Unter Beachtung dieser methodischen Aspekte soll der angestrebte ökonomische Maßstab zusammenfassend drei Kriterien erfüllen: Er soll widerspruchsfrei sein; seine Elemente sollen also aufeinander aufbauen und sich ergänzen (*Konsistenz*). Er soll sich auf die innovationspolitische Praxis beziehen, indem er bedeutsame Analyse-Objekte und Handlungsoptionen benennt (*empirische Relevanz*). Das Konzept soll durch die Kombination verschiedener Theoriezweige die bisherigen Untersuchungsansätze dezentraler Innovationspolitik substantiell erweitern (*Neuartigkeit*).

---

[75] So auch Nelson/ Winter (1982), S. 379-385, insbesondere S. 383.

3.2. Beitrag der Ordnungstheorie

Die ökonomische *Legitimation* dezentraler Innovationspolitik steht am Anfang der Analyse. Bei diesem eher grundlegenden Problemfeld bietet die Ordnungstheorie wertvolle Erklärungsbeiträge. Sie liefert das klassische Analyse-Verfahren, um Staatseingriffe in das Marktgeschehen aus wirtschaftswissenschaftlicher Perspektive zu beleuchten. Eine politische Intervention ist demnach nur dann gerechtfertigt, wenn der Marktmechanismus zu systematischen Fehlentwicklungen führt *und zugleich* die Akteure des öffentlichen Sektors in der Lage sind, ein besseres Ergebnis herbeizuführen.[76] Unter dem Begriffspaar Marktversagen versus Staatsversagen nimmt dieses Argumentationsmuster in der wirtschaftspolitischen Literatur einen breiten Raum ein. Auch zur Technologie- und Innovationsförderung liegen allgemeine Ansätze vor,[77] jedoch nicht mit dem Fokus auf dezentrale Innovationspolitik. Ob ein subsidiäres Vorgehen auf diesem Politikfeld besondere Charakteristika aufweist, wird deshalb anhand von zwei Leitfragen untersucht: Welche Marktmängel weisen innovative *Start-ups* typischerweise auf, die eine öffentliche Hilfe notwendig erscheinen lassen? Welche politischen Steuerungsdefizite können eine kosten- und kundenorientierte Förderstrategie beeinträchtigen? Bei der hier verfolgten Interpretation der Ordnungstheorie geht es weniger um ein abschließendes normatives Urteil über dezentrale Innovationspolitik. Vielmehr werden eingehend ihre Gründe und Grenzen reflektiert.[78]

3.2.1. Marktmängel innovativer *Start-ups*

Informationsmängel und externe Effekte, Unteilbarkeiten und Unsicherheiten gelten als mögliche Schwächen des Marktmechanismus.[79] Diese Phänomene stellt der folgende Abschnitt jeweils kurz vor, um sie direkt im Anschluss bei innovativen *Start-ups* – der Zielgruppe dezentraler Innovationspolitik – zu untersuchen.

---

76 Siehe grundlegend dazu Demsetz (1969).

77 Siehe Klodt (1995), Ewers/ Wein (1993), Kurz/ Herb (1990), Maas (1986).

78 Damit unterscheidet sich die Analyse von wohlfahrtsökonomischen Ansätzen, die unter dem Leitbild der vollständigen Konkurrenz nach einem innovationspolitischen Allokationsoptimum suchen. Siehe zum Beispiel Klodt (1995) oder Ewers/ Fritsch (1987).

79 Siehe Elle et al. (1997b), S. 110-121.

Informationsmängel innovativer *Start-ups*

Unternehmerisches Handeln vollzieht sich keineswegs auf einem vollkommenen Markt, in dem alle Wirtschaftsteilnehmer perfekt informiert sind – so wie es die neoklassische Standardtheorie modelliert. Das Wissen der Akteure ist stattdessen begrenzt, ihre Fähigkeiten häufig limitiert. Wie eine Reihe von empirischen Studien zeigen, sind *Start-ups* oftmals durch persönliche und fachliche Defizite gekennzeichnet, die ihre betriebliche und innovative Tätigkeit erheblich beeinträchtigen oder sogar zu einem Scheitern führen.[80]

Im Vorfeld der eigentlichen Existenzgründung, in der Vorgründungsphase, fehlt es den Jungunternehmern vor allem an rechtlichen und betriebswirtschaftlichen Kenntnissen – etwa bei der Wahl der Rechtsform, Buchführung, Finanzierung, Steuern und Versicherungen. Typischerweise ergeben sich auch Probleme bei der Erstellung eines Geschäftsplans, beim Auftreten gegenüber Kapitalgebern und Geschäftspartnern sowie im Umgang mit der öffentlichen Verwaltung. In den ersten Jahren nach einer erfolgreichen Gründung, in der Wachstumsphase, sind andere Informationsmängel bedeutsam. Hierzu zählen vor allem fehlende Marketing- und Vertriebserfahrungen oder Probleme, geeignete Mitarbeiter zu suchen, auszuwählen und einzustellen.[81]

Im Gegensatz zu einem Großunternehmen, das sich intern spezialisiert und Experten für Detailfragen beschäftigt, kann ein innovativer *Start-up* seinen Informations- und Beratungsbedarf in der Regel nur durch externe Quellen abdecken. Gelingt ihm das nicht, droht in vielen Fällen die Insolvenz; Tabelle 3.1 zeigt die häufigsten Ursachen für das Ausscheiden von Existenzgründern. Knapp die Hälfte aller gescheiterten Existenzgründungen lassen sich demnach auf Qualifikationsmängel zurückführen. Fast zwei von drei Insolvenzen basieren auf Informationsdefiziten der Gründer. Noch bedeutsamer sind allerdings Finanzierungsengpässe, auf die sich das Augenmerk nun richtet. Auch sie resultieren im Grunde aus einer unvollkommenen Informationsverteilung der Marktteilnehmer.

---

80 Siehe etwa Sabisch (1999a), S. 20-39 oder Lessat et al. (1999), S. 85-93.

81 Ullrich (2000), S. 49-50.

Ursachen für das Scheitern von Existenzgründungen	Angaben in Prozent
1. Finanzierungsmängel	69
2. Informationsdefizite (insbesondere ungenügende Marktkenntnisse)	61
3. Qualifikationsmängel (insbesondere Fehlen kaufmännischer und unternehmerischer Kenntnisse)	48
4. Planungsmängel	30
5. Familienprobleme	30
6. Fehleinschätzung der Betriebsleistung	15
Angaben in Prozent der Anzahl gescheiterter Unternehmen. Mehrfachnennungen möglich	

Quelle: Sabisch (1999a), S. 24.

Tabelle 3.1: Ursachen für das Scheitern von Existenzgründungen

Informationsmängel potenzieller Kapitalgeber

Die Finanzierung von Innovationsprojekten stellt enorme Anforderungen an einen potenziellen Kapitalgeber. Denn neben das marktliche Risiko (Wird die Innovation auf dem Markt akzeptiert?) tritt noch ein technisch-organisatorisches Risiko (Ist das Vorhaben überhaupt umsetzbar?). Innovativen *Start-ups* fällt es daher oft sehr schwer, Investoren von einem finanziellen Engagement zu überzeugen. Im Unterschied zu etablierten Unternehmen können sie nur begrenzt frühere Geschäftserfolge oder Management-Erfahrungen vorweisen, die positive Signale auslösen und damit Unsicherheiten über die Beteiligungswürdigkeit abbauen helfen. Erschwerend kommt hinzu, dass junge Gründer oftmals nur geringe materielle Sicherheiten bieten können.[82]

Kapitalgeber unterscheiden zwischen Beteiligungen und festverzinslichen Anlageformen. Kapitalnehmer – in diesem Fall innovative *Start-ups* – verbuchen die Mittel als Eigenkapital oder Fremdkapital.[83] Nur in einer Modellwelt unter restriktiven Annahmen handelt es sich um gleichwertige Finanzierungsmethoden, für die das Theorem der Irrelevanz der Kapitalstruktur eines Unternehmens gilt.[84] In der realen Welt hingegen ist Eigenkapital der ideale Risikoträger: Es

---

82 Zur Innovationsfinanzierung über Beteiligungskapital siehe zum Beispiel Schefczyk (2000a), Berrios-Amador/ Lohmann/ Pleschak (1999), Koschatzky et al. (1999) und Sabisch/ Groß (1999).

83 Siehe Perridon/ Steiner (1997), S. 341ff.

84 Grundlegend dazu Modigliani/ Miller (1958) oder auch Stiglitz (1974), S. 851-866.

steht langfristig zur Verfügung, belastet das Unternehmen nicht mit starren Tilgungspflichten und erfordert keine dinglichen Sicherheiten. Im Unterschied zu Fremdkapital übt es zudem nicht nur eine Finanzierungsfunktion aus, sondern übernimmt auch eine Haftungsfunktion bei möglichen Verlusten. Die Eigenkapitalquote, also der Anteil des Eigenkapitals am Gesamtkapital, prägt schließlich die Aufnahmefähigkeit von zusätzlichem Fremdkapital und das wirtschaftliche Image eines Unternehmens.[85]

Wie bereits gezeigt haben *Start-up*-Unternehmen zum Teil eklatante Schwierigkeiten, risikotragendes Eigenkapital einzuwerben.[86] Dieses Manko gründet sich typischerweise auf eine asymmetrische Informationsverteilung hinsichtlich der

- Rendite- und Risikoerwartungen,
- Realisierbarkeit und dem Ressourcenbedarf der unternehmerischen Tätigkeit,
- Qualifikation und Leistungsbereitschaft der Mitarbeiter des Unternehmens.[87]

Der erforderliche Aufwand der Informationsbeschaffung über und Informationsvermittlung an mögliche Teilhaber ist in Relation zum benötigten Kapitalzufluss oftmals sehr hoch. Dazu zählen nicht nur Such-, Kommunikations- und Vertragskosten, um 'ehrliche' Informationen an einen möglichen Kooperationspartner zu übermitteln. Zudem entstehen Kosten, um ein mögliches Misstrauen der Kapitalgeber auf Grund von Motivations- und Verhaltensrisiken des Gründers (*moral hazard*) zu überwinden.[88] Darüber hinaus lässt sich gerade bei langfristigen Innovationsprojekten nur schwer vorhersehen, ob eine Geschäftsidee tatsächlich ein kommerzieller Erfolg wird. Dies trifft vor allem auf radikale Innovationen zu, wo ein entsprechender Markt allenfalls latent existiert.

Dieser Befund bedeutet allerdings nicht, dass der Marktmechanismus bei innovativen *Start-ups* grundsätzlich versagt. So zielen immer mehr professionelle Beteiligungsgesellschaften als Finanzintermediäre darauf ab, kreative Gründer und ertragsorientierte Investoren zusammenzubringen. Die bestehenden Informationsasymmetrien zwischen den Parteien versuchen sie, durch eine umfassende Beteiligungswürdigkeitsprüfung und durch eine aktive Begleitung des Port-

---

85 Siehe zum Beispiel Sabisch/ Groß (1999), S. 145 und Kulicke (1999), S. 6-7.

86 Wissenschaftlicher Beirat beim Bundesministerium für Wirtschaft (1997), S. 1.

87 Siehe Schefczyk (2000a), S. 59.

88 Diese Skepsis basiert auf verminderten Leistungsanreizen, die nach Vertragsabschluss entstehen können: Wenn ein Geschäftsführer-Unternehmer nicht mehr das gesamte Eigenkapital hält und ihm entsprechend nicht mehr die gesamten Erträge seiner Tätigkeit zufließen, kann dies sein Engagement vermindern. Grundlegend dazu Jensen/ Meckling (1976), S. 312-333.

foliounternehmens einzudämmen.[89] Auch die Bereitschaft institutioneller Investoren und privater Personen (*Business Angels*[90]), Wagniskapital bereitzustellen, hat sich in den vergangenen Jahren ausweitet. Lag das verfügbare Fondsvolumen deutscher Beteiligungsgesellschaften 1989 noch bei 3,9 Milliarden DM, ist es bis 1999 auf 26,7 Milliarden DM angestiegen. Das entspricht einem jährlichen Wachstum von durchschnittlich 21,2 Prozent.[91] Vor diesem Hintergrund kann nicht mehr generell von einer Eigenkapitallücke in Deutschland gesprochen werden.

Trotz dieser beachtlichen Dynamik auf dem Kapitalmarkt gilt die Finanzierungssituation von einer Gruppe von *Start-ups* jedoch immer noch als problematisch. Dazu zählen sehr kleine, innovative Betriebe und Existenzgründer sowie mittelständische Unternehmen, die ein neues Geschäftsfeld aufbauen.[92] Weil ihre unternehmerische Tätigkeiten keine so hohen Beteiligungserträge erwarten lassen, aber dennoch gewisse Ausfallrisiken bergen, können sie in eine Angebotslücke zwischen renditeorientierten *Venture-Capitalists* auf der einen Seite und risikoaversen Hausbanken auf der anderen Seite geraten. Eine räumliche Analyse potenzieller Kapitalgeber deckt zudem auf, dass in strukturschwächeren Regionen Beteiligungskapital auch heute kaum verfügbar ist.[93] Im empirischen Teil der Arbeit wird daher geprüft, wie sich das Angebot an Beteiligungskapital in Nordrhein-Westfalen entwickelt hat.

Externe Effekte

Positive *externe Effekte* tauchen im Innovationsprozess dann auf, wenn ein Unternehmen von der Tätigkeit eines anderen Akteurs profitiert ohne dafür eine entsprechende Gegenleistung zu erbringen.[94] Die Ergebnisse der Grundlagenforschung sind ein typisches Beispiel dafür.[95] Für einen privaten Investor werfen sie keinen direkten Ertrag ab, weil sie marktlich noch nicht verwertbar, aber nach einer Veröffentlichung leicht kopierbar sind. Ein strategisch handelnder Unter-

---

89 Siehe Schröder (1992), S. 188-194.

90 Zur Mobilisierung von *Business Angels* in Deutschland siehe Hemer (1999), S. 185-200 und Tonger (2000), S. 19-29.

91 Siehe Schefczyk (2000a), Kapitel 5 und (2000c). Ausführlich auch Kapitel 4.2.2.3.

92 So Kulicke (2001a), S. 191-204 und Sabisch/ Groß (1999), S. 141-142.

93 Siehe Christians/ Schröder (2001).

94 Dieser Begründungsansatz geht zurück auf Arrow (1962b).

95 Siehe Klodt (1987), S. 3 ff.

nehmer wird daher auf teure Innovationsanstrengungen verzichten und sich statt dessen darauf beschränken, die Ergebnisse Anderer zu nutzen – er verhält sich als Trittbrettfahrer. Weil dieser Anreiz für jeden Anbieter besteht, kann der Markt versagen; ein staatlicher Eingriff wäre unter diesen Umständen ökonomisch sinnvoll. Wenn ein Unternehmen hingegen klare Eigentums- und Verfügungsrechte an seinem *Know-how* besitzt – etwa durch ein gewerbliches Schutzrecht – und diese Rechte auch gegenüber Dritten durchsetzen kann, wäre ein besonderes förderpolitisches Engagement überflüssig.[96] Im Gegensatz zur Grundlagenforschung scheint das gemeinhin bei marktreifen Innovationen erfüllt zu sein.

Doch wie sieht die Sitation bei innovativen *Start-ups* aus? Können sie sich die Erträge ihrer Innovation mithilfe gewerblicher Schutzrechte genauso gut aneignen wie große und etablierte Unternehmen? Drei Argumente sprechen für eine geringere Wirksamkeit des staatlichen Patentschutzes bei der Zielgruppe dezentraler Innovationspolitik:[97]

- *Patente bei inkrementeller Innovation:* Um die Durchsetzbarkeit eines Patentes abzuschätzen, muss nach der Reichweite einer Innovation unterschieden werden: Bei einer inkrementellen Innovation baut das Neue unmittelbar auf dem Stand der Technik auf – möglicherweise sogar auf einem bereits bestehenden Patent. Der Nachweis der Patentfähigkeit fällt mithin relativ schwer;[98] zugleich lässt sich eine derartige Neuerung vergleichsweise einfach imitieren. Daher besteht ein hohes Risiko von Patentrechtsstreitigkeiten. Hier kann ein innovativer *Start-up* im Vergleich mit etablierten, größeren Unternehmen benachteiligt sein, da es ihm an der finanziellen Potenz fehlt, langwierige und kostspielige Gerichtsverfahren durchzustehen.
- *Patente bei radikaler Innovation*: Bei einer grundlegenden Neuheit fällt es zwar relativ leicht, ein Patent anzumelden, weil die Innovation klar erkennbar ist. Konkurrenten können allerdings versuchen, den Patentschutz zu umgehen, indem sie ein leicht modifiziertes Produkt oder Herstellungsverfahren

---

96 Neben dem staatlichen Patentschutz bieten auch marktendogene Faktoren wie der Wissens- und Know-how-Vorsprung eines innovierenden Unternehmens einen temporären Schutz gegen Imitation. Siehe z. B. Dosi (1988b), S. 1139.

97 Ewers/ Wein (1993), S. 21 ff.

98 Nach den Vorschriften des Patentgesetzes ist eine Erfindung nur dann patentfähig, wenn sie neu ist (nicht zum Stand der Technik gehört), auf einer erfinderischen Tätigkeit beruht und gewerblich anwendbar ist (§ 1 Abs. 1 PatG).

entwickeln. Sperrpatente sind hier eine mögliche Gegenstrategie.[99] Für innovative *Start-ups* mag allerdings ein Nachteil bestehen, da sie diese kostspielige Sicherheitsstrategie auf Grund ihrer geringeren Wirtschaftskraft nur bedingt durchführen können.

- *Kontrolle und Durchsetzung des Patentschutzes*: Selbst wenn ein Unternehmen über ein Patent verfügt, bedeutet das keineswegs einen völligen Schutz vor Imitation. Denn Konkurrenten könnten das gewerbliche Schutzrecht verletzen. Der Innovator kann nur dann seinen Anspruch durchsetzen, wenn er von diesem Missbrauch weiß und er einen möglichen Rechtsstreit wirtschaftlich durchstehen kann. Auch hier sind - wiederum aus finanziellen Gründen - Nachteile der Adressaten dezentraler Innovationspolitik wahrscheinlich.

Mit abnehmender Unternehmensgröße fällt die relative Häufigkeit von Patenten. Das decken eine Reihe von empirischen Studien auf.[100] Klein- und Mittelunternehmen streben vielfach von vornherein keinen Schutz an, obwohl ihre Innovation die rechtlichen Voraussetzungen erfüllt. Dabei wird auch ein grundlegendes Problem des staatlichen Patentschutzes deutlich. Meldet ein Unternehmer eine Innovation zum Patent an, muss er die Idee offenlegen und damit potenziellen Mitbewerbern seinen Wissensvorsprung preisgeben. Zwar erhält er damit einen formalrechtlichen Verwertungsanspruch. Wenn er diesen aber nicht oder nur unvollständig durchsetzen kann, ist der Betrieb vor Nachahmungen der Konkurrenz nicht gefeit. Der staatliche Patentschutz für innovative *Start-ups* kann also größere Lücken aufweisen, so dass sie gezwungen sein können, mit einer Innovation *ungewollte* externe Effekte zuzulassen und damit potenzielle Erträge zu verlieren.[101] Nicht nur bei Grundlagenforschung, sondern auch bei marktreifen Neuheiten kann es so zu marktlichen Hemmnissen kommen, die öffentliche Hilfe im Grundsatz rechtfertigen.

---

99 Dabei versucht ein Unternehmen, alle denkbaren Variationen seiner Erfindung durch eigene Forschung vorwegzunehmen und diese durch Patente zu schützen. Siehe Rahmeyer (1995), S. 45.

100 Siehe Elle et al. (1997b), S. 64 und die dort angegebene Literatur.

101 Neben den *ungewollten* externen Effekten gibt es auch *gewollte* externe Effekte. Sie enstehen etwa durch die Zusammenarbeit mit anderen Wissensträgern in einem regionalen Innovationsnetz oder einer strategischen F&E-Allianz. Zur Unterscheidung siehe Hanusch/ Cantner (1993), S. 28.

Unteilbarkeiten

Manche Innovationsprojekte, so lautet ein weiteres Argument für ein staatliches Handeln, ist wegen produktionstechnischer oder ökonomischer Unteilbarkeiten derart kostspielig, dass sie für zahlreiche Unternehmen nicht mehr finanzierbar sind.[102] Vielfach ist eine gewisse Mindestausstattung an fachlichem Personal und technischem Gerät notwendig, um ein Innovationsvorhaben zu verwirklichen. Vor allem bei aufwändigen Forschungs- und Entwicklungsanlagen oder bei Projekten, die lange Prüfreihen erfordern, kommt dieses Argument zum Tragen. Die Konsequenz mag darin bestehen, dass nur große Unternehmen in der Lage sind, die Unteilbarkeiten zu überwinden. Im Extremfall wird lediglich ein Anbieter in der Lage sein, durch steigende Skalenerträge eine innovative Aktivität zu entfalten. Bei einem solchen natürlichen Monopol besteht die Gefahr, dass der Alleinanbieter jeglichen Wettbewerb blockiert.

Von Unteilbarkeiten scheinen gerade innovative*Start-ups* betroffen zu sein. Angesichts ihrer geringen wirtschaftlichen Kraft könnte ein Mindestmaß an fachlichem Personal und technischem Gerät zu hohe Fixkosten und damit eine Marktzutrittsbarriere darstellen. Daraus lässt sich jedoch nicht die Notwendigkeit eines staatlichen Eingriffs ableiten, da es sich in der Regel nicht um ein Marktversagen handelt.[103] Solange mehrere andere – größere – Unternehmen die Unteilbarkeiten beherrschen können, sind keine monopolistischen Praktiken zu befürchten. Auch können mittelständische Betriebe in einem Netzwerk kooperieren, um mögliche Hemmnisse auszugleichen.

Unsicherheit und begrenzter Zeithorizont privater Akteure

Staatliche Innovationspolitik wird gelegentlich auch mit dem begrenzten Planungshorizont privater Unternehmen begründet:[104] Weil der Marktmechanismus nur gegenwärtige Knappheitsrelationen abbildet, so die These, kann sich ein verlässliches Entscheidungskalkül der Marktteilnehmer allenfalls auf kurz- oder mittelfristige Zeiträume beziehen. Längerfristige Änderungen der ökonomischen

---

102 Ewers/ Wein (1993), S. 26-28.

103 Fritsch (1993), S. 6-7. Henze (1992), S. 40.

104 Dieses Argument haben vor allem Littmann (1975), S. 56-57 und Hauff/ Scharpf (1975), S. 45 in die Diskussion eingebracht. In der evolutorischen Ökonomik wird es heute zum Teil wieder aufgenommen. Linscheidt (1999) sieht die staatliche Innovationspolitik deshalb in einem permanenten Zielkonflikt zwischen der Öffnung neuer Entwicklungspfade einerseits und der Gefahr der Wissensanmaßung andererseits.

Rahmenbedingungen sind hingegen nicht antizipierbar. Je weiter der mögliche Ertrag einer Innovation in der Zukunft angesiedelt ist, desto unsicherer ist der Erfolg der Investition. Das Risiko über die Profitabilität könnte daher das unternehmerische Handeln lähmen – es sei denn, die Unternehmen erwarten entsprechend hohe Renditen. Für einen eher kurzen Planungshorizont innovativer*Start-ups* spricht ihre begrenzte Möglichkeit, unternehmerische Risiken zu diversifizieren. Während Großunternehmen langfristige und mutige Vorhaben mit kurzfristigen und verlässlichen Projekte mischen können, müssen sich Gründer oft auf ein einziges Vorhaben konzentrieren. Um die damit verbundene Unsicherheit zu mindern, dürfte es sich dabei meist um Geschäftsideen handeln, die sich vergleichsweise rasch kommerzialisieren lassen.[105]

Ein Marktversagen ist allerdings nicht zu befürchten, solange größere Unternehmen ihre Innovationsprojekte mixen können. Ungewissheit über die Zukunft ist überdies untrennbar mit einer Marktwirtschaft verbunden, da sie besondere Kreativität entfalten kann. Aus zwei Gründen kann eine staatliche Übernahme des privaten Risikos keine Lösungsalternative sein: Erstens könnten politische Entscheidungsträger riskante Projekte zu wenig sorgsam angehen, da sie bei einem Scheitern nicht mit ihrem privaten Vermögen haften. Zweitens: Je mehr sich der Grundsatz etabliert, dass der Staat die Unsicherheiten der Innovationsvorhaben minimiert, desto stärker geht die Risikobereitschaft der privaten Akteure zurück.[106] Mit einer ‚Kurzsichtigkeit' des Marktes lässt sich mithin keine eigene Innovationspolitik für innovative *Start-ups* begründen.[107]

3.2.2. Steuerungsmängel politischer Akteure

In einem zweiten Schritt sind die Schwierigkeiten einer innovationspolitischen Förderung zu berücksichtigen. Denn nicht nur der Markt, sondern auch der Staat kann systematische Schwächen aufweisen. Der Abschnitt bündelt daher ordnungspolitische Bedenken gegen staatliche Interventionen.[108] Die Argumente werden kurz vorgestellt, um sie direkt im Anschluss auf dezentrale Innovationspolitik zu beziehen.

---

105 Sabisch/ Groß (1999), S. 141.

106 Siehe Staudt (1996), S.116-122.

107 So auch Henze (1992), S. 39, Herb (1988), S. 183 oder Maas (1986), S. 52.

108 Einen Überblick liefert Tidelski (1997), Kapitel F.

Staatliche Informationsdefizite

„In keinem Bereich wirtschaftlicher Betätigung sind Nichtwissen und Nichtvorhersehbarkeit so unabweisbar, weil logisch zwingend, wie im Falle der Innovation."[109] Staatliche Eingriffe in den Innovationsprozess erscheinen folglich bedenklich, da kein Politiker und kein Beamter über vollkommene Informationen verfügt – ihr Planungshorizont ist beschränkt.[110] Daher gilt es auch unter Ökonomen weithin als unstreitig, dass der Wettbewerb als dezentrales Such- und Entdeckungsverfahren das weit verstreute Wissen am besten zu nutzen vermag:[111] Die Gesamtheit der privaten Akteure setzt bei ihren individuellen Entscheidungen mehr Informationen ein als politische Repräsentanten je sammeln, geschweige denn sinnvoll verarbeiten können. Intervenieren sie dennoch in den Innovationsprozess, maßen sie sich ein Wissen an, das sie möglicherweise nicht besitzen.[112] Denn woher sollen die Entscheidungsträger die Kenntnis haben, welches Unternehmen, welche Branche oder welche Technologie sich künftig als besonders innovativ erweisen wird? Sobald aber der Staat einige Akteure bevorzugt, diskriminiert er alle anderen, die nicht in diesen Genuss kommen. Das kann den Wettbewerb zwischen den Marktteilnehmern verzerren. Wird überdies ein Bereich privilegiert, der sich später als wachstumsschwach entpuppt, würden knappe Steuergelder verschwendet.

Innovationspolitische Maßnahmen müssen daher stets auf ein überzogenes Lenkungswissen hin untersucht werden: Probleme tauchen vor allem bei einer direkten Projektförderung auf – wenn also staatliche Akteure ausgewählten Unternehmen Subventionen gewähren oder ihnen steuerliche Vorteile einräumen, sofern sie inhaltliche Vorgaben erfüllen. Derartige Eingriffe sind für die traditionelle zentralstaatliche Forschungs- und Technologiepolitik charakteristisch. Dezentrale Innovationspolitik zeichnet sich hingegen durch einen indirekten Fördereinsatz aus: Bei Technologiezentren oder Beratungsstellen handelt es sich beispielsweise um Bestandteile der materiellen Infrastruktur. Sie nehmen keinen unmittelbaren Einfluss auf die Innovationsaktivität der marktlichen Akteure und erfordern damit einen weitaus geringeren Informationsbedarf bei den staatlichen Entscheidungsträgern: „Die Unternehmer besitzen vielmehr die Freiheit, die

---

109 Streit (1984), S. 37.

110 So schreibt Niskanen (1971), S. 39: „It is impossible for any one bureaucrat to act in the public interest, because of the limits on his information and the conflicting interests of others, regardless of his personal motivations."

111 Diese Sicht prägte maßgeblich Hayek (1969), S. 249-255 und (1945)

112 Hayek (1975), S. 12-21.

Verfahren zur Erreichung ihrer individuellen Ziele innerhalb der gegebenen Rahmenbedingungen selbst zu suchen, zu entdecken und anzuwenden."[113]

Ein ökonomischer Referenzmaßstab dezentraler Innovationspolitik muss gleichwohl die Aufmerksamkeit darauf lenken, welches staatliche Wissen eine Fördermaßnahme erfordert. Um das Informationsproblem zu beherrschen, sollte eine Einrichtung auf eine inhaltliche Diskriminierung verzichten und sich möglichst vielen *Start-ups* öffnen. Nehmen die innovationspolitischen Aktivitäten den Charakter eines kollektiven Gutes an, lässt sich das örtliche Innovationspotenzial nicht nur selektiv, sondern auf breiter Basis entfalten.[114]

Mitnahmeeffekt

Ein zweiter ordnungspolitischer Einwand gegen Interventionen in das Marktgeschehen bezieht sich auf Mitnahmeeffekte:[115] Staatliche Entscheidungsträger können kaum abschätzen, wie sich ein gefördertes Unternehmen ohne einen innovationspolitischen Eingriff verhalten hätte. Möglicherweise wäre es auch ohne die staatliche Hilfe zu derselben Innovationsaktivität bereit und in der Lage gewesen. Unter diesen Umständen wäre ein politisches Engagement verfehlt.[116] Dies legt die Forderung nahe, Mitnahmeeffekte bei öffentlichen Fördermaßnahmen so weit wie möglich einzudämmen. Dazu müssten staatliche Entscheidungsträger den instrumentellen Fördertatbestand, die Zielgruppe und ihre gewünschte Aktivität genau definieren und das Verhalten der begünstigten Unternehmen anschließend kontrollieren und gegebenenfalls sanktionieren. Allerdings zeichnet sich dabei rasch ein Widerspruch zu dem Anliegen ab, staatliche Informationserfordernisse zu begrenzen. Denn je restriktiver die Fördermaßnahme gestaltet ist, desto mehr Lenkungswissen ist erforderlich. Eine Balance zwischen der Effizienz einer Maßnahme einerseits und der staatlichen Informationslücke andererseits zu finden, stellt somit eine zentrale Herausforderung der Politik dar. Das Problem zeigt sich deutlich bei Technologiezentren. Eine Vielzahl von Einrichtungen versucht über einen thematischen Schwerpunkt besondere Entwicklungsimpulse für die Region auszulösen. Doch handelt es sich tatsächlich um Wachstumsbranchen? Gibt es in der Region genügend *Start-ups* auf diesem besonderen Technikfeld? Schätzen die lokalen Politiker das Potenzial vor Ort

113 Oberender (1987), S. 129-130.

114 Für eine solche Innovations-Infrastruktur plädiert etwa Henze (1992), S. 138ff.

115 Meyer-Krahmer (1989), S. 56 oder Zimmermann (1987), S. 339-343.

116 Ausführlich zum Problem der Mitnahmeeffekte Elle et al. (1997a), S. 102ff.

falsch ein, kann ihr Förderangebot ins Leere laufen und damit knappe Steuergelder vergeuden. Umgekehrt: Nimmt die Zentrumsleitung jedes anfragende Unternehmen auf – unabhängig davon, ob es sich um Gründer oder etablierte Mittelständler handelt – sind hohe Mitnahmeeffekte programmiert.

Um diesem Dilemma zu entgehen, schlagen manche Autoren vor, Förderinstrumente in Zusammenarbeit mit dem privaten Sektor zu gestalten und möglichst subsidiär abzuwickeln.[117] Ihr Argument: Akteure, die eigene Ressourcen in ein Projekt einbringen, dürften stärker auf Effizienz drängen als eine staatliche Verwaltung, die bei bereits genehmigten Finanzmitteln vergleichsweise wenig zu verlieren hat. Hierbei handelt es sich um ein typisches Ziel dezentraler Innovationspolitik: Sie versucht, lokale Informationsvorteile zu nutzen und in *Public-Private-Partnerships* auch unternehmerisches Engagement einzubinden.[118] Inwieweit dies gelingt, bleibt der weiteren Untersuchung vorbehalten.

Rent-Seeking

Rent-Seeking, das Streben nach politischen Privilegien, ist ein weiterer Einwand gegen die Innovationsförderung:[119] Sobald der Staat einige Betriebe begünstigt, dürften andere ebenfalls versuchen, in den Genuss von Vorteilen zu gelangen.[120] Durch die Interventionen könnten die Unternehmer ihre Aktivität mehr und mehr verlagern: Anstatt sich unternehmerisch zu betätigen, binden sie Ressourcen in die Konkurrenz um staatliche Vorteile – sie bezahlen Lobbyisten und umwerben Politiker. Das *Rent-Seeking* löst das *Profit-Seeking* ab.[121] Allerdings ist mit diesem Wandel kein volkswirtschaftlicher Nutzen verbunden: Je mehr Akteure ihre Aktivität weg von den wirtschaftlichen hin zu den interessenpolitischen Tätig-

---

117 Siehe Fritsch (1993), S. 16 und Heinz (1998), S. 216.

118 Auch die Förderprogramme von Europäischer Union, Bund und Ländern setzen zunehmend auf dezentrale Projektträger und *Public-Private-Partnerships*. Ein Beispiel ist das Förderprojekt *Exist - Existenzgründer aus Hochschulen* des Bundesministeriums für Bildung und Forschung, auf das in Kapitel 4.5.3.3. eingegangen wird.

119 *Rent-Seeking* zielt darauf ab, die eigene ökonomische Lage durch staatliche Privilegien zu stärken, anstatt sich unternehmerisch am Markt zu betätigen. Den Begriff hat Krueger (1974) erstmalig in die wirtschaftstheoretische Diskussion eingeführt. Grundlegend dazu auch Tullock (1971) oder Tullock/ Tollison/ Rowley (1988). Zum Problem des Rent-Seeking in der Innovationspolitik siehe ausführlich die Arbeit von Henze (1992).

120 Buchanan (1992), S. 47.

121 Im Gegensatz zu *Rent-Seeking* beschreibt *Profit-Seeking* das Verhalten, sich unternehmerisch am Markt zu behaupten. Siehe Buchanan (1980), S. 3-15.

keiten verändern, desto weniger produktiv ist eine Volkswirtschaft. Eine zunehmende innovationspolitische Aktivität kann mithin zu Fehlentwicklungen führen und eine Innovationsträgheit erzeugen.[122]

Auch der dezentrale Ansatz mit seiner Fülle von neuen Fördereinrichtungen mag sich in dieser Hinsicht kontraproduktiv auf das unternehmerische Engagement auswirken. Allerdings ist wie bei der Diskussion über staatliche Informationsdefizite und Mitnahmeeffekte die spezifische Eingriffsintensität eines Instrumentes zu prüfen: Dezentrale Innovationspolitik nutzt vorwiegend Maßnahmen, die an der materiellen Infrastruktur ansetzen. Sie erzeugen damit keine unmittelbare Subventionsmentalität, wie das bei einer direkten finanziellen F&E-Förderung der Fall ist. Auch dürfte die Gruppe der innovativen *Start-ups* einen geringeren Organisationsgrad aufweisen als etablierte (Groß-) Unternehmen: Ihre Möglichkeiten, das Angebot der innovationspolitischen Instrumente in ihrem Sinne zu beeinflussen, scheinen damit eher begrenzt. Inwieweit sich die unternehmerische Mentalität durch staatliche Hilfen wandelt, dürfte vor allem vom Ausmaß der Eingriffe abhängen. Dies leitet über zum vierten Kritikpunkt – dem *eigennutzorientierten Verhalten* der innovationspolitischen Akteure.

Eigennutz innovationspolitischer Akteure

Nach den Prämissen der ökonomischen Theorie der Demokratie ergreifen Politiker vor allem jene Fördermaßnahmen, die ihren Einfluss mehren und bei möglichst vielen Wählern Zuspruch finden.[123] Sie dürften daher eher Großunternehmen begünstigen; durch ihren Bekanntheitsgrad und hohe Beschäftigtenzahlen lässt sich ein Engagement politisch gut verkaufen. Diese Strategie kommt auch den persönlichen Interessen der Verwaltungsbeamten entgegen: Das administrative Förderverfahren lässt sich bei einigen wenigen Großprojekten bequemer abwickeln als bei einer Vielzahl von Adressaten. Zudem steigt die Macht und das Prestige des federführenden Referates.

Dezentrale Innovationspolitik mag vor diesem Hintergrund – wie einige Autoren argumentieren[124] – ein gewisses Gegengewicht bilden, da sie sich schwerpunktmäßig an innovative *Start-ups* richtet. Doch auch die Entscheidungsakteure auf der dezentralen Ebene versuchen eigene Ziele zu maximieren; Begriffe wie Bürgermeisterkonkurrenz oder Kirchturmdenken bringen das zum Ausdruck: Lokale

---

[122] Staudt (1996), S. 112.

[123] Einen Überblick am Beispiel der Innovationspolitik gibt Henze (1992), S. 52ff.

[124] Lehner/ Nordhause-Janz (1989), 116.

Akteure verzichten unter Umständen auf eine realistische Analyse des eigenen Standortpotenzials; sie ergreifen nur deshalb innovationspolitische Maßnahmen, um mit der Nachbarkommune gleichzuziehen und ihren Bürgern ein zukunftsorientiertes Engagement zu dokumentieren. Ineffizienz ist das Ergebnis.[125] Ein ökonomischer Referenzmaßstab muss somit darauf achten, welche persönlichen Interessen die beteiligten Politiker und Verwaltungsbeamte innerhalb des Förderverfahrens verfolgen. Notwendig sind institutionelle Vorkehrungen, die eine Interventionsspirale unterbinden. Wie solche Regeln aussehen können, wird anhand der Neuen Institutionenökonomik später noch genau umrissen.

3.2.3. Schlussfolgerungen

Der vorangegangene Abschnitt hat sich mit dem Legitimationsproblem dezentraler Innovationspolitik auseinandergesetzt, um Gründe und Grenzen des Politikfeldes besser einschätzen zu können. Folgende Schlüsse lassen sich aus der ordnungstheoretischen Analyse ziehen. Eine Förderung innovativer *Start-ups* lässt sich im Grundsatz rechtfertigen: Viele Jungunternehmer haben Wissensdefizite und sind nur unzureichend für eine unternehmerische Tätigkeit qualifiziert. Sie haben zudem Probleme, Beteiligungskapital einzuwerben, wobei sich die Situation auf dem deutschen Kapitalmarkt in jüngerer Zeit spürbar verbessert hat. Darüber hinaus müssen die Unternehmen bei einer erfolgreichen Innovation bisweilen externe Effekte zulassen, weil sie mögliche gewerbliche Schutzrechte nur bedingt durchsetzen können. Staatliche Interventionen bergen allerdings stets erhebliche Risiken. Dies gilt auch für dezentrale Innovationspolitik, selbst wenn ihre Förderinstrumente gegenüber direkten F&E-Subventionen deutliche Vorteile aufweisen.

Mit Blick auf Kosteneffizienz und Kundennähe der bestehenden Fördereinrichtungen lassen sich folgende ordnungstheoretische Beiträge für einen ökonomischen Referenzmaßstab festhalten: Dezentrale Innovationspolitik sollte idealerweise darauf abzielen, die marktlichen Hemmnisse von innovativen*Start-ups* in ihrer Ursache zu lindern. Damit sich die Entscheidungsträger kein überzogenes Lenkungswissen anmaßen, sollten ihre Förderinstrumente auf eine inhaltliche Selektion von Innovationsfeldern verzichten, ohne mögliche Mitnahmeeffekte zu vernachlässigen. Dezentrale Innovationspolitik erfordert zudem institutionelle Arrangements, um ein eigennütziges Verhalten der Entscheidungsträger und ein *Rent-Seeking* der Adressaten zu unterbinden. Zwar eröffnet die Ordnungstheorie Perspektiven über die ökonomische Begründung staatlicher Innovationspolitik.

---

125 Ausführlich dazu Staudt (1996) und Nienhaus/ Karl (1989).

Ob sich aber ausgerechnet *dezentrale* Entscheidungsträger auf diesem Politikfeld betätigen sollen, untersucht sie nur am Rande. Das leitet über zum zweiten wirtschaftswissenschaftlichen Theoriezweig.

3.3. Beitrag der ökonomischen Föderalismustheorie

Innovationspolitik lag über lange Zeit in der alleinigen Verantwortung von Bund und Ländern. Erst seit den achtziger Jahren hat sich ein eigenständiges Handeln in den Städten, Kreisen und Regionen entwickelt. Seither ist die Zahl der Födereinrichtungen vor Ort merklich angestiegen; insgesamt sind mindestens 200 Technologie- und Gründerzentren, 500 Transfer- und Beratungsstellen und 40 regionale Beteiligungsgesellschaften in Deutschland tätig. Doch was spricht für einen lokalen Ansatz in der Förderung von Gründung und Innovation? Welche Nachteile gehen damit einher?

Die ökonomische Föderalismustheorie ebnet den Zugang zu dem hier angesprochenen *Kompetenzproblem* dezentraler Innovationspolitik.[126] Sie stellt die Frage in den Mittelpunkt, welche Ebene eines mehrstufigen Staates sinnvollerweise welche öffentliche Aufgabe erfüllen sollte. Vor allem zu Fragen der Kompetenzverteilung zwischen Europäischer Union, ihren Mitgliedstaaten und deren Regionen hat sie damit in jüngerer Zeit wertvolle Beiträge geleistet.[127] Zur Innovationspolitik liegen explizite Ansätze bislang nur zu einigen Teilfragen vor. Der folgende Abschnitt fasst daher zunächst die wichtigsten Argumente des Theoriezweiges zusammen, die sich für und gegen eine vollständige Dezentralisierung ableiten lassen. Dabei werden bewusst die beiden Extrempole betrachtet, um die jeweiligen Konsequenzen klar zu erkennen. In einer Reflexion der Argumente werden anschließend einige notwendige Bedingungen für einen *subsidiären* Ansatz in der Innovationspolitik formuliert.

---

126 Grundlegende Arbeiten stammen von Tiebout (1961), Tullock (1969), Olson (1969), Breton (1970), Oates (1972) und Buchanan (1974). Siehe dazu auch den Sammelband von Kirsch (1977). Neuere Forschungsergebnisse bündelt Postlep (1996), einen guten Überblick vermitteln Feld/ Kirchgässner (1998), S. 60-65.

127 Siehe z. B. Rolle (2000) zur Regionalpolitik, Homburg (1997) zur Finanzpolitik, Döring (1997) zur Umweltpolitik sowie Klodt (1992) und Waniek (1992) zur Strukturpolitik.

3.3.1. Argumente gegen Dezentralisierung der Innovationspolitik

Politische Handlungsspielräume auf eine lokale Ebene zu verlagern, liegt keineswegs auf der Hand: Gegen diesen Ansatz können räumliche Externalitäten (*Spillovers*), Größeneffekte, mangelnde Koordination sowie verteilungspolitische Gründe sprechen.[128]

Räumliche externe Effekte (*Spillovers*)

Wenn durch eine öffentliche Leistung einer Gebietskörperschaft den Individuen oder Unternehmen einer anderen Gebietskörperschaft ohne eine Kompensation ein Nutzen oder ein Schaden entsteht, spricht man von einem räumlichen externen Effekt – die Wirkung schwappt gewissermaßen über die Gebietsgrenzen hinweg.[129] Diese *Spillovers* können sich bei eigenständigen Gebietskörperschaften innerhalb eines föderalen Staates negativ auf das Infrastruktur-Angebot auswirken: Erfährt etwa eine Kommune einen Nutzen aus dem Engagement einer anderen, dürfte sie kaum einen Anreiz verspüren, diese Leistung selbst zu finanzieren. Die Akteure der begünstigten Gemeinde verhalten sich lieber als Trittbrettfahrer. Weil dieses Verhalten für alle Kommunen rational wäre, kann es zu einem Minderangebot öffentlicher Leistungen kommen. Jeder verließe sich eigennützig auf das Engagement des anderen, ohne selbst etwas beitragen zu wollen. Die Entscheidungsträger einer *zentralen* Ebene könnten hingegen diesen Mangel beheben, indem sie die Externalitäten zwischen den Teilgebieten berücksichtigen und finanziell zum Ausgleich bringen.[130]

Dieses Argument trifft auch für dezentrale Innovationspolitik zu: Ein leistungsfähiges Technologiezentrum dürfte beispielsweise nicht nur der jeweiligen Standortgemeinde einen Nutzen stiften. Sobald es Geschäftskontakte mit Zulieferern aus dem Umland ermöglicht, dabei neue Arbeitsplätze schafft und so das örtliche Steueraufkommen (z. B. durch Einpendler) erhöht, profitieren auch benachbarte Kommunen – ohne dafür zu zahlen. Gelingt es jedoch, die Kosten für

---

128 Zur folgenden Darstellung siehe Eser (1996), S. 68-91, Frey/ Kirchgässner (1994), S. 59-62, Ewers (1987), S. 339-351, Oates (1990), S. 43-58, Thöni (1986), S. 35-66. Frey, R. L. (1979). S. 31-36.

129 Ein Beispiel ist eine Stadtbibliothek, deren Betrieb einen kommunalen Zuschuss erfordert: Nicht nur die Anwohner der Kommune, die das Angebot über ihre Steuern subventionieren, können sie nutzen, sondern auch die Bevölkerung aller umliegenden Regionen.

130 Oates (1972), Kapitel 1.

Bau und laufenden Betrieb übergemeindlich zu tragen, wäre die Gefahr des Trittbrettfahrens gebannt. Bei geeigneter Größe des innovationspolitischen Verantwortungsbereichs, der die Nutzenstreuung berücksichtigt, lassen sich mögliche externe Effekte internalisieren.

Größeneffekte

Ein weiteres Argument gegen einen vollständig dezentralen Politikansatz ist ein möglicher Verzicht auf positive Größeneffekte. So kann aus drei Gründen ein lokales Vorgehen einen erhöhten Kostenaufwand verursachen:

- *Mindestoptimale Projektgrößen und Unteilbarkeiten*: Manche öffentlichen Leistungen erfordern eine bestimmte Mindestgröße (z. B. Forschungsanlage). Andernfalls wäre ihr Angebot technisch nicht möglich. Die Träger können also nur eine Entweder-Oder-Entscheidung treffen. Eine einzelne Gemeinde ist oftmals nicht in der Lage, eine solche Maßnahme allein zu finanzieren; das Angebot käme bei völliger Dezentralität folglich nicht zustande.[131] Unteilbarkeiten tauchen nicht nur auf der *Angebotsseite* auf, auch auf der *Nachfrageseite* sind sie bedeutsam.[132] Weil sich einige öffentliche Leistungen nicht in beliebig kleine Produktionseinheiten aufteilen lassen, wäre ein Engagement nur dann betriebswirtschaftlich rentabel, wenn es in seiner Gesamtheit auf eine ausreichende und kostendeckende Nachfrage trifft.
- *Skalenerträge (economies of scale)*: Bei zahlreichen öffentlichen Leistungen tritt ein weiterer Aspekt hinzu: Ab einer gewissen Mindestgröße sinken die Durchschnittskosten mit jeder weiteren Einheit.[133] Ursachen für diese Kostendegression können ein standardisiertes Herstellungsverfahren oder Lerneffekte aus der Wiederholung gleicher Abläufe sein. Diese Größeneffekte können einem kommunalpolitischen Alleingang ebenfalls entgegenstehen.
- *Verbundvorteile (economies of scope)*: Durch ein zentralisiertes Vorgehen lassen sich möglicherweise auch Verbundvorteile nutzen: Indem man unterschiedliche Handlungsfelder synergieträchtig miteinander verknüpft, können die Fixkosten des Gesamtangebots relativ abnehmen.[134] Ein prägnantes Bei-

---

131 Frey, R. L. (1979), S. 32.

132 Tanner (1982), S. 110

133 Tullock (1969), S. 19ff.

134 Panzar/ Willig (1981), S. 268-272.

spiel ist ein gemeinsamer Verwaltungsstab, der nicht nur einen, sondern mehrere Aktionsbereiche administrativ entlastet.

All diese Argumente, welche die Föderalismustheorie der Produktionstheorie entlehnt, sind auch für dezentrale Innovationspolitik bedeutsam. Ohne dem empirischen Teil der Arbeit vorzugreifen, sei auf die Wirtschaftlichkeit nordrhein-westfälischer Technologie- und Gründerzentren verwiesen.[135] Das operative Jahresergebnis eines Zentrums ist im Durchschnitt um so verlustreicher, je geringer sein Flächenangebot ist. Größere Anbieter können hingegen ihren betrieblichen Aufwand auf eine höhere Zahl von Mietern verteilen und damit fallende Durchschnittskosten realisieren. Auch bei Beteiligungsgesellschaften treten steigende Skalen- und Verbundvorteile auf: Der Aufbau eines fachlich spezialisierten Managements, das entsprechend hohe Fixkosten verursacht, lohnt sich erst ab einer gewissen Zahl von Beteiligungsfällen. Daher wird es vor allem den großen Anbietern gelingen, wirtschaftlich erfolgreich zu arbeiten.[136]

Koordinationsaufwand

Ein ungeordnetes Angebot öffentlicher Leistungen auf der dezentralen Ebene kann ebenfalls gesamtwirtschaftliche Wohlfahrtsverluste hervorrufen. Ein Abstimmungsbedarf entsteht immer dann, wenn staatliche Aktivitäten sich durch Netzwerk-Interdependenzen gegenseitig beeinflussen (z. B. Raumplanung oder Verkehrsinfrastruktur).[137] Je mehr Gebietskörperschaften an der Koordination beteiligt sind, desto schwieriger wird es, sich zu einigen.[138] Um Reibungsverluste zu vermeiden, drängt sich von vornherein ein zentralisiertes Planungs- und Abstimmungsverfahren auf. Erneut besteht eine Analogie zur Innovationspolitik: Ein maßgeschneidertes Angebot der einzelnen Instrumente ist ohne eine Koordination vor Ort undenkbar. Überangebot und Doppelarbeit wären sonst die Konsequenz. Ein funktionaler Verbund könnte jedoch eine kosteneffiziente und zugleich kundennahe Arbeitsteilung organisieren.[139]

---

135 Siehe Kapitel 3.4.1

136 Dass sich die Größe einer Beteiligungsgesellschaft positiv auf den Beteiligungserfolg auswirkt, zeigt Schefczyk in einer empirischen Analyse deutscher *Venture-Capital*-Gesellschaften. Siehe Schefczyk (2000a), S. 19 und (1999a), S. 1126.

137 Frey, R. (1979), S. 33.

138 Grundlegend dazu Buchanan/ Tullock (1962).

139 Ausführlich dazu Frey/ Eichenberger (2000) und (1995).

Regionaler Ausgleich

Auch regionale Wohlstandsunterschiede nennen Vertreter der ökonomischen Föderalismustheorie als Argument für ein zentrales Engagement:[140] Nur eine übergeordnete Ebene ist geeignet, Entwicklungsdisparitäten zwischen Gemeinden zu verringern. Kommunale Wirtschaftsförderung kennt hingegen kein regionales oder gar überregionales Ausgleichsziel. Gleichgültig, ob es sich um eine relativ arme oder reiche Gebietseinheit handelt, ihre Repräsentanten werden allein die Wirtschaftskraft des eigenen Standortes stärken wollen. Dabei dürften sie auch Einbußen anderer Gebietskörperschaften billigend in Kauf nehmen. Gelingt es zum Beispiel den Wirtschaftsförderern einer Gemeinde, ein Unternehmen aus ihrer Nachbarkommune abzuwerben, haben sie aus ihrer Warte eine erfolgreiche Ansiedlungspolitik betrieben. Ob sie damit ein räumliches Wohlstandsgefälle vermindern oder aber verstärken, ist für sie ohne Belang.

Ein dezentraler Ansatz in der Innovationspolitik lässt sich mit diesem Argument indes nicht verwerfen: Innovation ist aus ökonomischer Sicht kein Objekt regionaler Verteilungspolitik. Solange sich das Neue bei entsprechender Nachfrage in sämtlichen Teilräumen eines föderalen Staates ausbreitet, ist kein Mindestversorgungsziel verletzt – nicht der Entstehungsort, sondern die räumliche Verfügbarkeit einer Innovation ist entscheidend. Aus inter-regionaler Gerechtigkeit ist damit keine zentrale Intervention notwendig.

Wie die Analyse zeigt, sind zwar nicht alle Argumentationsmuster der ökonomischen Theorie des Föderalismus auf dezentrale Innovationspolitik übertragbar. Doch räumliche Externalitäten, Größeneffekte und Koordinationsprobleme können sich bei diesem Politikfeld als gravierende Probleme erweisen und verdienen weitere Aufmerksamkeit.

3.3.2. Argumente für Dezentralisierung der Innovationspolitik

Welche Vorteile hat ein rein dezentrales Vorgehen in der Innovationspolitik? Aus dem Theoriezweig lassen sich vor allem drei Aspekte filtern: Es entsteht erstens ein agiler Standortwettbewerb. Die Entscheidungsträger können zweitens lokale Informationsvorteile nutzen und drittens die Präferenzen ihrer Kunden besser befriedigen.[141] Diese traditionellen Argumente der Föderalismustheorie werden zunächst kurz vorgestellt. In einer anschließenden Reflexion werden

---

140 Oates (1972). Kritisch diskutiert dies Buchanan (1974).

141 Siehe Eser (1997), S. 68-91, Frey, B./ Kirchgässner (1994), 60-63, Oates (1990), S. 43-58, Thöni (1986), S. 36-48, Frey, R. L. (1979), S. 36-40.

dann notwendige Voraussetzungen aufgedeckt, damit sich die beschriebenen Vorzüge in der dezentralen Innovationspolitik auch tatsächlich entfalten können.

Standortwettbewerb

Politische Handlungskompetenzen auf eine untere Ebene zu verlagern, kann einen dynamischen Standortwettbewerb zwischen Kommunen oder Regionen auslösen – ähnlich der Marktkonkurrenz zwischen Unternehmen.[142] Bietet eine Gebietskörperschaft ein öffentliches Güterbündel an, das den Präferenzen ihrer Bürger und Unternehmer nicht entspricht, werden diese auf Dauer reagieren:[143] Entweder melden sie sich politisch zu Wort und sprechen sich in der nächsten Wahl gegen die lokale Regierung aus (*voice*), oder aber sie ‚stimmen mit ihren Füßen ab'[144] und ziehen einen anderen Wohn- bzw. Standort vor (*exit*).[145] Beide Optionen laufen den Interessen eigennutzorientierter Politiker und Verwaltungschefs entgegen. Ähnlich wie ein Unternehmer, der Verluste befürchtet, werden die Entscheidungsträger daher von vornherein versuchen, die lokalen Präferenzen möglichst gut zu berücksichtigen. Dieser Wettbewerb kann somit das Engagement der örtlichen Entscheidungsträger beflügeln, Experimente motivieren und so das Angebot öffentlicher Leistungen verbessern.[146] „*Innovative laboratories*"[147], so schreibt *Wallace Oates*, einer der Hauptvertreter der ökonomischen Föderalismustheorie, können dann das Ergebnis der Dezentralisierung sein.

Hier lässt sich eine Parallele zur dezentralen Innovationspolitik erkennen: Gerade durch das Entstehen neuer Absatz- und Logistikverfahren, elektronischer Informations- und Kommunikationsformen verschwimmen die regionalökonomischen Grenzen zwischen Zentrum und Umland. Firmen und Arbeitnehmer der *New Economy* sind mobiler als Fabriken und Arbeiter der altindustriellen Branchen. Daher können sich künftig auch kleinere oder periphere Gemeinden in der Konkurrenz um innovative *Start-ups* behaupten, sofern sie sich als attraktiver Standort präsentieren.

---

142 Siehe Vanberg/ Kerber (1994), S. 204. Sinn (1990), S. 10 und Breton (1996), S. 189.

143 Ausführlich dazu Sauerland (1997), S. 141ff. und Pitlik (1997), S. 245ff.

144 Diese Option beschreibt das Modell von Tiebout (1956). Eine kritische Diskussion dieses Ansatzes liefern u. a. Buchanan/ Goetz (1972) und Oates (1972).

145 Die Alternativen *Voice* und *Exit* gehen zurück auf Hirschman (1970).

146 Kritisch dazu Benkert (1996), S. 169-170 und die spätere Reflexion der Argumente.

147 Oates (1990), S. 52.

Lokale Informationsvorteile

Ein effizientes Angebot förderpolitischer Maßnahmen setzt voraus, dass die Entscheidungsträger den innovationspolitischen Handlungsbedarf richtig erkennen. Da eine Zentrale in der Regel weniger mit den lokalen Gegebenheiten vertraut ist als die Akteure vor Ort, wird es für die übergeordnete Ebene auch aufwändiger, sich die nötige Information für eine wirkungsvolle Politik zu beschaffen. Bei einem dezentralisierten Ansatz – so die Annahme der Föderalismustheorie – ist das erforderliche Wissen hingegen leichter verfügbar.[148] Wirtschaftspolitik lässt sich vor diesem Hintergrund kostengünstiger planen und durchführen: „Die Politikgestaltung rückte näher an die Probleme heran, regionalspezifische Engpassfaktoren könnten eher und präziser ausgemacht, auf neue Entwicklungen und Erfahrungen könnte flexibler reagiert werden, und vielleicht ließen sich in manchen Fällen auch bürokratische Hemmnisse vermeiden."[149] – so urteilt auch der *Sachverständigenrat zur Begutachtung der gesamtwirtschaftlichen Entwicklung*.

Dieses Argument durchzieht zahlreiche Beiträge zur dezentralen Innovationspolitik,[150] wobei Aussagen wie diese typisch sind: „Eine stärker dezentralisierte Innovationsförderung bietet günstige Eingriffs- und Handlungsmöglichkeiten, weil die Problemkomplexität in lokalen oder regionalen Bezügen geringer und besser erfassbar ist, Interventionen besser an differenzierte Problemlagen anpassbar sind und häufig auch günstige politische Handlungsmöglichkeiten vorliegen. In lokalen und regionalen Bezügen lassen sich die wichtigen Merkmale und Problemzusammenhänge von Innovationsdefiziten und -schwächen auf der Unternehmensebene konkret, detailliert und relativ präzise erfassen, während Bund und Länder zwangsläufig mit höher aggregierten Informationen operieren müssen." [151] An diese Position, die später noch zu hinterfragen ist, knüpft unmittelbar ein weiteres Argument an.

---

148 Siehe Vihanto (1992), S. 419.

149 Sachverständigenrat (1984), S. 200-201.

150 Siehe z. B. Koschatzky (1995), S. 11, Meyer-Krahmer/ Gundrum (1995), S. 182, Hilpert (1991), S. 299, Meyer-Krahmer (1990), S. 350 und Fritsch (1990), S. 121.

151 Lehner/ Nordhause-Janz (1989), S. 115.

Lokale Präferenzen

Die Nachfrage nach einer öffentlichen Leistung hängt vielfach von den örtlichen Besonderheiten ab: Eine ländliche Gemeinde benötigt andere Kollektivgüter als die Kommune innerhalb eines Ballungsraums – eine Dienstleistungsregion wiederum andere als ein Industriestandort. Wenn über das jeweilige Angebot auf zentraler Ebene entschieden wird, so ist eine Gleichförmigkeit der politischen Maßnahmen über alle Gebietseinheiten zu befürchten. Die ausgewählte Leistung stellt dann nur noch einen Kompromiss zwischen den jeweiligen Präferenzen in der gesamten Wirtschaft dar. Eine solche Einheitsversorgung führt bei abweichenden Bedürfnissen zu einer Nutzeneinbuße.[152] Überdies dürften die politischen Entscheidungen um so verzerrter sein, je länger die administrativen Informationskanäle zwischen privaten und staatlichen Akteuren sind.[153] Ein dezentrales Vorgehen erlaubt es hingegen, öffentliche Leistungen zu variieren und damit genau auf das lokale Bedürfnis zuzuschneiden.[154]

Auch dieses Argument wird in der einschlägigen Literatur auf dezentrale Innovationspolitik übertragen. Ein prägnantes Beispiel lautet: „Regionen verfügen über eine spezifische Ausstattung von Produktionsfaktoren, deren bestmögliche Allokation nur dann gewährleistet ist, wenn diese Faktorausstattung der regionalen Technologie- und Innovationsförderung zugrunde gelegt wird. Eine nationale Technologiepolitik kann regionale Problemsituationen meist nicht adäquat berücksichtigen, da weder ihre Ziele noch ihre Instrumente den regionalen Besonderheiten angepasst sind."[155] Und weiter: „Hier besitzen Regionen bzw. ihre politischen Handlungsträger deutliche Vorteile gegenüber der zentralen Förderadministration. Sie kennen die Region und ihre Akteure, ihre kulturellen Besonderheiten und ihre speziellen regionalen Engpassfaktoren."[156]

152 Dieses Argument stammt von Pennock (1959).

153 So bereits Williamson (1967), S. 123-138.

154 Allerdings nur dann, wenn die Präferenzen in kleineren Kollektiven tatsächlich homogener sind als in größeren. Siehe Peffekoven (1980), S. 612.

155 Koschatzky (1995), S. 11.

156 Koschatzky (1995), S. 21-22. Ähnlich argumentieren u. a. Meyer-Krahmer/ Gundrum (1995), S. 182, Hilpert (1991), S. 299, Meyer-Krahmer (1990), S. 350 und Fritsch (1990), S. 121 oder Lehner/ Nordhause-Janz (1989), S. 114-115.

3.3.3. Räumliche und finanzielle Anforderungen an eine dezentrale Innovationspolitik

Die föderalismustheoretische Analyse liefert insgesamt ein zwiespältiges Untersuchungsergebnis: Einige ihrer Erklärungsmuster sprechen für, andere gegen eine völlige Dezentralisierung der Innovationspolitik. Um einen konkreten Beitrag für den ökonomischen Referenzmaßstab zu destillieren, werden daher die wichtigsten Argumente noch einmal kritisch reflektiert. Denn ein dezentraler Ansatz in der Innovationspolitik erscheint nur dann ökonomisch sinnvoll, wenn bestimmte räumliche und finanzielle Bedingungen erfüllt sind.

Räumliche Aspekte: Das Korrespondenz- und Subsidiaritätsprinzip

Spillovers sind wichtige Einwände gegen ein lokales Handeln: Kaum eine Kommune würde ein teures innovationspolitisches Instrument bezahlen, wenn sie auch unentgeltlich von dem Engagement der Nachbargemeinde profitieren kann.[157] Mit diesem Argument eine vollständige Zentralisierung des Politikfeldes zu fordern, wäre jedoch verfehlt. Entscheidend ist, wie weit sich eine öffentliche Leistung tatsächlich auswirkt. So gliedert die Finanzwissenschaft zwischen lokalen, regionalen, nationalen und internationalen öffentlichen Leistungen,[158] und nur bei letzteren wäre es notwendig, Handlungskompetenzen auf einer höheren Ebene zu belassen. Da die Instrumente dezentraler Innovationspolitik üblicherweise aber nur lokale oder regionale Effekte entfalten, lassen sich mögliche Externalitäten bereits durch eine politische Handlungskompetenz auf einer übergemeindlichen Ebene ausgleichen.

---

157 Sieht man von dem möglichen Prestige ab, das ein innovationspolitisches Instrument vermittelt, zum Beispiel ein aufwändiges Technologiezentrum.

158 *Lokale* Leistungen (z. B. Straßenbeleuchtung) sind dadurch gekennzeichnet, dass keine oder nur geringfügige Spillovers auftreten, eine effiziente Produktion auch in kleineren Einheiten möglich ist und kein Koordinationszwang besteht. *Regionale* Leistungen (z. B. Abfallentsorgung) haben eine auf die Region begrenzte Nutzenstreuung und lassen sich nur in größeren Einheiten herstellen; sie erfordern eine Kooperation zwischen den lokalen Körperschaften. Von *nationalen* Leistungen (z. B. Landesverteidigung) profitieren praktisch alle Bürger eines Staates. *Internationale* Leistungen (z. B. Maßnahmen gegen den Treibhauseffekt) nützen auch den Anwohnern anderer Staaten. Siehe Musgrave/ Musgrave/ Kullmer (1990), S. 9 oder auch Junkernheinrich (1991), S. 40-44.

Nach dem *Korrespondenzprinzip* müsste der Zuständigkeitsbereich der beteiligten Entscheidungsträger gerade so weit reichen, wie sich ihr innovationspolitisches Instrumentarium auswirkt.[159] Ein hundertprozentiger Ausgleich der *Spillovers* – im Sinne eines optimalen Zentralisationsgrades[160] – ist aus ökonomischer Sicht jedoch nicht angebracht, weil sonst für jede Maßnahme eine eigene Gebietskörperschaft erforderlich wäre.[161] Aus Gründen der Praktikabilität müssten lediglich die Vertreter der bestehenden Kommunen zusammenarbeiten, um so die Externalität des gemeinsamen innovationspolitischen Instrumenten-Sets *überwiegend* auszugleichen.

Ein funktionaler Verbund, in dem lokale und regionale Repräsentanten auf horizontaler Ebene kooperieren, kann überdies einen weiteren Nachteil einer vollständigen Dezentralisierung beheben: Durch das gemeinsame Vorgehen lassen sich mindestoptimale Größen einer innovationspolitischen Einrichtung erreichen sowie steigende Skalen- und Verbundvorteile realisieren. Bei geeigneten institutionellen Rahmenbedingungen wäre auch eine sachgerechte Koordination der einzelnen Aktivitäten denkbar. Das *Subsidiaritätsprinzip* bringt die räumlichen Dimensionen dezentraler Innovationspolitik auf den Punkt: Demnach sollen alle Aufgaben, die noch die Vertreter lokaler Körperschaften erfüllen können, von diesen geregelt werden. Alle den lokalen Bereich überschreitenden Aufgaben sollen von den Repräsentanten der regionalen Körperschaften und nur die das ganze Land betreffenden und auch von den regionalen Gemeinwesen nicht mehr zu bewältigenden Angelegenheiten von der staatlichen Regierung zu ordnen sein.[162]

Neben der übergemeindlichen Zusammenarbeit lenkt das Subsidiaritätsprinzip den Blick auch auf eine andere, wichtige Facette des hier zu untersuchenden Kompetenzproblems. Ein dezentraler Ansatz in der Innovationspolitik scheint deshalb empfehlenswert, weil die lokalen Entscheidungsträger das örtliche Entwicklungspotenzial besser beurteilen können als entfernte Förderbürokratie. Wenn diese Prämisse der ökonomischen Föderalismustheorie stimmt, lässt sich ein wesentlicher ordnungspolitischer Kritikpunkt gegenüber Staatseingriffen abmildern, der Vorwurf der Wissensanmaßung.

---

159 Das Korrespondenz- (bzw. Kongruenzprinzip) geht zurück auf Oates (1972), S. 39.

160 Breton (1965) prägte dazu den Begriff des *perfect mapping*.

161 Ein solches Unterfangen wäre unlösbar. So zeigt Gordon Tullock sehr pointiert, dass sich ein lokales Gut wie Straßenreinigung – wenn überhaupt – nur auf internationaler Ebene internalisieren ließe, da ein Tourist eines fremden Landes vom Nutzen eines sauberen Gehweges profitieren könnte; Tullock (1969), S. 19.

162 Zum Subsidiaritätsprinzip siehe Döring (1994), S. 243. Grundlegend auch Bickel (1956), S. 739-740 und von Nell-Breuning (1962), S. 826-833.

Ob die Repräsentanten auf dezentraler Ebene aber wirklich bessere Informationen haben und diese auch aktiv in ihre politischen Maßnahmen einbringen, erscheint weniger selbstverständlich, als es zahlreiche Beiträge über dezentrale Innovationspolitik vermuten lassen.[163] Die Entscheidungsträger vor Ort wissen möglicherweise selbst zu wenig über ihren räumlichen Verantwortungsbereich, um eine schlüssige innovationspolitische Strategie zu entwerfen. Auf der lokalen Ebene könnte schlichtweg eine Illusion über die eigene Innovationskraft bestehen. Im Ergebnis entstünden regionale Entwicklungskonzepte, die nicht an den lokalen Bedürfnissen ausgerichtet sind.[164]

Die postulierten Informationsvorteile sind ohne technisch-infrastrukturelle Voraussetzungen wenig wahrscheinlich: Erst funktionsfähige Planungseinheiten lassen einen Fühlungsvorteil örtlicher Akteure gegenüber einer Zentrale erwarten. Die Entscheidungsträger müssen fachlich und organisatorisch in der Lage sein, aktuelle Informationen über die wirtschaftsstrukturellen Rahmenbedingungen ihrer Gebietseinheit und über die Erfordernisse innovativer *Start-up*-Unternehmen zu gewinnen. Dabei ist dreierlei zu prüfen: das Potenzial, die Stärke und die Schwäche des Standortes.[165] Dies wiederum erfordert regelmäßige Erhebungen und intensive Kontakte zu den Unternehmen. Die gewonnenen Daten sind nur dann wertvoll, wenn sie inhaltlich aufbereitet und zügig zwischen den relevanten Akteuren ausgetauscht werden können. Eine leistungsfähige Informations- und Kommunikationsinfrastruktur ist somit notwendig, was vor allem in kleineren Gemeinden nicht immer der Fall ist.[166] Mögliche Engpässe lassen sich erneut durch eine übergemeindliche, subsidiäre Zusammenarbeit lösen.

Finanzielle Aspekte: Das Konnexitätsprinzip

Eine wirkungsvolle Innovationspolitik zeichnet sich auch dadurch aus, dass ihre Träger nicht nur eigene *Entwicklungsengpässe erkennen*, sondern selbst auch die *Probleme lösen* können. Die Entscheidungsträger müssen folglich aus der Vielfalt möglicher Förderinstrumente ein adäquates Set zusammenstellen, das den örtlichen Erfordernissen entspricht.[167] Nach dem Grundverständnis der Födera-

---

163 So auch Voelzkow (1990), S. 142.

164 Hardt (1991), S. 88.

165 Grossekettler (1989), S. 91.

166 Lehner/ Nordhause-Janz (1989), S. 123-128.

167 Voelzkow (1990), S. 142ff.

lismustheorie sorgt dabei der dezentrale Standortwettbewerb für einen markt- und kundengerechten Einsatz öffentlicher Gelder.

Die Konkurrenz um innovative *Start-ups* dürfte jedoch nur dann zu einem Allokationsgewinn führen, wenn sich die kommunalen Akteure in einem geeigneten föderalen Finanzrahmen bewegen. Sollte der Wettbewerb nämlich in einen unkontrollierten Subventionswettlauf umschlagen, ist per Saldo kein gesamtwirtschafticher Nutzen zu erwarten. Im Gegenteil: Eine Interventionsspirale auf Kosten der Steuerzahler ist zu befürchten. In diesem Punkt unterscheiden sich die möglichen Wohlfahrtseffekte des Wettbewerbes im privaten und im öffentlichen Sektor, wie *Wolfgang Benkert* betont: „Im Gegensatz zum Privatsektor ist ein Positivsummenspiel nicht garantiert, insbesondere weil der interkommunale Wettbewerb mit Ressourcen Dritter ausgetragen wird, so dass die Wettbewerbsteilnehmer Anreize zur Ausbeutung dieser Ressourcen und damit zur ineffizienten Mittelverwendung haben."[168]

Wie könnte ein geeigneter Finanzrahmen in einem föderalen Staatswesen aussehen?[169] Nach dem *Prinzip der fiskalischen Äquivalenz* sollen nur diejenigen Anwohner einer Gebietskörperschaft für ein öffentliches Maßnahmenbündel aufkommen, die auch einen Nutzen aus der Politik empfangen.[170] Auch sollte keine übergeordnete Ebene Instrumente finanzieren, die lediglich einem Teilgebiet zugute kommen. Andernfalls würden die politischen Zuständigkeiten verschwimmen. Wenn aber die Regierung jeder föderalen Gebietskörperschaft ihre politische Aktivität selbst verantwortet und weder die Nachteile ihres Tuns auf andere abwälzen noch die Vorteile aus der Tätigkeit anderer kostenlos genießen kann, ist ein wirtschaftlicher Umgang mit knappen Ressourcen wahrscheinlich – so argumentieren Vertreter der traditionellen Föderalismustheorie.[171] Ein lückenloses Entgeltsystem mit direkten Anbieter- und Kundenbeziehungen wäre ideal. *Vollständige* fiskalische Äquivalenz ist in der Praxis jedoch kaum umsetzbar: Staatliche Akteure müssten für jede einzelne wirtschaftspolitische Maßnahme zunächst den Kreis der Nutznießer erfassen, mögliche Nutzenunterschiede kalkulieren und daraufhin einen entsprechenden Finanzbeitrag einziehen.[172] Weil dies bei öffentlichen Gütern in der Regel weder technisch möglich, noch wirt-

---

168 Benkert (1996), S. 169-179.

169 Siehe ausführlich Eser (1997), S. 101-107.

170 Siehe Olson (1969), S. 479-487.

171 Grundlegend wiederum Olson (1969), S. 479.

172 Dies zeigt sehr anschaulich Tiebout (1961).

schaftlich vertretbar ist,[173] muss nach einem anderen Konzept gesucht werden, das einen möglichst effizienten Einsatz öffentlicher Finanzmittel gewährleisten kann.

Das *Konnexitätsprinzip* gilt dabei als ein praktikabler institutioneller Ansatz:[174] Demnach sollten die Einnahmequellen einer Gebietskörperschaft so bemessen sein, dass sie die Ausgaben für ihre gewählten oder zugewiesenen Aufgaben selbständig tragen kann – auf die Aufgabenkompetenz folgt also die Ausgabenkompetenz. Mit eigenen Finanzressourcen dürften politische Entscheidungsträger sparsamer umgehen, als wenn sie die Mittel eines Dritten ausgeben können – so wie es derzeit unter den vielfältigen Mischfinanzierungsregeln des deutschen Fiskalföderalismus möglich ist.[175] Mit anderen Worten: Die Kompetenzen, über ein Instrument dezentraler Innovationspolitik zu entscheiden, es umzusetzen und es zu finanzieren, sollte möglichst auf einer Handlungsebene angesiedelt sein – bei den Projektträgern vor Ort. Sind nämlich dezentrale Akteure für die Konsequenzen ihrer Politik selbst verantwortlich, politisch wie finanziell, haben sie ein *Eigeninteresse* daran, ihre Instrumente an den strukturellen Bedingungen des jeweiligen Wirtschaftsraumes auszurichten. Der monetäre Druck dürfte zudem funktionale Kooperationsprojekte mit benachbarten Gemeinden ermuntern, da sich so positive Skalen- und Verbundeffekte erwirtschaften lassen.[176]

---

173 Bei öffentlichen Leistungen ist ein Ausschluss nicht möglich, zudem besteht Nicht-Rivalität im Konsum. Bei privaten Gütern, etwa bei Service- und Beratungsleistungen in einem Technologiezentrum oder einer Transferstelle, können innovationspolitische Akteure hingegen äquivalente Gebühren oder Beiträge erheben.

174 Grundlegend dazu Hansmeyer/ Kops (1984), S. 132.

175 Der Sachverständigenrat zur Begutachtung der gesamtwirtschaftlichen Entwicklung (1997), Ziffer 286 fordert daher „dass jede Ebene für die von ihr beschlossenen Ausgaben die Finanzierungspflichten übernehmen muss." Die verfassungsrechtlichen Umsetzungsschwierigkeiten des Konnexitätsprinzips diskutiert Geske (1998), S. 556-564.

176 Siehe auch Frey/ Eichenberger (2000), S. 334, die so genannte *FOCJ* (*Functional, Overlapping, and Competing Jurisdictions*) vorschlagen. Darunter verstehen sie wettbewerbliche Körperschaften, die mit eigenen Finanzierungskompetenzen ausgestattet sind und sich auf das Angebot einzelner öffentlicher Leistungen spezialisieren.

3.3.4. Schlussfolgerungen

Die ökonomische Föderalismustheorie schärft den Blick für das Kompetenzproblem dezentraler Innovationspolitik: Gegenüber einer zentralsstaatlichen Bürokratie haben lokale Akteure zwar deutliche Vorteile: Sie können die wirtschaftsstrukturelle Situation vor Ort besser einschätzen und ihre Fördermaßnahmen an den lokalen Belangen ausrichten. Zudem kann sich zwischen den Gemeinden ein kreativer Standortwettbewerb entfalten, der die Qualität ihrer innovationspolitischen Maßnahmen steigert. Eine kritische Reflexion dieser Argumente hat jedoch gezeigt, dass einige notwendige Bedingungen erfüllt sein müssen, um die genannten Vorzüge tatsächlich auszuschöpfen.

Erstens: Eine ökonomisch rationale Innovationspolitik ist nur dann wahrscheinlich, wenn ein föderaler Finanzrahmen eine Interventionsspirale zu Lasten Dritter verhindert. Das Konnexitätsprinzip könnte die lokalen Entscheidungsträger zu einem sparsamen Umgang mit knappen Ressourcen anhalten: Die Akteure entscheiden demnach über ihre Aufgaben eigenverantwortlich, führen sie durch und tragen die erforderlichen Kosten dafür selbst.

Zweitens: Der räumliche Zuständigkeitsbereich dezentraler Innovationspolitik sollte nach dem Korrespondenzprinzip so abgesteckt sein, dass sich die *Spillovers* ihrer innovationspolitischen Maßnahmen weitgehend internalisieren lassen. Für jedes Instrument eine eigene Gebietskörperschaft zu konstruieren, wäre aber aus Kostengründen unsinnig. Statt dessen könnten flexible und projektbezogene Kooperationen einen fairen Ausgleich herbeiführen. Damit lassen sich zugleich positive Größeneffekte verwirklichen und mögliche Unteilbarkeiten einer Fördereinrichtung überwinden.

Neben diesem originären Beitrag für einen ökonomischen Referenzmaßstab dezentraler Innovationspolitik zeigen sich aber auch Defizite der Föderalismustheorie: Denn sie abstrahiert weitgehend von den Fallstricken, die eine Zusammenarbeit zwischen den einzelnen Funktionsträgern im Weg stehen können.[177]

---

[177] So auch Postlep/ Döring (1996), S. 14. Zu den wenigen Ansätzen, die politische Transaktionskosten berücksichtigen, gehören die Arbeiten von Breton/ Scott (1978) (1980). Erst neuere Studien versuchen, diese Problemdimension in die ökonomische Föderalismustheorie zu integrieren. So Pitlik (1997), Sauerland (1997) und Eser (1996).

3.4. Beitrag der Neuen Institutionenökonomik

Das folgende Kapitel richtet deshalb sein Augenmerk auf die Neue Institutionenökonomik.[178] In ihrem Zentrum steht die Analyse von institutionellen Arrangements, die bei einer Interaktion von eigennutzorientierten Menschen bedeutsam sind.[179] Mit Hilfe ihres analytischen Instrumentariums will der Abschnitt der Empfehlung der ökonomischen Theorie des Föderalismus nachgehen, dass dezentrale Innovationspolitik *gemeindeübergreifend* organisiert werden sollte. Dabei lassen sich fruchtbare Beiträge zum dritten Problemfeld dezentraler Innovationspolitik erwarten, dem politischen Eigeninteresse der beteiligten Akteure.

3.4.1. Transaktionskosten und Opportunismus in der dezentralen Innovationspolitik

Dezentrale Innovationspolitik gründet sich auf das Verhalten ungezählter Personen. Dazu zählen Politiker und Verwaltungsbeamte der Kommunen ebenso wie die Geschäftsführer und Mitarbeiter der Fördereinrichtungen. Die Beteiligten gehören nicht nur dem öffentlichen Sektor an, sondern stammen auch aus Wirtschaftsorganisationen, aus Kammern und Kapitalbeteiligungsgesellschaften. Es gibt folglich keine Innovationspolitik aus einem Guss. Jeder der handelnden Akteure dürfte auch eigene Motive verfolgen, die sich möglicherweise auch zu Lasten der politischen Kooperationspartner oder gar der Zielgruppe der innovativen *Start-ups* auswirken.

Bevor dieses komplizierte Beziehungsgeflecht untersucht wird, müssen zunächst einige Grundbegriffe der Neuen Institutionenökonomik geklärt werden. Eine herausragende Rolle spielen *Institutionen* und *Organisationen*. Eine Institution zu definieren fällt schwer, da sie unterschiedliche Gestalten annehmen kann. *Douglass C. North* umschreibt sie so: *„Institutions are the rules of the game in a*

---

178 Den Begriff *Neue Institutionenökonomik* prägte Williamson (1975), S. 1, der ihn damals jedoch nur auf den von ihm vertretenen Transaktionskosten-Ansatz bezog. Mittlerweile lässt sich der Neuen Institutionenökonomik auch der *Property-Rights*-Ansatz, die Prinzipal-Agent-Theorie, die ökonomische Analyse des Rechts, die Neue Politische Ökonomie, die konstitutionelle Ökonomik und die neue österreichische Schule zuordnen. So Richter/ Furubotn (1999), S. 35-38. Für die folgende Analyse sind die Transaktionskostenökonomik, die Prinzipal-Agent-Theorie und die Neue Politische Ökonomie von besonderem Belang.

179 Wichtige Beiträge stammen von Richter/ Furubotn (1999), North (1990), Brennan/ Buchanan (1985), Williamson (1985), Alchian/ Demsetz (1973a). Eine ausgezeichnete Übersicht bieten Ebers/ Gotsch (1999).

society or, more formally, are the humanly devised constraints that shape human interaction. In consequence they structure incentives in human exchange, whether political, social, or economic."[180] *Rudolf Richter* und *Eirik G. Furubotn* charakterisieren sie als ein „auf ein bestimmtes Zielbündel abgestelltes System von Normen einschließlich deren Garantie-Instrumente mit dem Zweck, das individuelle Verhalten in eine bestimmte Richtung zu steuern. Sie kann formgebunden (formal) oder formungebunden (informell) sein."[181] Eigentums- und Verfügungsrecht, Vertrag und Konvention, Gewohnheit und Vertrauen – das sind einige wenige Beispiele für formale und informelle Institutionen. Es handelt sich gewissermaßen um Spielregeln, die eine Interaktion zwischen eigennutzorientierten Menschen stabilisieren sollen.[182] Selbst wenn Jemandem eine Alternative zur gültigen Konvention besser gefiele, zöge er vielfach die gültige Regel keiner Regel vor, um Unsicherheit zu vermeiden.[183] Zwei gegensätzliche Ansätze lassen sich für das Entstehen von Institutionen unterscheiden: Zum einen können sie das Resultat eines zielgerichteten Planes sein – etwa einer Regierung. Zum anderen können sie sich aus der Interaktion von vielen Menschen über eine lange Zeit unbeabsichtigt herausbilden, also quasi als Nebenprodukt ihres Handelns.[184] *Organisationen* umfassen im Unterschied zu Institutionen auch Personen – damit sind sie die „persönliche Seite einer Institution".[185] Erneut lässt sich zwischen formalen Organisationen (z. B. Stadt- und Gemeinderat) und informellen Organisationen (z. B. regionales Innovationsnetz) unterscheiden. Auch sie bestehen, um das soziale Miteinander zu ordnen, Unsicherheit zu reduzieren und somit unseren Alltag zu erleichtern.[186]

Weder Institutionen noch Organisationen sind kostenlos verfügbar, unabhängig ob sie formal oder informell, ob sie bewusst oder spontan entstanden sind. Sie zu schaffen und auf Dauer zu erhalten, erfordert reale Ressourcen (*set-up costs*).

---

180 North (1990), S. 3. Siehe auch North (1993) und (1994).

181 Richter/ Furubotn (1999), S.43.

182 Siehe North (1990), S. 3, 6, 118 und Richter/ Bindseil (1995), S. 133. Eigentums- und Verfügungsrechte sind die ökonomisch bedeutsamsten Institutionen, so Alchian/ Demsetz (1973a), S. 17.

183 Siehe Sugden (1986), S. 25. Kreps (1990), S. 93. Kirchgässner (1991), S. 34.

184 Nach Hayek lässt sich der erste Fall als konstruktivistischer Rationalismus, der zweite als evolutionärer Rationalismus beschreiben. Siehe Hayek (1973), S. 33-38 und (1960), S. 193.

185 So bereits Schmoller (1990), S. 61, ein Hauptvertreter der deutschen historischen Schule. Zitiert nach Richter/ Furubotn (1999), S. 8.

186 North (1990), S. 4.

Dabei kann es sich um einen monetären oder um einen nicht-monetären Aufwand handeln. Sobald sie aber existieren und von den Akteuren akzeptiert sind, sparen sie im Interaktionsprozess erhebliche Kosten ein. Andernfalls treten neben die eigentlichen Produktionskosten eines Gutes zusätzlich noch mehr oder weniger hohe *Transaktionskosten*[187], also „Kosten für die Abwicklung und Organisation einer Transaktion."[188]. Dazu zählen vor einem Vertragsabschluss Anbahnungs- und Vereinbarungskosten und nach einem Vertragsabschluss Kontroll- und Anpassungskosten.[189] Dieser Aufwand kann im Verlauf eines marktlichen Tauschgeschäfts genauso anfallen wie in der politischen Zusammenarbeit.[190]

Da in der dezentralen Innovationspolitik etliche Akteure mit unterschiedlichem Hintergrund beteiligt sind, zeichnet sie sich durch einen entsprechend hohen Koordinationsbedarf aus: Zu den reinen Produktionskosten der gewählten Fördermaßnahmen addieren sich die Transaktionskosten des politisch-administrativen Abstimmungsprozesses. Das gilt vor allem für ein übergemeindliches Vorgehen. Die Höhe dieser Kosten richtet sich danach, wie vielschichtig der jeweilige Verhandlungsgegenstand und die damit verknüpften Investitionen sind (*asset specifity*), wie gut man sich auf die politischen Kooperationspartner und äußeren Rahmenbedingungen verlassen kann (*uncertainty*), wie oft die beteiligten Entscheidungsträger in Kontakt treten (*frequency*) und welche institutionellen Arrangements bereits existieren, die eine intra- oder interkommunale Zusammenarbeit absichern können.[191]

Transaktionskosten entstehen also vor allem deshalb, weil die Akteure nur ein *unvollständiges Wissen* über ihre Kooperationspartner haben und sich vor unliebsamen Überraschungen schützen wollen. Da die kognitive Fähigkeit eines Menschen begrenzt ist und er künftige Entwicklungen allenfalls zu schätzen vermag, kann er auch nur *beschränkt rational* handeln.[192] Transaktionskosten und Wissenslücken in die Analyse von Interaktionen zwischen Individuen sy-

---

187 Grundlegende Arbeiten stammen vor allem von Williamson (1993) (1991) (1985) und (1979). Siehe auch Picot (1991) (1982).

188 Ebers/ Gotsch (1999), S. 225.

189 Man spricht auch von ex ante- und ex post-Transaktionskosten. Picot (1982), S. 270. Siehe auch Williamson (1985), S. 20-23. Fama/ Jensen (1983), S. 303.

190 Zu den Transaktionskosten in der Wirtschaftspolitik siehe Dixit (1996).

191 Diese Einflussfaktoren (*asset specifity, uncertainty, frequency*) gehen zurück auf Williamson (1985), S. 79 und (1991), S. 281.

192 Den Begriff der eingeschränkten Rationalität prägte Simon (1957), S. 198. Für einen jüngeren Überblick siehe Simon (1987).

stematisch zu integrieren, ist ein zentrales Anliegen der Neuen Institutionenökonomik. Damit hebt sie sich von der Wohlfahrtsökonomik ab, die mit ihrem Modell der vollständigen Konkurrenz eine irreale Welt ohne jede Informationsprobleme entwirft: Jedes Individuum kennt hier die Präferenzen und Handlungsweisen aller übrigen Individuen; jeder Politiker weiß, welche Instrumente er zu wählen hat und wie ein Unternehmen darauf reagiert.[193]

In einer solchen Welt wären soziale Arrangements wie Institutionen und Organisationen entbehrlich. Doch die Realität ist anders: „Leute verhalten sich wie Gauner, wenn dies nicht verhindert wird" pointiert *Bruno S. Frey*.[194] Sie können einen Wissensvorteil *opportunistisch* ausnutzen, um mit List eigene Interessen zu verfolgen.[195] Das gilt prinzipiell auch für politische und administrative Entscheidungsträger. Daher muss unter der Annahme von Wissenslücken und Eigennutz, von Transaktionskosten und Opportunismus das Handeln der Akteure dezentraler Innovationspolitik beleuchtet werden. Um das Beziehungsgefüge analytisch zu entflechten, wird im Folgenden zwischen *vertikalen* und *horizontalen Politikstrukturen* unterschieden.[196]

3.4.2. Vertikale Politikstrukturen: Das Agenturproblem

Vertikale Politikstrukturen sind in der Innovationspolitik allgegenwärtig: Ein gutes Beispiel ist der Auf- und Ausbau von Technologiezentren: In vielen Bundesländern stellt die Landesregierung Fördermittel bereit, um dezentrale Akteure in die Lage zu versetzen, dieses innovationspolitische Instrument nach den jeweiligen lokalen Erfordernissen zu etablieren. Die örtlichen Entscheidungsträger

---

193 Zur wohlfahrtsökonomischen Wirtschaftspolitik siehe etwa Sohmen (1976).

194 Frey (1997), S. 47. Mit dieser These fasst er den verfassungsökonomischen Ansatz von Brennan und Buchanan (1983) und (1985) zusammen, die ihrerseits daraus folgern, dass ein staatlicher Ordnungsrahmen darauf abzielen müsse, das Ausmaß an opportunistischem Verhalten möglichst klein zu halten. Denn sie gehen davon aus, „(...) dass der Wahlprozess die natürlichen Neigungen von Regierungen (Streben nach Eigennutz, Anm. d. Verf.) nur dann angemessen beschränken kann, wenn er von zusätzlichen Restriktionen und Regeln begleitet wird, die auf konstitutioneller Ebene festgelegt sind." Brennan/ Buchanan (1988), S. 18-19.

195 Williamson (1990), S. 54 und (1985), S. 47 (*self-interest seeking with guile*).

196 Ronald Coase (1937) war der erste Ökonom, der zwischen vertikaler und horizontaler Koordination unterschied, wobei er sich seinerzeit auf Unternehmen bezog. Zu den Kennzeichen und Systematisierungen von Koordinationsverfahren siehe ausführlich Bohnet/ Bischoff (1999), S. 55-73.

bestimmen ihrerseits ein Zentrumsmanagement, das für das Leistungsspektrum und den laufenden Betrieb zuständig ist. In zweifacher Hinsicht ist darin eine vertikale Interaktionsbeziehung angelegt: Zum einen zwischen den Entscheidungsträgern auf der Landes- und der dezentralen Ebene; zum anderen zwischen den Akteuren auf der dezentralen Ebene und dem eigentlichen Management der innovationspolitischen Organisation. Beide Beziehungen – die in gleicher Weise auch bei anderen Fördereinrichtungen auftauchen – stehen nun auf dem Prüfstand. Als institutionenökonomischer Zugang bietet sich die Prinzipal-Agent-Theorie an.[197]

Die Prinzipal-Agent-Theorie behandelt das Verhältnis zwischen einem Auftraggeber (Prinzipal) und einem Beauftragten (Agenten). Die Informationen sind dabei ungleich verteilt: Während der Auftraggeber nur das Resultat der Kooperation sieht, kann der Auftragnehmer seine Lösungsstrategie und sein persönliches Engagement mehr oder weniger unbeobachtet variieren. Das vereinbarte Ergebnis kann er maßgeblich beeinflussen; doch auch äußere Faktoren mögen eine Rolle spielen.[198] Aus Sicht des Prinzipals soll der Agent selbstverständlich seinen Informationsvorsprung genau so einsetzen, dass er optimal davon profitiert; deswegen will er ja mit ihm zusammenarbeiten. Er muss aber befürchten, dass der Beauftragte seinen Wissensvorteil opportunistisch ausnützt und danach trachtet, seinen eigenen Nutzen zu maximieren. Somit entsteht nach der Übereinkunft ein moralisches Risiko: Der Agent kann für ihn vorteilhafte Handlungsweisen wählen, die der Auftraggeber nicht überschauen kann. Überdies kann er mögliche Gefahren seiner Aktivität verschleiern. Den ersten Fall bezeichnet *Kenneth A. Arrow* als verstecktes Handeln, den zweiten als versteckte Information.[199] Falls der Auftragnehmer das vereinbarte Ergebnis auf Grund einer verminderten Leistung nicht realisiert, kann er das Abweichen immer noch

---

197 Die Probleme eines Prinzipals bei asymmetrischer Information hat erstmalig Ross (1973) thematisiert. Einen guten Überblick über die Prinzipal-Agent-Theorie geben Arrow (1985), Pratt/ Zeckhauser (1985) oder Spremann (1987). Ihre praktischen Anwendungsfelder zeigen Ebers/ Gotsch (1999) und Pfaff/ Zweifel (1998). Grundlegend zur Theorie asymmetrischer Information ist auch Akerlof (1970).

198 „Zum Beispiel bleibt einem Unternehmenseigner verborgen", schreibt Arnold Picot, „ob der Geschäftsführer den Jahresgewinn durch Faulheit und Glück oder durch vom Pech verfolgte Anstrengungen erzielt hat." Picot (1991), S. 151-152.

199 Arrow (1985), S. 38 spricht von *hidden action* und *hidden information.* Picot (1991), S. 152 fügt als drittes Informationsproblem noch *hidden characteristics* zu: Der Prinzipal kann Charaktereigenschaften und Fähigkeiten des Agenten (z. B. Fleiß oder Durchsetzungsvermögen) nicht einschätzen.

mit äußeren Umständen entschuldigen.[200] Der Prinzipal könnte das, wenn überhaupt, nur mit einem erheblichen Kosten- und Zeitaufwand überprüfen.

Ein genauerer Blick auf das Technologie- und Gründerzentrum lässt das Agenturproblem dezentraler Innovationspolitik erkennen: Die Entscheidungsakteure des Landes lassen sich als Prinzipal charakterisieren. Sie vergeben Fördermittel an Akteure einer dezentralen Ebene und erhoffen, einen Informationsvorsprung über das örtliche Entwicklungspotenzial zu nutzen. Die dezentralen Handlungsträger sind in dieser Beziehung Agent. Zugleich sind sie aber auch selbst Prinzipale, da sie ihrerseits ein fachkundiges Management beauftragen, den laufenden Betrieb des innovationspolitischen Instrumentes zu sichern. In dieser doppelten Vertretungsstruktur besteht ein gemeinsames Motiv darin, innovative*Start-ups* fördern zu wollen. Der jeweilige Zielbeitrag der einzelnen Akteure hängt jedoch maßgeblich von individuellen Nebenbedingungen ab.

Tabelle 3.2 stellt mögliche Nutzenvariablen der Akteure auf den drei vertikalen Ebenen zusammen. Grundlage sind die Verhaltensannahmen der Neuen Politischen Ökonomie, die das Eigennutz-Kalkül auf die Entscheidungsträger des öffentlichen Sektors übertragen.[201] Die Übersicht zeigt: Die persönlichen Interessen der am Förderprozess Beteiligten klaffen zum Teil weit auseinander. Ob die dezentralen Akteure den von der ökonomischen Theorie des Föderalismus postulierten Informationsvorsprung im Sinne des Landes nutzen, ist daher ungewiss. Ebenso wenig ist es selbstverständlich, dass sich das Management einer Fördereinrichtung vollständig im Interesse der kommunalpolitischen Entscheidungsträger verhält.

---

200 Schränkt der Agent seine zugesicherte Leistung ein, spricht man nach Alchian/ Demsetz (1973b), S. 794 von Drückebergerei (*shirking*).

201 Grundlegend Downs (1957). Gute Übersichten bieten Kirsch (1997), Bernholz/ Breyer (1994) oder Mueller (1989). Ein politökonomisches Modell kommunalpolitischer Entscheidungsprozesse entwickeln Nienhaus/ Karl (1989), S. 63-80.

Akteure	**Ziele: Innovative *Start-ups* fördern, unter folgenden Nebenbedingungen**:	**Vertikale Beziehung**
Entscheidungsträger auf Landesebene (z. B. Regierung)	• Wirtschafts- und Finanzkraft des Landes stärken • Wählerstimmen auf Landesebene gewinnen: Macht und Prestige steigern • an den Erfolgen der Akteure der dezentralen Ebene teilhaben, ihre Misserfolge aber abwälzen • Eingriffsmöglichkeiten auf dezentraler Ebene wahren • Eigene Subventionen begrenzen; andere Finanzmittel (z. B. EU, Eigenanteil der dezentralen Ebene) ausschöpfen	Prinzipal ↓
Entscheidungsträger auf dezentraler Ebene (z. B. Bürgermeister)	• Lokale Wirtschafts- und Finanzkraft stärken • Wählerstimmen auf lokaler Ebene gewinnen: Macht und Prestige steigern • an den Erfolgen der Akteure der instrumentellen Ebene teilhaben, ihre Misserfolge aber abwälzen • Eingriffsmöglichkeiten des Landes begrenzen; individuelle Freiheitsgrade sichern; Eingriffsmöglichkeiten auf Akteure der instrumentellen Ebene wahren • Defizite im Technologiezentrum verhindern und Eigenanteile begrenzen; Subventionen des Landes ausschöpfen *ggf. auch zu Lasten anderer Kommunen*	Agent Prinzipal ↓
Manager einer dezentralen Einrichtung (z. B. Geschäftsführer eines Technologiezentrums)	• Instrumentelle Wirtschafts- und Finanzkraft steigern • Berufliche Stellung sichern; Macht und Prestige steigern • Eingriffsmöglichkeiten der Akteure der dezentralen Ebene begrenzen; individuelle Freiheitsgrade sichern; Verwaltungsaufwand begrenzen • Wettbewerbliche Bewertung verhindern und Budget maximieren, *ggf. auch zu Lasten anderer dezentraler Einrichtungen*	Agent

Quelle: Eigene Zusammenstellung.

Tabelle 3.2: Vertikale Interessen in der dezentralen Innovationspolitik

Das formale Ziel eines Technologie- und Gründerzentrums ist es, innovative *Start-ups* zu fördern. Deshalb gewährt die Landesregierung eine Bau- und Anschubfinanzierung. Die dezentralen Gesellschafter sind für den Geschäftsbetrieb verantwortlich und tragen die laufenden Unterhaltskosten dafür. Wichtigste Einnahmequelle sind die Mieterlöse. Innovative Gründer stellen jedoch häufig „unsichere Kantonisten"[202] dar. Ihre unternehmerische Entwicklung ist ungewiss, Liquiditätsengpässe sind denkbar, der Betreuungsaufwand ist hoch. Für die Gesellschafter und für die Geschäftsführer des Zentrums ist daher ein Engagement mit hohen Opportunitätskosten verbunden. Denn im Gegensatz zum Existenzgründer bieten florierende Mittelständler sichere Mietzahlungen bei geringem Arbeitseinsatz der Zentrumsleitung. Fehlen institutionelle Arrangements zwischen Land und Gesellschaftern bzw. zwischen Gesellschaftern und Geschäftsführern, kann daher das eigentliche Förderziel rasch aus den Augen geraten oder nur noch anhand einiger Mustergründer symbolisch erfüllt werden.[203] Wie lässt sich das Agenturproblem lösen, das keineswegs nur für die Leistungsfähigkeit eines Technologie- und Gründerzentrums bedeutsam ist? Die Neue Institutionenökonomik beschreibt vier Mechanismen gegen Opportunismus:

- *Beziehungsvertrag (relational contract):*[204] Manche Interaktionen sind in ein Umfeld eingebettet, in dem nicht juristische, sondern persönliche Aspekte die entscheidende Rolle spielen. Eine gewachsene Organisationskultur kann etwa eine Zusammenarbeit auch ohne formale Institutionen dauerhaft sichern. Ein Auftragnehmer verhält sich loyal, weil er an einer langfristigen Bindung interessiert ist. Umgekehrt vertraut der Auftraggeber auf das Leistungsversprechen. Ob persönliche Beziehungsverträge in der dezentralen Innovationspolitik allein reichen, um Opportunismus im Förderverfahren auszuschalten, muss aber angesichts der handfesten Eigeninteressen der Akteure bezweifelt werden.

---

202 So auch Wolfgang Clement: „Es ist nicht zu verkennen, dass hier ein Interessenkonflikt bei den Betreibern der Zentren liegen kann. Wer Zentren aus Sicht des – Kostendeckung suchenden – Vermieters begreift, wird zumeist an einer langen Mietdauer interessiert sein. Innovative Unternehmen mögen aus dieser Perspektive als ‚unsichere Kantonisten' erscheinen. Technologiepolitisch wäre dies jedoch falsch." MWMTV (1997).

203 Ausführlich dazu die empirische Analyse in Kapitel 4.4.2.

204 Zur Definition siehe grundlegend MacNeil (1974), S. 753 und (1978). Williamson (1985), S. 68-72 unterscheidet drei Vertragstypen: *Klassische* Vertragsbeziehungen von kurzer Dauer mit spezifischen Regeln. *Neoklassische* Vertragsbeziehungen mit längerer Dauer und Anpassungs- und Sicherungsklauseln. *Relationale* Vertragsbeziehungen mit langfristigen Austauschbeziehungen, die in ein komplexes Sozialgefüge eingebettet sind.

- *Direktive Anweisungen* sind eine zweite Möglichkeit, um einen Agenten zu einem zielkonformen Verhalten zu bewegen. Dazu müsste der Prinzipal das gewünschte Resultat definieren, die Arbeit des Auftragnehmers kontrollieren und ein abweichendes Verhalten sanktionieren. Diese Variante ist allerdings nicht immer möglich. Um genaue Befehle zu formulieren, bräuchte ein Auftraggeber ja gerade die Informationen, die er nicht oder nur unvollständig hat – die Gesellschafter einer Fördereinrichtung können nicht die Arbeit ihres Managements komplett überwachen, zumindest wäre es mit erheblichen Transaktionskosten verbunden.
- Ein ergebnisorientiertes *Aufgaben-Controlling* stellt daher einen dritten Weg dar: Je mehr ein Prinzipal weiß, desto schwieriger wird es dem Agenten fallen, sich opportunistisch zu verhalten.[205] So könnte der Auftraggeber auf einer Berichts- und Rechenschaftspflicht bestehen, ein Kennzahlensystem einführen und regelmäßige Leistungsvergleiche durchführen (*Benchmarking*).
- Eine weitere, vielsprechende Lösung sind monetäre und nicht-monetäre *Anreize*. Dazu müsste der Prinzipal eine Belohnung bieten, bei der ein Agent genau dann seinen persönlichen Nutzen steigert, wenn er zugleich im Sinne des Auftraggebers agiert.[206] Haben zwei Partner harmonische Ziele, besteht kein moralisches Risiko; beide ziehen an einem Strang. In diesem Fall wären die Nachteile, vom Vertrag abzuweichen, deutlich höher als die Vorteile der Vertragstreue.

Gerade die beiden letztgenannten Ansätze – *Anreize* und *Aufgaben-Controlling* – sind wirksame Mechanismen, um das Agenturproblem in der dezentralen Innovationspolitik zu beherrschen. Das zeigen etwa regionale Beteiligungsgesellschaften, die als Finanzintermediäre im Auftrag von institutionellen Investoren handeln. Ihre Arbeit ist zwar von erheblichen Informationsasymmetrien geprägt: Die Geschäftsführung könnte beispielsweise die Rendite und das Risiko von Beteiligungen falsch darstellen, um mehr Kapital in die Hände zu bekommen. Sie könnte die Portfoliounternehmen schlecht oder nur sporadisch unterstützen. Oder sie könnte verfügbare Finanzmittel in eine opulente Firmen- und Büroausstattung stecken anstatt neue, innovative *Start-ups* zu identifizieren und zu begleiten. Da aber die Beteiligungsgesellschaften mit starken, persönlichen Anreizen und Informationssystemen arbeiten, sind derartige Auswüchse weniger wahrscheinlich. Tabelle 3.3 stellt die möglichen Agentur-Probleme der Beteiligungsgesellschaften und ihre jeweiligen institutionellen Lösungsansätze dar.

---

205 Siehe Eisenhardt (1989), S. 60.

206 Ebers/ Gotsch (1999), S. 214, Berger (1995), S. 416-420, Laux/ Schenk-Mathes (1992). Grundlegend dazu auch Harris/ Raviv (1979).

Agentur-Problem	Lösungsansatz:
1) Täuschung hinsichtlich Rendite und Risikoerwartung	
Geschäftsführung stellt Wirtschaftlichkeitserwartungen falsch dar, um mehr Kapital zu erhalten	• Definition von Anlagegrundsätzen • Anreize durch erfolgsabhängige Vergütung • Haftungs- und Garantieregeln • Berichtswesen und Kontrolle
2) Täuschung hinsichtlich der Motivation und Qualifikation der beteiligten Personen	
Geschäftsführung überzeichnet Spezialisierungsvorteile und Qualifikationen zusätzlicher Mitarbeiter Geschäftsführung vernachlässigt relevante Aktivitäten (*moral hazard*)	• Definition von Tätigkeitsprofilen • Einfluss auf Personalentscheidungen • Zielvereinbarungen • Anreize durch erfolgsabhängige Vergütung • Aufgaben-Controlling
3) Entnahme unentgeltlicher Vorteile	
Geschäftsführung vergibt Kapital an persönlich favorisierte Portfoliounternehmen Geschäftsführung leistet sich teure Büroausstattung, Fahrzeuge, Reisen, Mitarbeiter etc. (*perk consumption*)	• Budgetierung der Geschäftsausgaben • Berichtswesen und Kontrolle

Quelle: Eigene Zusammenstellung nach Schefczyk (2000a), S. 47.

Tabelle 3.3: Agentur-Probleme bei regionalen Beteiligungsgesellschaften

Ob auch die übrigen öffentlich-rechtlichen Fördereinrichtungen dezentraler Innovationspolitik, also Transfer- und Beratungsstelle sowie Technologie- und Gründerzentrum, über entsprechende Anreiz-, Informations- und Kontrollmechanismen verfügen, wird im empirischen Teil der Arbeit ausführlich untersucht. Das Ergebnis ist ernüchternd.[207]

Institutionelle Arrangements sind nicht nur bei vertikalen Politikstrukturen bedeutsam. Eine ebenso wichtige Rolle können sie auch in horizontaler Hinsicht, also zwischen den Entscheidungsträgern auf der dezentralen Ebene, spielen.

207 Siehe Kapitel 4.4.2.

3.4.3. Horizontale Politikstrukturen: Das Koordinationsproblem

Räumliche Externalitäten, mindestoptimale Projektgrößen und Synergieeffekte sprechen dafür, Innovationspolitik nicht völlig dezentral durchzuführen, sondern *übergemeindlich* zu organisieren – diese Empfehlung lässt sich aus der ökonomischen Föderalismustheorie gewinnen. Dabei blendet der Theoriezweig aber erneut institutionelle Erfordernisse weitgehend aus. Dass die Repräsentanten eigenständiger Städte und Gemeinden zusammenarbeiten, um so ihre Kräfte zu bündeln, liegt keinesfalls auf der Hand – selbst wenn es ökonomisch angezeigt wäre. Wiederum ist die politische Rationalität, also das Eigeninteresse der Akteure, zu beachten. Statt einer dezentralen Koordination sind ebenso politische Alleingänge denkbar. Beide Optionen müssen somit auf einen institutionenökonomischen Prüfstand gestellt werden.

Koordination auf dezentraler Ebene

„Eine Voraussetzung erfolgreicher lokaler Wirtschafts- und Innovationsförderung stellt die möglichst rege Zusammenarbeit aller an den kleinräumigen Entwicklungsprozessen beteiligten Handlungsträger dar" – so das *Deutsche Institut für Urbanistik* in einer empirischen Studie über dezentrale Inovationspolitik.[208] Bei dem Politikfeld handelt es sich um eine Querschnittsaufgabe, in der Vertreter verschiedener Organisationen und Fachbereiche über die Gemeindegrenzen hinweg miteinander arbeiten müss(t)en. Wegen der damit verbundenen Komplexität lassen sich viele Entscheidungen nur noch selten innerhalb der herkömmlichen administrativen Abläufe treffen. Vielmehr sind Verhandlungen zwischen den Beteiligten nötig. Sie sollen politische und administrative Entscheidungsverfahren erweitern und komplementäre Aktionsfelder verzahnen.[209]

Kommunikation, Kooperation und Konsens lassen sich allerdings nicht befehlen. Eine Zusammenarbeit wird nur dann zwischen eigennutzorientierten Entscheidungsträgern funktionieren, wenn sie auf einem *gemeinsamen* Ziel fußt und sich für die Beteiligten auf Dauer lohnt.[210] Aber auch hier stellt sich das Problem der lückenhaften Information und der Transaktionskosten der Gemeinschaftsarbeit: Ein innovationspolitischer Akteur kann die persönlichen Interessen und das Engagement seiner Verhandlungspartner nur schwer einschätzen. Es herrscht Unsi-

---

208 Grabow/ Heuer/ Kühn (1990), S. 53.

209 So auch Bade (1998), S. 7ff. Kilper (1998), S. 54ff., Benz (1995), S. 194ff.

210 Erfolgreiche Organisationen sind, so North (1990), S. 5, „groups of individuals bound by some common purpose to achieve objectives."

cherheit.[211] *Relationale Verträge*, also die persönliche Bindung zwischen den innovationspolitischen Trägern, können diese Unsicherheit verringern. Das gegenseitige Vertrauen spielt dabei eine herausragende Rolle.[212] Es ermöglicht, das künftige Handeln anderer Personen richtig einzuschätzen, das auch für die eigene Aktivität relevant ist. Damit kann es eine gemeinsame Politik erleichtern. Vertrauen lässt sich jedoch weder künstlich noch von einem auf den anderen Augenblick erzeugen, sondern bildet sich in einem Entwicklungsprozess, der Zeit braucht. Es müssen sich gemeinsame Ziele und Werte herauskristallisieren, die einen sozialen Konsens begründen. Institutionen und Organisationen können diesen Prozess unterstützen.[213]

Seit Mitte der achtziger Jahre hat sich ein ganzes Bündel kooperativer Politikverfahren entwickelt, nicht zuletzt auch im Bereich dezentraler Innovationspolitik:[214] Werkstattgespräche und *Workshops*, Runde Tische und *Public-Private-Partnerships* zeugen von dieser Entwicklung.[215] Sie alle sollen eine vertrauensvolle Zusammenarbeit zwischen lokalen Entscheidungsträgern begünstigen. Zudem haben sich in einigen Bundesländern regionale Verbunde gebildet, die eine Koordination zwischen den Vertretern benachbarter Städte, Gemeinden und Kreise herbeitführen sollen. In Nordrhein-Westfalen zählen dazu vor allem die Regionalkonferenzen, die auf Initiative der Landesregierung Ende der achtziger Jahre enstanden sind. In diesen Foren sollen alle politisch, wirtschaftlich und gesellschaftlich relevanten Gruppen einer Region zusammenkommen, um ein gemeinsames Entwicklungskonzept und konkrete Vorschläge zur Innovations- und Technologieförderung zu erarbeiten. Wie ist eine solche politische Arena als formales Koordinationsinstrument zu bewerten?

Um dieser Frage – zunächst theoretisch[216] – nachzugehen ist es aufschlussreich, sich die möglichen Eigeninteressen der beteiligten Akteure zu veranschaulichen.

---

211 Unter Umständen gleich in dreierlei Hinsicht: Unsicherheit auf Grund mangelnder Kommunikation, auf Grund von mehrdeutigen Verhalten der Kooperationspartner und auf Grund der Abhängigkeit von äußeren Einflüssen. Diese Unterscheidung stammt von Williamson (1989), S. 143f.

212 Siehe z. B. Fürst (1994), S. 185, Benz (1991), S. 57.

213 Neuere Arbeiten zur ökonomischen Theorie des Vertrauens stammen von Bhattacharya/ Devinney/ Pillutla (1998) oder Ripperberger (1998). Grundlegend Dasgupta (1988).

214 Auslöser waren zum einen die Reformansätze in der staatlichen Leistungsverwaltung (Stichwort bürgernaher Staat), zum anderen die Regionalisierung der Strukturpolitik. Kilper (1998), S. 51ff.

215 Siehe zum Beispiel Richter (1997), Heinz (1998), S. 210-239, Kilper (1998), S. 185-203, Budäus/ Grüning (1997), Huebner (1996), 46-59 und Sinning (1995), S. 169-176.

216 Die empirische Analyse folgt in Kapitel 4.3.2. und 4.3.3.

Tabelle 3.4 überträgt daher einschlägige Verhaltenshypothesen der Neuen Politischen Ökonomie auf die horizontale Ebene dezentraler Innovationspolitik.[217]

Akteure	**Ziele: Innovative *Start-ups* fördern unter folgenden Nebenbedingungen**
Politiker der beteiligten Kommunen (z. B. Bürgermeister)	• Lokale Wirtschafts- und Finanzkraft stärken • Wählerstimmen auf lokaler Ebene gewinnen; Macht und Prestige steigern • Subventionen des Landes ausschöpfen; Eigenanteile vermeiden *ggf. auch zu Lasten der übrigen Akteure in der Region*
Verwaltungsbeamte der beteiligten Kommunen (z. B. Mitarbeiter des Amtes für Wirtschaftsförderung)	• Fördermittelbudget ausdehnen • Macht und Prestige steigern • Gewohnte administrative Entscheidungsabläufe beibehalten *ggf. auch zu Lasten der übrigen Akteure in der Region*
Vertreter der lokalen Wirtschaft (z. B. Industrie- und Handelskammer oder Handwerkskammer)	• Fördermittelbudget ausdehnen • *Rent-Seeking* für die eigene Klientel • Gewinne einer *Public-Private-Partnership* abschöpfen, Verluste auf den öffentlichen Sektor abwälzen *ggf. auch zu Lasten der übrigen Akteure in der Region*

Quelle: Eigene Zusammenstellung.

Tabelle 3.4: Horizontale Interessen in der dezentralen Innovationspolitik

Analog zu den vertikalen Politikstrukturen hängt das gemeinsame Motiv, innovative *Start-up*-Unternehmen zu unterstützen, maßgeblich von persönlichen Nutzenkategorien ab. Bei Verteilungskonflikten muss realistischerweise damit gerechnet werden, dass die Akteure ihre persönlichen Ziele auch *zu Lasten der* übrigen Teilnehmer in der Regionalkonferenz durchsetzen wollen. Ein Beispiel sind die politischen Repräsentanten benachbarter Kommunen, die jeweils für *ihre* Gebietseinheit Vorteile erlangen wollen, um ihre persönliche Wiederwahl zu sichern oder ihren Einfluss zu mehren. Das Ergebnis hängt dann vom Ver-

---

[217] Die Entscheidungsprozesse in einem föderalen Staat analysieren auch Pitlik (1997), S. 184-210, Sauerland (1997), S. 183-210 und Thöni (1986), S. 83-99.

handlungsgeschick und der Machtposition des jeweiligen Mandatsträgers ab.[218] Persönliche Ziele dürften aber auch die Verwaltungschefs und Kammervertreter verfolgen, die den jeweiligen diskretionären Handlungsspielraum ausdehnen wollen.

Vor dem Hintergrund dieser Interessenlage wird nun der Fokus auf die möglichen Vorteile einer formalen Organisation wie der Regionalkonferenz gelegt:[219]

- *Kommunikation begünstigen*: Ein derartiges Gremium bringt die verschiedenen Akteure institutionell zusammen und baut damit mögliche Gesprächsbarrieren ab. Der gegenseitige Informationsaustausch kann dazu beitragen, die Unsicherheit über die Kooperationspartner zu vermindern und die in vielen Regionen übliche „Misstrauenskultur"[220] zu reduzieren.
- *Kooperation stabilisieren*: Eine wiederholte Interaktion kann die übergemeindliche Zusammenarbeit stabilisieren, auch wenn dieser Prozess zunächst von internen Konflikten begleitet sein mag. Die Mitglieder können daraus lernen, eigene Interessen vor dem Hintergrund anderer Positionen zu relativieren. So ließe sich ein gemeinsames Problembewusstsein bilden.
- *Regeln herausbilden*: Die Organisation kann zu einem Forum werden, das kontroverse Themen aufgreift und Institutionen entwickelt, die vorhandene Konflikte ausgleichen und unkooperatives Verhalten vermeiden können.
- *Lösungen umsetzen*: Durch die Mitarbeit der unterschiedlichen Interessenvertreter lassen sich gemeinsame Lösungsstrategien realisieren. Durch die Koordination sind die Akteure nicht mehr auf sich allein gestellt, sondern können von Ressourcen und Kompetenzen der Partner profitieren.

Verzicht auf eine Koordination auf dezentraler Ebene

Die Möglichkeiten eines kooperativen Politikverfahrens dürfen nicht überschätzt werden. Die Vorteile der Regionalkonferenzen kommen vielleicht gar nicht zum Tragen, wenn die Nachteile für die betroffenen Akteure derart hoch sind, dass sie eine freiwillige Zusammenarbeit von vornherein ausschließen. Denn wie jede formale Organisation auf der einen Seite ein Potenzial ermöglicht, erzeugt sie auf der anderen Seite auch Restriktionen:

---

218 Ausführlich zur Theorie horizontaler Verhandlungssysteme Benz (1992).

219 Kilper (1998), S. 60, Bade (1998), S. 4-5, Benz (1995), S. 188 und (1991), S. 52, Fürst (1991), S. 60 und Scharpf (1992a), S. 102.

220 Fürst (1991), S. 60.

- *Steigende Verhandlungskosten*: Sich auf horizontaler Ebene zu koordinieren, ist zunächst mit einem höheren Aufwand verbunden als bei einem autonomen Vorgehen. Ehemals eigenständige Entscheidungsträger müssen eingespielte Verhaltensmuster aufgeben und sich mit anderen Akteuren auseinandersetzen: Unterschiedliche Motive, Denkweisen und Wahrnehmungsmuster prallen aufeinander.[221]

- *Steigende Entscheidungskosten*: Je größer die Anzahl der Interaktionspartner dabei ist, desto schwieriger wird es, sich zu einigen.[222] Manche Akteure könnten strategisch die Verhandlungen verschleppen, um unpopuläre Entscheidungen zu verhindern. Dieses Risiko taucht vor allem dann auf, wenn gemeinsame Beschlüsse Einstimmigkeit erfordern und an einem einzigen Veto scheitern können. Dezentrale Kooperation kann dann in einer Selbstblockade enden.

- *Verlust an Macht und Prestige*: Die politischen und administrativen Entscheidungsträger einer lokalen Einheit können persönliche Gestaltungsspielräume verlieren, wenn sich ihre bisherigen Kompetenzen verlagern und Entscheidungen innerhalb eines regionalen Verbundes getroffen oder von ihm beeinflusst werden. Sie fürchten, ihre bisherige Autonomie zu verlieren und in die Abhängigkeit anderer Akteure zu geraten.[223]

Eine horizontale Koordination kann also auch politische Transaktionskosten erhöhen, anstatt sie zu senken.[224] Die innovationspolitischen Akteure sehen sich dabei einem Dilemma ausgesetzt: Einerseits lassen sich die Verhandlungs- und Einigungskosten durch formale Institutionen begrenzen. Zu denken wäre etwa an eine gemeinsame Verwaltung oder an eine Rechtsordnung, um (Mehrheits-) Be-

221 Krafft/ Ulrich (1993), S. 58.

222 Grundlegend dazu Buchanan/ Tullock (1962), S. 63ff. Unterschiedliche politische Entscheidungsverfahren analysiert Mueller (1989), Kapitel II.

223 Denn nur eine begrenzte Anzahl von Akteuren nehmen innerhalb des neuen Politikverfahrens eine Führungsrolle ein und können so an Macht und Einfluss gewinnen. Dörsam/ Icks (1997), S. 131-132, Fürst (1991), S. 61-62.

224 Zajac/ Olson (1993) betonen allerdings dass komplexe Interaktionen nicht nur einen Aufwand erfordern (*transaction cost*), sondern langfristig auch einen Nutzen stiften (*transactional values*). In diesem Sinne mag die Teilnahme einer Vielzahl von heterogenen Akteuren innerhalb eines kooperativen Politikverfahrens zwar zunächst die Transaktionskosten steigern. Dies kann jedoch dann sinnvoll sein, wenn der aufwändigere Abstimmungsprozess zu einem schlüssigen Entwicklungskonzept führt und kostspielige Nachverhandlungen von vornherein verhindert.

schlüsse zu fassen oder Konflikte zu regulieren.[225] Andererseits könnten die Beteiligten eine zu starke institutionelle Bindung als Korsett auffassen und mit dem Hinweis auf kommunale Selbstverwaltung auf eine Abstimmung verzichten. Träger dezentraler Innovationspolitik werden folglich nur dann zu einer freiwilligen Kooperation bereit sein, wenn dieses mit hinreichender Wahrscheinlichkeit einen Gewinn verspricht, der über dem Erwartungswert bei Nicht-Kooperation liegt.

Eine Zusammenarbeit auf horizontaler Ebene lässt sich häufig dann beobachten, wenn es darum geht, gemeinsame Ziele gegenüber Anderen durchzusetzen – zum Beispiel gegenüber konkurrierenden Standorten oder auch zentralen Politikakteuren wie den Vertretern des Landes. In Abhängigkeit der institutionellen Rahmenbedingungen könnte der Anreiz bestehen, sich nur deshalb auf ein gemeisames Vorgehen zu verständigen, um politische Ansprüche gegenüber der Landesregierung besser durchzusetzen (*Rent-Seeking*). Der Kompromiss vor Ort erfolgt also dann zu Lasten eines Dritten, der nicht der Verhandlung beiwohnt. Vor diesem Hintergrund ist noch einmal auf die Bedeutung eines geeigneten föderalen Finanzrahmens hinzuweisen, der eine Interventionsspirale auf Kosten der Steuerzahler verhindert. Sind die Akteure für die finanziellen Konsequenzen ihrer Politik aber selbst verantwortlich, dürften sie ein starkes Eigeninteresse an marktlichen Kooperationsprojekten entwickeln. Denn durch die Zusammenarbeit können die Verantwortlichen steigende Skalen- und Verbundvorteile erwirtschaften.

3.4.4. Schlussfolgerungen

Im Mittelpunkt dieses Abschnittes standen die Eigeninteressen der unterschiedlichen Träger dezentraler Innovationspolitik. Mit Hilfe der Neuen Institutionenökonomik lässt sich das komplizierte Beziehungsgefüge analytisch entflechten und dadurch besser verstehen. Kundenorientierte Kooperationen sind demnach keinesfalls selbstverständlich. Im Gegenteil: Persönliche Motive der lokalen Wirtschaftsförderer, Verwaltungschefs und Verbandsvertreter können das formale Anliegen, innovative *Start-ups* zu fördern, untergraben.

---

[225] Fürst (1991), S. 61 hält eine eigene Verwaltung für unentbehrlich. Sie könne übergemeindliche Themen aufspüren, die Zusammenkünfte organisieren und Entscheidungen durch konsensfähige Vorlagen beschleunigen. Zu Fragen formaler Institutionen und interkommunaler Zusammenarbeit siehe auch Huebner (1996), S. 92ff.

Der originäre Beitrag des Theoriezweiges für einen wirtschaftswissenschaftlichen Referenzmaßstab dezentraler Innovationspolitik lässt sich in zwei Punkten festhalten: In vertikaler Hinsicht benötigt dezentrale Innovationspolitik formale oder informelle Institutionen, die ein mögliches Agentur-Problem berücksichtigen und ein opportunistisches Verhalten vermindern können. Aus ökonomischer Sicht sind ergebnisorientierte Anreize und ein Aufgaben-Controlling empfehlenswert, während hierarchische Anweisungen und Appelle als wenig probate Mittel erscheinen.

In horizontaler Hinsicht sind soziale Arrangements notwendig, die eine dauerhafte Zusammenarbeit in der dezentralen Innovationspolitik herbeiführen können, ohne Absprachen auf Kosten Dritter zu provozieren. Wie sich diese Koordinationsmechanismen etablieren lassen, kann die Institutionenökonomik allgemeingültig jedoch nicht beschreiben. Welche kooperativen Politikverfahren, welche Institutionen und Organisationen sich in Nordrhein-Westfalen mit der Regionalisierung herausgebildet haben, ist daher Gegenstand der empirischen Untersuchung.

3.5. Beitrag der regionalen Netzwerktheorie

Will ein ökonomischer Referenzmaßstab Perspektiven über die Wirksamkeit dezentraler Innovationspolitik und ihrer Instrumente entwickeln, muss er berücksichtigen, wie das Neue überhaupt entsteht.[226] Nach den Befunden der jüngeren Innovationsforschung sind isolierte Einzelunternehmer wachstumsschwach und wenig kreativ. Durch die intensive Zusammenarbeit zwischen unterschiedlichen Wissens- und Funktionsträgern aus Wirtschaft, Wissenschaft und öffentlichem Sektor kann hingegen das betriebliche Innovationsverhalten enorm profitieren. In der einschlägigen Literatur nehmen daher Beiträge über regionale Innovationsnetze und ihrer politischen Förderung einen immer größeren Stellenwert ein.[227] Fast schon euphorisch ist dabei von einem „neuen Paradigma“, einem „organisatorischen Megatrend“ und einem „Mythos Netzwerke“ die Rede.[228]

---

226 Siehe dazu den Überblick über die Innovationsökonomik in Kapitel 2.1.

227 Siehe u. a. Koschatzky/ Kulicke/ Zenker (2001), Fritsch (2000), Fritsch et al. (1998), Dörsam/ Icks (1997), Scheidt (1995), Johansson/ Karlsson/ Westin (1994), Krumbein (1994), Cooke (1994), Grabher (1993a), Camagni (1991), Utterback (1991). Den Netzwerk-Begriff hat erstmals Richardson (1972), S. 883 benutzt.

228 Cooke/ Morgan (1993), S. 543-564 (*network paradigm*). Reiss (1996), S. 196 (*organisatorischer Megatrend*) und Hellmer et al. (1999), S. 1 (*Mythos Netzwerke*). Siehe dazu auch Sydow (1999a), S. 1-3.

Die institutionenökonomische Analyse hat bereits offengelegt, wie schwierig die Kooperation zwischen eigennutzorientierten Individuen sein kann. Der folgende Abschnitt wird sich daher nüchtern mit den Möglichkeiten und Grenzen räumlicher Vernetzung auseineinandersetzen. Anhand der wichtigsten Bausteine der Netzwerktheorie werden zunächst Vor- *und* Nachteile sowie kritische Erfolgsfaktoren einer intra-regionalen Zusammenarbeit identifiziert. Anschließend wird geprüft, inwieweit innovative *Start-ups* an regionalen Netzen teilhaben können und welchen Beitrag die öffentliche Hand für ihren Aufbau leisten kann. Überzogene Erwartungen *an die* und *innerhalb der* dezentralen Innovationspolitik sind dabei jedoch fehl am Platz.

3.5.1. Eigenschaften und Erfolgsfaktoren regionaler Netze

Ein Netz(-werk)[229] ist ein formales oder informelles Beziehungsgeflecht, in dem Wirtschaftsakteure freiwillig und auf längere Zeit miteinander kooperieren: Rechtlich bleiben sie zwar eigenständig, ökonomisch hängen sie aber zumindest teilweise voneinander ab.[230] Denn jeder Partner bringt über die Zeit Ressourcen in die Zusammenarbeit ein, auf die ein Unternehmen für sich allein keinen oder allenfalls einen kostspieligeren Zugriff hätte. Waren und Dienste können dazu ebenso zählen wie Information und Wissen. Der Austausch soll für jeden einzelnen Akteur Wettbewerbsvorteile gegenüber externen Konkurrenten erzielen. Die Zusammenarbeit entfaltet im Idealfall Synergieeffekte, die das Risiko von Innovationsvorhaben vermindern, die Entwicklung neuer Produkte und Verfahren beschleunigen, die Herstellungskosten senken und die Qualität des Angebots steigern.[231]

Die Gegenseitigkeit der Beziehung (*reciprocity*), die wechselseitige Abhängigkeit (*interdependence*) und die eher losen und damit beweglichen Verbindungen (*loose coupling*) zwischen den beteiligten Akteuren sind wichtige Merkmale:[232]

---

229 Der englische Begriff *network* lässt sich ins Deutsche als *Netzwerk* oder *Netz* übersetzen. Im Folgenden werden beide Begriffe synomym verwendet.

230 Auf drei Ebenen ist eine Zusammenarbeit möglich: 1.) *Horizontal*: Zwischen Unternehmen einer Branche bzw. einer Produktionsstufe der Wertschöpfungskette. 2.) *Vertikal*: Zwischen Unternehmen verschiedener Produktionsstufen entlang der Wertschöpfungskette. 3.) *Konglomerat*: Zwischen Unternehmen verschiedener Branchen. Ausführlich dazu Belzer (1991), S. 31ff.

231 Siebert (1999), S. 9-15. Zur Definition siehe auch Fritsch (2001), Sydow (1999b), S. 279-290 oder Dörsam/ Icks (1997), S. 4-11.

232 Grabher (1993b), S. 8-12. Als viertes Merkmal nennt er noch Macht (*power*).

Ein Netz bleibt nur dann bestehen, wenn es auf Dauer ein vertrauensvolles Geben und Nehmen gibt. Dieser Austausch muss keineswegs simultan ablaufen. Im Gegenteil: Eine zeitlich versetzte Gegenleistung kann einen spürbaren Vorteil gegenüber weniger flexiblen Kooperationsformen bieten. Doch jedes Mitglied erwartet, dass die eigene Aktivität früher oder später von einem Partner angemessen erwidert wird. Ohne diese Pflicht auf Gegenleistung wäre die Zusammenarbeit früher oder später zum Scheitern verurteilt. Ein Netzwerk lässt sich somit als eine *hybride Organisationsform* charakterisieren,[233] die zwischen der anonymen Marktbeziehung und der restriktiven Unternehmenshierarchie angesiedelt ist.[234]

Der Begriff des *regionalen Netzes* umschreibt die vitale Kooperation zwischen den Unternehmen innerhalb einer überschaubaren, räumlichen Einheit, bei der auch Akteure aus Wissenschaft und Forschung sowie aus Politik und Verwaltung wichtige Partner sein können.[235] Bekannte Beispiele sind die Mikroelektronik-Industrie im kalifornischen *Silicon Valley* oder neuerdings auch die Konzentration von Biotechnologie-Unternehmen in Martinsried bei München.

Vorteile regionaler Netze

Bisher gibt es noch keine geschlossene Theorie regionaler Netze. Die Vorteile einer räumlichen Vernetzung lassen sich aber anhand der Transaktionskostenökonomik und standorttheoretischer Ansätze herausarbeiten. Letztere teilen sich wiederum in zwei Grundlinien: Während die eher traditionelle Standorttheorie ihr Hauptaugenmerk auf die *materiellen* Eigenschaften eines Produktionsortes legt, heben die Konzepte des Industriedistriktes und des Innovativen Milieus sowie der *Embeddedness*-Ansatz die *immateriellen* Aspekte einer Standortgemeinschaft hervor.

---

233 So z. B. Dörsam/ Icks (1997), S. 19-24, Powell (1991), S. 265-276 oder Thorelli (1986), S. 37-51.

234 In der Tradition von Coase (1937) sah die ökonomische Theorie Markt und Hierarchie lange als einzige Koordinationslösungen an. Erst die Analysen über *co-operations* (Richardson 1972), *relational contracting* (MacNeil 1978, Williamson 1979), *clans* (Ouchi 1980) und *collectives* (Butler 1983) lösten die Polarität auf.

235 Im Gegensatz dazu handelt es sich bei *strategischen Allianzen* um betriebliche Kooperationen zwischen Großunternehmen zumeist auf überregionaler Ebene. Die Zusammenarbeit basiert dabei auf einer formalen Struktur mit genauer Arbeitsteilung und fest fixierten Zielen. Zur Unterscheidung siehe Sydow (1999b), S. 288.

1.) Transport- und Agglomerationsvorteile

Nach der traditionellen Standorttheorie bieten die räumliche Konzentration von Unternehmen derselben Branche (*location economies*) bzw. mehrerer Branchen (*urbanization economies*) Transport- und Agglomerationsvorteile:[236] Transportvorteile ergeben sich aus der räumlichen Nähe zu den relevanten Rohstoff- und Absatzmärkten eines Betriebes. Agglomerationsvorteile resultieren aus der Größe des Arbeitskräfte- und Absatzmarktes, der Nähe von Zuliefer-, Reparatur- und Dienstleistungsunternehmen, der Präsenz von wissenschaftlichen Einrichtungen, der Verfügbarkeit eines ausgebauten Verkehrsnetzes und dem Angebot von kundenorientierten Serviceleistungen der öffentlichen Verwaltung. Dieses Umfeld ermöglicht positive Skalen- und Verbundeffekte, die Wachstum und Innovation forcieren können.[237]

2.) Lernen und Innovieren

Eine sektorale und räumliche Konzentration von Betrieben bietet über die materiellen Transport- oder Agglomerationsvorteile hinaus auch sozio-kulturelle Vorzüge. An diesem Punkt setzt das Konzept des *Industrial District* an, das *Alfred Marshall* bereits in der ersten Hälfte dieses Jahrhunderts formuliert hat.[238] Die immateriellen Standorteigenschaften sind dadurch charakterisiert, dass die Unternehmen Ideen und Informationen austauschen, ihre Fähigkeiten und Fertigkeiten steigern und ein Gemeinschaftsgefühl von Konsens und Kooperation entwickeln können: „*Inventions and improvements in machinery, in processes and the general organization of the business have their merits promptly discussed: if one man starts a new idea, it is taken up by others and combined with suggestions of their own; and thus it becomes the source of further new ideas.*“[239] – so charakterisiert *Marshall* die besondere Atmosphäre eines Industriedistrikts. Dieses kreative Umfeld ist nur bedingt planbar; es entwickelt sich aus den Standortbedingungen einer Region und ihrer Menschen: Über die materiellen Agglomerationsvorteile hinaus spielen dabei deckungsgleiche Ziele und Werte, eine gemeinsame Identität und Sprache eine große Rolle.

---

236 Siehe Maier/ Tödtling (1995) und Kilper/ Rehfeld (1991), S. 5f.

237 Transport- und Agglomerationsvorteile lassen sich allerdings nicht grenzenlos fortschreiben. Ab einer bestimmten Konzentration treten Nachteile wie steigende Lebenshaltungskosten, Bodenknappheit, Verkehrs- und Umweltprobleme auf.

238 Marshall (1919) (1949).

239 Marshall (1949), S. 271.

Mit dem Aufstieg der fordistischen Massenproduktion durch vertikal integrierte Großunternehmen rückte das *Industrial District*-Konzept jedoch lange Zeit in den Hintergrund. Erst als Mitte der siebziger Jahre die Märkte für homogene Güter weitgehend gesättigt waren und sich der internationale Wettbewerbsdruck verstärkte, änderten sich die Produktionsbedingungen. Die Wünsche der Konsumenten verlagerten sich zunehmend vom Preis zur Qualität und von der standardisierten Massenware zum maßgeschneiderten Produkt. Im diesem Zuge trat neben das Konzept der Massenproduktion zunehmend das Konzept der flexiblen Spezialisierung, vor allem durch kleine und mittlere Unternehmen, die neue Produktionstechniken nutzen.[240] Im Gegensatz zum schwerfälligen Großunternehmen können sie oft schneller auf Trends reagieren und differenzierte Waren und Dienste anbieten.

Mit diesem Wandel ging eine „Renaissance der regionalen Wirtschaft“[241] einher. Mitte der achtziger Jahre entwickelte die *Groupe de Recherche Européen sur les Milieux Innovateurs (GREMI)* das Konzept des innovativen Milieus.[242] Wie bereits *Marshall* einige Jahrzehnte zuvor betont sie die kognitiven Faktoren innerhalb einer Region. Die gemeinsamen Wurzeln und die räumliche Nähe können Unternehmer, Forscher und andere Innovationsakteure zu einer Kooperation veranlassen. Wichtige unternehmerische Aufgaben lassen sich in dem regionalen Netz besser bewältigen: Dazu zählen der Austausch von Informationen über marktliche und technische Neuheiten (*searching function*), eine geschlossene Repräsentation nach außen (*signalling function*), das Entwickeln effizienter Managementmethoden (*selection function*), der Austausch von Fachkräften (*transcoding function*), das Nutzen externen *Know-hows* für eigene Belange (*transformer function*) und die Koordination von Entscheidungen (*control function*).[243] Kommt eine solch intensive Gemeinschaftsarbeit zustande, kann sich ein hoch-innovatives Milieu entwickeln, in dem die Akteure von- und miteinander lernen.[244] Denn durch die heterogene Kooperation öffnet sich ein breiteres Fundament an Erfahrung und Wissen, das neue Innovationspfade ebnet.[245]

---

240 Zur flexiblen Spezialisierung Piore/ Sabel (1985), Sabel (1989) oder Storper (1992).

241 Sabel (1989).

242 Aydalot (1986), Camagni (1991) sowie Maillat (1998) und Kamann (1997).

243 Camagni (1991), S. 127ff.

244 Camagni (1991), S. 122 beschreibt ein solches Klima als „a set of territorial relationships encompassing in a coherent way a production system, different economic and social actors, a specific culture and a representation system, and generating a collective learning process.“ Zum Lernen in Netzwerken siehe auch Teubal et al (1991), S. 384.

245 DeBresson/ Amesse (1991), S. 366 oder bereits Weick (1976), S. 7: “In loosely coupled systems where the identity, uniqueness, and separateness of elements is preserved, the

Der verwandte *Embeddedness*-Ansatz hebt ebenfalls die gewachsenen sozialen Beziehungen als Innovationsquelle hervor:[246] So kann ein regionales Netz die Weitergabe von personengebundenem Wissen (*sticky information* und *tacit knowledge*) begünstigen, das sich im Unterschied zum schriftlich fixierbaren Wissen (*codified knowledge*) nur bedingt auf einem Markt transferieren lässt.[247] Denn die vertrauensvolle Atmosphäre mag die Akteure dazu veranlassen, positive Externalitäten ihres *Know-hows bewusst* zu erlauben. Damit ließe sich auch dem von *Kenneth A. Arrow* beschriebenen Informationsparadoxon entgegen wirken.[248] Es entsteht dann, wenn der Gegenstand einer Transaktion eine Information ist, deren Nutzen ein möglicher Nachfrager im Vorfeld nicht ersehen kann. Sobald der Interessent sie erhält, um ihren Wert erkennen zu können, wird sie ihm bekannt – er erhält das Wissen zwangsläufig kostenlos. Während sich bei einer anonymen Marktbeziehung anschließend kein Preis mehr festsetzen ließe, kann der Anbieter in einem funktionierenden Innovationsnetz auf eine angemessene Gegenleistung vertrauen.[249] Weil die Beteiligten keinen Missbrauch argwöhnen müssen, können sie darauf verzichten, Gefahrenpotenziale kostenträchtig abzusichern. Das erzeugt Wettbewerbsvorteile – einerseits gegenüber Konkurrenten, die sich autark auf einem Wettbewerbsmarkt behaupten müssen; andererseits aber auch gegenüber Großunternehmen, wo der Wissenstransfer erst verschiedene Ebenen und Abteilungen überwinden muss. Die Informationen, die in einem innovativen Netz zirkulieren, sind nach den Anhängern der Netztheorie „*'thicker' than information obtained in the market, and 'freer' than that communicated in a hierarchy.*“[250]

---

system potentially can retain a greater number of solutions than would be the case with a tightly coupled system." Darin besteht der entscheidende Unterschied zum Fordismus, wo sektorale Gleichförmigkeit anstatt Vielfalt herrscht.

246 Siehe vor allem Granovetter (1985) und Grabher (1993a).

247 Die Begriffe *tacit* und *codified knowledge* gehen auf Polanyi (1958) zurück. *Sticky information* bezeichnet ähnlich wie *tacit knowledge* das an Personen geknüpfte Wissen. Siehe dazu auch Hippel (1994).

248 Arrow (1971), S. 152.

249 Thorelli (1986), S. 296 beschreibt das Vertrauen innerhalb eines Netzes als die Gewissheit eines Akteurs, dass sein Geschäftspartner ein ihn betreffendes Problem behandelt als ob es sein eigenes wäre.

250 Powell (1991), S. 272.

3.) Abbau von Transaktionskosten

In diesen Argumenten kommt bereits ein weiterer, potenzieller Vorteil regionaler Netze zum Ausdruck. Sie können die Transaktionskosten der beteiligten Unternehmen senken:[251] Weil das überschaubare Umfeld einer Region *face-to-face*-Kontakte[252] und damit persönliche Beziehungen ermöglicht, fällt die Suche nach einem verlässlichen Partner leichter – die Reputation, also die Summe der Informationen über das frühere Kooperationsverhalten eines Akteurs, ist recht publik. Auch die Verhandlungs- und Einigungskosten lassen sich vermindern, wenn die Transaktion auf einer regionalen Identität und gemeinsamen Wertvorstellungen beruht. Eine Kommunikation ohne jede sprachliche oder kulturelle Hürde kann den Vertragsabschluß ebenfalls erleichtern.[253] Bestehen dabei gemeinsame Normen, fallen überdies die Kontrollkosten – hält sich jemand nicht an seine Zusagen, steht sein Ruf als vertrauenswürdiger Kooperationspartner auf dem Spiel. Weil sich eine schlechte Reputation in einem regionalen Netz besonders rasch verbreitet, ist die Gefahr des Opportunismus geringer als in üblichen Marktbeziehungen. Deshalb lassen sich, so die Vertreter der Netzwerktheorie, auch mehrdeutige Transaktionen, die spezifische Investitionen bedingen, relativ problemlos abwickeln.[254]

Nachteile regionaler Netze

Regionale Netze bergen allerdings auch Risiken: Binden sich die Akteure zu stark aneinander, büßen sie ihre marktliche Reaktionsfähigkeit und damit ihre ursprüngliche Innovationsstärke ein.[255] Die Entwicklung der beteiligten Unter-

---

251 Siehe u. a. Sydow (1999b), S. 291, Fritsch (1992) und Johanson/ Mattson (1991).

252 Sternberg (1998) hat sich intensiv mit der räumlichen Nähe in Innovationsnetzen beschäftigt. Die empirische Studie stützt sich auf die Antworten von 1031 Dienstleistungsunternehmen und 2069 Unternehmen aus dem Verarbeitenden Gewerbe. Eine – wenn auch knappe – Mehrheit von 55 Prozent der Unternehmen sagt, dass sich regelmäßige *face-to-face*-Kontakte nicht durch neue Informations- und Kommunikationstechnologien ersetzen lassen. Siehe Sternberg (1998), S. 292.

253 Zu Problemen interkultureller Kommunikation siehe Rotering (1993), S. 131.

254 Siehe DeBresson/ Amesse (1991), S. 368.

255 Grabher (1993c) spricht von der *weakness of strong ties*. Damit paraphrasiert er den *embeddedness*-Ansatz von Granovetter (1973), der die *strength of weak ties* eines erfolgreichen Netzwerkes betont. Zu den Risiken von Netzen aus betriebswirtschaftlicher Sicht siehe auch Sydow (1999b), S. 290-294.

nehmen wie auch der Region als Ganzes können so in einer Sackgasse münden. Drei Blockaden kennzeichnen einen solchen gefährlichen *lock-in*-Effekt:[256]

- *Funktionale Blockaden*: Unternehmen verlieren ihre wirtschaftliche Eigenständigkeit, wenn sie sich nur an Netzwerkpartner richten und ihr eigenes Engagement vernachlässigen. Dies gilt vor allem für die Beziehung von kleinen und mittleren Zulieferbetrieben zu ihren Großabnehmern. Wirtschaftskrisen, die zunächst nur ein einzelnes Unternehmen treffen, schlagen auch mittelbar auf andere Firmen durch. Beansprucht eine einzelne Branche die infrastrukturellen Ressourcen einer Region zu stark, kann sie alternative Innovationspfade versperren.

- *Kognitive Blockaden*: Das starre Beziehungsgefüge führt zu einer gemeinsamen Identität, einem gemeinsamen Jargon, schließlich sogar zu einer paradigmatischen Weltsicht.[257] Ein derart gleichförmiges Denken kann die Wahrnehmung und Interpretation ökonomischer Rahmendaten verzerren.[258] Die soziale Kohäsion lässt unter Umständen keinen Raum mehr für*Brückenkontakte*, die über die üblichen Interaktionspartner hinausgehen und damit auch andere Informationsquellen erschließen. Ist der Blick für Neues versperrt, verringern sich damit die Innovationschancen, und die Krisenanfälligkeit der Akteure steigt.

- *Politische Blockaden:* Ein zu enger Kontakt zwischen Unternehmen, Politikern, Wirtschaftsförderern und Beratungsinstitutionen schlägt in eine strukturkonservative Koalition um, die jede Neuheit zu unterbindet sucht – lediglich alteingesessene Branchen kommen in den Genuss von Fördermaßnahmen. Der Status quo bleibt somit unverändert.[259]

Der mögliche Effekt dieser Hemmnisse: „*the strongly embedded regional networks insidiously turn(ed) from ties that bind into ties that blind.*"[260]Aus einem ehemals innovativen oder produktiven Milieu entsteht ein verteidigendes oder gar sklerotisches Kartell.[261] Die Art und Weise der räumlichen Interaktion kann

---

256 Grabher (1993c), S. 260-264 und (1993d). Zum *lock-in*-Effekt siehe auch Fürst/ Schubert (1998), S 354-359 und Johnson (1992), S. 30.

257 Siehe Fürst/ Schubert (1998), S. 354 und Helbrecht et al. (1991), S. 229-236.

258 Siehe Frey/ Brandstätter/ Schuster (1994), S. 94-98.

259 Es entsteht eine „*joint-decision-trap*", siehe Scharpf (1992b); S 11-28.

260 Grabher (1993b), S. 24.

261 Rösch (2000), S. 164-167, der ein Lebenszyklus-Modell von regionalen Netzen entwirft. Er unterscheidet zwischen einem kreativen, innovativen, produktiven, nicht-innovativen, stagnierenden, verteidigenden und sklerotischen Milieu.

also maßgeblich den Aufstieg und Niedergang von Regionen beeinflussen. Ein Beispiel ist das ehemals prosperierende Ruhrgebiet, dessen politische und wirtschaftliche Entscheidungsträger geschlossen zu lange an den traditionellen Branchen Kohle und Stahlproduktion festhielten, den wirtschaftlichen Strukturwandel zu bremsen suchten, Ressourcen banden und sich erst allmählich Alternativen öffnen.[262]

Erfolgsfaktoren regionaler Netze

Wovon der dauerhafte Erfolg einer räumlichen Vernetzung abhängt, lässt sich pauschal nicht beantworten. Jede Region zeichnet sich durch die Besonderheit ihres Umfeldes, ihrer Geschichte und ihrer Akteurskonstellation aus.[263] Grundsätzlich dürfte ein Netz vor allem dann erfolgreich sein, wenn seine Mitglieder den Zielkonflikt zwischen interner Stabilität und externer Flexibilität austarieren können.[264]

Unternehmen kooperieren vor allem deshalb, weil sie einen gemeinsamen Pool von unterschiedlichen Ressourcen in der Region nutzen wollen. Ohne eine hinreichende Stabilität in der Zusammenarbeit wird jedoch kein Akteur wettbewerbsrelevantes Wissen oder andere Produktionsfaktoren an Dritte weitergeben. Jedes Mitglied muss sich darauf verlassen können, dass es seine netzwerkspezifischen Investitionen nicht durch einen Abbruch der Beziehung unwiederbringlich verliert.[265] Die Gefahr verkleinert sich, je mehr Ressourcen die Einzelnen in das Netzwerk eingespeist haben und je deutlicher gemeinsame Ziele und Werte sich herauskristallisieren. Dann kommt es zu einer *fundamentalen Transformation* von ehemals unabhängigen Unternehmern zu nunmehr vertrauten und aufeinander angewiesenen Partnern.[266] In einer fortgeschrittenen Kooperation erhöht sich damit die Wahrscheinlichkeit, dass sich plötzliche Konflikte lösen lassen:

---

262 Ausführlich Kilper et al. (1994), Grabher (1993c), S. 260-264, (1993d) S. 250-252 und (1991) sowie Heinze et al. (1998), S. 263-283.

263 So auch Hassink (1992), S. 155.

264 Damit sind zahlreiche Spannungsfelder verbunden, so zum Beispiel zwischen Autonomie und Abhängigkeit, Vertrauen und Kontrolle, Kooperation und Wettbewerb, Einheit und Vielfalt, Formalität und Informalität sowie ökonomisches Handeln und Herrschaftssicherung. Siehe dazu auch Sydow (1999b), S. 299-301.

265 Koschatzky/ Gundrum (1997), S. 211. Scheidt (1995), S. 296ff.

266 Williamson (1985), S. 61 spricht von einer *fundamental transformation*, wenn durch spezifische Investitionen von ehemals unabhängigen Akteuren eine wechselseitige Abhängigkeit entsteht.

Die Mitglieder werden kaum daran interessiert sein, den Kontakt mit bewährten Innovationspartnern ganz zu beenden. Statt eines solchen *exit* – um den Dreiklang von *Albert O. Hirschman* zu verwenden[267] – melden sich die Partner zu Wort und handeln eine Lösung aus (*voice*) oder verhalten sich von vornherein netzwerkkonform (*loyality*).[268] Allerdings darf die Furcht vor versunkenen Kosten das Netz auch nicht zementieren.

Flexibilität taucht damit als Gegenpol zur Stabilität auf. Nach diesem zweiten kritischen Erfolgsfaktor eines regionalen Netzes muss sich ein Unternehmen jederzeit auf veränderte Umweltbedingungen einstellen können.[269] Verlassen sich die handelnden Akteure blind aufeinander, indem sie sich zu eng aneinander koppeln, verlieren sie ihre Anpassungsstärke. Um beweglich zu bleiben, ist es für die Mitglieder daher unabdingbar, parallele Beziehungen zu führen und Funktionen auch doppelt auszuüben. Duplizität von Aufgaben (*Redundanz*) und ein Überschuss an Ressourcen (*organizational slack*) sind dabei nur scheinbar verschwenderische Methoden.[270] Denn sie verringern die gegenseitige Abhängigkeit und bewahren die Innovations- und Lernfähigkeit: Fällt ein Interaktionspartner aus, kann ein Unternehmen dennoch auf Alternativen zurückgreifen. Daher muss ein erfolgreiches Netzwerk bis zu einem gewissen Grad auch neuen Leuten zugänglich sein.

Das Problem: Jeder zusätzliche Netzwerkpartner steigert den Abstimmungsbedarf und damit die Transaktionskosten der Zusammenarbeit. Weil die Entscheidungsträger eines Unternehmens nicht mit unbegrenzt vielen Wissens- und Funktionsträgern Kontakt halten können, müssen sie sich entscheiden, auf wen sich ihr *networking* konzentriert. Sie müssen selektieren.[271] Ein herausragendes Kriterium ist dabei die Verlässlichkeit eines Interaktionspartners: *„The most useful information is (...) that which is obtained from someone whom you have dealt with in the past and found to be reliable. You trust best information that comes from someone you know well.“*[272] Vor diesem Hintergrund haben die Mitglieder eines Netzes nur ein geringes Interesse daran, sich fremden Akteuren zu

---

267 Hirschman (1970).

268 Die Optionen *exit*, *voice* und *loyality* diskutieren mit Blick auf Netzwerke Helper (1993), S. 141ff., Grabher (1993b), S. 9, Jarillo (1988), S. 37.

269 Siehe auch North (1994), S. 367, der an die Stelle einer allokativen Effizienz eine adaptive Effizienz setzt.

270 Ausführlich zu *Redundanz* und *slack* siehe Staehle (1991), S. 314-343.

271 Zum Selektionsproblem siehe auch Sydow (1999b), S. 296.

272 Powell (1991), S. 304.

öffnen.[273] Damit stellt sich für jeden außenstehenden Betrieb – wie zum Beispiel einem jungen Gründer – die Herausforderung, einem bereits bestehendem Netz beizutreten.

3.5.2. Innovative *Start-ups* und regionale Netze

Folgt man den theoretischen Argumenten der regionalen Netzwerktheorie, sind es vor allem *Start-ups* sowie kleine und mittlere Unternehmen, die von einer räumlichen Vernetzung profitieren. In einem kreativen Milieu finden diese Betriebe wettbewerbsrelevante Produktionsfaktoren, auf die sie wegen ihrer begrenzten eigenen Kapazitäten sonst keinen Zugriff haben. Durch intra-regionale Kooperationen können sie dementsprechend größenbedingte Hemmnise ausgleichen.

Inwieweit die Zielgruppe dezentraler Innovationspolitik aber tatsächlich in ein räumliches Umfeld integriert ist, wurde bisher kaum empirisch untersucht.[274] Eine umfassende statistische Analyse über regionale Netze liefert erstmals eine Studie von *Olaf Arndt*, die sich auf Angaben von knapp 4200 Firmen des produzierenden Gewerbes aus zehn europäischen Regionen stützt.[275] Welche Unternehmen gehen überhaupt externe Kooperationen ein? Entwickeln sich intraregional vernetzte Betriebe erfolgreicher als jene, die keinen Regionsbezug aufweisen? Diese und ähnliche Fragen stehen im Mittelpunkt der Erhebung. Die zentralen Befunde sind:

- Räumliche Netze spielen für die befragten Unternehmen eine *herausragende Rolle*: 93,5 Prozent der innovierenden Betriebe[276] weisen stabile Kooperationsbeziehungen zu anderen Akteuren auf, die über die üblichen Geschäfsbeziehungen hinaus gehen. Die häufigsten Kooperationspartner der befragten Unternehmen sind unternehmensnahe Dienstleister (67 Prozent) und Abnehmer (57 Prozent), gefolgt von Zulieferern (42 Prozent), öffentlichen bzw.

---

273 Feldotto (1997a), S. 65.

274 Die Ausnahme sind Fallstudien über einzelne Branchen. Erst in jüngerer Zeit mehren sich breite empirische Untersuchungen. Siehe z. B. Sternberg/ Arndt (2000).

275 Siehe ausführlich Arndt (1999). Die Studie ist Bestandteil eines größeren DFG-Projekts über *Innovationspotenziale und regionale Netzwerke*. Siehe dazu auch die Berichte von Fritsch/ Koschatzky/ Schätzl/ Sternberg (1998), Backhaus/ Seidel (1998), Fritsch/ Schwirten (1998) und Sternberg (1998).

276 Zu dieser Gruppe zählen Unternehmen, die in den vergangenen drei Jahren eine Produkt- oder Prozessinnovation durchgeführt haben.

halböffentlichen Forschungseinrichtungen (30 Prozent) sowie Wettbewerbern (26 Prozent). Während die Abnehmer und Zulieferer mit einem Anteil zwischen 20 und 40 Prozent *innerhalb* der Region angesiedelt sind, liegt der entsprechende Anteil bei Dienstleistern und Forschungseinrichtungen etwa zwischen 40 und 70 Prozent.

- Betriebe, die häufig intra- bzw. intra-/inter-regionale Kooperationen eingehen, haben einen besonders hohen Besatz an F&E-Personal und Mitarbeitern mit akademischer Ausbildung. Diesen – zumeist eher größeren – Unternehmen gelingt es, ihr ohnehin schon hohes eigenes Potenzial durch den Zugriff auf externe Ressourcen noch weiter zu verstärken. So ist ihr Umsatzwachstum fast fünfmal so hoch wie bei Betrieben mit einer geringen Kooperationsintensität.
- Mit wachsender Unternehmensgröße steigt die räumliche Distanz der Kontakte: Die nationale Ebene ist demnach für 39 Prozent der Unternehmen der relevante Kooperationsraum. Die Region folgt auf dem zweiten Rang – 29 Prozent finden hier ihre Innovationsressourcen. Vor allem kooperationsintensive Kleinbetriebe mit bis zu zehn Mitarbeitern profitieren durch die räumliche Nähe ihrer Partner. Ihr Umsatzwachstum ist doppelt so hoch wie das Wachstum jener Firmen, die nicht oder nur kaum in ein räumliches Netz integriert sind. Zu der letztgenannten Gruppe, also Betriebe ohne regionale Einbindung, zählt allerdings fast die Hälfte aller befragten Kleinbetriebe.

Mit Blick auf die Zielgruppe dezentraler Innovationspolitik deckt die Studie somit folgendes Dilemma auf: Zwar können innovative *Start-ups* und mittelständische Betriebe einen hohen Nutzen aus ihrem räumlichen Umfeld ziehen, wenn sie sich mit anderen Akteuren vernetzen (können). Doch gerade die Unternehmen, die auf ein regionales Netzwerk besonders angewiesen sind, weil sie nur bedingt über eigene F&E-Kapazitäten verfügen, arbeiten weitgehend isoliert.[277]

Dass kleine und junge Unternehmen systematische Schwierigkeiten haben, sich einer regionalen Zusammenarbeit zu öffnen, hat mehrere Ursachen: Die Betriebe haben nur einen oder wenige Entscheidungsträger, die oftmals voll in das Tagesgeschäft eingebunden sind. Das limitiert ihre Möglichkeit, parallele Netzwerkbeziehungen zu knüpfen und dauerhaft zu pflegen. Informationen von und über andere Interaktionspartner können sie nur in Grenzen aufnehmen und verarbeiten.[278] Auch emotionale Barrieren können einer Zusammenarbeit entgegenstehen: Beispiele hierfür sind die Bedenken, betriebliche Interna des erst jungen

---

277 Siehe Arndt (1998), S. 29.

278 Koschatzky/Gundrum (1997), S. 214.

Unternehmens preiszugeben.[279] Mitunter missdeuten die Akteure eine Kooperation als ein Zeichen der eigenen Schwäche.[280] Ein *Newcomer* hat oftmals auch Schwierigkeiten, vertrauenswürdige und fachlich kompetente Partner zu finden.[281] Das gilt vor allem bei einer hohen Faktorspezifität seiner Tätigkeit, weil dann die Anfälligkeit gegenüber opportunistischem Verhalten des Interaktionspartners wächst.[282] Die Wissenslücken wirken aber auch in umgekehrter Richtung: Weil ein innovativer *Start-up* noch keine längere betriebliche Vergangenheit aufweist, können Mitglieder eines bestehenden Netzwerkes dessen Kooperationsangebot kaum einschätzen. Vor allem junge Gründer verfügen zunächst über keinerlei *Reputation*, die dazu beitragen könnte, die Furcht vor Opportunismus zu zerstreuen.[283] Angesichts dieser Befunde mag sich die Schlussfolgerung aufdrängen, dass öffentliche Akteure dabei helfen sollten, regionale Netze zugunsten kleinerer Betriebe und Existenzgründer zu flechten.

3.5.3. Politische Akteure und regionale Netze

Eine ganze Reihe von Förderansätzen von Europäischer Union, Bund, Ländern und Regionen zielen inzwischen darauf ab, Kooperationen zwischen Unternehmen und innovationsrelevanten Einrichtungen zu stimulieren.[284] Einige sind speziell auf innovative *Start-ups* und regionale Netze ausgerichtet.[285] Doch ist die öffentliche Hand tatsächlich in der Lage, eine räumliche Vernetzung herbeizuführen? Zu hohe Erwartungen sind nicht gerechtfertigt. So kommt eine empirische Analyse der *Technopolis*-Forschergruppe von neun erfolgreichen regionalen Innovationsnetzen weltweit zu dem Ergebnis: „*The role of public policy in a majority of the cases has been modest or unintentional.*"[286]

279 Siehe Dörsam/ Icks (1997), S. 42.

280 Siehe Staudt et al. (1995), S. 1220.

281 Siehe Friedrich/ Fieten/ Lagemann (1997), S. 245 in einer empirischen Studie des *Instituts für Mittelstandsforschung*. Siehe auch Becher/ Wolff (1995), S. 55-80

282 Scheidt (1995), S. 337ff. Die Faktorspezifität führt zu so genannten *Quasi-Renten*: Der Partner kann die Abhängigkeit des spezialisierten Unternehmens nach Vertragsschluss eigennützig ausschlachten (*hold-up*-Problem). Siehe Norderhaven (1996).

283 Ewers/ Wein (1993), S. 30 und 37.

284 Ausführlich dazu Dörsam/ Icks (1997), S. 79-100 und Schäper (1996), S. 203-230.

285 So zum Beispiel das *exist*-Programm des BMBF, auf das in Kapitel 4.5.3. eingegangen wird. Siehe dazu auch Kulicke (2001b) oder Stahlecker (2001).

286 Siehe Kuhlmann (2001), S. 15.

Dezentrale Akteure scheinen zwar auf Grund ihrer räumlichen und damit auch persönlichen Nähe besser geeignet zu sein, auf intra-regionale Kommunikation und Kooperation einzuwirken, als eine *zentrale Instanz*.[287] Aber auch die Gestaltungskraft der Wirtschafts- und Innovationsförderer vor Ort darf nicht überschätzt werden. Der potenzielle Nutzen eines regionalen Netzes lässt sich ökonomisch zwar stichhaltig begründen, politisch aber keineswegs oktroyieren. Reziprokes Verhalten, Interdependenz und lose Kopplungen brauchen Vertrauen – Vertrauen, das sich erst entwickeln muss und nicht zuletzt auch von den Eigenschaften der Akteure und der institutionellen Rahmenbedingungen abhängt.[288] Vielfach beschränkt sich daher eine Kooperation zunächst auf einen weniger bedeutsamen Funktionsbereich; erst wenn sie problemlos abläuft, nimmt allmählich die Breite und Tiefe der Zusammenarbeit zu.

Die Entscheidungsträger dezentraler Innovationspolitik müssen diesen sensiblen Prozess berücksichtigen, wollen sie regionale Netze wirksam unterstützen. „Wichtig ist die Erkenntnis“, schreibt *Herbert Hax*, „dass erfolgreiche Kooperation stets aus konkreten Problemen der Unternehmen erwächst; der Anstoß zur Entstehung regionaler Netzwerke muss daher auch von den Unternehmen ausgehen. Die Rolle der Wirtschaftspolitik besteht darin, geeignete Rahmenbedingungen zu schaffen, interkommunale Zusammenarbeit zu fördern und auch die Kooperationsbestrebungen von Unternehmen zu unterstützen, ohne jedoch den Irrweg dirigistischer Lenkung oder Schaffung neuer Subventionstatbestände einzuschlagen.“[289] Statt direkter Interventionen empfiehlt sich eine prozess- und kommunikationsorientierte Innovationspolitik.[290] Sie ist langfristig angelegt und versucht, möglichst viele Partner – Unternehmen und Universitäten, Finanzinstitutionen und Forschungseinrichtungen, Technologiezentren und Transferstellen – in einem regionalen Netz zu vereinen, um so besser auf die Starthemmnisse innovativer *Start-ups* einzugehen. Auch die *Technopolis*-Studie betont: *„The few cases of Kompetenzzentren, where public policy played a key role, policy makers employed a ‚holistic' approach.“*[291]

---

287 Feldotto (1997b), S. 305-306, Scheidt (1995), S. 378-379.

288 Scheidt (1995), S. 335 unterscheidet in Anlehnung an Zucker (1986) zwischen *prozess-*, *charakter-* und *institutionengebundener* Vertrauensproduktion. Zum Entstehen von Vertrauen siehe ausführlich auch Ripperberger (1998), Kapitel 6. Zur Partnerschaft ehemaliger Konkurrenten siehe Hilbert et al. (1991).

289 Hax (1997). So hat Dänemark das Entstehen regionaler Netze finanziell gefördert. Nach Auslaufen der Förderprogramme haben die beteiligten Unternehmen ihre Kooperationen jedoch überwiegend aufgegeben. Siehe Dörsam/ Icks (1997), S. 143.

290 Siehe dazu ausführlich die Empfehlungen in Kapitel 5.2.8 und 5.2.9.

291 Siehe Kuhlmann (2001), S. 15.

Wichtige Bestandteile einer breiten, kommunikationsbasierten Strategie sind:[292]

- *Informieren*: Dazu zählen Aufbau und Pflege eines Informationspools über das Leistungsspektrum aller Einrichtungen dezentraler Innovationspolitik vor Ort, über Firmen und Branchen, über aktuelle Fachmessen, Tagungen, Qualifizierungsmaßnahmen und über mögliche Förderprogramme (z. B. Broschüre, Buch, *Newsletter*, CD-ROM, Internet-Portal).
- *Beraten*: Das Angebot von speziellen Serviceleistungen bei technischen, juristischen oder betriebswirtschaftlichen Fragen der innovativen *Start-up*-Unternehmen (z. B. Patentrecherche, Hilfe beim *Business*-Plan, im Steuerrecht oder im Marketing). Dazu gehören auch Beratungen über spezielle Fragen der zwischenbetrieblichen Kooperation.
- *Kooperationspartner vermitteln*: Hilfe bei der Partnersuche entweder durch persönliche Kontakte mit anderen innovationsrelevanten Akteuren (z. B. informelles Gespräch, formale Präsentation, institutionalisierter Arbeitskreis, Runder Tisch) oder durch Computerdienste (z. B. Datenbank, *Online*-Börse).
- *Koordinieren*: Falls die beteiligten Unternehmen die politischen Akteure als kompetente Partner akzeptieren, können diese eine Schnittstellenfunktion im regionalen Netz übernehmen. Möglicherweise können sie bei Konfliktsituationen auch als Moderator zwischen den betroffenen Parteien vermitteln.

Ziel dieser kommunikationsorientierten Aktivitäten ist es zunächst, den*Nährboden* für eine nachhaltige räumliche Vernetzung zu bereiten. Der Erfolg und die weitere Entwicklung der Zusammenarbeit hängt dann von der Kundennähe und der Problemorientierung der beteiligten Fördereinrichtungen ab. Sind Politiker und Wirtschaftsförderer aber selbst nicht zu einem Denken und Handeln in übergemeindlichen Zusammenhängen bereit, lassen sich allenfalls schwache Impulse für zwischenbetriebliche Kooperationen oder *Public-Private-Partnerships* von ihnen erwarten. Daher müssen die Träger der Innovationspolitik ihrerseits die einzelnen Maßnahmen miteinander abstimmen. Mit einer konsequenten kommunalen Kooperation können sie so eine gewisse Vorbildfunktion für ein regionales Netz ausüben.

---

292 Siehe auch Franz (1999), S. 125-128, Dörsam/ Icks (1997), S. 149-153, Feldotto (1997a), S. 296-304, Koschatzky/ Gundrum (1997), S. 216-222, Scheidt (1995), S. 378-382, Cuny/ Stauder (1993), S. 150-157 sowie Kapitel 5.2.9.

3.5.4. Schlussfolgerungen

Regionale Innovationsnetze verbessern im Idealfall das Kosten- und Ressourcenmanagement aller ihrer Mitglieder und ermöglichen ein interaktives Lernen und Innovieren. Diese Vorzüge entfalten sich nur dann, wenn sich die beteiligten Akteure gegenseitig vertrauen und eine Balance zwischen interner Stabilität und externer Flexibilität finden. Koppeln sie sich zu eng aneinander, sind funktionale, kognitive oder politische Blockaden zu befürchten. Das sind die zentralen Befunde, die sich aus den Theorien über regionale Innovationsnetze gewinnen lassen.

Das Gegensatzpaar von *zu viel* und *zu wenig* Flexibilität bzw. Stabilität ist für einen Referenzmaßstab dezentraler Innovationspolitik kaum greifbar. Es deckt aber Spannungsfelder auf, die einem Netz innewohnen. Zudem zeigt die Analyse, dass die Entscheidungsträger dezentraler Innovationspolitik nicht in der Lage sind, ein optimales Verhältnis zwischen beiden Polen herbeizuführen. Denn sie können niemanden zu einer Zusammenarbeit zwingen und müssen sich selbst erst das Vertrauen als verlässlicher und kompetenter Kooperationspartner verdienen. Indem Akteure dezentraler Innovationspolitik informieren, beraten und Kontakte vermitteln, können sie jedoch die Transaktionskosten eines*Netzzutritts* für innovative *Start-ups* verringern. Entsteht eine freiwillige Zusammenarbeit, können innovationspolitische Träger als Schnittstelle fungieren Eine intensive Zusammenarbeit zwischen den innovationspolitischen Akteuren kann dabei ein Vorbild sein.

3.6. Ökonomische Perspektiven dezentraler Innovationspolitik

Der theoretische Hauptteil dieser Studie zielte darauf ab, die wichtigsten Problemfelder dezentraler Innovationspolitik eingehend zu untersuchen und ökonomische Perspektiven ihrer Lösung zu ermitteln. Die Analyse basierte auf vier wirtschaftswissenschaftlichen Ansätzen: Ordnungstheorie und ökonomischer Föderalismustheorie sowie Neue Institutionenökonomik und regionale Netzwerktheorie. Hinter diesem Vorgehen stand die These, dass diese Theoriezweige zwar wichtige Teilaspekte des Politikfeldes aus ökonomischer Sicht erhellen, doch jeweils für sich allein betrachtet nicht weit genug reichen. Erst durch eine schlüssige Synthese ihrer Argumente lässt sich dezentrale Innovationspolitik genauer erfassen und damit sachgerechter bewerten. In der folgenden Argumentationskette sind die wichtigsten Untersuchungsergebnisse gebündelt:

Am Anfang stand eine *ordnungstheoretische* Analyse, die gängige Beurteilungsmethode staatlicher Markteingriffe (siehe Kapitel 3.2). Die Adressaten dezentraler Innovationsförderung können demnach von marktlichen Defekten betroffen sein: Innovative *Start-ups* haben mitunter Schwierigkeiten, risikotragendes Eigenkapital für ihre Projekte zu erwerben, und müssen positive externe Effekte ihrer Innovationen zulassen. Zudem sind sie oftmals nur wenig qualifiziert und leiden unter Informationshemmnissen. Öffentliche Hilfe ist deshalb im Grundsatz ökonomisch gerechtfertigt. Bei der Wahl der Instrumente sind allerdings auf Seiten der politischen Entscheidungsträger Wissensanmaßung und Eigennutz, auf Seiten der Unternehmen Mitnahmeeffekte und *Rent-Seeking* zu beachten. Die Ordnungstheorie hat damit wertvolle Einblicke in das ökonomische *Legitimationsproblem* des Politikfeldes ermöglicht. Sie beantwortet indes nicht die Frage, auf welcher staatlichen Ebene Innovationspolitik sinnvollerweise angesiedelt sein sollte.

Deshalb richtete die Arbeit ihr Augenmerk auf die *ökonomische Theorie des Föderalismus* (siehe Kapitel 3.3). Ihr zufolge haben lokale Akteure gegenüber einer zentralen Regelungsinstanz wesentliche Vorteile: Sie können die wirtschaftsstrukturelle Situation vor Ort besser einschätzen und die gewählten Fördermaßnahmen an den lokalen Besonderheiten ausrichten. Sofern ein föderaler Kompetenz- und Finanzrahmen eine Interventionsspirale zu Lasten Dritter verhindert, kann sich überdies ein Standortwettbewerb zwischen Gemeinden entwickeln, der die Qualität ihrer innovationspolitischen Maßnahmen steigert. Doch bei einem völlig dezentralisierten Ansatz entstehen möglicherweise auch instrumentelle Nachteile: Dazu zählen räumliche externe Effekte und der Verzicht auf steigende Verbund- und Skalenerträge. Eine mangelnde Koordination zwischen den Fördermaßnahmen kann hinzukommen. Aus der ökonomischen Föderalismustheorie lässt sich also ableiten, dass Innovationspolitik gemeindeübergreifend organisiert werden sollte. Die Vorteile eines dezentralen und eines zentralen Vorgehens lassen sich so vereinen. Anhand der ökonomischen Föderalismustheorie konnten Perspektiven über das *Kompetenzproblem* dezentraler Innovationspolitik gewonnen werden. Die Schwierigkeiten, die bei der Interaktion zwischen den lokalen Entscheidungsträgern auftauchen können, blendet der Theoriezweig allerdings weitgehend aus.

Dieser Befund führte zur *Neuen Institutionenökonomik* (siehe Kapitel 3.4). Ihr zufolge besteht zwischen Politikern, Verwaltungsbeamten und Wirtschaftsvertretern auf der subsidiären Ebene keineswegs eine Zielharmonie. Das gemeinsame Motiv, innovative *Start-ups* zu fördern, wird von den persönlichen Zielen der beteiligten Individuen überlagert, etwa dem Streben nach Prestige und Macht. Ohne geeignete institutionelle Arrangements sind Konflikte programmiert. Eine Analyse dezentraler Innovationspolitik muss daher formale und informelle Institutionen berücksichtigen: Innerhalb der horizontalen Politikstrukturen können sie dazu beitragen, eine Zusammenarbeit zu erleichtern und dauerhaft zu stabilisieren (z. B. zwischen den Repräsentanten benachbarter Kommunen). In den vertikalen Politikstrukturen können sie die Gefahr eines opportunistischen Handelns eines Agenten (z. B. Manager eines Technologiezentrums) gegenüber einem Prinzipal (z. B. kommunale Repräsentanten) verringern. Wirksame Lösungsmechanismen sind dabei monetäre und nicht-monetäre Anreize sowie ein ergebnisorientiertes Aufgaben-Controlling. Die Institutionentheorie erhellt damit das *Eigeninteressenproblem* dezentraler Innovationspolitik.

Nicht zuletzt muss ein ökonomischer Referenzmaßstab auch beachten, wie Innovation entsteht. Hier konnten *Theorien über regionale Netze* einen wichtigen Beitrag erbringen und den Blick für das instrumentelle *Kooperationsproblem* dezentraler Innovationspolitik schärfen (siehe Kapitel 3.5). So entwickelt sich das Neue vielfach aus zwischenbetrieblichen Kooperationen und öffentlich-privaten Partnerschaften, die in ein gemeinsames soziales Umfeld eingebettet sind. Entscheidend für den Innovationsprozess ist: Das gewachsene und wechselseitige Vertrauen begünstigt den Austausch von personengebundenem Wissen (*tacit knowledge*), das sich im Unterschied zu schriftlich fixierbaren Informationen (*codified knowledge*) nur schwierig auf einem anonymen Markt handeln oder in einer starren Unternehmenshierarchie übermitteln lässt. Innovative *Start-ups* haben aber auf Grund fehlender Reputation und asymmetrischer Information bisweilen Probleme, an solchen intermediären Kooperationsformen teilzuhaben. Zwar können die Träger dezentraler Innovationspolitik keineswegs ein regionales Innovationsnetz erzwingen. Aber indem sie Unternehmen informieren, beraten und persönliche Kontakte vermitteln, können sie die Transaktionskosten eines Netzzutritts verkleinern. Wichtig ist dabei ein prozess- und kommunikationsorientiertes Vorgehen, das sich an möglichst viele innovationsrelevante Akteure in der Region richtet. So könnte dezentrale Innovationspolitik den Boden für nachhaltige Kooperationen bereiten.

Die vorliegende Untersuchung legt damit offen, dass sich die wichtigsten Problemfelder dezentraler Innovationspolitik nur dann erfassen lassen, wenn man verschiedene wirtschaftswissenschaftliche Blickwinkel einnimmt und die jeweiligen Ergebnisse zusammenführt. Genau das ist das Anliegen dieser Analyse: Die gewonnenen Perspektiven lassen sich auf drei Ebenen zu einem neuartigen, ökonomischen Analyse- und Referenzmaßstab staffeln:

- Sie zielen erstens auf den *Rahmen*, in dem sich dezentrale Innovationspolitik bewegt. Darunter fallen die institutionellen Arrangements, die das Verhalten der Entscheidungsakteure vor Ort beeinflussen. Entscheidend sind dabei Regeln zum räumlichen und innovationspolitischen Kompetenzbereich sowie zu den vertikalen und horizontalen Koordinationsverfahren. Wertvolle Erklärungsbeiträge leisten dazu vor allem die ökonomische Föderalismustheorie und die Neue Institutionenökonomik.

- Zweitens beziehen sie sich auf die einzelnen *Instrumente dezentraler Innovationspolitik*, wie zum Beispiel Technologiezentrum, Beratungsstelle oder Beteiligungsgesellschaft. Bedeutsame Analyse-Objekte sind dabei in fördertechnischer Hinsicht das Nutzen mindestoptimaler Projektgrößen und positiver Skalenerträge sowie in förderpolitischer Hinsicht die Koordination und das interne Steuerungssystem der gewählten Instrumente. Erneut liefern föderalismustheoretische und institutionenökonomische Erkenntnisse nützliche Hinweise.

- Drittens richten sie sich auf das *Leistungsangebot der innovationspolitischen Instrumente*.[293] Dazu gehören etwa Information, Beratung und Kontaktvermittlung. Diese Maßnahmen sollen idealerweise darauf abzielen, die Hemmnisse innovativer *Start-ups* zu lindern, ohne staatliche Steuerungsmängel zu ignorieren. Die Befunde der Theorie der Ordnungspolitik und der regionalen Innovationsnetze informieren über diese Aspekte.

Die einzelnen Perspektiven systematisch zu gliedern, fällt leichter, als sie methodisch befriedigend zu präzisieren: So decken einige Theoriezweige zwar Merkmale auf, die für eine effiziente Innovationspolitik unerlässlich erscheinen, können aber selbst nicht konkretisieren, wie sie sich allgemein erreichen lassen. Ein gutes Beispiel ist die Wahl von Institutionen, die eine Zusammenarbeit zwischen unterschiedlichen Entscheidungsträgern *generell* garantieren könnten. Auch wenn nicht immer die Lösung ex ante bestimmbar ist, lässt sich ein dennoch ein Katalog aufstellen, der kritische Aspekte des Politikfeldes benennt, relevante Analyse-Objekte konkretisiert und ökonomische Referenzpunkte formuliert, an denen sich die verantwortlichen Akteure künftig orientieren können. *Richard R. Nelson* und *Sidney G. Winter* bemerken zu einem solchen Ansatz: *„Like tactical analysis, strategic analysis should not be thougt of in optimizing terms. People simply cannot know the best way to get from here to some unfamiliar and distant place (...) However, a good road map, and some thoughtful considerations of the purpose of the trip, certainly helps.“*[294]

In diesem Verständnis präsentiert Tabelle 3.5 einen ökonomischen Referenzmaßstab dezentraler Innovationspolitik.

---

293 Es ist notwendig, zwischen den Instrumenten und ihrem Leistungsspektrum zu unterscheiden. Denn unterschiedliche Instrumente (z. B. Technologiezentrum und Transferstelle) können dieselben Leistungen offerieren (z. B. Beratung und Information). Betrachtete man allein die Leistungen, würden die skizzierten fördertechnischen und -politischen Probleme bei den Instrumenten ausgeblendet.

294 Nelson/ Winter (1982), S. 383.

1.) Rahmen dezentraler Innovationspolitik

Analyse-Objekt	**Ökonomische Pespektive**	**Zugang**
Räumlicher Zuständigkeitsbereich	Innovationspolitische Akteure berücksichtigen die räumlichen externen Effekte ihrer Fördermaßnahmen (Kongruenzprinzip).	Föderalismustheorie (→ 3.3)
Innovationspolitische Kompetenzverteilung	Innovationspolitische Akteure entscheiden über ihre Aufgaben eigenverantwortlich, führen sie durch *und* tragen die Kosten dafür selbst (Konnexitätsprinzip).	Föderalismustheorie (→ 3.3)
Vertikale und horizontale Koordination	Innovationspolitische Akteure entwickeln Institutionen, die Prinzipal-Agent-Probleme innerhalb des Förderrahmens lindern und interkommunale Kooperation begünstigen.	Institutionenökonomik (→ 3.4)

2.) Instrumente dezentraler Innovationspolitik

Analyse-Objekt	**Ökonomische Pespektive**	**Zugang**
Größen- und Verbundvorteile	Innovationspolitsche Akteure berücksichtigen bei der Konzeption ihrer Instrumente mindestoptimale Projektgrößen sowie steigende Skalenerträge.	Föderalismustheorie (→ 3.3)
Anreize und Aufgaben-Controlling	Innovationspolitische Akteure entwickeln Institutionen, die Prinzipal-Agent-Probleme gegenüber dem Management eines Instrumentes lindern.	Institutionenökonomik (→ 3.4)

Fortsetzung nächste Seite

3.) Leistungsangebot der Instrumente dezentraler Innovationspolitik

Analyse-Objekt	Ökonomische Pespektive	Zugang
Marktmängel innovativer *Start-ups*	Maßnahmen dezentraler Innovationspolitik verbessern die Rahmenbedingungen von innovativen *Start-ups*, risikotragendes Eigenkapital zu erwerben und sich die externen Effekte ihrer Innovationen anzueignen.	Ordnungstheorie (→ 3.2)
Steuerungsmängel politischer Akteure	Maßnahmen dezentraler Innovationspolitik verzichten auf eine inhaltliche Selektion von Innovationsfeldern, ...	Ordnungstheorie (→ 3.2)
	... ohne mögliche Mitnahmeeffekte von Unternehmen völlig auszublenden.	
Regionale Innovationsnetze	Maßnahmen dezentraler Innovationspolitik sind vernetzt und erleichtern innovativen *Start-ups* den Zutritt zu intra-regionalen Kooperationen.	Netzwerktheorie (→ 3.5)

Quelle: Eigene Zusammenstellung.

Tabelle 3.5: Ökonomischer Referenzmaßstab dezentraler Innovationspolitik

Dieses neue Analysekonzept bildet das Gerüst für die folgende empirische Studie dezentraler Innovationspolitik in Nordrhein-Westfalen. Sie geht Schritt für Schritt der Frage nach, inwieweit sich die ökonomischen Perspektiven in der Förderpraxis wiederfinden lassen. Auf dieser Basis – ökonomischer Referenzmaßstab *und* empirische Analyse – lassen sich dann im Schlussteil mögliche Handlungsempfehlungen für eine dezentrale Innovationspolitik erarbeiten.

„Paradoxically, the enduring competitive advantages in a global economy lie increasingly in local things – knowledge, relationships, and motivation that distant rivals cannot match."

MICHAEL E. PORTER (1998), S. 77.

4. Darstellung und Analyse dezentraler Innovationspolitik in NRW

4.1. Empirisches Forschungsdesign

Ziel der empirischen Untersuchung ist es, das innovationspolitische Engagement in Nordrhein-Westfalen in seiner Vielfalt zu dokumentieren und ökonomisch zu beurteilen. Das Land eignet sich in besonderem Maß für eine solche vertiefte Analyse, denn mit der *Regionalisierung der Strukturpolitik* hat sich in den vergangenen Jahren eine eigenständige Innovationspolitik auf dezentraler Ebene entwickelt. 1989 hat die Landesregierung mit der *Zukunftsinitiative für die Regionen Nordrhein-Westfalens* die lokalen Akteure aufgefordert, innerhalb von fünfzehn neu gebildeten Regionalkonferenzen konkrete Vorschläge zur Innovations- und Technologieförderung zu erarbeiten. Möglichst im Konsens sollten alle relevanten Kräfte vor Ort eine an den örtlichen Bedürfnissen anknüpfende Entwicklungsstrategie formulieren. Angesprochen waren dabei keineswegs nur Politiker und Verwaltungsbeamte der Kommunen. Auch die Wirtschaftsorganisationen wie Industrie- und Handelskammern, Handwerkskammern oder Sparkassen sowie die Vertreter aus der Wissenschaft waren eingeladen, sich zu beteiligen.

In der politikwissenschaftlichen und raumwirtschaftlichen Literatur stieß die Regionalisierung seinerzeit auf großen Anklang: An die Stelle eines *Top-down*-Ansatzes, also einer Raumordnungspolitik von oben, sollte nun erstmals ein *Bottom-up*-Verfahren, also eine Planung von unten, treten.[295] Manche bezeichnen die Regionalisierung gar als „politische Innovation ersten Ranges"[296] „Das Beispiel Nordrhein-Westfalen ist in den westdeutschen Bundesländern ohne Parallele. In keinem anderen dieser Länder wurde mit gleicher Intensität und Kon-

---

[295] Zu den beiden Ansätzen siehe Voelzkow (1994), S. 11-13.

[296] Blotevogel (1993), S. 36. Ähnlich Voelzkow (1994). S. 9. Zur Regionalisierung in Deutschland siehe Ziegler/ Gabriel/ Hoffmann (1995) und MWMT (1993b)

zequenz versucht, eine regionalisierte Strukturpolitik zu etablieren.[297] Dass Nordrhein-Westfalen als erstes Bundesland bewusst dezentrale Akteure in die Politikgestaltung eingebunden hat, findet seine Ursachen vor allem in der schweren Wirtschaftskrise des Landes Mitte der achtziger Jahre. Die Strukturumbrüche in der räumlich konzentrierten Montan- und Bergbauindustrie kamen hier besonders zum Ausdruck und offenbarten damit zugleich die Schwächen der früheren zentralen Planungsstrategie. Um neue Impulse für die regionale Wirtschaft auszulösen, hat die Landesregierung erhebliche Finanzmittel für innovationspolitische Einrichtungen und Maßnahmen vor Ort bereitgestellt. Nach mehr als einer Dekade ist nun der geeignete Zeitpunkt gekommen, um dieses ambitionierte Konzept zu bilanzieren. Als Fundament dient dabei der im theoretischen Teil entwickelte ökonomische Referenzmaßstab dezentraler Innovationspolitik. Um den Spezifika seiner drei Untersuchungsebenen, also Rahmen, Instrumente und Leistungsangebot der Instrumente, gerecht zu werden, stützt sich die Untersuchung auf einen Mix sich ergänzender Erhebungstechniken aus der primären und sekundären empirischen Wirtschaftsforschung (Tabelle 4.1).

Sekundär-Analyse	**Primär-Analyse**	
Analyse von Dokumenten (z. B. Regionale Entwicklungskonzepte)	Explorative Interviews mit 15 Akteuren dezentraler Innovationspolitik	
Analyse empirischer Studien (z. B. Evaluierungen)	Standardisierter Fragebogen an: 31 Kreise; 23 Kreisfreie Städte;	 Rücklauf 58% (n=18) Rücklauf 61% (n=14)
Analyse von sekundärstatistischen Daten (z. B. Statistiken von Fachverbänden)	Standardisierter Fragebogen an: 27 forschungsnahe Transferstellen; 23 wirtschaftsnahe Transferstellen; 22 eigenständige Transferagenturen; 22 Beteiligungsgesellschaften;	 Rücklauf 63% (n=17) Rücklauf 78% (n=18) Rücklauf 86% (n=19) Rücklauf 73% (n=16)
	Tiefen-Interviews mit 15 Akteuren dezentraler Innovationspolitik aus 12 Fördereinrichtungen und 3 Fallregionen	

Quelle: Eigene Zusammenstellung.

Tabelle 4.1: Empirische Grundlagen der Untersuchung

Ausgangspunkt der Untersuchung ist eine Sekundäranalyse einschlägiger Statistiken, Studien und Dokumente. Neben Förderrichtlinien, regionalen Entwicklungskonzepten und Projektberichten zählen dazu vor allem Gutachten über die Regionalisierung, über die Arbeit der Technologiezentren und der Hochschul-

297 Danielzyk/ Priebs (1998), S. 55.

transferstellen sowie über die Entwicklung des Wagniskapitalmarkts, die das Land Mitte der neunziger Jahre in Auftrag gegeben hat.[298] Diese und eine Vielzahl anderer Quellen werden gesichtet und mit Blick auf den ökonomischen Referenzmaßstab systematisch ausgewertet.

Darüber hinaus basiert die Studie auf mehreren aufeinander aufbauenden Primäranalysen: Im Vorfeld dieser Arbeit wurden *explorative Interviews* mit 15 Entscheidungsträgern dezentraler Innovationspolitik geführt. Die Gesprächspartner stammen aus Regionalkonferenzen, Kammern und Kommunen, Transferagenturen und Technologiezentren sowie Bezirks- und Landesregierungen.[299] Ziel dieser teil-strukturierten Interviews war es, informelle Einblicke in innovationspolitische Handlungsbereiche und Problemfelder zu gewinnen, um damit relevante Untersuchungsgegenstände zu erkennen.

Auf drei Säulen ruht dann die weitere Feldanalyse: Zu Beginn wurde eine standardisierte Erhebung unter allen 31 Kreisen und 23 kreisfreien Städten des Landes als den Trägern dezentraler Innovationspolitik durchgeführt und ausgewertet (im folgenden *Kommunalbefragung NRW*).[300] Dabei geht es in erster Linie darum, die bestehenden Förderinstrumente einer Region möglichst vollständig zu erfassen. Hinzu kamen Fragen nach der Organisation der Innovationspolitik vor Ort. 18 Kreise und 14 kreisfreie Städte haben sich an der Befragung beteiligt – der Rücklauf liegt mithin bei rund 60 Prozent.

Den zweiten Schritt bildete eine standardisierte Erhebung unter den Leitern der einzelnen Förderinstrumente (im folgenden *Managementbefragung NRW*).[301] Die Auswahl basierte auf den Angaben der Kreise und kreisfreien Städte sowie auf einer Literatur-, Internet- und Datenbankrecherche.[302] Demnach gibt es zurzeit

---

298 Siehe die Landesgutachten zur Regionalisierung von Heinze/ Voelzkow (1997), zu den Technologie- und Gründerzentren von Elle et al. (1997a) (1997b) und Habersam et al. (1994), zu den Hochschul-Transferstellen von Elle (1998) und zum Wagniskapitalmarkt von Kokalj/ May-Strobl/ Kay (1999).

299 Die persönlichen Interviews wurden im Frühjahr 1997 durchgeführt. Sie waren zugleich Gegenstand der Evaluierung der Technologiezentren in Nordrhein-Westfalen im Auftrag der Landesregierung. Siehe Elle et al. (1997b), S. 115ff.

300 Die Erhebung wurde zwischen Februar und März 2000 durchgeführt.

301 Die Erhebung wurde zwischen März und April 2000 durchgeführt.

302 Siehe vor allem www.go-online.nrw.de, www.transfer-nrw.de, www.tz-nrw.de oder www.bvk-ev.de. Bisher gibt es allerdings kein *Online*-Forum, das alle Förderinstrumente für Gründung und Innovation in Nordrhein-Westfalen bündelt. Die Angebote von Land, Regionen, Kammern oder Beteiligungsgesellschaften stehen unverbunden und unstrukturiert nebeneinander.

60 Technologie- und Gründerzentren, 27 Transferstellen an den Hochschulen (forschungsnahe Mittler), 23 Technologieberatungsstellen an den Kammern (wirtschaftsnahe Mittler), 22 Transferagenturen (eigenständige Mittler) und 22 regionale Beteiligungsgesellschaften. Ihr individuelles Leitungsspektrum zu erfassen stand im Mittelpunkt der Erhebung. Um eine hohe Teilnahmebereitschaft zu sichern, musste der Fragebogen so knapp wie möglich gehalten werden. Denn als methodische Restriktion galt zu beachten, dass manche Akteure in der Vergangenheit bereits mehrfach Gegenstand empirischer Studien waren. Die Fragen konzentrierten sich deshalb nur auf jene Bereiche des Forschungsprojekts, die sich möglichst leicht standardisiert beantworten lassen und zu denen bisher keine empirischen Befunde existieren – die Managementbefragung dient deshalb in erster Linie einer aktuellen Dokumentation der innovationspolitischen Aktivität in Nordrhein-Westfalen. Der Rücklauf der Erhebung war vergleichsweise stark: 72 Prozent der regionalen Beteiligungsgesellschaften haben sich an der Befragung beteiligt, bei den Transfer- und Beratungsstellen liegt die Quote sogar bei gut 80 Prozent. Da bei den Technologie- und Gründerzentren ebenso aktuelle und umfangreiche Daten verfügbar waren, erschien bei diesem Instrumententyp eine erneute, landesweite Befragung nicht erforderlich.[303]

Dies führt zur dritten Erhebungstechnik der empirischen Studie: Besonders sensible Aspekte, die sich einem standardisierten Vorgehen entziehen, blieben einer gesonderten Analyse mit *qualitativen Tiefeninterviews* vorbehalten. Mit 15 Entscheidungsakteuren dezentraler Innovationspolitik wurden ausführliche Gespräche geführt. Sie repräsentieren insgesamt 12 Fördereinrichtungen aus den Instrumententypen Technologie- und Gründerzentrum, Technologie- und Transferstelle (forschungsnahe, wirtschaftsnahe und eigenständige Mittler) sowie regionale Beteiligungsgesellschaft.[304] Zweck der Expertenbefragung war es, institutionelle und instrumentelle Besonderheiten in der dezentralen Innovationspolitik aufzuspüren. Dazu zählen zum einen besonders positive Beispiele innovationspolitischer Strategien – etwa beim Aufbau regionaler Netze (*Good-Practice-*

303 Im Auftrag des Landes haben die Unternehmensberatung *Hans-Dieter Elle + Partner* und das *Finanzwissenschaftliche Forschungsinstitut an der Universität zu Köln* alle 52 Technologiezentren evaluiert, die bis 1997 in Nordrhein-Westfalen entstanden sind. Angesichts der Fülle des Datenmaterials einerseits und der erneuten Belastung der Zentren andererseits hat die Managementbefragung NRW sich darauf beschränkt, lediglich die 8 neu hinzugekommenen Zentren zu kontaktieren. Auf Grund des vergleichsweise geringen Rücklaufs (3 Zentren), greift die spätere Dokumentation der Zentren vollständig auf die Daten von Elle et al. (1997a) (1997b) zurück. Zur Analyse der nordrhein-westfälischen Zentren waren zudem auch die Arbeiten von TZ-NRW (1996) sowie Habersam (1995), Habersam et al. (1994) verfügbar.

304 Weil den Interviewpartnern Vertraulichkeit zugesichert wurde, werden die Gesprächsinhalte nachfolgend stets anonymisiert dargestellt.

Modelle), zum anderen aber auch Hemmnisse in den herrschenden Anreiz- und Arbeitsstrukturen. Die persönlichen Interviews basierten auf einem teilstrukturierten Gesprächsleitfaden. Das Vorgehen erlaubt es, auf die jeweiligen Bedingungen in einer Einrichtung oder Region flexibel einzugehen, dabei aber zugleich eine Vergleichbarkeit der Ergebnisse sicherzustellen

Diese qualitative Analyse konzentriert sich auf drei ausgewählte Gebietseinheiten: die Regionen Aachen und Siegen sowie die Bergisch-Märkische Initiative. Diese Untersuchungsräume bilden einen guten Ausschnitt aus dem geografischen Spektrum des Landes, da sie sich durch unterschiedliche wirtschafts- und siedlungsstrukturelle Merkmale auszeichnen. So ist die Region Aachen durch eine differenzierte technologische Infrastruktur und eine Fülle von innovationspolitischen Fördereinrichtungen gekennzeichnet. Hier entstand das erste Technologiezentrum in Westdeutschland und das erste regionale Entwicklungskonzept in Nordrhein-Westfalen. Die Region Siegen ist durch seine periphere Lage geprägt; gleichwohl haben die Entscheidungsträger vor Ort eine an den örtlichen Stärken und Schwächen ansetzende Wirtschafts- und Innovationsförderung etabliert. Die Bergische und Märkische Region verbindet die Großstädte Remscheid, Solingen und Hagen sowie den eher ländlich geprägten Märkischen Kreis: Die Gebietseinheit hat als eine von fünf deutschen Regionen den Wettbewerb *Existenzgründer aus Hochschulen* des Bundesministeriums für Bildung und Forschung gewonnen, der die Förderung innovativer*Start-ups* und regionaler Netze zum Gegenstand hatte.

Trotz der komplementären Methoden der empirischen Wirtschaftsforschung, zu denen qualitative Tiefeninterviews ebenso zählen wie standardisierte Erhebungen, bleibt die Analyse der dezentralen Innovationspolitik zwangsläufig lückenhaft: Jede Region und jede Einrichtung zeichnen sich durch eine Individualität aus, der eine abstrahierende oder aggregierte Darstellung niemals ganz gerecht werden kann. Auch ist deutlich darauf hinzuweisen, dass der Forscher selbst durch subjektive Wahrnehmung und Interpretation, die ihrerseits wiederum auf persönlichen Erfahrungen und Wissen basieren, niemals ein vollständiges Bild zeichnen kann – unterschiedliche Perspektiven, Interviewer-Effekte, strategische Antworten und Artefakte sind nur einige Phänomene, die keine empirische Studie komplett ausschließen kann.[305] Sie kann lediglich die gewählte Methodik offenlegen, die darauf aufbauende Argumentation begründen und die erzielten Ergebnisse in einen öffentlichen Diskurs einbringen.

---

305 Zu den Methoden der empirischen Sozialforschung siehe u. a. Atteslander (2000), Mayring (1999), Schnell/ Hill/ Esser (1999) oder Bortz/ Döring (1995). Zur Rolle der Wahrnehmung des Forschers siehe Meinhold (2001), S. 125-132.

Vor diesem Hintergrund zeigt Tabelle 4.2 noch einmal, welche Erhebungstechniken zur empirischen Untersuchung des ökonomischen Referenzmaßstabes eingesetzt wurden. Die weitere Dokumentation und Analyse dezentraler Innovationspolitik in Nordrhein-Westfalen folgt dem Aufbau dieses Rasters.

Darstellung dezentraler Innovationspolitik

Analyse-Objekt	Sekundär-analyse	Kommunal-befragung	Management befragung	Tiefen-interviews	Abschnitt
Rahmen	X	X	X		4.2.1
Instrumente	X	X	X		4.2.2
Leistungsangebot	X	X	X		4.2.3

Analyse des Rahmens dezentraler Innovationspolitik

Analyse-Objekt	Sekundär-analyse	Kommunal-befragung	Management befragung	Tiefen-interviews	Abschnitt
Räumlicher Zuständigkeitsbereich	X				4.2.1
Innovationspolitische Kompetenzverteilung	X				4.2.2
Vertikale und horizontale Koordination	X	X	X	X	4.2.3

Analyse der Instrumente dezentraler Innovationspolitik

Analyse-Objekt	Sekundär-analyse	Kommunal-befragung	Management befragung	Tiefen-interviews	Abschnitt
Skalen- und Verbundvorteile	X			X	4.4.1
Anreize und Aufgaben-Controlling	X			X	4.4.2

Analyse des Leistungsangebots der Instrumente dezentraler Innovationspolitik

Analyse-Objekt	Sekundär-analyse	Kommunal-befragung	Management befragung	Tiefen-interviews	Abschnitt
Marktmängel innovativer *Start-ups*	X			X	4.5.1
Steuerungsmängel staatlicher Akteure	X			X	4.5.2
Regionale Netze	X			X	4.5.3

Quelle: Eigene Zusammenstellung

Tabelle 4.2: Empirische Grundlagen und ökonomischer Referenzmaßstab

4.2. Darstellung dezentraler Innovationspolitik

Unter dem Begriff der *Regionalisierung* hat Nordrhein-Westfalen Ende der achtziger Jahre seine Struktur- und damit auch seine Innovationspolitik verstärkt auf die dezentrale Ebene verlagert. Die Verantwortlichen in Kommune, Kreis und Region haben seither eine Vielzahl neuer Maßnahmen zugunsten innovativer *Start-ups* geschaffen, wie die folgende erste landesweite Bestandsaufnahme zeigt. Die Darstellung folgt den drei Analyse-Ebenen des ökonomischen Referenzmaßstabs, also Rahmen (4.2.1), Instrumente (4.2.2) und Leistungsangebote der Instrumente dezentraler Innovationspolitik (4.2.3).

4.2.1. Darstellung des Rahmens

Zunächst richtet sich der Blick auf den institutionellen Rahmen, in dem sich dezentrale Innovationspolitik in Nordrhein-Westfalen bewegt. Der Abschnitt legt dar, welche Merkmale die Regionalisierung auszeichnen und welche Akteure das innovationspolitische Handeln besonders gestalten.

Regionalisierung – ein neuer Politikansatz in Nordrhein-Westfalen

Bis in die zweite Hälfte der achtziger Jahre war die regionale Wirtschaftspolitik in Nordrhein-Westfalen ziemlich einseitig: Es waren vorwiegend Repräsentanten der Landesregierung, die über die politischen Maßnahmen bestimmten. Ihr Interesse galt vornehmlich dem Ruhrgebiet als räumlichen Zentrum des Bergbaus und der Montanindustrie. Die Förderinstrumente waren in der Regel Subventionen für einige ausgewählte Unternehmen.[306] Nachdem sich die Defizite dieser zentralen Planungsmethode nach einigen Wirtschaftskrisen immer stärker herauskristallisierten, wandte sich das Land einem neuen, dezentralisierten Politikansatz zu. Mit der *Zukunftsinitiative für die Regionen Nordrhein-Westfalens (ZIN)*[307] aus dem Jahr 1989 und ihrer Vorläuferin, der *Zukunftsinitiative für die*

306 So auch Fürst/ Kilper (1993), S. 4. Davon zeugen zum Beispiel das *Entwicklungsprogramm Ruhr* (1968-1973), das *Nordrhein-Westfalen-Programm 1975*, das *Aktionsprogramm Ruhr* (1979-1983), die *Landesinitiative Zukunftstechnologien* (1984-1988) sowie die Sektoralprogramme *Technologieprogramm Bergbau*, *Technologieprogramm Stahl* und *Technologieprogramm Energie*. Ausführlich dazu Köller (1996), Kapitel 3 oder Heinze et al. (1996), S. 22-42.

307 MWMT (1990).

Montanregionen (ZIM)[308] aus dem Jahr 1987 hat die Landesregierung in der Folgezeit versucht, den Sachverstand und die Beziehungsnetze dezentraler Akteure für die Politikgestaltung zu nutzen, um so die Wirksamkeit der Wirtschafts- und Innovationsförderung im gesamten Landesgebiet zu erhöhen.

Drei Ziele hat die Landesregierung mit der Regionalisierung verbunden:[309]

- *Dezentralität*: Die Kompetenzverlagerung sollte die Sach- und Ortskenntnis der lokalen Akteure mobilisieren, um so das endogene Enwicklungspotenzial einer Region besser zu entfalten. Zudem sollten die dezentralen Akteure eine höhere Eigenverantwortung für ihre Wirtschaftslage tragen.
- *Horizontale Kooperation*: Durch die Zusammenarbeit möglichst vieler dezentraler Akteure sollte sich die bestmögliche Entwicklungsstrategie für eine Region herausbilden. Öffentliches und privates Engagement sollte sich idealerweise im Konsens miteinander verbinden.
- *Vertikale Koordination*: Die Regionalisierung sollte mit einer stärkeren Koordination zwischen der Landes- und der dezentralen Ebene einhergehen. Verschiedene Politikbereiche mit ihren jeweiligen Förderzielen und -mitteln sollten zeitlich und sachlich besser ineinandergreifen.

Damit unterscheidet sich der Ansatz deutlich von der früheren zentralen Steuerung, die in einem etatistischen Verständnis den Kommunen Vorgaben machte, die sie im Wesentlichen nur noch umzusetzen hatten. Die veränderte Konzeption hat die Landesregierung mit ihrem Beschluss von 1990 über „die zukünftige Ausgestaltung der regionalen Strukturpolitik" noch einmal bestätigt und mit dem *regionalen Entwicklungskonzept* ein neues Planungsinstrument eingeführt.[310] Ein regionales Entwicklungskonzept soll auf Basis einer ökonomischen Stärken-Schwächen-Analyse entstehen und eine individuelle, an den örtlichen Besonderheiten ausgerichtete Förderpolitik gewährleisten.[311] Um die Strategien miteinander vergleichen zu können, hat die Landesregierung von den dezentralen Akteuren konkrete Vorschläge zu fünf Handlungsfeldern eingefordert: zukunftsorientierte Qualifikation der Arbeitnehmer, Ausbau und Modernisierung der Infrastruktur, Verbesserung der Umwelt- und Energiesituation, Maßnahmen zur

---

308 MWMT (1988). Siehe ausführlich auch Hesse et al. (1991).

309 MWMT (1992a), S. 16.

310 MWMT (1990), S. 2 und MWMT (1992a), S. 16.

311 Zur Ausgestaltung eines Entwicklungskonzeptes siehe Danielzyk (1995), S. 11-13.

Schaffung und Sicherung von Arbeitsplätzen und – was für diese Untersuchung besonders wichtig ist – die Förderung von Innovation und Technologie.[312]

Im Zuge der Regionalisierung entstanden außerdem neue räumliche Einheiten – die so genannten *ZIN-Regionen*. Sie sind zwischen der Landes- und der kommunalen Ebene angesiedelt. Alle verantwortlichen Kräfte der Gebietseinheit sollten dabei konstruktiv zusammenarbeiten und ihr politisches Engagement miteinander abstimmen. Wie sich die Regionen voneinander abgrenzten, blieb den Beteiligten weitgehend selbst vorbehalten.[313] Die 54 Kreise und kreisfreien Städte Nordrhein-Westfalens haben sich daraufhin zu 15 Regionen zusammengeschlossen, die sich fast vollständig mit den Bezirken der Industrie- und Handelskammern decken.[314] Alle 15 Regionen haben sich innerhalb der Grenzen der 5 nordrhein-westfälischen Regierungsbezirke gebildet. Regionale Kooperationen über die Regierungsbezirke hinaus blieben aus, wie Tabelle 4.3 zeigt.[315]

Obwohl die Landesregierung offiziell keine Vorgaben zu der regionalen Grenzziehung gemacht hat,[316] kann nur bedingt von einem freiwilligen Prozess gesprochen werden. Etliche Kommunalvertreter hatten zunächst kein Interesse an einer intra-regionalen Abstimmung oder an einer Kooperation mit nicht-staatlichen Akteuren. Erst allmählich beteiligten sich die lokalen Entscheidungsträger an der landesweiten Regionalisierung[317] – andernfalls hätten sie auch ihre politischen Einflusskanäle und den Zugriff auf finanzielle Transfers des Landes gefährdet.

---

312 MWMT (1992a), S. 15 und Anlage 5, MWMT (1992b), S. 15-21.

313 MWMT (1992a), S. 17.

314 Ausnahme bilden nur die kreisangehörigen Städte Hattingen und Witten, die zwar zum Ennepe-Ruhr-Kreis zählen, aber mit der Region Mittleres Ruhrgebiet/ Bochum verbunden wurden.

315 Zur Abgrenzung der Regionen siehe Waniek (1990), S. 19-21, Kruse (1992), S. 18-21, Heinze/ Voelzkow (1992), S. 49-50 und Forth/ Wohlfahrt (1992), S. 31-42.

316 So wie die Landesregierung stets betont. Siehe MWMT (1992a), S. 19.

317 Siehe Heinze/ Voelzkow (1997), S. 253-266.

Regierungs-bezirk	***Z/N*- Region**	**Kreisfreie Städte und Kreise**
Arnsberg	1 Arnsberg	Hochsauerlandkreis, Kreis Soest
	2 Mittleres Ruhrgebiet/ Bochum	Städte Bochum, Herne, Witten, Hattingen
	3 Dortmund/ Kreis Unna/ Hamm	Städte Dortmund, Hamm, Kreis Unna
	4 Hagen/ Märkische Region	Stadt Hagen, Ennepe-Ruhr-Kreis ohne Witten und Hattingen, Märkischer Kreis
	5 Siegen	Kreise Olpe, Siegen-Wittgenstein
Detmold	6 Ostwestfalen-Lippe	Stadt Bielefeld, Kreise Gütersloh, Herford, Höxter, Lippe, Minden-Lübbecke, Paderborn
Düsseldorf	7 Bergische Großstädte	Städte Remscheid, Solingen, Wuppertal
	8 Düsseldorf/ Mittlerer Niederrhein	Städte Düsseldorf, Krefeld, Mönchengladbach, Kreis Mettmann, Neuss, Viersen
	9 Mülheim/ Essen/ Oberhausen	Städte Mülheim, Essen, Oberhausen
	10 Niederrhein	Stadt Duisburg, Kreise Kleve, Wesel
Köln	11 Aachen	Stadt Aachen, Kreise Aachen, Düren, Euskirchen und Heinsberg
	12 Bonn	Stadt Bonn, Rhein-Sieg-Kreis
	13 Köln	Städte Köln, Leverkusen, Rheinisch-Bergischer Kreis, Oberbergischer Kreis, Erftkreis
Münster	14 Emscher-Lippe	Städte Bottrop, Gelsenkirchen, Kreis Recklinghausen
	15 Münsterland	Stadt Münster, Kreise Borken, Coesfeld, Steinfurt und Warendorf

Quelle: MWMT (1992a), S. 18, eigene Zusammenstellung.

Tabelle 4.3: Abgrenzung der 15 *Z/N*-Regionen in NRW

Auch wenn die Landesregierung weder ihre bestehenden Förderprogramme, noch ihre fiskalischen Beziehungen zu den Kommunen formalrechtlich verändert hat, ist der Einfluss der Regionalisierung immens. So hat die Zukunftsinitiative alle verfügbaren Fördertöpfe des Landes, des Bundes und der Europäischen Gemeinschaft unter einem institutionellen Rahmen zusammengefasst und die Mittelvergabe an ein neues Prozedere geknüpft. Zu den wichtigsten Programmen zählten aus Sicht der dezentralen Politikakteure das *Technologieprogramm Wirtschaft*, die Gemeinschaftsaufgabe zur *Verbesserung der regionalen Wirtschaftsstruktur* mit dem ergänzenden regionalen Wirtschaftsförderungsprogramm des Landes sowie die europäischen Sonderprogramme *RECHAR* und *RESIDER*, die eine strukturelle Erneuerung der Kohle- und Stahlreviere unterstützen sollten.[318] Eine herausragende Rolle spielte zudem die 1988 beschlossene Reform der Strukturfonds der Europäischen Gemeinschaft, die ab 1989 erhebliche Fördermittel für die nordrhein-westfälischen Ziel-2-Gebiete freigesetzt hat, die von einer rückläufigen industriellen Entwicklung besonders schwer betroffen sind.

Welche finanzielle Dimension mit der Regionalisierung verbunden war, illustriert Abbildung 4.1. Sie zeigt die Entwicklung der Technologie- sowie der Regional- und Infrastrukturprogramme des Landes inklusive des Bundes und der Europäischen Gemeinschaft (bzw. ab 1992 der Europäischen Union). Die jährlichen Mittel haben sich von zirka 200 Millionen DM während 1984 bis 1989 auf über 1 Milliarde in den neunziger Jahren – mit einem Höchstwert von zirka 1,6 Milliarden DM im Jahr 1992 – vervielfacht. Vor allem die Gemeinschaftsprogramme von Land und Europäischer Gemeinschaft standen für den Aufbau von Technologie- und Gründerzentren bereit.

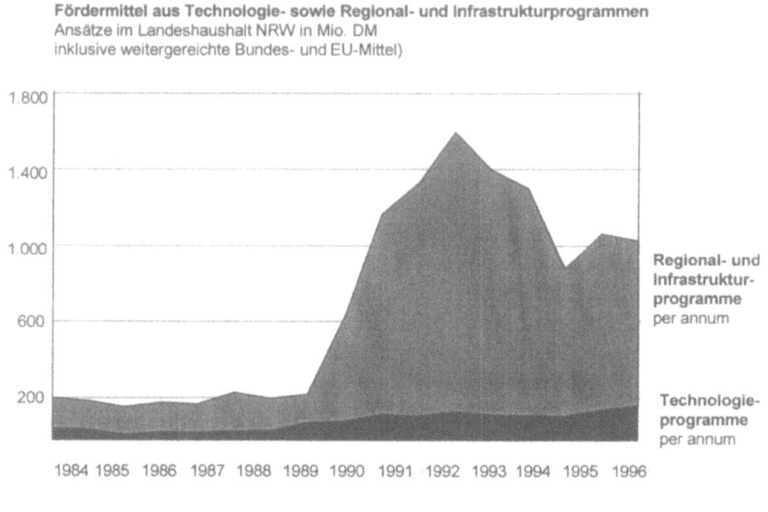

Quelle: Elle et al. (1997a), S. 117.

Abbildung 4.1: Fördermittel während der Regionalisierung

318 Siehe Ridinger (1995), S. 31-48 oder Schrumpf (1995), S. 98-118.

Wollte ein dezentraler Projektträger erfolgreich Fördermittel beim Land akquirieren, musste er in der Regel das neue Abstimmungs- und Entscheidungsverfahren durchlaufen, das mit der Regionalisierung eingeführt wurde. Mit der jeweiligen Regionalkonferenz, der Bezirks- und der Landesregierung waren dabei drei Organisationen beteiligt. In der *Regionalkonferenz* der 15 Regionen des Landes sollten alle relevanten Kräfte aus Politik und Verwaltung, Wirtschaft und Wissenschaft, Kultur und Gesellschaft zusammenkommen, um konkrete Projektvorschläge zu definieren. Rechtlich handelt es sich bei der Regionalkonferenz und der *ZIN*-Region nicht um eine neue föderale Verwaltungsebene, sondern lediglich um Foren, die eine regionale Zusammenarbeit zwischen öffentlichen Trägern und gesellschaftlichen Gruppen begünstigen sollen.[319] Die örtlichen Akteure sollten ihre Projektanträge im regionalen Entwicklungskonzept sammeln, nach Priorität ordnen und möglichst einstimmig verabschieden. Die *Bezirksregierung* hatte als Mittelbehörde die Aufgabe, die einzelnen Vorschläge inhaltlich zu prüfen und eine fachliche Stellungnahme abzugeben. Die Beschlüsse in den regionalen Entwicklungskonzepten hatten für das Land nur einen „empfehlenden Charakter“[320]. Bei thematischen oder planungsrechtlichen Einwänden konnten die zuständigen Verwaltungsbeamten die ursprünglichen Prioritätenlisten verändern. Die *Landesregierung* hat dann nach einer erneuten Antragsprüfung abschließend darüber entschieden, ob sie die vorgeschlagenen Maßnahmen fördern wollte oder nicht.[321]

In diesem institutionellen Rahmen sollte sich dem konzeptionellen Anspruch nach die Förderung aller innovationspolitischen Instrumente bewegen, bei denen das Land als Förder- oder Regelungsinstanz beteiligt war – betroffen war damit vor allem der Auf- und Ausbau der Technologie- und Gründerzentren sowie der eigenständigen Transferstellen. Die Träger dezentraler Innovationspolitik konnten sich zwar auch unmittelbar an die Landesregierung wenden und die Regionalkonferenz umgehen. Eine Bewilligung ihrer Projektanträge war dann aber weniger wahrscheinlich. Denn nach einem Beschluss der Landesregierung haben sich die zuständigen Ministerien verpflichtet, „die von den Regionen gemeinschaftlich erstellten Projekte im Rahmen ihrer Möglichkeiten vorrangig gegenüber anderen Anträgen zu fördern.“[322]

---

319 Die mangelnde demokratische Legitimation der Regionalkonferenz blieb nicht frei von Kritik. Siehe z. B. Voelzkow (1995), S. 67-71 oder Waniek (1994), S. 191-192.

320 MWMT (1992a), S. 19. Siehe auch Konze (1992).

321 Das Verfahren fand in vergleichbarer Form bereits während der *Zukunftsinitiative Montanregionen* (*ZIM*) zwischen 1987 und 1989 statt. Siehe MWMT (1987). Damals sprach man aber noch nicht von Regional-, sondern von Aktionskonferenzen.

322 Landesregierung Nordrhein-Westfalen (1989), S. 2.

Der regionale Konsens stellte damit den entscheidenden Steuerungsmechanismus im gesamten Regionalisierungsprozess dar. Das Land wollte die dezentralen Akteure so zu einer inhaltlichen Kooperation und Koordination anspornen. Aus institutionenökonomischer Sicht ist eine derartige *Governance*-Struktur jedoch unvollkommen: Die Träger vor Ort hatten den starken Anreiz, sich nur deshalb bei ihren jeweiligen Projektanträgen wechselseitig zu unterstützen, um Fördermittel zu Landes zu akquirieren. Das gewählte Verfahren ist somit anfällig für Kompromisse zu Lasten Dritter.

Akteure dezentraler Innovationspolitik

Welche Träger dezentraler Innovationspolitik sich im Zuge der Regionalisierung besonders engagiert haben, war Gegenstand der empirischen Erhebung unter den Kreisen und kreisfreien Städten Nordrhein-Westfalens. Die Kommunalvertreter wurden befragt, welche Organisationen die innovationspolitischen Vorschläge in den regionalen Entwicklungskonzepten maßgeblich gestaltet haben. Mehrfach-Nennungen waren dabei möglich. Das Ergebnis bündelt Abbildung 4.2; die Antworten der 18 Kreise und der 14 kreisfreien Städte sind jeweils getrennt voneinander ausgewiesen.

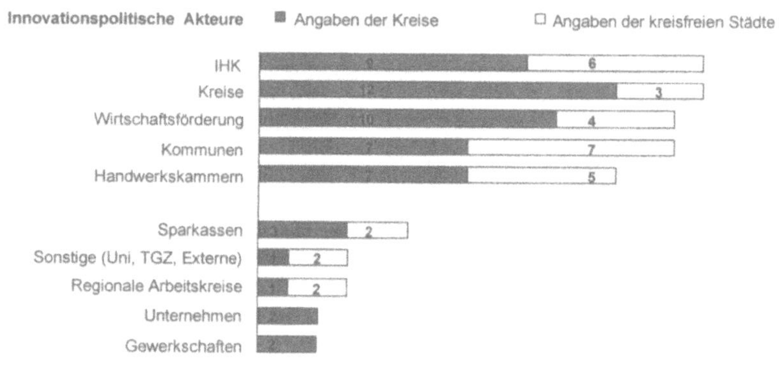

Quelle: Kommunalbefragung NRW, eigene Zusammenstellung.

Abbildung 4.2: Akteure dezentraler Innovationspolitik in NRW

Zwei Gruppen mit jeweils unterschiedlichem Einfluss zeichnen sich hierbei ab: Eine dominante Einheit setzt sich zusammen aus den Vertretern der Industrie- und Handelskammern (15 Nennungen), der Handwerkskammern (12) sowie der Kreise (15), Kommunen (14) und Wirtschaftsförderungsgesellschaften (14). Eine zweite Gruppe, mit einem deutlich geringeren Anteil, bilden die Sparkassen (5), funktionale Arbeitskreise in den Regionen (3) sowie Gewerkschaften und Unternehmen (jeweils 2).

Der Landesregierung ist es mit ihrem „inszenierten Korporatismus"[323] demnach gelungen, die regionalen Entwicklungskonzepte auf eine relativ breite Basis zu stellen: An den innovationspolitischen Vorschlägen haben sich nicht nur Politiker und Verwaltungsexperten beteiligt, sondern auch Repräsentanten der Kammern. Kaum vertreten sind allerdings die Fach- und Führungskräfte einzelner Firmen und damit die eigentliche Zielgruppe des Politikfeldes. Damit stützen die empirischen Befunde die Kritik von *Helmut Voelzkow*, der im Auftrag des Landes die Regionalisierung begleitend erforscht hat: Er bemängelt das Übergewicht staatlicher oder halbstaatlicher Organisationen, während betrieblicher Sachverstand nur in Ausnahmefällen zur Geltung kommt. „Bei der Durchsicht der regionalen Entwicklungskonzepte fällt auf", so schreibt er, „dass sich die darin enthaltenen Handlungsempfehlungen zumeist an die politisch-administrativen Akteure und nicht an die Unternehmen als Adressaten richten."[324]

4.2.2. Darstellung der Instrumente

Vor diesem Hintergrund wendet sich die Arbeit nun den Instrumenten dezentraler Innovationspolitik zu, die im Zuge der Regionalisierung entstanden sind. Der folgende Abschnitt gibt einen Überblick über die räumliche und zeitliche Entwicklung der Technologie- und Gründerzentren, der Transfer- und Beratungstellen sowie der regionalen Beteiligungsgesellschaften.

---

323 Voelzkow (1994), S. 23.

324 Voelzkow (1994), S. 19.

4.2.2.1. Technologie- und Gründerzentrum

Nordrhein-Westfalen verfügt über den dichtesten Besatz an Technologie- und Gründerzentren im Bundesgebiet – von den zirka 200 Einrichtungen befindet sich etwa ein Drittel in Nordrhein-Westfalen.[325] Ihre Zahl ist vor allem im Zuge der Regionalisierung spürbar gewachsen. Waren im Jahre 1989 lediglich 13 Zentren vorwiegend an Hochschulstandorten in Betrieb, so stieg ihre Zahl inzwischen auf 60. Viele der jüngeren Einrichtungen sind in ländlichen Räumen und Industrieregionen im Strukturwandel entstanden. Wesentliche Ursache ist das Fördervolumen, das die Landesregierung für den Bau der Zentren aus unterschiedlichen Programmen bereitgestellt hat. In Regionen, die von einer rückläufigen industriellen Entwicklung besonders schwer betroffen sind, standen Ziel-2-Mittel der Europäischen Union bereit. Auch konnten die Sonderprogramme *RECHAR* und *RESIDER* genutzt werden, die Kohle- bzw. Stahlreviere strukturell erneuern und diversifizieren sollen. In den übrigen Regionen gründete sich der Auf- und Ausbau im Wesentlichen auf Strukturhilfe-Mittel der Gemeinschaftsaufgabe sowie auf Fördermittel des Technologieprogramms Wirtschaft des Landes. Alle Regionen Nordrhein-Westfalen hatten somit die Möglichkeit, das Instrument zu etablieren.

Abbildung 4.3 zeigt die Entwicklung der Technologie- und Gründerzentren vor dem Hintergrund der Fördermittel des Landes für Bau, Erstausstattung und Betrieb. Die Daten stammen aus einem Gutachten von *Hans-Dieter Elle + Partner* und dem *Finanzwissenschaftlichen Forschungsinstitut Köln an der Universität zu Köln*, das die Landesregierung für die Evaluierung aller von ihr geförderten Zentren bestellt hat.[326] Da die Studie durch den besonderen Landesauftrag sämtliche Zentren untersuchen konnte, die bis 1997 entstanden sind, und die Autoren Zugang zu sensiblen Daten hatten, bildet es auch die Grundlage für die weitere Dokumentation und die spätere Analyse.[327] Dabei muss in Kauf genommen werden, dass die Daten nur bis zum Zeitpunkt der empirischen Untersuchung reichen.

---

325 Siehe ausführlich ADT (2000).

326 Elle et al. (1997a) und (1997b). Empirische Ergebnisse über die Arbeit der Technologie- und Gründerzentren in Nordrhein-Westfalen bieten auch TZ-NRW (1996) sowie Habersam (1995) und Habersam et al. (1994).

327 Im Rahmen der standardisierten Managementbefragung wurden auch die acht neu hinzugekommenen Zentren angeschrieben. Da der Rücklauf mit 25 Prozent (n=2) recht gering war, greift die folgende Analyse ausschließlich auf die Daten von Elle et al. (1997a) und (1997b) zurück.

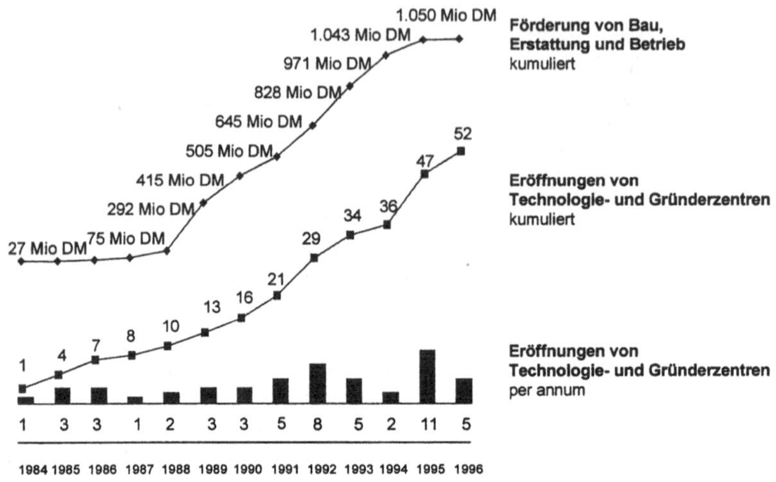

Quelle: Elle et al. (1997a), S. 40.

Abbildung 4.3: Förderung der Technologie- und Gründerzentren in NRW

Während das Fördervolumen 1988, kurz vor der Regionalisierung, insgesamt noch bei etwa 75 Millionen DM lag, hat es sich in den Folgejahren auf über 1 Milliarde DM summiert – die Zahl der Einrichtungen ist dabei von 10 auf 52 gestiegen. Bis zum Jahr 2000 sind noch einmal 8 hinzugekommen.

Die absolute Zahl der Technologie- und Gründerzentren reicht allein allerdings noch nicht aus, um den Stellenwert des Instrumentes während der Regionalisierung angemessen zu beschreiben. Denn neben der Eröffnung neuer Häuser wurden auch die Nutzflächen einer Vielzahl bestehender Einrichtungen erweitert. Zwischen 1989 und 1996 ist das Angebot an Hauptnutzflächen insgesamt um etwa das Fünffache gestiegen. Diesen Flächenzuwachs stellt Abbildung 4.4 dar.

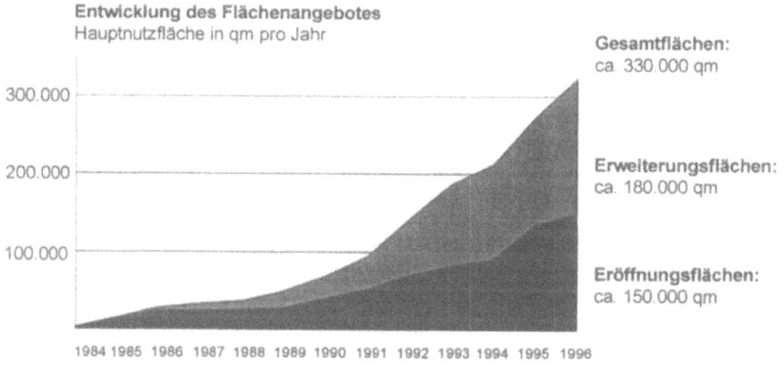

Quelle: Elle et al. (1997a), S. 41.

Abbildung 4.4: Flächenentwicklung der Technologie- und Gründerzentren in NRW

Interessant ist auch ein Blick auf die unterschiedliche räumliche Dichte der Technologie- und Gründerzentren. Abbildung 4.5 setzt die angebotenen Zentrumsflächen in Relation zu den Erwerbstätigen der jeweiligen Gebietseinheit. Besonders konzentriert ist die Zentrumslandschaft zum einen im Ruhrgebiet, zum anderen in der Region Aachen.

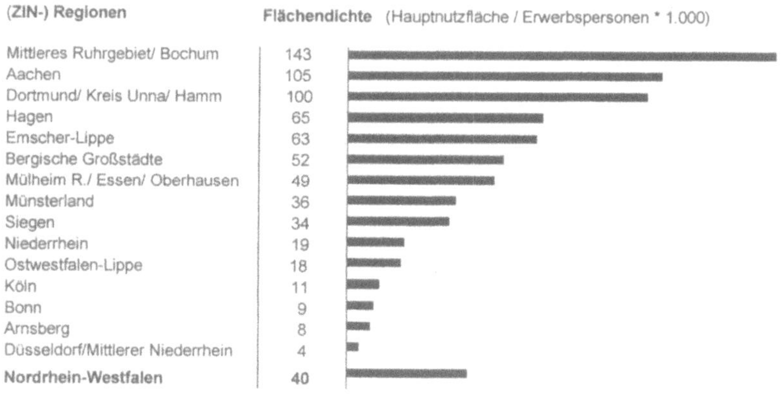

Quelle: Elle et al. (1997a), S. 43.

Abbildung 4.5: Räumliche Dichte der Technologie- und Gründerzentren in NRW

Der massive Auf- und Ausbau der Zentren erklärt sich durch den relativ leichten Zugriff auf Fördermittel von Land und Europäischer Union. Die Landesregierung hat nahezu alle Projektträger unterstützt, die im regionalen Konsens die Errichtung neuer Zentrumsflächen beantragt haben – mehr als 1 Milliarde DM hat sie dafür bereitgestellt. Was sind die wichtigsten Ergebnisse dieser Förderstrategie?[328]

Anfang 1997 waren in den Technologie- und Gründerzentren Nordrhein-Westfalens etwa 1.600 Mieter angesiedelt. Bei mehr als der Hälfte (55 Prozent) handelt es sich um Jungunternehmen, deren Gründung zum Zeitpunkt des Einzugs nicht länger als ein Jahr zurücklag. Fast drei Viertel der Mieter (73 Prozent) arbeiten im Segment „Dienstleistungen und Freie Berufe", während der entsprechende Landesdurchschnitt bei 18 Prozent liegt. 62 Prozent der Betriebe sind auf einem Technikfeld aktiv, das nach einer Klassifikation des Fraunhofer-Institutes als besonders innovativ gilt, bei dem die registrierten Patentanmeldungen in Nordrhein-Westfalen aber nur einen unterdurchschnittlichen Wert annehmen.[329] Der Qualifikationsgrad der Mitarbeiter ist hoch: 37 Prozent besitzen einen Universitätsabschluss, weitere 17 Prozent haben eine Fachhochschulausbildung absolviert. In den Mieterunternehmen und Personalstäben der Zentren sind rund 11.200 Mitarbeiter beschäftigt. Hinzu kommen etwa 6.400 Personen aus Betrieben, die inzwischen erfolgreich aus einer Einrichtung ausgezogen sind. Von diesen 17.600 Beschäftigungsverhältnissen haben die Zentren – nach Abzug aller Mitnahmeeffekte[330] – zwischen 1.940 und 4.040 Arbeitsplätze geschaffen, die ohne die Einrichtungen nicht entstanden wären.

4.2.2.2. Transfer- und Beratungsstelle

Nicht minder vielschichtig ist die nordrhein-westfälische Transfer- und Beratungslandschaft. Um einen genaueren Blick auf die Einrichtungen zu öffnen, nimmt die folgende Dokumentation die Dreiteilung zwischen forschungsnahen Mittlern (Transferstellen der Hochschulen), wirtschaftsnahen Mittlern (Transferstellen der Kammern) und eigenständigen Mittlern (Transferagenturen der Kommunen oder des Landes) wieder auf.

---

328 Siehe dazu den Überblick bei Elle et al. (1997a), S. 3-11.

329 Siehe Elle et al. (1997a), S. 54-62.

330 Ausführlich dazu Kapitel 4.5.2.

Zunächst zu den forschungsnahen Mittlern: Die Landesregierung hat an allen staatlichen Hochschulen in Nordrhein-Westfalen Transferstellen etabliert.[331] Den Beginn machten Pilotprojekte an der *Ruhr-Universität Bochum* (1976) und der *Rheinisch-Westfälischen Technischen Hochschule Aachen* (1980), ab Mitte der achtziger Jahre folgte dann ein landesweiter Ausbau. Heute verfügen 9 Universitäten, 6 Universitäten-Gesamthochschulen und 12 Fachhochschulen über ein eigenes Transferbüro. Unabhängig von ihrer Größe und ihrem fachlichen Profil finanziert das Wissenschaftsministerium jeweils zwei Vollzeitarbeitsplätze mit einem Gesamtvolumen von zirka 7 Millionen DM pro Jahr. Den Personalstamm haben die meisten Hochschulen weiter ausgedehnt, indem sie andere Planstellen in der Verwaltung eingebunden, Drittmittelprojekte eingeworben oder ABM-Stellen über die Bundesanstalt für Arbeit eingerichtet haben. In den Transferstellen der Fachhochschulen sind im Schnitt 2,6 Mitarbeiter beschäftigt, die Personalstärke der Gesamthochschulen und Universitäten liegt bei 3,4 bzw. 5,5 Vollzeitäquivalenten. Insgesamt sind über 100 Beschäftigte in den 27 forschungsnahen Transferstellen tätig.[332]

Wirtschaftsnahe Mittler sind die Transfer- und Beratungsstellen der Kammern. Bereits in den siebziger Jahren haben die ersten Industrie- und Handelskammern Innovations- und Technologieberatungsstellen eröffnet. Diesen Prozess hat seinerzeit das Bundesministerium für Forschung und Technologie im Rahmen des Förderprogramms *Aktivierung des Technologietransfers* finanziell unterstützt. Nach Ablauf des Programms haben die Kammern die Stellen weitergeführt und zu einem flächendeckenden Verbund in Deutschland ausgebaut. Mithilfe einer Anschubfinanzierung durch die Landesregierung bieten seit 1985 alle sechzehn Industrie- und Handelskammern in Nordrhein-Westfalen eine gesonderte Technologie- bzw. Innovationsberatung an. An der Managementbefragung haben sich 14 Einrichtungen beteiligt. Diese Einheiten sind in der Regel mit einem oder zwei Ansprechpartnern besetzt. Hinzu kommen Unterstützungskräfte für Datenbankrecherchen oder andere Servicedienste.[333] Einige Häuser beschäftigen auch mehrere Innovationsberater, die Transferstelle der Industrie- und Handelskammer zu Aachen hat mit sechs Mitarbeitern die größte Personalstärke. Die Stellen finanzieren sich aus dem allgemeinen Haushalt der jeweiligen Organisation; öffentliche Zuschüsse durch Bund oder Land gibt es inzwischen nicht mehr.[334]

---

331 Eine Ausnahme bilden nur die Musik- und Kunsthochschulen des Landes.

332 Diese Daten stammen aus einer umfangreichen Evaluierung von 26 der 27 Hochschultransferstellen in Nordrhein-Westfalen, die *Hans-Dieter Elle + Partner* 1998 im Auftrag der Landesregierung erstellt hat. Siehe Elle (1998), S. 36-40 und 50-55.

333 Siehe DIHT (1998), S. 14 sowie Voelzkow (1990), S. 72-80.

334 Reinhard/ Schmalholz (1996), S. 135.

Seit dem Jahr 1986 betreiben auch alle sieben Handwerkskammern des Landes Beratungsstellen für Gründung und Innovation. Organisiert sind sie im *Technologie-Transfer-Ring Handwerk NRW*. Zu den Standorten zählen die Handwerkskammern zu Aachen, Arnsberg, Bielefeld, Dortmund, Düsseldorf, Köln und Münster. Der Ring will seine Mitgliedsunternehmen bei technischen Problemen unterstützen, Literatur- und Patentrecherchen durchführen und bei Bedarf freiberufliche Berater oder Experten aus dem Hochschulbereich vermitteln. In den vier befragten Einrichtungen sind jeweils ein bis zwei Technologieberater beschäftigt – dabei erhalten sie einen dauerhaften Zuschuss von der Landesregierung.[335]

In Nordrhein-Westfalen arbeiten auch eine Reihe von eigenständigen Mittlern – zum Teil mit einer Anschub- oder einer dauerhaften Förderung durch das Land. Im Rahmen der standardisierten Kommunalbefragung und der Auswertung der Unterlagen der *GO!*-Initiative des Landes wurden 22 Einrichtungen identifiziert, die ausdrücklich innovative Gründer- und mittelständische Unternehmen fördern und dazu spezielle Leistungen anbieten. 19 haben sich an der Umfrage beteiligt. Diese Agenturen haben eine private Rechtsform, ihre Gesellschafter sind aber in der Regel öffentliche Akteure wie Kommune, Kreis oder Land. In einigen Fällen handelt es sich um *Public-Private-Partnerships*, da sie öffentliches und privates Engagement miteinander vereinen. Trotz unterschiedlicher Schwerpunkte lassen sich einige Gemeinsamkeiten zwischen den eigenständigen Mittlern erkennen. Ziel der Einrichtungen ist es, Transfer- und Beratungsleistungen zugunsten der regionalen Wirtschaft zu erbringen. Beispiele dafür sind die *Aachener Gesellschaft für Innovation und Technologietransfer mbH* (AGIT) oder das *Zentrum für Innovation und Technik in NRW GmbH* (ZENIT). Die Organisationen zeichnen sich durch ein breites Leistungsspektrum mit einem umfangreichen Mitarbeiterstamm aus. Die AGIT verfügt über 35 Vollzeitstellen, ZENIT beschäftigt 50 Mitarbeiter.

Neben diesen Universalagenturen sind gerade in den vergangen Jahren einige Spezialagenturen entstanden. Sie konzentrieren sich auf fachliche Beratung wie die *Technische Entwicklungsgesellschaft Aachen-Heinsberg mbH*. Sie dienen als Anlaufstelle regionaler Technologie- und Gründerzentren wie die *Bergisch-Märkische Transfergesellschaft mbH* oder sie unterstützen bei der Verwertung von Schutzrechten wie die *Patent- und Innovationsagentur Nordrhein-Westfalen GmbH*. Die Zahl der Mitarbeiter dieser und ähnlicher Einrichtungen schwankt zumeist zwischen 0,5 und 5 Vollzeitäquivalenten, einige größere Agenturen beschäftigen bis zu 12 Mitarbeiter.

---

[335] Siehe MWMT (1995), S. 158 und 418.

Abbildung 4.6 zeichnet noch einmal die Entwicklung der befragten Transfer- und Beratungsstellen nach: Während bis Mitte der achtziger Jahre an allen Kammern und Hochschulen wirtschafts- und forschungsnahe Mittler entstanden sind, kommen in den neunziger Jahren zunehmend eigenständige Mittler in Kommune, Region und Land hinzu.

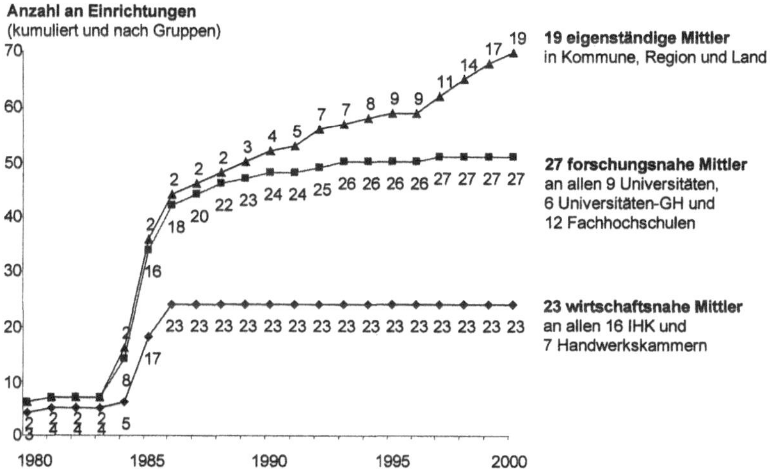

Quelle: Elle (1998), S. 36, Managementbefragung NRW, eigene Zusammenstellung.

Abbildung 4.6: Entwicklung der Transfer- und Beratungsstellen in NRW

Über das Verhältnis der Transferstellen *untereinander* ist bisher nur wenig bekannt. Nach den Ergebnissen der empirischen Erhebung ist ihre Bereitschaft zu einer Zusammenarbeit ambivalent: Von den 17 forschungsnahen Mittlern, die sich an der Umfrage beteiligt haben, geben 11 Einrichtungen (65 Prozent) an, dass andere Transferstellen zu ihren wichtigsten Kooperationspartnern zählen. Bei den wirtschaftsnahen Anbietern liegt der Anteil bei 61 Prozent. Deutlich geringer ist die Kooperationsbereitschaft bei den eigenständigen Mittlern der Kommunen: Nur 5 von 19 befragten Einrichtungen (26 Prozent) stimmen sich mit den übrigen Transfer- und Beratungsagenturen in ihrem Umfeld ab. In Tiefeninterviews kam zum Ausdruck, dass andere Mittler eher als Konkurrenten denn als mögliche Kooperationspartner wahrgenommen werden. Zwischen den Transfer- und Beratungsstellen kommt es in bestimmten Leistungsbereichen daher auch zu Parallelarbeit. So bieten fast alle Mittler eine Existenzgründer-

Beratung (91 Prozent) und eine Fördermittel-Beratung (89 Prozent) an. Weil etliche Einrichtungen bisher auf ein ergebnisorientieres Aufgaben-Controlling verzichten, sind derzeit keine Aussagen über die Leistungsfähigkeit der einzelnen Häuser möglich.

4.2.2.3. Regionale Beteiligungsgesellschaft

Eine dritte, zunehmend wichtige Einrichtung im Innovations- und Gründungsgeschehen sind regionale Beteiligungsgesellschaften. Bevor auf die Situation in Nordrhein-Westfalen eingegangen wird, ist zunächst ein Blick auf die Entwicklung des deutschen Wagniskapitalmarkts sinnvoll. In den vergangenen Jahren hat sich nämlich das Angebot an risikotragendem Eigenkapital grundlegend gewandelt: Abbildung 4.7 zeigt einen kräftigen Anstieg an Beteiligungskapital deutscher Kapitalbeteiligungsgesellschaften.

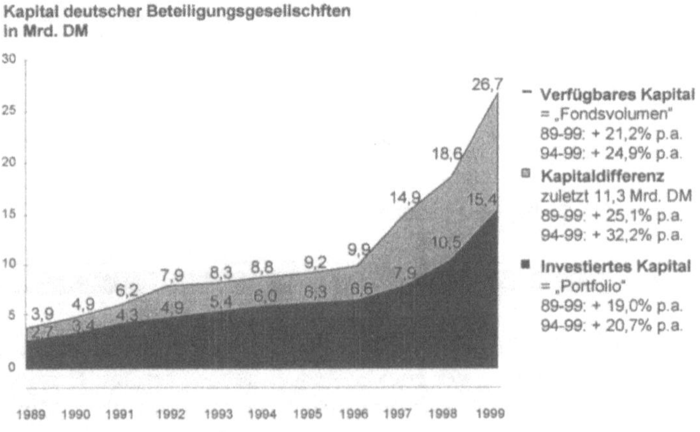

Quelle: Schefczyk (2000a), S. 4.

Abbildung 4.7: Entwicklung des Beteiligungskapitalmarkts in Deutschland

Darüber hinaus öffnet sich die Schere zwischen verfügbarem und tatsächlich investiertem Kapital immer mehr. Die Gesellschaften schöpfen zurzeit das vorhandene Fondsvolumen nur zu 57 Prozent aus; 11,3 Milliarden DM verbleiben als freie Anlagemittel. Zehn Jahre zuvor waren es 1,2 Milliarden DM, der Investitionsanteil lag bei fast 70 Prozent.[336] Dieser Befund relativiert somit zahlreiche innovationspolitische Studien aus den achtziger und neunziger Jahren, die damals noch zu Recht ein begrenztes Angebot an risikotragendem Eigenkapital in Deutschland diagnostiziert haben. Heute steht indes mehr Kapital bereit als eingesetzt wird.

Bei der geografischen Verteilung des investierten Kapitals zeigt sich folgendes Bild:[337] Nordrhein-Westfalen hebt sich mit Baden-Württemberg und Bayern vom übrigen Bundesgebiet deutlich ab – in den drei Ländern konzentrieren sich fast zwei Drittel des Gesamtportfolios, das 1999 in Deutschland bereitgestellt wird. Nach dem Volumen steht Nordrhein-Westfalen mit 20,7 Prozent (2,810 Milliarden DM) an der Spitze, gefolgt von Bayern mit 19,6 Prozent (2,657 Milliarden DM) und Baden-Württemberg mit 14,5 Prozent (1,961 Milliarden DM).

Die Struktur des Beteiligungsmarkts innerhalb von Nordrhein-Westfalen hat das *Institut für Mittelstandsforschung* aus Bonn untersucht.[338] Die Analyse stützt sich auf Angaben von 26 der 50 Gesellschaften, die im Landesgebiet ihren Geschäftssitz haben.[339] Das Fondsvolumen dieser 26 Anbieter belief sich Ende 1998 auf 1,07 Milliarden DM. Davon waren knapp 660 Millionen DM in Unternehmen gebunden, während rund 410 Millionen für Investments offen standen. Wie Abbildung 4.8 darstellt, handelt es sich bei der Mehrheit (58,0 Prozent) um Einrichtungen, die landesweit tätig sind. Ihr Marktanteil ist, gemessen am Beteiligungsvolumen, mit 14,2 Prozent und, gemessen am Anteil der Portfoliounternehmen, mit 22,4 Prozent allerdings deutlich geringer als bei jenen, die im gesamten Bundesgebiet tätig sind.

---

336 Siehe Schefczyk (2000a), S. 4 und (2000c).

337 BVK (2000a), S. 31.

338 Kokalj/ May-Strobl/ Kay (1999), S. 11-22.

339 Die Gesellschaften sind räumlich konzentriert auf Düsseldorf als das Finanzzentrum des Landes, auf die Regionen Aachen, Bonn und Köln als Gebiete mit einer ausgeprägten technisch-wissenschaftlichen Infrastruktur sowie auf das Ruhrgebiet.

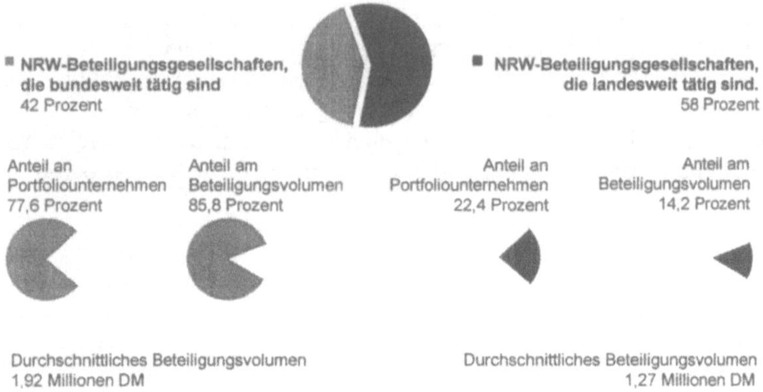

Quelle: Kokalj/ May-Strobl/ Kay (1999), S. 17.

Abbildung 4.8: Struktur des Beteiligungskapitalmarkts in NRW

Der Überblick über die Einrichtungen dezentraler Innovationsförderung in Kapitel 2.2.3 hat die Unterschiede zwischen renditeorientierten und förderorientierten Beteiligungsgesellschaften betont. Nur die letzteren, also vor allem die Gesellschaften aus dem Sparkassen- und Genossenschaftssektor, sind für diese Untersuchung von Belang: Allein sie haben den satzungsgemäßen Auftrag, im Rahmen ihrer Geschäftstätigkeit auch die örtliche Wirtschaft zu unterstützen. Zu diesem Segment zählen 22 regionale Beteiligungsgesellschaften in Nordrhein-Westfalen,[340] wobei 16 an der Managementbefragung mitgewirkt haben. Abbildung 4.9 zeigt, wann sie ihren Betrieb aufgenommen haben. Ähnlich wie bei der Darstellung des Beteiligungsmarkts in Deutschland ist dabei ein spürbarer Anstieg in der zweiten Hälfte der neunziger Jahre erkennbar.

340 Die Auswahl basiert auf der Kommunalbefragung NRW, dem Mitgliederverzeichnis des BVK, einer Erhebung des *Rheinischen Sparkassen und Giroverbandes* sowie einer Studie des *Instituts für Mittelstandsforschung* über die Entwicklung des Risikokapitalmarkts in Nordrhein-Westfalen. Siehe Kokalj/ May-Strobl/ Kay (1999).

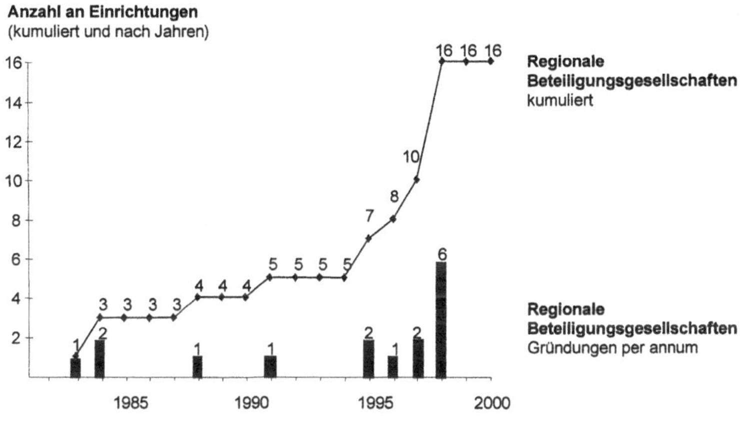

Quelle: Managementbefragung NRW, eigene Zusammenstellung.

Abbildung 4.9: Entwicklung der regionalen Beteiligungsgesellschaften in NRW

Bei 12 regionalen Beteiligungsgesellschaften, die Angaben über ihre Mitarbeiterzahlen gemacht haben, sind gegenwärtig 76 Vollzeitäquivalente beschäftigt. Die Anbieter lassen sich in zwei Gruppen gliedern. So arbeiten in den drei größten Einrichtungen allein 41,5 Vollzeitäquivalente. Dazu zählen die Abteilung Technologieförderung der *Kreissparkasse Köln* mit 17, die *S-UBG-Unternehmensbeteiligungsgesellschaft für die Regionen Aachen, Krefeld, Mönchengladbach* mit 13 und das *Technologietransfer- und Innovationszentrum Bonn* mit 11,5 Mitarbeitern. Bei den 9 kleineren Beteiligungsgesellschaften sind zwischen 2 und 6 Mitarbeiter tätig; der Durchschnitt liegt bei 3,7 Vollzeitäquivalenten.

Die beiden Gruppen unterscheiden sich auch deutlich in ihrem Beteiligungsengagement:[341] Die kleineren Anbieter können nur zwischen 0,2 und 1 Million DM in ein Portfoliounternehmen investieren und müssen dabei in der Regel auf eine aktive Managementunterstützung verzichten. Die Finanzierung beschränkt sich zumeist auf die *Start-up-* und *Expansion*-Phase eines Betriebes. Die drei großen Gesellschaften bieten hingegen Beteiligungen von bis zu 10 Millionen DM so-

[341] Siehe dazu auch die Synopse von Kokalj/ May-Strobl/ Kray (1999), S. 52-60 und die Datenbank des Bundesverbandes deutscher Kapitalgesellschaften unter www.bvk-ev.de.

wohl im *Early-Stage* als auch im *Late-Stage*-Bereich an.[342] Das Partnerunternehmen kann überdies auch auf spezielle Beratungs- und Schulungsangebote zurückgreifen.

Nach dieser Erhebung muss also nicht nur zwischen überregionalen *Venture-Capitalists* einerseits und regionalen Beteiligungsgesellschaften andererseits getrennt werden. Auch innerhalb der letztgenannten Gruppe gibt es beträchtliche Unterschiede: Gerade in der zweiten Hälfte der neunziger Jahre, während des Booms auf dem deutschen Wagniskapitalmarkt, haben einige Sparkassenorganisationen Beteiligungsgesellschaften gegründet, die aber nur über äußerst begrenzte finanzielle und personelle Kapazitäten verfügen. Ob es sich dabei um dauerhaft wettbewerbsfähige Anbieter handelt, bleibt abzuwarten.

4.2.3. Darstellung des Leistungsangebots der Instrumente

Mehr als zehn Jahre nach Beginn der Regionalisierung gibt es bisher keine geschlossene Dokumentation darüber, welche konkreten Maßnahmen die Einrichtungen dezentraler Innovationspolitik in Nordrhein-Westfalen anbieten. Nur für bestimmte Instrumententypen wie Technologiezentrum oder Hochschultransferstelle gibt es landesweite Erhebungen, die aber auf Grund unterschiedlicher Datenlage und methodischen Zugangs nur bedingt miteinander vergleichbar sind. Diese Lücke zu schließen ist ein wichtiges Anliegen dieser Arbeit.

Im Zuge der Mangagementbefragung wurden daher die Leiter aller forschungsnahen, wirtschaftsnahen und eigenständigen Mittler sowie aller regionalen Beteiligungsgesellschaften gebeten, Angaben über ihr Leistungsangebot zu machen. Die standardisierte Erhebung hat dabei den gleichen Maßnahmenkatalog genutzt, der bereits bei der Evaluierung der Technologie- und Gründerzentren im Jahr 1997 im Auftrag der Landesregierung verwendet worden ist[343] – dies erlaubt eine Querschnittsanalyse zwischen den Instrumenten nach einheitlichen Kriterien. Mit 45 Einzelmaßnahmen enthält der Katalog alle potenziellen Förderaktivitäten dezentraler Innovationspolitik. Um eine höhere Transparenz zu schaffen, wurden in der vorliegenden Untersuchung die Maßnahmen zu neun Leistungsgruppen und fünf Leistungsfeldern geordnet. Im einzelnen sind das:

---

342 Die einzelnen Finanzierungsphasen, also *Early-Stage* (*Seed*, *Start-up*) und *Late-Stage* (*Expansion*, *Bridge*, *MBO/MBI*), beschreibt Schefczyk (2000a), S. 21-24.

343 Elle et al. (1997a), S. 63-68. Weil die Gutachter seinerzeit *sämtliche* Technologie- und Gründerzentren in Nordrhein-Westfalen evaluiert haben, wurde bei diesem Instrument auf eine erneute Erhebung verzichtet. Siehe dazu auch Kapitel 4.1.

- Anlagenwirtschaft (1) und Services (2)
- Forschung & Entwicklung (3) und Transfer (4)
- Beratung (5) und Schulung (6)
- Beteiligung und Finanzierung (7) sowie
- Standort- (8) und Innovationspolitik (9) für die Kommune

Die Leistungen überschneiden sich zum Teil mit den Aufgaben des klassischen Amtes für Wirtschaftsförderung (insbesondere 8 und 9), überwiegend kommen aber neue Tätigkeiten hinzu. Jede der 45 Leistungen ist von mindestens einer Einrichtung in Nordrhein-Westfalen besetzt, wenn auch kein Anbieter alle zugleich offeriert. Abbildung 4.10 zeigt zunächst das Leistungsspektrum der nordrhein-westfälischen Technologie- und Gründerzentren, auf den weiteren Seiten folgen dann die Transfer- und Beratungsstellen (Abbildung4.11) und regionalen Beteiligungsgesellschaften (Abbildung4.12). Die Leistungsdichte gibt prozentual an, wie viele Einrichtungen eine bestimmte Maßnahme in Relation zu der Gesamtheit aller Einrichtungen der untersuchten Gattung anbieten.

Nach dieser Marktanalyse werden einige Leistungen eher komplementär, andere eher konkurrierend angeboten. Zu den komplementären Bereichen, in denen wenig Überschneidungen zwischen den drei Instrumentenarten vorkommen, zählt die Leistungsgruppe Beteiligung und Finanzierung. Hier sind fast ausschließlich regionale Beteiligungsgesellschaften aktiv. Forschung & Entwicklung bieten hingegen primär die Transferstellen des Landes an. Kerngebiete der Technologie- und Gründerzentren sind die Leistungsgruppen Anlagenwirtschaft und Services. Konkurrierende Angebote tauchen vor allem in den Bereichen Transfer und Beratung auf: Sowohl die Technologie- und Gründerzentren als auch die Transfer- und Beratungsstellen sind hier besonders engagiert. Auch einige regionale Beteiligungsgesellschaften arbeiten in diesen Segmenten, wenngleich die Leistungsdichte deutlich geringer ist. Die Angebote der Technologiezentren und der Transferstellen überlappen sich darüber hinaus oftmals in den Feldern Standort- und Innovationspolitik sowie Schulung.

Diese Befunde decken somit auf, in welchen Bereichen dezentraler Innovationspolitik Doppelarbeit zu beobachten ist. Eine Reihe von öffentlichen und halböffentlichen Einrichtungen bieten in unmittelbarer Nachbarschaft identische Leistungen an, obwohl sie bisweilen sogar Gesellschafter desselben Technologie- und Gründerzentrums sind. Die Entscheidungsträger vor Ort sollten daher sorgsam prüfen, ob eine stärkere Koordination oder eine Integration von Leistungsgruppen unter einem Dach durchführbar ist – etwa in Form einer zentralen Anlaufstelle für innovative *Start-ups* einer Region. So ließen sich vielfach Größeneffekte im Leistungsangebot erwirtschaften.

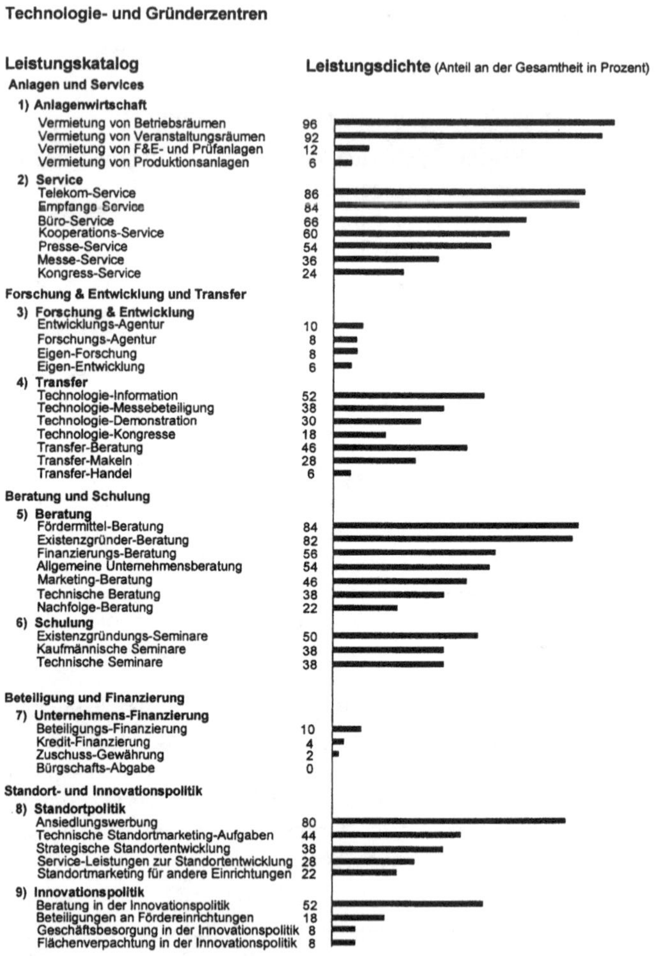

Quelle: Elle et al. (1997a), S. 67, eigene Zusammenstellung.

Abbildung 4.10: Leistungsangebot der Technologie- und Gründerzentren in NRW

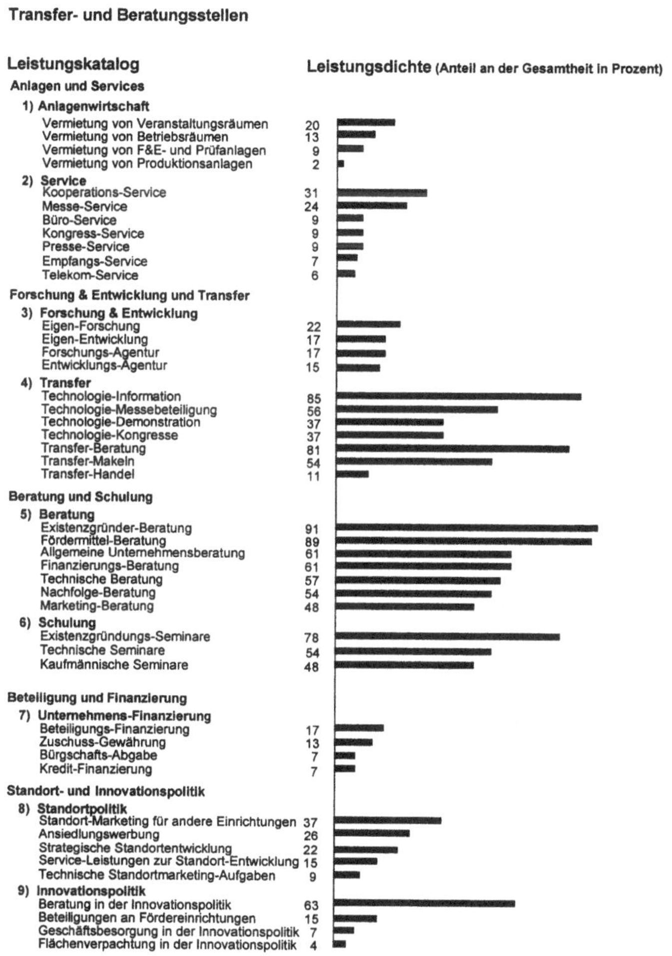

Quelle: Management-Befragung NRW, eigene Zusammenstellung.

Abbildung 4.11: Leistungsangebot der Transfer- und Beratungsstellen in NRW

Regionale Beteiligungsgesellschaften

Leistungskatalog	Leistungsdichte (Anteil an der Gesamtheit in Prozent)
Anlagen und Services	
1) Anlagenwirtschaft	
Vermietung von Betriebsräumen	0
Vermietung von Veranstaltungsräumen	0
Vermietung von F&E- und Prüfanlagen	0
Vermietung von Produktionsanlagen	0
2) Service	
Telekom-Service	0
Empfangs-Service	0
Büro-Service	0
Kooperations-Service	0
Presse-Service	0
Messe-Service	0
Kongress-Service	0
Forschung & Entwicklung und Transfer	
3) Forschung & Entwicklung	
Forschungs-Agentur	6
Entwicklungs-Agentur	6
Eigen-Forschung	0
Eigen-Entwicklung	0
4) Transfer	
Technologie-Information	6
Technologie-Demonstration	0
Technologie-Messebeteiligung	0
Technologie-Kongresse	0
Transfer-Makeln	13
Transfer-Beratung	6
Transfer-Handel	0
Beratung und Schulung	
5) Beratung	
Existenzgründer-Beratung	31
Fördermittel-Beratung	31
Allgemeine Unternehmensberatung	25
Nachfolge-Beratung	19
Finanzierungs-Beratung	13
Marketing-Beratung	13
Technische Beratung	13
6) Schulung	
Existenzgründungs-Seminare	19
Kaufmännische Seminare	6
Technische Seminare	6
Beteiligung und Finanzierung	
7) Unternehmens-Finanzierung	
Beteiligungs-Finanzierung	100
Kredit-Finanzierung	31
Zuschuss-Gewährung	6
Bürgschafts-Abgabe	0
Standort- und Innovationspolitik	
8) Standortpolitik	
Standortmarketing für andere Einrichtungen	19
Strategische Standort-Entwicklung	13
Ansiedlungswerbung	6
Service-Leistungen zur Standortentwicklung	6
Technische Standortmarketing-Aufgaben	0
9) Innovationspolitik	
Beratung in der Innovationspolitik	19
Beteiligungen an Fördereinrichtungen	13
Geschäftsbesorgung in der Innovationspolitik	0
Flächenverpachtung in der Innovationspolitik	0

Quelle: Management-Befragung NRW, eigene Zusammenstellung.

Abbildung 4.12: Leistungsangebot regionaler Beteiligungsgesellschaften in NRW

Die Dokumentation des Rahmens, der Instrumente und des Leistungsangebots der Instrumente hat deutlich gemacht, wie komplex sich die dezentrale Innovationspolitik in Nordrhein-Westfalen mittlerweile darstellt. Was Anfang der achtziger Jahre mit einigen lokalen Experimenten begann, hat sich im Zuge der Regionalisierung zu einem zentralen Politikfeld von Kommune, Kreis und Kammer entwickelt. Die vorwiegend aggregierte Darstellung darf freilich nicht darüber hinwegtäuschen, dass die Akteure vor Ort zum Teil recht unterschiedliche innovationspolitische Strategien verfolgen. Um diese Vielfalt besser zu erfassen, werden in Kapitel 4.5.3 noch drei Fallbeispiele dargestellt und untersucht; es handelt sich um die Regionen Aachen und Siegen sowie die Bergisch-Märkische Initiative. Zuvor aber erfolgt ein systematischer Abgleich zwischen dem im theoretischen Teil entwickelten ökonomischen Referenzmaßstab dezentraler Innovationspolitik und der gegenwärtigen Förderpraxis in Nordrhein-Westfalen. Wie schon die Dokumentation unterteilt sich auch die Analyse in die Bereiche Rahmen, Instrumente und Leistungsangebot der Instrumente.

4.3. Analyse des Rahmens

Mit der Regionalisierung entstand ein neuer Politikrahmen, in dem sich die lokale Förderung von Gründung und Innovation fortan bewegen soll. Nach dem ökonomischen Referenzmaßstab dezentraler Innovationspolitik gliedert sich seine Analyse in drei Objekte: räumlicher Zuständigkeitsbereich (4.3.1), politische Kompetenzverteilung (4.3.2) sowie vertikale und horizontale Koordinationsverfahren zwischen den involvierten Akteuren (4.3.3).

4.3.1. Räumlicher Zuständigkeitsbereich

Aus der ökonomischen Theorie des Föderalismus stammt die erste Perspektive der Untersuchung: der Blick auf die räumliche Verantwortung in der dezentralen Innovationspolitik. Nach dem *Kongruenzprinzip* sollte der Zuständigkeitsbereich so abgesteckt sein, dass die Beteiligten die Externalitäten ihrer Fördermaßnahmen weitgehend internalisieren können: Jene Akteure, die aus den Leistungen eines Instrumentes einen Nutzen ziehen, kommen auch für die anfallenden Kosten auf.[344]

---

[344] Siehe Kapitel 3.3.4

Das Kongruenzprinzip ist mit einigen Restriktionen verbunden, wie bereits im theoretischen Teil betont wurde. Erstens ergeben sich für die Entscheidungsträger Erfassungsprobleme, denn neben die unmittelbaren Wirkungen, die eine Fördermaßnahme auslöst, treten noch Multiplikatoreffekte, die sich in der lokalen, regionalen oder landesweiten Wertschöpfung mittelbar niederschlagen können.[345] Ein genauer Befund der gesamten räumlichen *Spillovers* ist dabei kaum möglich. Zweitens, und das fällt weitaus stärker ins Gewicht, wäre es wegen der hohen Transaktionskosten für die Träger dezentraler Innovationspolitik unsinnig, für jedes Instrument eine eigene Gebietskörperschaft zu konstruieren. Stattdessen empfiehlt sich ein subsidiärer Kooperationsverbund, welcher die externen Effekte der Maßnahmen zumindest größtenteils ausgleicht, ohne institutionelle Abstimmungskosten zu vernachlässigen.

Vor diesem Hintergrund richtet der Abschnitt seinen Fokus auf die 15 Regionen, die sich im Verlauf der *Zukunftsinitiative für die Regionen Nordrhein-Westfalens* gebildet haben. Ihre Grenzen haben die Behörden der benachbarten Kreise, kreisfreien Städte und Kommunen in einem örtlichen Verhandlungsprozess weitgehend selbst abgesteckt. Nur bei Unstimmigkeiten hat in einzelnen Fällen die zuständige Bezirksregierung informell geschlichtet. Doch ist der so entstandene räumliche Zuschnitt auch ökonomisch sinnvoll?

Eine Studie des Bochumer *Ruhr-Forschungsinstituts für Innovations- und Strukturpolitik* hält die Abgrenzungen für wenig sachgerecht:[346] Anstatt die sozio-ökonomischen Verflechtungen der einzelnen Wirtschaftsräume und damit die möglichen *Spillovers* zu berücksichtigen, haben die Kommunalvertreter ihr Augenmerk vornehmlich auf verwaltungstechnische Aspekte gelegt. Ohne Ausnahme haben sich die Regionen innerhalb der fünf Regierungsbezirke Nordrhein-Westfalens gebildet. Ein wirtschaftlicher Bezug sollte dadurch gewährleistet sein, dass die Regionen mit den Grenzen der Industrie- und Handelskammern übereinstimmen. Die aber stammen zum Teil noch aus dem Beginn des vergangenen Jahrhunderts und haben mit heutigen Wertschöpfungsketten oftmals wenig gemein.[347] Probleme ergeben sich deshalb in dicht besiedelten und wirtschaftlich homogenen Gebieten. Das Ruhrgebiet zum Beispiel wird gleich von fünf *ZIN*-Regionen durchschnitten, die ihrerseits drei verschiedenen Regie-

345 Empirische Wirkungsanalysen schätzen zum Beispiel die sekundären Arbeitsplatzeffekte eines Technologiezentrums auf 1,3 bis 1,5. Siehe Klesse (1992), S. 74-75 und Russ/ Färber (1989).

346 Waniek (1990), S. 47-59 und Waniek (1994), S. 183-184. Auch Blotevogel (1994), S. 24 spricht von „zufälligen Kunstprodukten“.

347 Siehe Voelzkow (1995), S. 64-65.

rungsbezirken angehören.[348] In derart kleinräumigen Einheiten, die auch noch eng miteinander verwoben sind, kann eine innovationspolitische Maßnahme erhebliche externe Effekte auslösen. Die Vielzahl von administrativen Einheiten erschwert zudem eine horizontale Kooperation. Als Alternative schlägt die Studie den Zuschnitt der Arbeitsmarktregionen vor, die sich auf Berufspendlerverflechtungen gründen.[349] Durch die Verfügbarkeit einer Fülle von statistischen Daten erlauben sie nicht nur eine genauere Diagnose und Prognose der jeweiligen Wirtschaftslage, sondern auch eine bessere Beobachtung der räumlichen Effekte eines wirtschaftspolitischen Instrumentes. Deshalb bilden die Arbeitsmarktbezirke schon seit geraumer Zeit die Grundlage für die Programmplanung der Gemeinschaftsaufgabe zur *Verbesserung der regionalen Wirtschaftsstruktur*. Auch die *Zukunftsinitiative für die Montanregionen* (ZIM), die den Beginn der Regionalisierung markiert, hat bereits auf diese Gliederung zurückgegriffen. Da eine Arbeitsmarktregion bis auf Kreisebene abgegrenzt ist, wäre der Zuschnitt auch unter institutionellen Gesichtspunkten sinnvoll.

Dieser Vorschlag stellt eine Möglichkeit dar, um die räumliche Zuständigkeit in der dezentralen Innovationspolitik nach ökonomischen Gesichtspunkten auszugestalten. Angesichts der politischen Transaktionskosten einer möglichen Gebietsreform empfiehlt sich eine zweite Option: Über die Grenzen der bisherigen *ZIN*-Regionen hinaus können die Entscheidungsträger *flexible Kooperationen* in ihrem Umfeld eingehen, die sich aus dem jeweiligen innovationspolitischen Vorhaben ableiten. Je nach ökonomischer Reichweite einer Maßnahme sind andere Projektpartner mit von der Partie. Entscheidend dabei ist weniger der administrative Hoheitsbereich als vielmehr die funktionale Zweckmäßigkeit.[350]

4.3.2. Innovationspolitische Kompetenzverteilung

Das zweite Analyse-Objekt lenkt die Aufmerksamkeit darauf, wie die innovationspolitischen Kompetenzen zwischen Land und dezentraler Ebene verteilt sind.[351] Folgt man dem *Konnexitätsprinzip* aus der ökonomischen Föderalis-

---

[348] Die Regionen sind Mittleres Ruhrgebiet/ Bochum, Dortmund/ Kreis Unna/ Hamm, Mülheim/ Essen/ Oberhausen, Niederrhein und Emscher-Lippe. Sie verteilen sich auf die Regierungsbezirke Arnsberg, Düsseldorf und Münster.

[349] Siehe Waniek (1990), S. 55-59. Zur Abgrenzung der Arbeitsmarktregionen Eckey/ Horn/ Klemmer (1990).

[350] Frey/ Eichenberger (2000) sprechen von *Functional, Overlapping, Competiting Juristictions (FOCJ)*, also Zweckverbänden, die im räumlichen Wettbewerb stehen.

[351] Siehe Kapitel 3.3.4.

mustheorie, sollten die Akteure innerhalb der Regionen über ihre Fördermaßnahmen möglichst eigenverantwortlich entscheiden, sie ausgestalten und die Kosten dafür selbst tragen. Entscheidungs-, Durchführungs- und Finanzierungskompetenzen liegen in einer Hand; das stärkt das eigenverantwortliche Handeln vor Ort. Dieses Prinzip schließt sinnvolle Kooperationen zwischen lokalen Trägern der Innovationspolitik keineswegs aus, wendet sich aber gegen diffuse Aufgaben und Intransparenz im öffentlichen Sektor. Stehen die kommunalen Repräsentanten für eine gewählte Förderstrategie in der Pflicht, haben sie den Anreiz, knappe Ressourcen möglichst effizient zu verwenden und Förderkonzepte am endogenen Entwicklungspotenzial ihrer Gebietseinheit auszurichten. Ein Missmanagement lässt sich nicht länger mit politisch-administrativen Sachzwängen oder Vorgaben übergeordneter Instanzen entschuldigen.

Die *Zukunftsinitiative für die Regionen Nordrhein-Westfalens*(*ZIN*) und die *Zukunftsinitiative für die Montanregionen* (ZIM) haben die innovationspolitischen Handlungsspielräume zum Teil spürbar verändert. Lagen die Entscheidungen über neue Fördermaßnahmen bis Ende der achtziger Jahre nahezu komplett bei der Landesregierung, ebnete die Regionalisierung auch dezentralen Steuerungsverfahren den Weg. Die 15 Regionalkonferenzen sollten dabei nach der Konzeption der Landesregierung eine Schlüsselrolle spielen. Waren sie aber tatsächlich in der Lage, durchgreifende Neuheiten in der Innovationspolitik und eigenständige Lösungen zu entwickeln? Dieser Kernfrage haben sich verschiedene empirische Arbeiten gewidmet,[352] wobei stets die Besonderheiten der einzelnen Regionen beachtet werden. Ein Gesamturteil ist daher nur bedingt möglich.[353]

In einigen Regionalkonferenzen lässt sich Originalität und Tatendrang beobachten. Doch die Mehrheit der Foren, so der einhellige Befund der vorliegenden Studien, hat bisher nur eine mäßige Innovationskraft entfalten können. Interessant ist dabei die Argumentation von *Dietrich Fürst* und *Heiderose Kilper*, da sie ihr Urteil an fünf Kriterien festmachen, die sie aus der politikwissenschaftlichen Netzwerktheorie[354] abgeleitet und in Expertengesprächen überprüft haben:[355]

---

352 Siehe etwa Potratz (2001), Bade (1998), Kilper (1998), Heinze/ Voelzkow (1997), Meise (1997), Blaffert (1996), Voelzkow (1995), Kremer/ Löckener (1995) und (1994), Fürst (1994), Waniek (1994), MWMT (1992b).

353 Unterschiede bestehen vor allem in den strukturellen Ausgangsbedingungen (Mitgliederzahl, Interessengegensätze, Kooperationsneigung) und in der besonderen Rolle von Fach- oder Machtpromotoren. Fürst (1994), S. 190-191.

354 Die Autoren beziehen sich vor allem auf Atkinson/ Coleman (1992), Mayntz (1992) und Scharpf (1992a) (1992b).

355 Fürst/ Kilper (1993). Innovationspotenzial definieren sie als die Fähigkeit, neue Akteure in die Politikgestaltung einzubinden, das Gewicht der etablierten Entscheidungsträger

- *Interne Konfiguration*: Die Vollversammlungen der Regionalkonferenz zielen zwar darauf ab, auch neue Akteure und externen Sachverstand in die Politikgestaltung einzubinden.[356] Doch die Lenkungsgruppen, die maßgeblich die regionalen Entwicklungskonzepte und die Priorität ihrer Handlungsempfehlungen vorbereiten, sind vielfach von den ‚alten Honoratioren' dominiert. In der Regel zählen die Hauptverwaltungsbeamten der kreisfreien Städte und Kreise, die Geschäftsführer der Industrie- und Handelskammern und einige Vertreter regional bedeutsamer Einrichtungen zu den Mitgliedern. Diesem Lenkungsgremium arbeiten gewöhnlich fachliche Arbeitskreise zu, die ihre Mitarbeiter wiederum aus den etablierten Organisationen rekrutieren. Die Regionalisierung war also zumindest am Anfang mit der paradoxen Situation konfrontiert, eingesessene Akteure für neue Verfahren mobilisieren zu wollen.

- *Kommunikationsbeziehungen*: Die Bereitschaft zum Dialog mussten deshalb viele Beteiligte erst mühsam lernen. In manchen Regionen fehlt bis heute eine vertrauensvolle und wechselseitige Kooperation. Die Regionalkonferenzen sind schließlich nicht einer spontanen Selbstorganisation durch gemeinsame Interessen entsprungen, sondern auf Initiative und finanzielle Anreize des Landes.[357] Da sich die Arbeitskreise der Regionalkonferenzen üblicherweise nur sechs- bis achtmal pro Jahr treffen, bleibt ihre Integrationswirkung oft begrenzt. Die Intensität der Interaktion nimmt allerdings in der Regel dann zu, wenn konkrete Projektideen vor der Verabschiedung stehen.

- *Innovationsanreize:* Viele Regionalkonferenzen und ihre Stäbe sind kaum daran interessiert, völlig neue Konzepte zu entwickeln. Denn während die Planungs- und Abstimmungskompetenz regional angesiedelt ist, bleibt die Entscheidungs- und Finanzierungskompetenz beim Land. Aus strategischen Überlegungen schlagen die regionalen Entwicklungskonzepte daher in erster Linie solche Projekte vor, die eine Landesförderung erwarten lassen. Dieses Verhalten ist aus Sicht der Betroffenen völlig rational: Sollte das Land ungewöhnliche Ideen ablehnen, wären Zeit und Mühe der beteiligten Akteure vergeudet. Der eigentliche Vorteil der Regionalisierung, dezentrales Wissen in die Innovationspolitik einzuspeisen, geht damit verloren.

---

zu verändern, neue Kooperationsformen zu initiieren, Verfahren der Problembewältigung zu entwickeln und das Interesse auf neue Themen zu lenken.

356 Manche Regionalkonferenzen zählen weit mehr als hundert Mitglieder, sodass eine inhaltliche Arbeit kaum mehr möglich ist.

357 Dies wird in der Literatur unter dem Begriff des *inszenierten Korporatismus* kritisch diskutiert. Grundlegend dazu Heinze/ Voelzkow (1991), S. 468-471.

- *Regelsysteme*: Da regionale Entwicklungskonzepte im Konsens verabschiedet werden müssen, um die Chancen einer Landesförderung zu steigern, haben radikale Neuerungen es zudem oftmals schwer, sich bei den eingessenen Akteuren vor Ort durchzusetzen. Die institutionellen Rahmenbedingungen wirken vielmehr darauf hin, einen Kompromiss auf kleinstem gemeinsamen Nenner zu erzielen.
- *Konfliktmechanismen*: Vielen Regionalkonferenzen fehlt es an einem formalen Verfahren, um horizontale Interessengegensätze konstruktiv zu behandeln. Kontroverse Themen werden eher von der Tagesordnung gestrichen, als dass der erforderliche Konsens gegenüber dem Land gefährdet wird.

Das Verfahren der Regionalisierung weist mithin einen systematischen Konstruktionsfehler auf, der sich im folgenden Widerspruch niederschlägt: Einerseits sollen dezentrale Akteure originelle Ideen entfalten und ihre Wirtschaftsentwicklung selbst in die Hand nehmen. Andererseits behält sich das Land eine Entscheidung über die Konzepte vor. Dass die regionalen Entwicklungskonzepte deshalb zumeist wenig innovationsfreudig sind, zeigen auch die Ergebnisse der prozessualen Begleitforschung im Auftrag des Landes Nordrhein-Westfalen: „Vergleichend betrachtet“, so schreiben die Gutachter, „vermitteln die Analyse- wie die Perspektivteile eher den Eindruck einer Festschreibung des Status quo der Verteilungspositionen der Akteure als der Erschließung neuer Synergien und Perspektiven.“[358] Die Entwicklungsstrategien sind deshalb nur bedingt markt- und kundenoientierte Lösungen, die an das jeweilige Potenzial einer Region anknüpfen. Es handelt sich vielmehr um Maßnahmenkataloge, die auf die Förderangebote des Landes zugeschnitten und damit in der Region konsensfähig sind. Dieses *Rent-Seeking* bringen zwei Mitglieder des Gutachterteams auf den Punkt, wenn sie nach einer Synopse der innovationspolitischen Projektvorschläge zu folgendem Urteil gelangen: „Unabhängig von der tatsächlichen Ausstattung haben alle Regionen in diesem Bereich dennoch die gleichen Forderungen.“[359] Dazu gehört die finanzielle Förderung von Technologieberatungsstellen, Transferstellen und Technologiezentren.

---

358 MWMT (1992b), S. 22. Erich Staudt formuliert vor diesem Hintergrund: „Innovation im Konsens ist Nonsens.“ Staudt (1996), S. 124.

359 Hilbert/ Potratz (1997), S. 205-206. Ähnlich auch Voelzkow (1994), S. 19: „Bei einer Durchsicht der regionalen Entwicklungskonzepte fällt zudem auf, dass sich die darin enthaltenen Handlungsempfehlungen zumeist an die politisch-administrativen Akteure und nicht an die Unternehmen als Adressaten richten. Die Projektvorschläge richten sich zumeist an die Landesregierung mit der Bitte um Förderung.“

Dies führt zum Analyse-Objekt dieses Abschnitts zurück, dem Konnexitätsprinzip. Das Verfahren der Regionalisierung verteilt die innovationspolitischen Kompetenzen auf mehrere Ebenen: Neue Förderkonzepte zu entwerfen ist Aufgabe dezentraler Akteure, über ihre finanzielle Förderung entscheidet indes das Land. Diese Konstellation kennzeichnet vor allem den Aufbau und Betrieb aller Technologie- und Gründerzentren, die im Zuge der Regionalisierung entstanden sind: Während das Land in der Regel eine 80-prozentige Bau- und eine dreijährige Anschubfinanzierung gewährt hat, ist der dezentrale Träger für Konzeption, inhaltliche Ausrichtung und laufenden Unterhalt verantwortlich. Die politischen Zuständigkeiten fallen also auseinander – aus ökonomischer Sicht liegt daher ein strategisches Verhalten der Regionen nahe.[360] Diese Diskrepanz leitet über zum nächsten Aspekt des ökonomischen Referenzmaßstabes.

4.3.3. Vertikale und horizontale Koordination

Wenn sich die Zuständigkeitsbereiche der Träger dezentraler Innovationspolitik überlappen, sind Institutionen notwendig, die eine vertikale und horizontale Koordination zwischen den beteiligten Organisationen bewerkstelligen.[361] Andernfalls drohen nach den Prämissen der Neuen Institutionenökonomik opportunistische Verhaltensweisen. So hat jeder Akteur in erster Linie seine eigenen Ziele vor Augen, die er im Zweifelsfall auch zu Lasten Dritter durchzusetzen versucht. Bürgermeister und Amtsleiter haben etwa ein Interesse daran, Fördermittel des Landes einzuwerben. Mit Hilfe zusätzlicher Gelder können sie innovationspolitische Aktivität demonstrieren und öffentliches Prestige erlangen. Das steigert die Chancen einer Wiederwahl, im Falle des Politikers, und es erweitert den diskretionären Handlungsspielraum, im Falle des Verwaltungschefs. Da bei einer Missachtung des Konnexitätsprinzips alle dezentralen Akteure dieses Ziel verfolgen können, sind Verteilungskonflikte sowohl zwischen Kommunen und Land als auch zwischen Städten und Gemeinden wahrscheinlich. Verschärft wird das Problem durch die zunehmende Standortkonkurrenz um wachstumsträchtige *Start-up*-Unternehmen.

---

360 Bei den privatwirtschaftlichen Initiativen ist hingegen das Konnexitätsprinzip erfüllt. So bestimmen bei den regionalen Beteiligungsgesellschaften die Sparkassen und Genossenschaftsbanken eigenverantwortlich über das Angebot von Wagniskapital. Als Betreiber setzen sie ihre Geschäftspolitik und das Leistungsspektrum selbst um. Und nur ihnen fallen die Kosten und Erträge des Engagements zu – der Zuständigkeitsbereich ist mithin klar abgesteckt.

361 Siehe Kapitel 4.4.4.

Im Zuge der *Zukunftsinitiative für die Regionen Nordrhein-Westfalens* hat die Landesregierung mit den 15 Regionalkonferenzen formale Institutionen angeregt, um eine Koordination in der Innovationspolitik zu gewährleisten. Hinzu kamen die bereits bestehenden Einrichtungen wie der Bezirksplanungsrat oder andere, institutionalisierte Arbeitskreise. Auch war eine fallbezogene Abstimmung denkbar, die an den bestehenden Gremien vorbeiging. Gab es aber tatsächlich eine vertikale und horizontale Koordination von innovationspolitischen Aufgaben und wenn ja, wie sah diese inhaltlich aus?

Einen ersten Eindruck über den vertikalen Austausch liefert die standardisierte Befragung der Kreise und der kreisfreien Städte. Die Kommunalvertreter wurden danach gefragt, in welchem Gremium sie ihre innovationspolitischen Instrumente im Zusammenspiel mit der Landesregierung maßgeblich koordiniert haben. Dabei konnten die Befragten mehrere Varianten angeben. Abbildung 4.13 zeigt sowohl die Gesamtergebnisse als auch die Antworten getrennt nach Kreisen und kreisfreien Städten. Am häufigsten stimmen sich die kommunalen Akteure über die Regionalkonferenz und / oder fallbezogen mit der Landesregierung ab – mehr als 40 Prozent der Befragten haben beide Optionen angegeben. Im Vergleich mit den Kreisen koordinieren einige kreisfreie Städte ihre Innovationspolitik weniger intensiv; so hat immerhin ein Anteil von über 20 Prozent die Antwortoption „Keine besondere Abstimmung“ gewählt. Zudem haben mehr als ein Drittel der kreisfreien Städte (35 Prozent) keine Angaben über die Form ihrer Zusammenarbeit gemacht.

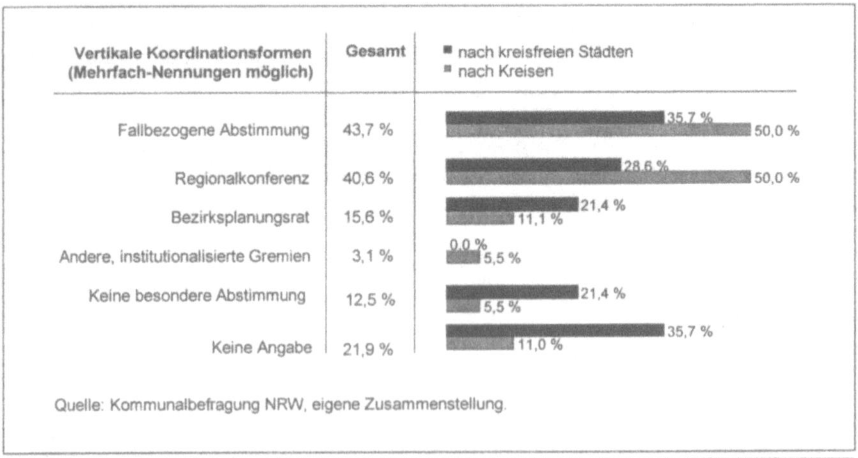

Abbildung 4.13: Vertikale Koordination dezentraler Innovationspolitik in NRW

Auch die horizontale Koordination war Gegenstand der Erhebung. Abbildung 4.14 bündelt die Antworten auf die Frage, wie sich die Akteure dezentraler Innovationspolitik mit ihren benachbarten Kommunen oder Kreisen maßgeblich verständigt haben. Erneut dominieren die fallbezogene Abstimmung (40,6 Prozent) und die Koordination durch die Regionalkonferenz (37,5 Prozent). Wie schon bei der vertikalen Perspektive haben die Städte deutlich weniger Koordinationsformen angeben als die Landkreise: Mehr als jede fünfte kreisfreie Stadt (21,4 Prozent) stimmt sich mit den benachbarten Akteuren dezentraler Innovationspolitik nicht ab; ein Anteil von 28,6 Prozent wollte die Frage nicht beantworten.

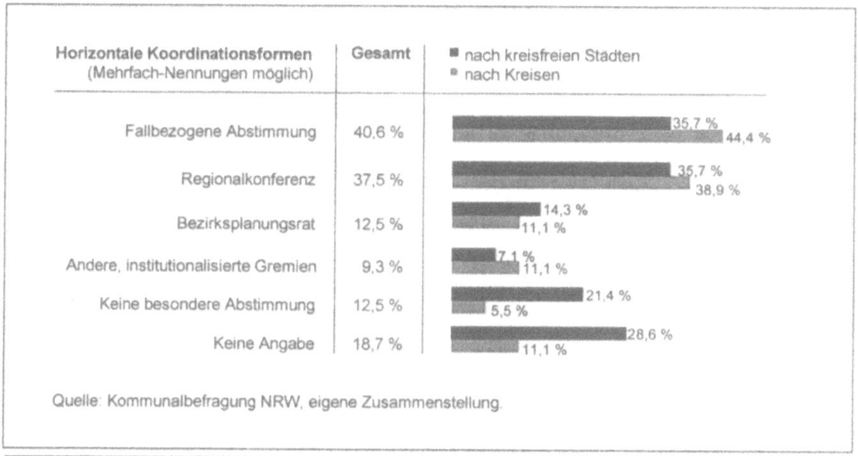

Abbildung 4.14: Horizontale Koordination dezentraler Innovationspolitik in NRW

Nach den empirischen Befunden ist die Regionalkonferenz das bedeutsamste formale Gremium, wenn es um die vertikale und horizontale Koordination in der Innovationspolitik geht. Die standardisierte Erhebung kann allerdings nicht darüber informieren, wie die beteiligten Akteure dort inhaltlich zusammenarbeiten und welche Rolle dabei die politischen Eigeninteressen spielen. Um diese Dimension zu beleuchten, ist eine qualitative Analyse notwendig.

Wie bereits dargestellt durchbricht die Förderung von Technologie- und Gründerzentren in Nordrhein-Westfalen das Konnexitätsprinzip – Entscheidungs-, Durchführungs- und Finanzierungskompetenzen sind auf verschiedenen gebietskörperschaftlichen Ebenen angesiedelt. Dies eröffnet ein Untersuchungsfeld, das sich mit dem von *Fritz W. Scharpf* geprägten Begriff der „Politikverflechtung"[362] umschreiben lässt. Die politische Brisanz der Zentrumsförderung wird umso deutlicher, wenn man sich noch einmal ihre Entwicklung vergegenwärtigt. Zwischen 1989 und 1996 haben sich die Zentrumsflächen mehr als verfünffacht. Mehr als eine Milliarde DM hat die Landesregierung für ihren Auf- und Ausbau bereitgestellt. Vor diesem Hintergrund ist ein genauer Blick auf die vertikale und horizontale Koordination und damit auf den sachgerechten Einsatz der Fördermittel nötig.

Als Subventionsgeber oblag es zunächst der Landesregierung, den Aufbau und Ausbau der Zentrumsflächen räumlich abzustimmen (*landesweite Koordination*).[363] Während die ersten Technologie- und Gründerzentren vorwiegend an den Standorten der technikorientierten Universitäten entstanden, kamen ab 1989 zahlreiche Einrichtungen in strukturschwachen und ländlichen Regionen hinzu. Entsprechend der Kernidee der Regionalisierung hat das zuständige Wirtschaftsministerium Vorschläge dezentraler Akteure zur Basis seiner Förderentscheidung gemacht.[364] Die informelle Institution des regionalen Konsenses sollte dabei eine wirkungsvolle Koordination gewährleisten. Bis auf wenige Ausnahmen hat das Land nur dann Fördermittel bewilligt, wenn die Projektträger nachweisen konnten, dass ihr Vorhaben in der gesamten Region Unterstützung fand – etwa durch einen einstimmigen Beschluss in der Regionalkonferenz und eine besondere Betonung im regionalen Entwicklungskonzept. Auch wenn die dezentralen Akteure sich unmittelbar an das Land gewandt haben, wurde auf ein gemeinsames Vorgehen vor Ort großer Wert gelegt. Eine breite Trägerschaft, möglichst als öffentlich-private Partnerschaft, war ausdrücklich erwünscht.[365] Ein Gutachten über mögliche regionalökonomische Effekte eines Zentrums haben die Vertreter des Wirtschaftsministeriums indes nicht verlangt.

Der weitgehende Verzicht des Landes auf seine zentrale Steuerungskompetenz wirft die Frage auf, wie sich benachbarte Regionen über neue Zentrumsflächen abgestimmt haben (*inter-regionale Koordination*). Im Ruhrgebiet ist zum Beispiel eine Vielzahl von Einrichtungen in unmittelbarer Nachbarschaft entstanden, die verschiedenen *ZIN*-Regionen angehören. Bei der Akquisition vielversprechender Jungunternehmer ist folglich ein Nullsummenspiel denkbar, bei dem die eine Gebietseinheit nur auf Kosten einer anderen Vorteile erzielen

---

362 Grundlegend dazu Scharpf (1976) und (1985), S. 323-356.

363 Zur Frage der Koordination siehe auch Elle et al. (1997a), S. 119-123.

364 MWMT (1993a), S. 14.

365 Siehe MWMT (1993a), S. 30

kann.[366] Die fünf Bezirksregierungen sollten nach dem konzeptionellen Ansatz der Regionalisierung die Projektanträge der dezentralen Akteure prüfen und mit einer fachlichen Stellungnahme an das Land und die Bezirksplanungsräte weiterleiten. Bei parallelen Vorhaben aus benachbarten Regionen hatten sie also die Möglichkeit, kommunizierend oder kooperierend einzugreifen und damit eine Balance zwischen inter-regionaler Abstimmung und intra-regionaler Autonomie zu finden. Nach vorliegenden Studien haben die Mittelbehörden im Prozess der Regionalisierung insgesamt zwar eine unterschiedliche Rolle gespielt, die nachhaltig durch das Selbstverständnis und die Persönlichkeit des jeweiligen Regierungspräsidenten bestimmt war.[367] Doch bei der Koordination neuer Zentrumsflächen haben die Fachdezernate von Interventionen weitgehend abgesehen. Wie zuständige Verwaltungsbeamte in Tiefeninterviews argumentiert haben, sollten sich so die Eigenverantwortung und der Sachverstand vor Ort möglichst frei entfalten.[368]

Obwohl Landes- und Bezirksregierung de jure keine Kompetenzen abgegeben haben, lag es damit de facto an den dezentralen Akteuren, neue Zentrumsflächen räumlich abzustimmen (*intra-regionale Koordination*). Als mögliche Organisation kommen die Lenkungsorgane und fachlichen Arbeitskreise der Regionalkonferenzen in Betracht. In Regionen mit einer hohen Zentrumsdichte herrschte allerdings vielfach ein „notorisches Konkurrenzdenken"[369]. Eröffnete eine Kommune ein Technologiezentrum, zogen andere Städte und Gemeinden aus der jeweiligen Region nach; zuweilen ohne das begrenzte Potenzial innovativer *Start-ups* realistisch zu bedenken. Die verfügbaren Fördermittel haben dabei eine spürbare Sogwirkung entfaltet. Weil die Bewilligung durch das Land an einen regionalen Konsens geknüpft war, erfolgte oftmals ein gegenseitiger Stimmentausch: Die örtlichen Akteure konnten nur dann mit Unterstützung ihres Vorhabens rechnen, wenn sie selbst den Projekten anderer zustimmten. Mit Hilfe dieses *log rolling* wurden die Förderanträge aller Beteiligten im gegenseitigen Einvernehmen als prioritär eingestuft. Ob es sich bei den so entstandenen regionalen Entwicklungskonzepten um problemgerechte Lösungsstrategien handelte, erscheint vor diesem Hintergrund fraglich.[370]

---

366 Siehe Voelzkow (1990), S. 145.

367 Zur Mittlerfunktion der Bezirksregierungen innerhalb des Förderverfahrens siehe auch Waniek (1994), S. 195-197, Fürst/ Kilper (1993), S. 9 sowie Konze (1992).

368 So Elle et al. (1997a), S. 120-121.

369 Kremer/ Löckener (1995), S. 95 oder Kremer (1994), S. 78.

370 Elle et al. (1997a), S. 122.

Die wichtigsten Institutionen der Regionalisierung – Konsens, Entwicklungskonzept und Regionalkonferenz – waren mithin nicht immer geeignet, um eine vertikale und horizontale Koordination neuer Zentrumsflächen zu gewährleisten. Die Rahmenbedingungen haben die dezentralen Akteure dazu veranlasst, ihre politischen Eigeninteressen durch eine Paketlösung in Einklang zu bringen und gegenüber dem Land ein regionales Anspruchskartell zu bilden. Dies dürfte in ähnlicher Weise auch für andere Förderobjekte wie Transferagenturen oder Forschungseinrichtungen gelten.[371] Die Vertreter der Landesregierung konnten sich ihren eigenen Regeln dann nur noch schwer entziehen. Die Verfügbarkeit von Transfermitteln einerseits (und zwar wiederum eines Dritten, nämlich der Europäischen Strukturfonds) und die Missachtung des Konnexitätsprinzips im Förderverfahren andererseits führten zu einem massiven Auf- und Ausbau von Technologiezentren in weiten Teilen Nordrhein-Westfalens. Zu einem geringeren Flächenangebot wäre es dann gekommen, wenn die Planungs-, Entscheidungs- und Finanzierungskompetenzen nicht auf verschiedene Ebenen verteilt gewesen wären.[372] Das so entstandene Koordinationsvakuum und die Chance, einen Großteil der Baukosten anderen aufzubürden, haben in vielen Regionen zu einem verschwenderischen Angebot an Zentrumsflächen geführt. Diese politökonomische Einschätzung lässt sich auch empirisch fundieren. So deckt eine Studie über westdeutsche Technologiezentren einen engen Zusammenhang auf zwischen den Fördermodalitäten innerhalb eines Bundeslandes einerseits und der Höhe der Baukosten pro Quadratmeter vermietbarer Fläche andererseits. Durch einen höheren Eigenanteil der dezentralen Akteure in Baden-Württemberg und Niedersachsen ist die Kosteneffizienz der eingesetzten Mittel dort etwa dreimal so hoch wie in Nordrhein-Westfalen.[373]

4.4. Analyse der Instrumente

Nach der Analyse des institutionellen Rahmens stehen nun die einzelnen Instrumente dezentraler Innovationspolitik im Blickpunkt. Damit wendet sich die empirische Untersuchung der zweiten Ebene des ökonomischen Referenzmaßstabes zu. Zunächst stehen mit der Nutzung von Größen- und Verbundvorteilen zwei förder*technische* Analyse-Objekte im Blickpunkt (4.4.1). Danach folgt ein förder*politischer* Zugang, der die Anreize und das Aufgaben-Controlling innerhalb der Einrichtungen prüft (4.4.2).

---

371 Siehe Fürst/ Kilper (1993), S. 25.

372 Siehe auch Elle et al. (1997b), S. 246, Konze (1995), S. 79 und Waniek (1994), S. 190.

373 Siehe Behrendt (1996), S. 238.

4.4.1. Größen- und Verbundvorteile

Handeln die Entscheidungsakteure dezentraler Innovationspolitik kosteneffizient, nutzen sie bei der Ausgestaltung ihrer Instrumente steigende Skalen- und Verbundvorteile. Bestimmte Leistungsangebote erfordern überdies eine mindestoptimale Projektgröße, andernfalls ist ihr Angebot wirtschaftlich unrentabel. Diese Perspektive basiert auf der ökonomischen Föderalismustheorie, die sich in dieser Frage ihrerseits auf die betriebliche Produktionstheorie stützt.[374] Dass die Leistungsfähigkeit einer dezentralen Fördereinrichtung maßgeblich von ihrer Größe abhängt, zeigt der folgende Abschnitt anhand der Technologiezentren und der Beteiligungsgesellschaften.

Technologie- und Gründerzentrum

Die Bedeutung von Größeneffekten lässt sich aus einer Wirtschaftlichkeitsanalyse unter 32 Technologiezentren ableiten, die *Hans-Dieter Elle + Partner* im Auftrag der nordrhein-westfälischen Landesregierung evaluiert haben.[375] Dabei teilen die Gutachter die untersuchten Einrichtungen in vier Gruppen ein, die untereinander möglichst verschieden, in sich aber möglichst homogen sind (*Cluster*-Analyse). Unterscheidungskriterien sind zum Ersten die Anzahl der Mitarbeiter in Vollzeitäquivalenten und damit einhergehend die Vielfalt des Leistungsangebots und zum Zweiten die Größe der Nutzfläche in Quadratmetern. Bei den vier *Clustern* handelt es sich um so genannte:

- fokussierte Klein-Zentren mit bis zu 6 Mitarbeitern und bis zu 5.000 qm Nutzfläche (14 Einrichtungen),
- fokussierte Flächen-Zentren mit bis zu 6 Mitarbeitern und über 5.000 qm Nutzfläche (5 Einrichtungen),
- diversifizierte Klein-Zentren mit über 6 Mitarbeitern und bis zu 5.000 qm Nutzfläche (5 Einrichtungen),
- diversifizierte Flächen-Zentren mit über 6 Mitarbeitern und über 5.000 qm Nutzfläche (8 Einrichtungen).

Die operativen Betriebsergebnisse während der Geschäftsjahre 1991 bis 1995 deuten auf folgenden Zusammenhang hin: Je größer das Flächenangebot eines Zentrums, desto günstiger ist das operative Jahresergebnis. Offenbar kommt das

---

[374] Siehe Kapitel 3.3.4.

[375] Siehe Elle et al. (1997a), S. 132ff.

Management der kleineren Zentren in wirtschaftliche Schwierigkeiten, weil sie keine Skaleneffekte in ihrem Leistungsangebot nutzen können. Tabelle 4.4 präsentiert die Ergebnisse der Wirtschaftlichkeitsanalyse im Überblick.

Cluster	**Fokussierte Klein-Zentren**	**Fokussierte Flächen-Zentren**	**Diversifizierte Klein-Zentren**	**Diversifizierte Flächen-Zentren**
Anzahl	14	5	5	8
Allgemeine Kennziffern				
Personal (Vollzeit)	bis 6	bis 6	über 6	über 6
Hauptnutzfläche (qm)	bis 5.000	über 5.000	bis 5.000	über 5.000
Leistungsangebot	fokussiert	fokussiert	diversifiziert	diversifiziert
Mieter pro Zentrum	13	21	18	55
Mieter pro Stelle	6	6	2	5
Fläche pro Stelle	1.086	2.025	362	1.225
			Angaben in DM pro Jahr	
Betriebliche Aufwändungen	724.000	1.331.000	2.208.000	5.327.000
Davon Personal	188.240	252.890	883.200	1.225.210
Betriebliche Erträge	666.080	1.277.760	2.163.840	5.327.000
Davon Zuschüsse Dritter	224.440	212.960	883.200	1.278.480
Operativer Jahresverlust	**57.920**	**53.240**	**44.160**	**0**
	Angaben in Relation zu den betrieblichen Aufwändungen bzw. Erträgen			
Betriebliche Aufwändungen	100 %	100 %	100 %	100 %
Davon Personal	26 %	19 %	40 %	23 %
Betriebliche Erträge	92 %	96 %	98 %	100 %
Davon Zuschüsse Dritter	31 %	16 %	40 %	24 %
Operativer Jahresverlust	**8 %**	**4 %**	**2 %**	**0 %**
	Angaben eines Clusters jeweils im Durchschnitt der Zentren während der Geschäftsjahre 1991 bis 1995			

Quelle: Eigene Zusammenstellung auf Basis von Elle et. al. (1997a), S. 140 und 142.

Tabelle 4.4: Betriebsergebnisse der Technologie- und Gründerzentren in NRW

Nach dieser Wirtschaftlichkeitsanalyse gelingt es nur den Zentren mit einer Nutzfläche von über 5.000 qm und einem recht breitem Leistungsangebot, ein ausgeglichenes Betriebsergebnis zu erzielen. Erst ab dieser mindestoptimalen Projektgröße lassen sich die laufenden Kosten einer Einrichtung, insbesondere der höhere Personalaufwand für zusätzliche Leistungsbereiche, durch ein höheres Potenzial an Mieterträgen abdecken.

Zum Vergleich: Die kleinen Zentren, die ihr Leistungsangebot ausschließlich auf Anlagenwirtschaft, Services und Beratung fokussieren,[376] bewirtschaften im Durchschnitt mit 2 Vollzeit-Mitarbeitern eine Nutzfläche von 2.000 qm für 13 Mieter. Dabei erzielen sie einen Verlust von knapp 60.000 DM pro Jahr, ein Drittel ihrer betrieblichen Erträge stammt dabei sogar aus Zuschüssen Dritter. Diversifizierte Flächen-Zentren betreuen hingegen im Schnitt mit 12 Vollzeit-Mitarbeitern 69 Mieter auf einer Nutzfläche von 15.000 qm. Dabei bieten sie auch Leistungen aus den Bereichen Forschung & Entwicklung, Transfer, Schulung und Standortpolitik an. Bei diesen Einrichtungen handelt es sich in der Regel um ältere Zentren, die frühzeitig in den Hochschulstandorten wie Aachen, Bochum, Essen oder Dortmund entstanden sind. Durch das damit verbundene Potenzial von innovativen Gründern besteht hier offenbar auch ein höherer Flächenbedarf.

Ob die kleineren Einrichtungen künftig durch einen Ausbau an Flächen, Personal und Leistungen ihr betriebliches Jahresergebnis verbessern können, ist auf Grund ihrer ungünstigeren Marktposition und Standorteigenschaften fraglich. So muss das Leistungsangebot auf eine hinreichend große Nachfrage treffen, andernfalls ist ein Überangebot zu erwarten. Für bestehende Klein-Zentren bieten sich alternative Strategien an, um das operative Jahresergebnis durch Skalen- und Verbundeffekte zu verbessern: Inhaltlich könnten sie stärker als bisher mit anderen Einrichtungen der lokalen Wirtschafts- und Innovationsförderung zusammenarbeiten – zum Beispiel mit Beratungs- und Transferstellen in der Standortgemeinde, die unter Umständen von den gleichen Trägern unterhalten werden und konkurrierende Leistungen anbieten. Kostenreduktionen sind zudem durch den gemeinsamen Einkauf von Betriebsmitteln und Dienstleistungen möglich; die Zentren könnten untereinander stärker als bisher Beschaffungs-Allianzen eingehen, um durch eine größere Anzahl günstigere Konditionen auszuhandeln. Auch dabei lassen sich Synergien entfalten und fallende Durchschnittskosten verwirklichen.[377] Für kunden- und kostenorientierte Leistungsangebote ist es somit entscheidend, sich mit anderen Akteuren zu *vernetzen*. Nur dann lässt sich das endogene Entwicklungspotenzial einer Region entfalten.

376 Siehe dazu den Leistungskatalog in Kapitel 4.2.3.

377 Elle et al. (1997a), S. 162 sowie Götz (1999), S. 169; Icks/ Richter (1999), S. 60ff.

Sinnvolle Kooperationen scheitern allerdings häufig an den Eigeninteressen der beteiligten Akteure, die einen Verlust ihrer Autonomie fürchten.

Regionale Beteiligungsgesellschaft

Eine ähnlich präzise Wirtschaftlichkeitsanalyse der regionalen Beteiligungsgesellschaften in Nordrhein-Westfalen gibt es bisher nicht. Bei den jährlichen Geschäftsergebnissen bzw. der Rendite je Beteiligung handelt es sich um sensible Daten, die einer empirischen Arbeit nur schwer zugänglich sind. Daher soll hier näherungsweise auf eine Studie von *Michael Schefczyk* zurückgegriffen werden, der die Geschäftsstrategien von *Venture Capitalists* in Deutschland analysiert hat.[378] Dabei wurde statistisch getestet, ob und inwieweit der Beteiligungserfolg von der Art der Beteiligung, der Zusammenarbeit zwischen Beteiligungsgesellschaft und Partnerunternehmen, der Kompetenz des Managements des Partnerunternehmens sowie der jeweiligen Markt- und Industriestruktur abhängt. Auch Skalen- und Verbundvorteile lagen im Fokus der repräsentativen Analyse. Denn großen Wagniskapitalfonds könnte es leichter fallen, die Transaktionskosten ihrer Tätigkeit (z. B. fachliche Beratung) sowie die Fixkosten ihrer Infrastruktur (z. B. technische Büroausstattung) auf ihre Partnerunternehmen umzulegen. Ein steigendes Beteiligungsvolumen pro Kunde erlaubt überdies eine aufwändigere Prüfung der Beteiligungswürdigkeit und eine beratungsintensivere Zusammenarbeit.[379]

Zwei Hypothesen standen mit Blick auf das Analyse-Objekt auf dem Prüfstand:[380]

- „Die Größe einer *Venture Capital*-Gesellschaft, gemessen an Beteiligungsvolumen und Mitarbeiterzahl, wirkt sich positiv auf den Beteiligungserfolg aus."
- „Der Beteiligungserfolg steigt mit der Höhe der im Einzelfall eingegangenen Beteiligungen."

---

378 Die Studie basiert auf den Angaben von 10 Geschäftsführern (Rücklauf 27,0 Prozent) über 103 Beteiligungstransaktionen von 12 renditeorientierten *Venture Capital* Gesellschaften in Deutschland. Ausführlich dazu Schefczyk (1999a) (2000b).

379 Derartige Skalen- und Verbundvorteile diskutieren auch Rosenstein et al. (1993), S. 108-112 und Brüderl et al. (1992), S. 236-237.

380 Schefczyk (1999a), S. 1126 und 1135-1136.

Während die Anzahl der Mitarbeiter keine statistisch fundierte Aussage erlaubt, lässt sich bei der Höhe des verfügbaren Fondsvolumens ein wenn auch schwacher Zusammenhang nachweisen – mit der Finanzkraft einer Beteiligungsgesellschaft steigt auch die *Internal Rate of Return*, also die Bruttorendite je Beteiligung[381]. Ein ähnliches Ergebnis zeigt sich bei der zweiten Annahme. Die Beteiligungshöhe je Partnerunternehmen korreliert mit der Rendite im Vergleich zum Geschäftsplan und mit der Rendite im Vergleich zur Branche; zudem sinkt die Zahl von Insolvenzen.[382] Bei diesen Berechnungen handelt es sich um bivariate Korrelationen; die Einflußfaktoren werden also jeweils isoliert betrachtet. Freilich hängt der wirtschaftliche Erfolg einer Beteiligungsgesellschaft stets vom Zusammenspiel aller oben genannten Determinanten ab. Skaleneffekte können mithin verpuffen, wenn eine Beteiligungsgesellschaft ein Partnerunternehmen nur schlecht begleitet oder dessen Management über eine geringe unternehmerische Kompetenz verfügt.

Eine eigene statistische Analyse des wirtschaftlichen Erfolges der nordrhein-westfälischen Beteiligungsgesellschaften im Zusammenspiel mit ihren Partnerunternehmen würde den Rahmen dieser Arbeit sprengen. Deshalb hat sich der empirische Teil der Untersuchung darauf konzentriert, Tiefeninterviews mit Geschäftsführern von Sparkassen-Beteiligungsgesellschaften zu führen. Hinsichtlich der Skaleneffekte decken sich die Befunde: So bestätigen die Gesprächspartner, dass die erzielbare Rendite von der Höhe des jeweiligen Engagements und dem verfügbaren Beteiligungsvolumen einer Gesellschaft abhängt: Eine Beteiligung unter 500.000 DM sei wirtschaftlich nicht tragfähig. Erst ab diesem *Break Even Point*, ab dieser mindestoptimalen Projektgröße, lohne sich eine beratungsintensive Kooperation.[383] Dass einige Beteiligungsgesellschaften in Nordrhein-Westfalen dennoch auch kleinere Beteiligungsvolumen anböten, spiegele den satzungsgemäßen Auftrag der Sparkassen wider, die regionale Wirtschaft zu unterstützen.

---

381 Die *Internal Rate of Return* bildet den internen Zinsfuß der Barauszahlungen der Beteiligungsgesellschaft an ein Partnerunternehmen ab – also den Beteiligungserwerb und Barrückflüsse in Form des Veräußerungserlöses und gegebenenfalls der Gewinnausschüttungen sowie Zinsen und Tilgungen von Gesellschafterdarlehen.

382 Die jeweiligen Korrelationsmaße liegen zwischen 0,18 und 0,20. Siehe Schefczyk (1999a), S. 1135.

383 So auch Schefczyk (1999a), S. 1133. Bei renditeorientierten *Venture Capital*-Gesellschaften liegt das Beteiligungsvolumen zwischen 0,5 und 35 Millionen DM (Median 1,05 Millionen DM).

Neben diesen größenbedingten Aspekten betonen die Gesprächspartner die Bedeutung der unternehmerischen Kompetenz der Partnerunternehmen und die Art der Zusammenarbeit bzw. die Finanzierungskonstellation zwischen Beteiligungsgesellschaft und Partnerunternehmen. Die letztgenannten Aspekte wird der folgende Abschnitt vertiefen. Er beschäftigt sich mit den Prinzipal-Agent-Problemen in der dezentralen Gründungs- und Innovationsförderung.

4.4.2. Anreize und Aufgaben-Controlling

Wie die institutionenökonomische Analyse an anderer Stelle gezeigt hat, besteht zwischen den Akteuren in der Innovationspolitik keineswegs eine Zielharmonie:[384] Das gemeinsame Motiv, kreative Kleinbetriebe unterstützen zu wollen, wird auch deutlich von den Eigeninteressen der jeweiligen Entscheidungsträger beeinflusst – etwa Kosten zu senken oder Arbeit zu sparen. Ohne geeignete institutionelle Arrangements sind deshalb Konflikte vorbestimmt. Deshalb sollten nach dem ökonomischen Referenzmaßstab bei einer Delegation von Handlungsbefugnissen verlässliche Anreiz-, Informations- oder Kontrollmechanismen bestehen, die ein dauerhaftes Interesse an der Förderung von Gründung und Innovation absichern.

Technologie- und Gründerzentrum

Dass sich ein Förderinstrument nicht auf einen Akteur allein gründet, zeigt sich vor allem bei den nordrhein-westfälischen Technologie- und Gründerzentren. Während die Landesregierung ihren Auf- und Ausbau massiv gefördert hat, liegt das Flächenmanagement sowie die Organisation der Beratungs-, Service- und Schulungsleistungen weitgehend in den Händen der jeweiligen Zentrumsleitung. Diese wiederum ist vertraglich an den Träger ihrer Einrichtung gebunden. Mit unterschiedlichen Gesellschafteranteilen können dazu Städte und Gemeinden, Kreise und Kammern, Sparkassen und private Organisationen zählen. In der Regel dominieren die Interessen der Kommunen, da sie für den Hauptteil der laufenden Kosten aufkommen müssen. So sind viele Standortgemeinden eine Dekkungspflicht eingegangen, falls die Einrichtung einen Verlust erzielt.

---

[384] Siehe Kapitel 3.4.4.

Um dieses relativ komplexe Beziehungsgeflecht zu durchdringen, erfolgt nun eine zweistufige Analyse der beiden wichtigsten Delegationsebenen, zunächst zwischen Land und Träger und anschließend zwischen Träger und Zentrumsmanagement.[385]

Mit ihrer Bau- und Anschubförderung begründet die Landesregierung zunächst ein Vertretungsverhältnis mit dem Träger eines Zentrums. Mit seiner instrumentellen Hilfe will das Land das eigene Wirtschaftswachstum erhöhen, regionale Disparitäten abbauen und Nordrhein-Westfalen strukturell erneuern.[386] Über die offiziellen Ziele hinaus wird es freilich auch darum gehen, politische Aktivität zu demonstrieren und informelle Zugriffsmöglichkeiten auf die dezentrale Ebene abzusichern. Bei diesem Vertretungsverhältnis besteht ein Informationsgefälle zwischen Land (Prinzipal) und Träger (Agent). Wie die dezentralen Akteure die Arbeit der verschiedenen Zentren abstimmen und mit Inhalt füllen, welches Engagement sie dabei an den Tag legen, kann das Land im Vorfeld kaum abschätzen. Dieses Spannungsfeld wird noch deutlicher, wenn man sich die Motive der dezentralen Träger in Erinnerung ruft. Neben dem Anliegen, kreative Kleinbetriebe zu unterstützen, sind Eigeninteressen wahrscheinlich. Ein wichtiges Ziel besteht darin, möglichst umfangreiche Fördermittel des Landes in Anspruch nehmen zu können und eigene Finanzierungsbeiträge zu minimieren. So können die Akteure mittels Innovationspolitik ihren persönlichen Einfluss und ihre Reputation mehren, was sonst nicht oder nur mit einem höheren Eigenanteil möglich wäre.

Während der Planungs- und Aufbauphase der Zentren hat die Regionalisierung der Strukturpolitik bedingt dazu beitragen können, die Informationsasymmetrie zu vermindern. Indem dezentrale Akteure an der Entscheidung über Standort und thematische Ausrichtung mitwirken konnten, hat die Landesregierung lokale Informationen und Verhandlungsprozesse genutzt, die sie in eigener Regie nur mit höheren Transaktionskosten erhalten hätte. Handlungskompetenz auf die subsidiäre Ebene zu verlagern, erforderte aber im Gegenzug einen Verzicht auf landespolitische Autorität. Die Analyse des innovationspolitischen Rahmens (Kapitel 4.3) hat zudem gezeigt, dass die Institution des regionalen Konsenses als Förderbedingung nicht immer geeignet war, eine sachgerechte Koordination neuer Zentrumsflächen zu gewährleisten und objektive Informationen über das endogene Entwicklungspotenzial einer Region zu gewinnen.

---

385 Die folgenden Ausführungen orientieren sich an Elle et. al. (1997b), S. 95ff. Mit den Anreizen innerhalb der Technologie- und Gründerzentren beschäftigen sich auch Benzler/ Wink (2000), S. 428-429.

386 Zu den politischen Zielen der Landesregierung siehe MWMT (1995) und (1993a).

Während des laufenden Betriebes ist eine landespolitische Steuerung der Träger noch viel weniger möglich. Zwar hat die Landesregierung die Vergabe der Fördermittel in ihrem Zuwendungsbescheid an einige formalrechtliche Bedingungen geknüpft. So müssen die begünstigten Akteure belegen, dass sie die Mittel tatsächlich für Bau und Inbetriebnahme des Zentrums eingesetzt haben. Auch müssen sie sich verpflichten, die geförderte Einrichtung über einen Zeitraum von mindestens fünfzehn Jahren im Sinne des Förderzwecks zu betreiben. Verstoßen die Träger gegen diese Zweckbindung, kann die Landesregierung ihre Fördergelder zurückfordern. Mit Berichtspflichten und Begehungsmöglichkeiten sind zudem gewisse Kontroll- und Informationsansätze verfügbar. Doch dem Land mangelt es an tragfähigen Prüfkriterien. Der Förderzweck ist nur sehr vage umschrieben, wie ein Blick in das *Regionale Wirtschaftsförderungsprogramm Nordrhein-Westfalens* (RWP) zeigt. Das Land unterstützt demnach „die Errichtung oder den Ausbau von Gewerbezentren, die kleinen und mittleren Unternehmen in der Regel für 5 Jahre, aber nicht mehr als 8 Jahre Räumlichkeiten und Gemeinschaftsdienste bereitstellen (Forschungs-, Innovations-, Telematik-, Technologie- Gründerzentren bzw. -parks u.Ä.)“[387]. Doch wie ist die eigentliche Zielgruppe der *innovativen* Gründer und Mittelständler abgegrenzt? Wie ist das *Leistungsspektrum* der Zentren definiert?

Ist erst einmal der Förderantrag gebilligt und bietet eine Einrichtung unter dem *Label* Technologie- und Gründerzentrum mindestens fünfzehn Jahre ‚Räumlichkeiten und Gemeinschaftsdienste‘ an, kann der dezentrale Träger die landespolitischen Förderziele sporadisch erfüllen. Durch den Verzicht auf unmittelbare Anreiz- und Sanktionsmechanismen verfügen die Landesakteure nur noch über mittelbare Steuerungshebel, eigene Interessen durchzusetzen. Als informelle Institution kommt der relationale Vertrag zwischen den Trägern in Betracht. Gerade bei lang andauernden Kontakten kann eine Bindung entstehen, die eine vertragskonforme Kooperation begünstigt. Als formelle Institution wäre eine variable Vergabe von Projekt- oder Fördermitteln denkbar. Die Vertreter des Landes könnten zusätzliche Gelder bewilligen, wenn sich die dezentralen Akteure als loyal erweisen. Umgekehrt würden bei Opportunismus die Mittel verweigert. Beide Steuerungshebel – Sozialkapital und Subvention – sind aus der Praxis des kommunalen Finanzausgleichs bekannt. Fraglich ist aber, ob sich mit ‚Zuckerbrot und Peitsche‘ das innovationspolitische Verhalten dezentraler Akteure wirksam steuern lässt, da sich die Steuerungsmechanismen wechselseitig kaum vorhersehen lassen. In seiner Rolle als Prinzipal hat das Land damit dezentrale

---

387 MWMTV (1999a), Textziffer 8.28. Unter den Textziffern 3.3 und 3.4 findet sich eine Begriffsbestimmung kleiner und mittlerer Unternehmen, die allerdings den Zentren sehr weite Auswahlspielräume belässt (mittlere Betriebe sind z. B. solche mit bis zu 250 Mitarbeitern).

Agenten eingesetzt, ohne ein anreizgerechtes Fundament für seine innovationspolitischen Ziele zu legen.[388]

Der mögliche Einwand, dass es sich bei Technologie- und Gründerzentren um einen Bestandteil der ‚technologischen Infrastruktur' zugunsten innovativer Gründer handelt,[389] kann dieses Problem nicht ausräumen. Es ist zwar richtig, dass Infrastrukturen im engeren Sinne (z. B. Verkehrsnetz) im Produktionsverfahren *Inputs* darstellen, die frei zugänglich sind und losgelöst von den Spezialinteressen irgendeines Betreibers wirken.[390] Doch bei einer Mietfläche, einer Beratung oder einer sonstigen Dienstleistung des Zentrums handelt es sich um ein privates Gut, bei dem Rivalität vorliegt und ein Ausschluss prinzipiell möglich ist. Das Technologie- und Gründerzentrum zählt mithin nicht zur öffentlichen Infrastruktur im engeren Sinne. Vielmehr gewährt die Landesregierung einer ausgewählten Standortgemeinde einen Transfer, dessen Weitergabe zum einzelnen Mieter-Unternehmen nicht mehr geregelt ist – Destinatar und Empfänger der Fördermittel fallen auseinander.[391] Die fehlenden Kontrollmöglichkeiten erlauben dem Träger, mit Hilfe des Zentrums auch eigene Ziele zu verwirklichen. Über die Auswahl des Leistungsspektrums und der Betriebe kann er mehr oder minder frei entscheiden. Dies leitet über zur zweiten Delegationsebene: Inwieweit festigt sie den Willen der beteiligten Akteure, innovative*Start-ups* dauerhaft zu unterstützen?

Die Beziehung zwischen Träger und Management lässt sich erneut als Vertretungsverhältnis beschreiben. Der Träger will neue Unternehmen ansiedeln und Gründungen stimulieren, um damit die örtliche Wirtschafts- und Steuerkraft zu steigern. Darüber hinaus bietet die Einrichtung auch die Chance, neue Mitarbeiter einzustellen, politische Posten zu vergeben (z. B. Geschäftsführer- und Aufsichtsratsmandate) und damit persönliche Macht und Prestige zu erhöhen. Finanzielle Deckungsbeiträge sollen dabei so weit wie möglich reduziert und durch Subventionen des Landes bzw. Erträge des Zentrums kompensiert werden. Als rationaler Prinzipal wird der Betreiber darauf bedacht sein, den Zentrumsleiter als Agenten durch formale oder informelle Institutionen mit den entsprechenden Verfügungs- und Handlungsrechten an sich zu binden. Im Gegensatz zum Land besteht dabei insofern ein echtes Kontrollinteresse, als ein mögliches Zentrumsdefizit dem Gesellschafter *zusätzliche* Kosten aufbürdet.

---

388 Elle et al. (1997b), S. 100.

389 So z. B. TZ-NRW (1997), S. 1, MWMTV (1997), S. 1, MWMT (1993a), S 3.

390 Siehe Jochimsen (1995), S. 493.

391 *Destinatare* bilden die eigentliche Zielgruppe einer Fördermaßnahme. Grundlegend zur Subventionstechnik Benkert (1984).

Neben der Ausgestaltung des Dienstvertrages und der kontinuierlichen Vorlage von Ergebnisrechnungen stellen Aufsichtsrat und Beirat die wichtigsten Formal-Institutionen dar, um die Arbeit des Managements zu kontrollieren. Je nach Gesellschafterstruktur werden diese Organisationsformen mit unterschiedlicher Intensität genutzt. Vor allem Träger mit einem hohen privaten Kapitalanteil (*Public-Private-Partnership*) haben derartige Kontrollgremien eingerichtet.[392] Die Gremien sehen sich mit den spezifischen Agenturproblemen konfrontiert: Unter den möglichen Handlungsmustern können die Zentrumsleiter jene Tätigkeiten auswählen, die nicht nur die Wünsche des Trägers bedienen, sondern auch Eigeninteressen befriedigen. Die Manager haben dabei einen Vorteil, weil sie über einen besseren Informationsstand verfügen. Auch können sie bestimmte Verhaltensweisen nutzen, die das Kontrollgremium nicht überblicken kann. So mag dem Träger das Leistungsspektrum des Zentrums bekannt sein, die Qualität des Angebots und die Motivation der Leiter bleiben ihm aber weitgehend verborgen.

Empirische Analysen legen offen, dass die nordrhein-westfälischen Zentren zumeist keine Kostenstellen- und Kostenträgerrechnungen erstellen. In keiner Einrichtung lassen die Betreiber Arbeitsmengen erheben. Nur bruchstückhaft liegen Angaben über Mieter und ihre Geschäftsfelder vor.[393] Der Träger eines Zentrums kann sich lediglich am Betriebsergebnis und der Auslastung seiner Einrichtung orientieren. Zu einem gewissen Teil muss er sich also auf seine persönliche Bindung verlassen und dem Management Vertrauen entgegenbringen. Gleichwohl ist auf Grund des relationalen Vertrages, der dienstrechtlichen Sanktionsmöglichkeit und des finanziellen Kontrollinteresses das Delegationsverhältnis zwischen Träger und Zentrumsmanager weitaus enger geknüpft als die Prinzipal-Agent-Struktur zwischen Land und Träger. Die Zentrumsleiter dürften daher in erster Linie motiviert sein, auf die Trägerziele Rücksicht zu nehmen. Dieser Befund ist wichtig, wenn der nun folgende Absatz die ursprüngliche Frage wieder aufgreift: Welchen *institutionellen* Antrieb haben die Beteiligten, innovative Gründer zu fördern?

Alle Träger dezentraler Innovationspolitik sind bestrebt, mit Hilfe ihres Technologie- und Gründerzentrums möglichst viele kreative Betriebe in ihrer Region anzusiedeln oder *Start-ups* zu mobilisieren. Dieses Anliegen unterliegt aber einer Budgetrestriktion, die sich nach Ablauf der dreijährigen Anschubfinanzierung noch einmal verschärft. Etwa 140 Städte und Gemeinden in Nordrhein-

392 Siehe Elle et al. (1997a), S. 48-51. Bei 27 von 52 der von ihnen untersuchten Zentren handelt es sich um eine *Public-Private-Partnership*. Das private Engagement hat sich allerdings seit dem Beginn des Aufbaus der ersten Zentren sowohl hinsichtlich der Anzahl als auch der Höhe der Kapitalbeteiligung verringert.

393 Siehe Elle et al. (1997a), S. 159.

Westfalen stehen auf Grund massiver Haushaltsdefizite unter besonderer Kommunalaufsicht des Landes[394] – viele von ihnen sind Gesellschafter eines Zentrums. Angesichts dieser prekären Budgetsituation und der beschriebenen operativen Verluste der Mehrzahl der Einrichtungen taucht somit ein schwerwiegendes Dilemma auf:[395] Einerseits soll sich ein Zentrum über seine Mieterträge und Entgelte selbst tragen.[396] Diesen Auftrag werden die Betreiber auf Grund ihrer finanziellen Restriktion unmissverständlich formulieren. Andererseits soll die Einrichtung Gründung und Innovation fördern. Die notwendigen Beratungs-, Schulungs- und Serviceleistungen werden zumeist nicht marktlich bzw. kostendeckend angeboten. Aus Sicht des Betreibers handelt es sich bei einem innovativen Existenzgründer zudem um ein schlechtes Risiko. Im Unterschied zu einem etablierten und florierenden Mittelständler sind bei dieser Klientel Mietausfall, Flächenreduktion oder gar Konkurs realistische Szenarien. Mit anderen Worten: Will ein Zentrum betriebswirtschaftliche Rentabilität erreichen, muss es kreative *Start-up*-Firmen vernachlässigen; nimmt es hingegen diese Zielgruppe ernst, drohen Verluste.[397]

Das Zentrumsmanagement kann diesem *Trade-off* mit eigenen Mitteln kaum entrinnen:[398] Ihre wichtigste Ertragsgröße sind die Miet-Einnahmen. Da sie bisher nur einen Teil der laufenden Kosten decken, käme eine Erhöhung in Betracht. Eine solche Strategie liefe aber dem innovationspolitischen Auftrag zuwider. Denn gerade die vergleichsweise günstigen Gewerbeflächen in attraktiver Lage sollen ja Gründung und Wachstum kreativer Unternehmen unterstützen. Alternativ könnten die Leiter ihr Leistungsangebot schmälern oder ein höheres Entgelt dafür verlangen. Das würde den Betreiber zwar finanziell entlasten, aber eine Kernidee des Instrumentes ginge verloren – finanzschwächere Existenzgründer müssten auf eine Beratung verzichten. Schließlich könnte das Zentrumsmanagement dem Träger auch jene Leistungen kostendeckend in Rechnung stellen, die in dessen unmittelbarem Interesse stehen (z. B. Standort-

---

394 Siehe Karrenberg/ Münstermann (1999), S. 181ff.

395 Siehe Elle et al. (1997b), S. 102; Habersam (1995), S. 158-159; Habersam et al. (1994), S. 136-137.

396 So die Zielvorgabe des MVMT (1993a), S. 22-23.

397 Auch der frühere Wirtschaftsminister Nordrhein-Westfalens, Wolfgang Clement, räumt ein: „Es ist nicht zu verkennen, dass hier ein Interessenkonflikt bei den Betreibern der Zentren liegen kann. Wer Zentren aus Sicht des – Kostendeckung suchenden – Vermieters begreift, wird zumeist an einer langen Mietdauer interessiert sein. Innovative Unternehmen mögen aus dieser Perspektive als ‚unsichere Kantonisten' erscheinen. Technologiepolitisch wäre dies jedoch falsch." MWMTV (1997).

398 Siehe Habersam (1995), S. 159-160; Habersam et al. (1994), S. 138-147

Marketing). Damit könnte es spezielle Angebote für innovative Gründer quersubventionieren. Dass der Betreiber auf diesen kostenwirksamen Vorschlag eingeht, ist kaum zu erwarten. Zudem wirkt auch das Eigeninteresse der Zentrumsmanager darauf hin, finanzielle Konflikte mit ihrem Träger zu vermeiden. Um die berufliche Situation zu sichern und den eigenen Verwaltungs- und Managementaufwand zu begrenzen, dürften die Leiter vielmehr darauf bedacht sein, wirtschaftlich etablierten Unternehmen einen langfristigen Mietvertrag anzubieten und innovative Gründer nur noch im Rahmen der gegebenen Möglichkeiten zu begleiten. Das Finanzierungsdilemma hält die Manager dazu an, sich zunehmend auf einige symbolische Vorzeigemieter aus der Zielgruppe zu konzentrieren und die ursprünglichen Zielvariablen Gründung und Innovation nur nachgeordnet zu behandeln. Diese institutionenökonomisch fundierte These lässt sich auch empirisch in dreierlei Hinsicht erhärten:

- *Abnehmender Gründeranteil*: Im Jahr 1987 waren noch 74 Prozent der Mieter in nordrhein-westfälischen Zentren Existenzgründer. Dieser zunächst erfreulich hohe Besatz ist bei insgesamt steigenden Mieterzahlen bis Ende 1996 kontinuierlich auf 55 Prozent gesunken (Abbildung 4.15). Zieht man davon noch all die (früheren Gründer-) Unternehmen ab, die bereits länger als drei Jahre in einem Zentrum sind, vermindert sich die Zahl auf 37 Prozent.[399]

- *Geringe Inkubatorrate*: Damit ist zugleich die Funktion der Zentren als Inkubator, also als Brutkasten für Existenzgründer, angesprochen. Nach Konzeption der Landesregierung sollten die Einrichtungen ihre Mieter in der Regel für drei bis fünf, längstens jedoch acht Jahre beherbergen. Tatsächlich haben im Durchschnitt nach drei Jahren erst 40 Prozent, nach fünf Jahren 62 Prozent und nach acht Jahren erst 75 Prozent der Gründer ihr Technologie- und Gründerzentrum wieder verlassen.[400]

- *Abnehmender Innovationsgrad*: Ende 1996 waren 62 Prozent der Mieter auf Technikfeldern tätig, die nach einer Klassifikation des *Fraunhofer-Instituts für Systemtechnik und Innovationsforschung* als besonders innovativ gelten und auf denen sich andere Unternehmen in Nordrhein-Westfalen nach der Zahl der Patentanmeldungen kaum bewegen. 7 Jahre zuvor lag der Anteil bei 77 Prozent.[401]

---

399 Elle et al. (1997a), S. 51-54.

400 Elle et al. (1997a), S. 75-77.

401 Elle et al. (1997a), S. 57-59. Eine abnehmende F&E-Orientierung der Zentren ist auch bundesweit feststellbar, wie Behrendt (1996), S. 232 zeigt.

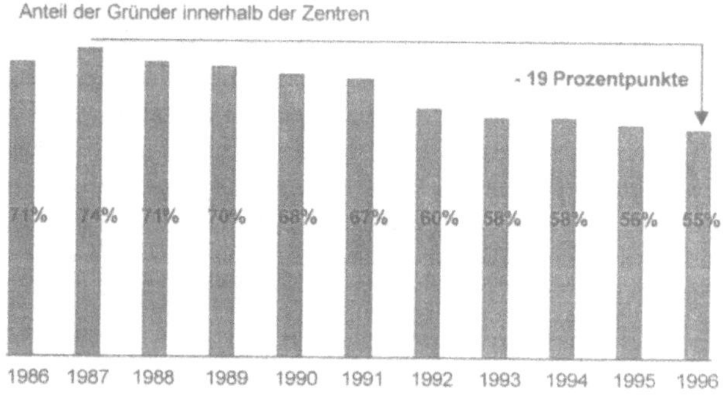

Quelle: Elle et al. (1997a), S. 117.

Abbildung 4.15: Gründeranteil in Technologie- und Gründerzentren in NRW

Transfer- und Beratungsstelle

Bei den Transfer- und Beratungsstellen ist das Analyse-Objekt Anreize und Aufgaben-Controlling ebenso relevant wie heikel. Denn auch bei diesem Instrument haben es die innovationspolitischen Entscheidungsträger vielfach versäumt, wirksame Steuerungsmechanismen zu installieren – obgleich sich die Ziele der beteiligten Akteure nicht immer decken. Wie die jeweiligen Interessen und Kooperationsanreize aussehen, ist Gegenstand der folgenden Analyse. Dabei ist es sinnvoll, zwischen den verschiedenen Varianten des Technologietransfers zu unterscheiden, also dem Transfer über forschungsnahe, wirtschaftsnahe und eigenständige Mittler sowie dem unmittelbaren Transfer.

Ein *unmittelbarer Technologietransfer* liegt dann vor, wenn Wissenschaftler und Unternehmer direkt zusammenarbeiten. Beispiele sind Auftragsstudie, Kooperationsprojekt, Beratervertrag, Personaltransfer oder wissenschaftliche Dienstleistungen wie Gutachten, Mess- und Prüfaufträge oder die Überlassung von Forschungsgeräten. Zwar konnten die nordrhein-westfälischen Hochschulen das Volumen der Drittmittel zwischen 1990-1997 um 94 Prozent auf 233 Mio. DM steigern. Dennoch, so urteilen die verantwortlichen Wirtschafts- und Wissenschaftsministerien des Landes, „sind die Transfererfolge in der Gesamtheit noch zu gering", die Hochschulen „orientierten sich insgesamt zu wenig an den Innovationsbedürfnissen der Unternehmen und den Anforderungen des Markts".[402]

402 MWMTV/ MSWWF (1999), S. 6.

Motivations- und Anreizhemmnisse sind oftmals die Ursache dafür.[403] Nur wenige Wissenschaftler interessieren sich für unternehmerische Projekte, zumal mit kleinen und mittleren Betrieben aus der Region. Aufträge akquirieren, mit Unternehmen verhandeln, anwendungsnah forschen, Ergebnisse transferieren – all das erfordert Zeit und den Erwerb von besonderen Fähigkeiten, die einer akademischen Karriere in einer staatlichen Hochschule kaum nützen. Durch das starre Dienst- und Haushaltsrecht sind mögliche Nebenverdienste der Professoren begrenzt. Vor allem aber der Bundesangestelltentarifvertrag (BAT) bietet kaum die Möglichkeit, nicht-beamtete Wissenschaftler für zusätzliche Transferprojekte zu entlohnen. Neben monetären mangelt es auch an nicht-monetären Anreizen: In der *Scientific Community* steigern Wissenschaftler ihre Reputation weniger durch angewandte als vielmehr durch Grundlagenforschung. Gerade jüngere Forscher sind darauf angewiesen, ihre Erkenntnisse möglichst rasch zu veröffentlichen. Genau davor schrecken Unternehmer zurück: Sie wollen das wettbewerbsrelevante Wissen, das gemeinsam entstehen soll, vor der Konkurrenz geheimhalten. Nur dann können sie Monopolgewinne abschöpfen. Unternehmer gehen in der Regel lieber eine kurzfristige, konkrete Kooperation ein, während Wissenschaftler eher längerfristige, grundlegende Forschungsvorhaben anstreben. Eine Zusammenarbeit bleibt oft auch deshalb aus, weil beide Seiten unterschiedliche Sprach- und Kommunikationsstile verwenden, die zu einer kulturellen Kluft führen.[404] Unternehmen mahnen eine Bring-, Wissenschaftler eine Holschuld an.[405] Kann ein Mittler diese Barrieren überwinden? Lässt sich die Transferaufgabe delegieren?

Mit dem Aufbau von Transferstellen an sämtlichen Hochschulen in Nordrhein-Westfalen während der achtziger Jahre zielte die Landesregierung darauf ab, dezentrale Kooperationsprojekte anzuregen. Profitieren sollen davon insbesondere kleine und mittlere Betriebe, die sich keine eigenen Forschungskapazitäten leisten können. Die Leiter der *forschungsnahen Mittler* lassen sich dabei als Agenten des Landes interpretieren. Doch erneut besteht eine Informationslücke. Über den Beamten- oder Angestelltenvertrag hinaus kann der Dienstherr nämlich kaum steuern, wie der Mitarbeiter einer Transferstelle seine Aufgabe erfüllt. Jede Hochschule hat volle Gestaltungsfreiheit bei der Wahl des Leistungsangebots und der organisatorischen Stellung der Einrichtung.[406] Es fehlt an denselben An-

403 So MWMTV/ MSWWF (1999), S. 7.

404 Diesen Aspekt betont besonders Priddat (1999a), S. 8-9.

405 Die unterschiedlichen Interessen beschreiben auch Priddat (1999a), S. 8-9, Reinhard/ Schmalholz (1996), S. 79-82 und (1995), S. 19-21, Beise/ Spielkamp (1996), S. 7-9 oder Beise/ Licht/ Spielkamp (1995), S. 70-74.

406 Siehe Elle (1998), S. 6-7.

reizoptionen, die schon bei einem direkten Transfer notwendig wären. Erschwerend kommt hinzu, dass der Transferbeauftragte auf Akzeptanzprobleme stoßen kann, weil er weder zum Kreis der Wissenschaftler noch zu dem der Wirtschaft gehört.[407]

Der Erfolg der Einrichtung hängt deswegen ganz entscheidend von der inneren Motivation, dem beruflichen Selbstverständnis und der Kompetenz des jeweiligen Akteurs ab. Bei minderer Qualität kann die Delegation der Transferaufgabe an eine zentrale Hochschuleinrichtung die Distanz zwischen Wissenschaft und Wirtschaft vergrößern. Auch die jüngst aufgelegten Transferwettbewerbe und *Good-Practice*-Modelle von Bund und Land ändern an diesem Kernproblem insofern nur wenig, als sie eher die ohnehin schon besseren Einrichtungen zu einer Mitarbeit bewegen. Schwächere Einheiten dürften hingegen nur wenig geneigt sein, sich einem öffentlichen Wettbewerb zu stellen.

Die geringen Anreize des öffentlichen Dienst- und Haushaltsrechts der Hochschulen kamen auch in den Tiefeninterviews zum Ausdruck. Der Leiter der Transferstelle einer Fachhochschule wies darauf hin, dass Hochschulen zwar einen eigenen Haushaltstitel für den Wissenstransfer definieren können. Dieser sei aber zweck- und abteilungsgebunden. Der Transferstelle sei es nicht erlaubt, einen kooperationswilligen Partner innerhalb der Hochschule für ein Praxisprojekt zu entlohnen, selbst wenn die Transferstelle entsprechende Drittmittel einwirbt. Sinnvoll wäre ein eigenes und flexibles Transferbudget. Denn auch direkte Honorare durch einen externen Auftraggeber seien nur bedingt möglich. Bei Projekten, die von öffentlichen Trägern ausgeschrieben sind, dürfe ein Fachhochschulmitarbeiter lediglich 1.600 DM pro Jahr privat hinzu verdienen, bei Professoren liege die Grenze bei 9.600 DM pro Jahr. Diese finanzielle Restriktion wiegt deshalb so schwer, weil gerade in den Fachhochschulen anwendungsnah geforscht wird.

Ähnliche Probleme tauchen bei den *wirtschaftsnahen Mittlern* auf. Auch die Mitarbeiter in den Technologieberatungstellen der Industrie- und Handelskammern oder des Technologie-Transfer-Rings Handwerk NRW arbeiten in der Regel unter einem Tarifwerk ohne variable Gehaltskomponenten. Der direkte Kontakt mit einem Unternehmen, das als Mitglied einen obligatorischen Beitrag an die Kammer entrichten muss, dürfte indes einen gewissen Nachfragedruck erzeugen.

[407] Reinhard/ Schmalholz (1996), S. 12.

Bei den *eigenständigen Mittlern* ist keine allgemeinen Antwort über das Vertretungsverhältnis möglich. Auf der einen Seite erlauben die privaten Organisationsformen ein anreizgerechtes Arrangement. So haben einige Hochschulen ihre Transfer- und Beratungsaktivität Ende der neunziger Jahre auf eine eigenständige Gesellschaft ausgelagert. Beispiele sind das *Institut für Innovationstransfer an der Universität Bielefeld GmbH*, die *Gesellschaft für Innovation und Technologie der Ruhr-Universität Bochum GmbH* oder die *Gemeinnützige Gesellschaft für Innovation und Transfer an der Universität Siegen mbH.* Auch eine Reihe von kommunalen Gebietskörperschaften bedient sich einer privatwirtschaftlichen Beratungs- und Transferagentur. Allerdings ist stets kritisch zu prüfen, wem der Ertrag oder Verlust einer Tätigkeit zufließt. Die private Rechtsform allein löst das Delegationsproblem noch nicht. Eine bundesweite Studie des *ifo Instituts für Wirtschaftsforschung* über Stand und Reformbedarf des Technologietransfers in Deutschland betont deshalb: „Solange keine Änderung des Anreizsystems erfolgt, kann nicht erwartet werden, dass technologisches Wissen stärker anwendungsorientiert erzeugt oder vorhandenes Wissen der Wirtschaft angeboten wird. Fehlende Anreizsysteme können auch durch Technologietransfereinrichtungen nicht grundsätzlich ersetzt werden." Vor diesem Hintergrund müsse der Technologietransfer in der derzeitigen Form oft „zufällig und unplanmäßig bleiben."[408]

Neben den Anreizen fehlt in zahlreichen öffentlichen oder öffentlich-privaten Transfereinrichtungen ein weiteres Steuerungsinstrument: ein Informations- und Kontrollsystem. Der jeweilige Träger kann als Prinzipal kaum ersehen, welche Tätigkeiten der Transferbeauftragte ausübt, wie er dabei vorgeht und welches qualitative oder quantitative Ergebnis er erzielt.[409] Dass Controlling-Instrumente auch bei Transfer- und Beratungsstellen möglich sind, die kostenlos Leistungen für kreative *Start-up*-Unternehmen anbieten, zeigt die *Agentur für Innovation und Technologietransfer Aachen mbH (AGIT)*. Ende 1999 haben die verantwortlichen Akteure die Einrichtung nach betriebswirtschaftlichen Kriterien reorganisiert. Im Mittelpunkt stehen eine neue Organisationsstruktur und ein internes Controlling-System; beide Elemente sollen sich wechselseitig ergänzen. Die neue Organisationsstruktur ersetzt die bisherigen administrativen Abteilungen durch einen Aufbau nach vier Produkt- und Leistungsbereichen, wie Tabelle 4.5 zeigt.

---

408 Reinhard/ Schmalholz (1996), S. 13.

409 Zur Bedeutung des Transfer-*Controlling* siehe Beise/ Licht/ Spielkamp (1995), S. 112-115 und Hofstetter (1991), S. 19-25.

Beratung	Netzwerke
• Existenzgründungs-/ Wachstumsberatung • Technologie- und Innovationsberatung • Technologie- und europaorientierte Wirtschaftsförderung und Ansiedlungen	• Regionale Kooperationen • Überregionale Kooperationen (z. B. nationale Kooperationen, Euregio)
Objekte & Services	**Marketing & Strategie**
• TZ-Mieterbetreuung • Konferenzraummanagement • Haustechnik • Telefonzentrale und Empfang • Internet-Büro	• Markt- und Trendforschung • Unternehmenskommunikation und Regionalmarketing • Sekretariat der Regionalkonferenz Aachen, das bei der AGIT angesiedelt ist

Quelle: Eigene Zusammenstellung auf Basis der AGIT.

Tabelle 4.5: Produkt- und Leistungsbereiche der AGIT

Dieser Aufbau soll potenziellen Kunden ein schärferes Profil über die Arbeit der AGIT vermitteln. Zwischen den einzelnen Bereichen sind Kooperationen erwünscht, wenn das die Transferqualität erhöht. Nicht mehr die formale Zuständigkeit einer Abteilung, sondern die Suche nach der besten Lösung für den Kunden soll entscheiden. Zu diesem Zweck wurde auch ein Aufgaben-Controlling eingeführt. Es soll die Entscheidungsträger genauer über die Entwicklung der einzelnen Leistungsbereiche und Kostenträger informieren. Beispiel Beratung: Hier sammeln die Mitarbeiter Daten über die Anzahl und Dauer von Beratungsgesprächen, die Länge der internen Vor- und Nachbereitung, die Anzahl von eingereichten Geschäftsplänen, die Anzahl der Unternehmengründungen nach einer erfolgter Beratung. So lassen sich Kennzahlen über die jeweiligen Leistungen in einem Betrachtungszeitraum errechnen. Weil die Beratung gratis ist, stehen den Kostenträgern keine Einnahmen gegenüber. Doch die Geschäftsführung kann mit Hilfe der gewonnenen input- und output-orientierten Kennzahlen einen Vergleich mit anderen öffentlichen oder privaten Beratungsinstitutionen aufbauen und auf dieser Grundlage die Kosteneffizienz ihrer Leistungen optimieren. Zudem lassen sich interne Längsschnittanalysen über einen Kostenträger erstellen. Wie bei jedem organisatorischen Wandel ist die Akzeptanz des Controlling-Instruments gemischt: Während einige Mitarbeiter eine stärkere Kontrolle fürchten, sehen andere die Chance, ihre Tätigkeiten besser darstellen zu können. Für die Einführung spricht folgendes Verständnis: Wie soll man *Start-up*-Unternehmen beraten, wenn man sich selbst betriebswirtschaftlichen Methoden verschließt?

Regionale Beteiligungsgesellschaft

Wie wichtig Anreiz- und Informationsmechanismen bei Kapitalgebern sind, belegen eine Fülle empirischer Studien:[410] Jene Wagniskapitalfonds, die ihre Partnerunternehmen sorgsam auswählen und aktiv begleiten, erzielen systematisch eine höhere Rendite als solche, die mögliche Prinzipal-Agent-Probleme weniger stark berücksichtigen. Die folgenden zwei Analyseschritte beleuchten den Umgang mit den typischen Informationsasymmetrien zwischen den relevanten Akteuren. Dabei steht zunächst das Delegationsverhältnis zwischen den Trägern und dem Management einer Beteiligungsgesellschaft im Blickpunkt. Anschließend liegt der Fokus auf der Beziehung zwischen Fondsmanagement und Portfoliounternehmen.

Zu den Trägern der regionalen Beteiligungsgesellschaften zählen in unterschiedlichen Mischungsverhältnissen die Vertreter der örtlichen Sparkassen; in einigen Fällen kommen auch noch andere öffentlich-rechtliche Banken oder Unternehmen hinzu. Die Träger lassen sich als Prinzipal beschreiben. Sie stellen Beteiligungskapital bereit und beauftragen ihre Fondsmanager, wachstumsträchtige *Start-ups* aufzuspüren und sie in ihrer Geschäftstätigkeit fachkundig zu unterstützen. Dabei besteht insofern eine Wissenslücke, als die Träger das operative Geschäft der Manager nicht überblicken können. Die asymmetrische Informationslage lässt sich aber vergleichsweise gut beherrschen, da das betriebliche Jahresergebnis des Fondsmanagements anhand der erzielten Rendite relativ genau messbar ist. Zudem lässt sich über ein Anreizsystem eine weit reichende Zielharmonie zwischen Träger und Geschäftsleitung herbeiführen.[411]

Beteiligungsgesellschaften arbeiten in der Regel unter einem leistungsorientierten Vergütungssystem mit festen und variablen Bestandteilen – je höher die Rendite der Gesellschaft, desto höher das Jahresgehalt ihrer Mitarbeiter. In den untersuchten Beteiligungsgesellschaften bemessen sich die variablen Gehaltskomponenten stets nach dem wirtschaftlichen Erfolg eines*Projektteams*, da der Beitrag eines *einzelnen* Fondsmanagers kaum isolierbar ist. Zudem fördert der mögliche Gruppenbonus die Kooperation zwischen den Mitarbeitern und hält sie bei der Auswahl der Beteiligungsunternehmen zu einem längerfristigen Zeithorizont an. Die Gehaltshöhe der Mitarbeiter darf sich aus unternehmenspolitischen Gründen allerdings nicht zu weit von denen der Träger-Sparkassen entfernen. Im Vergleich zu den eindeutig renditeorientierten *Venture-Capital*-Gesellschaften sind die Verdienstmöglichkeiten in regionalen Beteiligungsgesellschaften also

---

410 Siehe ausführlich Tonger (2000) oder Schefczyk (1999a), S. 1128 und den dortigen Literaturüberblick.

411 Über den Umgang mit Anreiz- und Informationsproblemen in der Beteiligungsfinanzierung siehe ausführlich Schefczyk (2000a), S. 38-60.

zum Teil deutlich geringer.[412] Neben dem monetären Anreizsystem nutzen viele Träger ein Informations- und Kontrollorgan. Dabei handelt es sich um den so genannten Investi-tionsausschuss, der sich aus Vertretern der beteiligten Sparkassen zusammensetzt. Planen die Fondsmanager, eine neue Beteiligung einzugehen, muss das Gremium diesem Vorhaben zustimmen. In einigen Beteiligungsgesellschaften wird jedes potenzielle Engagement geprüft, in anderen erst ab einem bestimmten Volumen.

Diese Anreiz- und Informationssysteme können nur dann das Verhalten der Fondsmanager lenken, wenn sie selbst in der Lage sind, die Rendite einer Beteiligung zu beeinflussen. Das führt zur zweiten Prinizipal-Agent-Beziehung dieser Analyse – dem Verhältnis zwischen Fondsmanagement und Partnerunternehmen. Erneut besteht ein Informationsgefälle, das in den unterschiedlichen Phasen eines Investmentprozesses eine Reihe von Maßnahmen erforderlich macht.[413]

Um das Potenzial und die Leistungsbereitschaft eines innovativen*Start-ups* im Vorfeld eines Engagements richtig einzuschätzen, prüfen die Fondsmanager eingehend die Beteiligungswürdigkeit des Unternehmens.[414] Dabei analysieren sie den Geschäftsplan, begutachten die Produktidee und versuchen, die jeweilige Markt- und Branchenentwicklung zu prognostizieren. Eine zentrale Rolle spielen zudem persönliche Interviews mit den Schlüsselpersonen des Unternehmens, die über Qualifikation, unternehmerische Erfahrungen, Kenntnisse der Branche oder ihre Überzeugungskraft und ihr persönliches Auftreten informieren sollen. Besteht ein wechselseitiges Interesse zur Kooperation, handelt das Fondsmanagement sodann konkrete Beteiligungsmodalitäten aus. Regionale Beteiligungsgesellschaften engagieren sich in der Regel als Minderheitsgesellschafter mit einem Anteil zwischen 20 und 49 Prozent des Stammkapitals. Weil so das Partnerunternehmen einen größeren Teil der Chancen und Risiken des Projektes trägt, bleibt die Motivation und Leistungsbereitschaft der Geschäftsführung gewahrt. Während des Engagements greifen die Fondsmanager schließlich auf die Mitentscheidungs-, Informations- und Kontrollrechte zurück, die mit ihrer Beteiligung verbunden sind. So nehmen sie an der Gremienarbeit teil (Aufsichtsrat, Beirat) und kontrollieren Quartalsbericht, Jahresabschluss, Finanzplan oder Erfolgsrechnung.

---

412 Damit wird es den regionalen Beteiligungsgesellschaften ungleich schwerer fallen, hochqualifizierte Mitarbeiter anzustellen.

413 Siehe Behrens et al. (2000), S. 288-291 oder Sabisch/ Groß (1999), S. 137-157.

414 Ausführlich dazu Pichotta (1990).

Im Unterschied zu zahlreichen Technologiezentren und Transferstellen haben die regionalen Beteiligungsgesellschaften somit institutionelle Lösungen etabliert, um die Prinzipal-Agent-Probleme zwischen Trägern, Managern und Kunden einer Einrichtung zu lösen. Ein herausragende Funktion spielt dabei die finanzielle Kopplung der Interessen der beteiligten Personen.

Ein Spannungsfeld zeichnet sich allerdings dann ab, wenn sich eine regionale Beteiligungsgesellschaft auch bei weniger wachstumsträchtigen Unternehmen engagiert. Der satzungsgemäße Auftrag, die regionale Wirtschaft zu unterstützen, gerät dann in Konflikt mit dem leistungs- und renditeorientierten Vergütungssystem des Managements.[415] So wäre es für einen Fondsmanager wenig lukrativ, sich mit marginalen Gründern zu beschäftigen. Dieser Zielkonflikt zwischen Rendite- und Förderorientiertung lässt sich nur dann lösen, wenn die Fondsmitarbeiter auf variable Gehaltsbestandteile verzichten oder die Träger ein förderorientiertes Engagement von den monetären Anreizen ausklammern. So erklärte der Geschäftsführer einer der befragten Beteiligungsgesellschaften, dass die Träger seiner Einrichtung bei förderorientierten Beteiligungen*keine* positive Rendite erwarteten. Die Entscheidung über eine Beteiligung trifft der Investitionsausschuss der beteiligten Sparkassenorganisationen. Um die potenziellen Kosten eines solchen regionalpolitischen Engagements abzufedern, insbesondere bei einer Insolvenz des Portfoliounternehmens, nutzen die befragten Beteiligungsgesellschaften die einschlägigen Refinanzierungs- und Bürgschaftsprogramme von Bund oder Land, Kreditanstalt für Wiederaufbau oder Deutscher Ausgleichsbank.[416] Ohne diese begleitenden Förderprogramme könnten die regionalen Beteiligungsgesellschaften somit nur bedingt ihrem Auftrag nachkommen, die Wirtschaftsentwicklung vor Ort zu unterstützen.

4.5. Analyse des Leistungsangebots der Instrumente

Das instrumentelle Leistungsspektrum dezentraler Innovationspolitik bildet den Abschluss des systematischen Abgleichs zwischen dem ökonomischen Referenzmaßstab und der Förderpraxis in Nordrhein-Westfalen. Drei Analyse-Objekte stehen dabei im Blickpunkt: die marktlichen Hemmnisse innovativer Gründer (4.5.1), die möglichen Steuerungsmängel politischer Akteure (4.5.2)

---

[415] Siehe Kulicke (2001a), S. 200-202. Zu dem Zielkonflikt siehe auch Kremer/ Westphal (1996), S. 48 und 64.

[416] Siehe dazu den Überblick von Dopp (1999) oder Lessat et al. (1999), S. 191-194. Mit den Anreiz- und Informationsproblemen von Ausfallbürgschaften und Refinanzierungsprogrammen beschäftigt sich Gläser (1999), S. 71-75.

und der Aufbau intra-regionaler Netzwerke (4.5.3). Während die beiden ersten Perspektiven aus der Ordnungstheorie stammen, die nach den Gründen und Grenzen der Innovationspolitik fragt, gründet sich der dritte Aspekt auf die Befunde der neueren Innovationsforschung. Dabei steht die Wahl geeigneter Leistungsangebote für mehr Gründung und Innovation innerhalb einer Region im Vordergrund. Beide Blickwinkel gehören zusammen, um die Leistungsfähigkeit der bestehenden Fördereinrichtungen bewerten und instrumentelle Schlussfolgerungen für die künftige dezentrale Innovationspolitik ziehen zu können.

4.5.1. Marktmängel innovativer *Start-ups*

Dass innovative *Start-ups* unter marktlichen Unvollkommenheiten leiden können, ist das Ergebnis einer früheren ordnungstheoretischen Betrachtung:[417] Im Gegensatz zum etablierten Großbetrieb haben Existenzgründer oftmals Probleme, sich die positiven Externalitäten ihrer Innovation als private Erträge anzueignen. Denn Schutz und Verwertung der Neuheit sind kompliziert und kostspielig; die Betriebe können daher Imitationen kaum verhindern. Darüber hinaus kann es ihnen auf Grund von Informationsasymmetrien auf dem Kapitalmarkt schwerer fallen, Eigenkapital für ihr Innovationsprojekt zu erwerben. Existenzgründer mit einem begrenzten Wachstumspotenzial, die aber in der Summe für die regionale Wirtschaftsentwicklung bedeutsam sind, können private Kapitalgeber von einer finanziellen Beteiligung kaum überzeugen. Trotz guter Geschäftsideen können sich etliche *Start-ups* zudem nicht entfalten, da es ihnen an betriebswirtschaftlichen Kenntnissen und fachlichen Qualifikationen mangelt. Aus diesen Gründen ist öffentliche Hilfe im Grundsatz ökonomisch gerechtfertigt. Der sich daran anschließende Untersuchungsauftrag des Kapitels lautet: Ist das Leistungsangebot von Gründerzentrum, Transferstelle und Beteilungsgesellschaft effektiv und zielgenau, um die Hemmnisse kreativer Gründer *ursachengerecht* zu verringern?

Einen ungewollten externen Effekt vermag keines der genannten Instrumente dezentraler Innovationspolitik zu verhindern, auch können sie selbst keine Internalisierung herbeiführen. Doch mit Hilfe bestimmter Beratungs- und Serviceleistungen – unabhängig durch welchen der drei Instrumententypen – lassen sich marktliche Defizite innovativer *Start-ups* in diesem Bereich zumindest reduzieren. Die jeweiligen Akteure können dem Unternehmen etwa eine Übersicht über das Patentgeschehen bieten, Kontakt zu einer Patentinformationsstelle vermit-

---

[417] Siehe Kapitel 3.2.1.

teln, ihnen bei der Durchsetzung eigener Ansprüche helfen, und sie bei der Anmeldung und Verwendung von gewerblichen Schutzrechten unterstützen.[418]

Eine besondere Schwierigkeit kann sich beim Technologie- und Gründerzentrum ergeben, da es womöglich selbst ungewünschte externe Effekte produziert:[419] Denn auf Grund der räumlichen Nähe und der persönlichen Interaktion innerhalb einer Einrichtung lässt sich nicht ausschließen, dass gerade dort das neue Wissen eines Unternehmens von konkurrierenden Mietern schnellstens imitiert wird, die sich mit derselben oder einer ähnlichen Innovation beschäftigen. Dem Argument zufolge sollte in den Zentren eher ein komplementärer Mix denn eine Spezialisierung auf ein einziges Technikfeld erfolgen. Die Gefahr der Imitation wäre dann hinfällig, wenn es gelänge, Kooperationen zwischen den Unternehmen zu initiieren und dadurch Synergien zu entfalten. Dann handelte es sich allerdings um beabsichtigte Externalitäten, wie sie der Grundidee eines innovativen Netzes zugrunde liegen.

Mit Blick auf das zweite mögliche Marktdefizit eines innovativen*Start-ups*, den Erwerb von risikotragendem Eigenkapital, unterscheidet sich die Effektivität der innovationspolitischen Instrumente und ihrer Leistungen erheblich. Wie die spätere Analyse zeigen wird, handelt es sich nur bei der Beteiligungsgesellschaft im Grundsatz um eine ursachengerechte Lösung. Zunächst sollen aber die Zielbeiträge der beiden anderen Instrumente diskutiert werden.

Die Leiter von Technologiezentrum und Beratungsstelle stellen in der Regel weder Eigenkapital bereit, noch verbessern sie die Rahmenbedingungen des Kapitalmarkts. Somit ändern sie an der eigentlichen Ursache der möglichen Marktunvollkommenheit nichts. Erneut lässt sich allerdings ein mittelbarer Zielbeitrag diagnostizieren. Denn das Management der beiden Instrumentenarten kann im Auftrag eines Gründers Kontakte zu speziellen Finanzierungsstellen vermitteln und die Transaktionskosten der Suche und der Verhandlung lindern. Das dürfte vor allem bei jenen Einrichtungen möglich sein, bei denen Sparkassen oder andere öffentlich-rechtliche Kreditinstitute unmittelbar zu den Gesellschaftern oder zu engen Kooperationspartnern zählen. Auch eine Beratung über staatliche Förderprogramme könnte eine Finanzierungslücke des Gründers überwinden helfen.[420]

---

418 Salomo (1999), S. 31, Elle et al. (1997b), S. 90.

419 So Albach/ Tengler (1987), S. 606-607.

420 Elle et al. (1997b), S. 90-92 oder Albach/ Tengler (1987), S. 607. Salomo (1999), S. 28 weist kritisch darauf hin, dass die gezielte Fördermittelberatung zu einer bedenklich hohen Subventionsintensität der Mieter führt.

Über die Beratungs- und Transferkompetenz hinaus trägt auch das räumliche Angebot eines Innovations- und Technologiezentrums *indirekt* dazu bei, die finanzielle Situation eines Jungunternehmens zu verbessern. Die Vermietung von hochwertigen Geschäftsflächen kann den Fixkostenblock eines Mieters vermindern oder zumindest in variable Kosten umwandeln. So besteht etwa die Möglichkeit, Gemeinschaftseinrichtungen nach dem individuellen Bedarf in Anspruch zu nehmen. Dazu zählen beispielsweise Empfang, Büroarbeiten sowie Kommunikations- und Informationsdienste. Auch Veranstaltungsraum, Labor sowie sonstige Forschungs- und Entwicklungskapazitäten sind hier zu nennen. Darüber hinaus ist auch das flexible Raumangebot eines Zentrums bedeutsam. Viele Einrichtungen wurden in einer Rasterbauweise errichtet oder halten Reserveflächen bereit. So kann ein Unternehmen oftmals kurzfristig und nur vorübergehend Büro, Labor und Hallenflächen nutzen. Wächst ein Unternehmen mit zunehmender Marktreife, so kann es meist relativ problemlos neue Flächen anmieten. Im umgekehrten Fall ist auch eine Reduktion der Mietfläche möglich. Eine derartige Anpassungsfähigkeit bietet der freie Immobilienmarkt bisher nur an wenigen Standorten.[421]

Die potenziellen Leistungen eines Instrumentes, in diesem Fall die des Technologiezentrums, sagen jedoch nur zum Teil etwas über seine Leistungsfähigkeit aus. In einem zweiten Schritt ist daher zu prüfen, ob und in welchem Ausmaß die Zielgruppe die Maßnahmen auch tatsächlich in Anspruch nimmt. Vor diesem Hintergrund ist ein Blick auf Tabelle 4.6 aufschlussreich. Sie zeigt den Wahrnehmungs- und Nutzungsgrad des Leistungsspektrums der nordrheinwestfälischen Zentren. Die Daten stammen aus einer standardisierten Mieterbefragung im Jahr 1997 – von den gut 1.600 Unternehmen, die seinerzeit in einer Einrichtung ansässig waren, haben 240 einen korrekt ausgefüllten Fragebogen zurückgeschickt.[422] Einen vergleichsweise hohen Nutzungsgrad weisen die *Service*-Leistungen der Zentren auf (linke Spalte). Gut zwei Drittel aller Existenzgründer nehmen Empfangs- und Telekommunikationsdienste in Anspruch oder mieten bei Bedarf Veranstaltungsräume. Deutlich weniger Jungunternehmen, etwas mehr als ein Drittel, nutzen die *Beratungs-Leistungen* bei Fördermittel-, Gründungs- und Finanzierungsfragen. 42 Prozent der Gründer lassen sich bei der Suche nach Kooperationspartnern unterstützen. Auf eine relativ geringe Nachfrage stoßen die *Schulungs-Leistungen* der Zentren. Nur 11 bis 14 von 100 *Start-up*-Mietern besuchen Existenzgründungs-, kaufmännische oder technische Seminare. Neben der unterschiedlichen Nutzung überrascht die zum Teil geringe Wahrnehmung der angebotenen Leistungen (rechte Spalte). Über die Hälfte der

---

421 Elle et al. (1997a), S. 74-75 und Habersam et al. (1994), S. 11. sehen in der Flexibilität des Immobilienangebots sogar die eigentliche Kernkompetenz der Zentren.

422 Elle et al. (1997a), S. 82-83 und (1997b), S. 151-155.

Mieter weiß demnach nicht, dass ihre Einrichtung eine Unternehmensberatung anbietet; jedem dritten Betrieb ist unbekannt, dass er Forschungs- und Entwicklungsanlagen anmieten könnte.

Leistungsangebot	**Nutzungsgrad Existenz-gründer**	**Nutzungsgrad aller Mieter**	**Bekanntheits-grad bei allen Mietern**
Leistungen ...			
... mit hohem Nutzungsgrad			
Empfangs-Service	66	64	99
Vermietung von Veranstaltungsräumen	65	67	100
Telekommunikationsdienste	64	65	91
... mit mittlerem Nutzungsgrad			
Kooperationsförderung	42	41	83
Fördermittelberatung	38	31	63
Existenzgründer-Beratung	37	28	70
Public Relations-Aktivitäten	36	35	74
Büro-Servicedienste	34	33	67
... mit niedrigem Nutzungsgrad			
Finanzierungsberatung	27	22	68
Vermietung von F&E- und Prüfanlagen	26	21	33
Organisation von Messe-Beteiligungen	24	25	100
Allgemeine Unternehmensberatung	21	17	43
Vermittlung von F&E-Aufträgen	17	14	89
Forschung und Entwicklung	17	12	100
Technologietransferberatung und –makeln	16	17	89
Existenzgründungsseminare	14	11	76
Kaufmännische Seminare	14	12	74
Technische Seminare	14	13	76
Marketing-Beratung	11	15	46
Technische Beratung	10	12	32
Vermietung von Produktionsanlagen	9	10	83
Beratung bei Unternehmens-Nachfolge	0	0	32

Angaben in Prozent, Mehrfach-Nennungen möglich

Quelle: Eigene Zusammenstellung auf Basis von Elle et al. (1997a), S. 83 und 84.

Tabelle 4.6: Leistungsnachfrage bei Technologie- und Gründerzentren in NRW

Nach der empirischen Analyse lässt sich damit folgender Befund feststellen: Sofern die Zentrumsleistungen wahrgenommen und genutzt werden (und qualitativ hochwertig sind), können sie zwar die Transaktionskosten ihrer Mieter senken. An der eigentlichen Eigenkapitalschwäche der Unternehmer und damit der Finanzierung von Innovationsprojekten ändern sie jedoch nur wenig; die Maßnahmen wirken allenfalls mittelbar. Dieser Befund gilt ebenso für Beratungs- und Transferstellen, die ähnliche Schulungs-, Service- und Beratungsleistungen anbieten wie die hier ausführlicher betrachteten Zentren.

Wie bereits angedeutet versprechen Beteiligungsgesellschaften eine ursachengerechte Lösung. Sie offerieren innovativen Gründern Eigenkapital oder eigenkapitalähnliche Titel wie Gesellschafterdarlehen oder Darlehen mit Rangrücktritt. Im Idealfall bringen sie nicht nur Geld, sondern auch noch Fachwissen und Kontakte in den *Start-up*-Betrieb ein. Bisher gibt es nur wenige Studien darüber, wie regionale Beteiligungsgesellschaften ihre Portfoliounternehmen inhaltlich begleiten.[423] Die empirischen Befunde über ihr Leistungsangebot wie auch die Tiefeninterviews zeigen jedoch, dass sich ihr Engagement oftmals auf die Informations- und Kontrollrechte beschränkt, die mit einer (stillen) Beteiligung verbunden sind. Anhand von Quartalsbericht, Jahresabschluss und Erfolgsrechnung prüfen die Mitarbeiter des Fonds die aktuelle Unternehmenslage. Sie spielen also eher die Rolle eines kritischen Beobachters. Bei einer aktiven Managementunterstützung geraten viele regionale Gesellschaften an ihre Grenzen. Nur ein Viertel bietet eine allgemeine Unternehmensberatung an, bei einer technischen oder Marketing-Beratung sind es sogar nur 13 Prozent.[424] Im Gegensatz zu renditeorientierten *Venture-Capital*-Gesellschaften verfügen viele regionale Anbieter nicht über die personellen Kapazitäten, die bei strategischen Fragen wie dem Aufbau eines überregionalen Vertriebsnetzes, einer strategischen Allianz oder einem Börsengang notwendig wären.[425] Dieses Manko kann eine kleinere Beteiligungsgesellschaft nur dann kompensieren, wenn sie in ein regionales Netzwerk eingebettet ist und die Managementunterstützung externalisieren kann.[426]

---

423 Siehe Lompe et al. (1998) und Wupperfeld (1996).

424 Siehe die Dokumentation des Leistungskataloges in Kapitel 4.2.3.

425 Der Erfolg einer Beteiligungsgesellschaft korreliert jedoch statistisch signifikant mit einer aktiven Beratung von Portfoliounternehmen. Siehe dazu Schefczyk (1999b).

426 So Kulicke (2001a) oder Kremer/ Westphal (1996), S. 12-14.

4.5.2. Steuerungsmängel politischer Akteure

Marktliche Hemmnisse innovativer Gründer sind die eine Seite der ordnungstheoretisch fundierten Analyse dezentraler Innovationspolitik. Auf der anderen Seite sind auch mögliche Steuerungsmängel der Instrumente und ihrer Leistungen zu beachten.[427] Öffentlich finanzierte Fördermaßnahmen sind nur dann ökonomisch sinnvoll, wenn staatliche Akteure in der Lage sind, ein besseres Ergebnis herbeizuführen als der Marktmechanismus. Die Anmaßung von Wissen und die richtige Auswahl von Innovationsvorhaben stellen sich dabei als gravierende Probleme dar. Vor diesem Hintergrund richtet sich jetzt das Augenmerk auf die Grenzen staatlicher Steuerung, die am Beispiel des Technologiezentrums und der Transferstelle genauer betrachtet werden.

Im Gegensatz zu einer direkten Marktintervention, die für die zentrale Innovationspolitik lange charakteristisch war, zeichnet sich die dezentrale Ebene durch einen indirekten Förderansatz aus: Technologiezentrum oder Beratungsstelle nehmen keinen unmittelbaren Einfluss auf die Innovationsentscheidung der Unternehmen. Dabei ist allerdings ein Zielkonflikt vorgezeichnet: Je offener eine Fördermaßnahme gestaltet ist, desto weniger Lenkungswissen ist zwar auf Seiten des Managements nötig, doch um so größere Mitnahmeeffekte sind in Kauf zu nehmen (*et vice versa*). Wie die einzelnen Instrumente und ihr Leistungsspektrum mit diesem Spannungsfeld umgehen, untersucht der folgende Abschnitt. Dazu ist es notwendig, zunächst die möglichen Wirkungen eines Instrumentes methodisch zu präzisieren.

Eine Fördermaßnahme gilt als effektiv, wenn sie einen positiven Beitrag auf die mit ihr verfolgten Ziele erzeugt. Bei innovativen Existenzgründern kann dieser *Lenkungseffekt* mindestens vier Formen annehmen: Das Leistungsspektrum eines Instrumentes kann bewirken, dass sich ein Unternehmen

- gründet, was andernfalls nur in geringerer Größe, zu einem späteren Zeitpunkt oder womöglich gar nicht möglich gewesen wäre (*Gründungseffekt*);
- besser entwickelt, auch wenn es sich vielleicht eigenständig in gleicher Größe und zur gleichen Zeit hätte gründen können (*Wachstumseffekt*);
- an einem bestimmten Standort ansiedelt, auch wenn es sich in gleicher Größe und zur gleichen Zeit woanders hätte gründen können (*Ansiedlungseffekt*);[428]
- und einen höheren Innovationsgrad aufweist, auch wenn es die ansonsten gleichen betrieblichen Kennziffern aufweist (*Innovationseffekt*).

---

427 Siehe Kapitel 3.2.2.

428 Siehe Elle et al. (1997a), S. 102.

Diesen Varianten des Lenkungseffektes steht allerdings die Möglichkeit des *Mitnahmeeffektes* gegenüber. Er liegt immer dann vor, „wenn der Adressat eines finanziellen Anreizinstrumentes die gewünschte Aktivität teilweise oder gar im vollen Umfang auch ohne die staatliche Maßnahme entfaltet hätte."[429] So kann ein Leistungsangebot zwar insoweit effektiv sein, als es sich in irgendeiner Form auf Gründung, Wachstum, Ansiedlung und Innovationsgrad eines Unternehmens auswirkt. Seine Effizienz hängt aber davon ab, ob das Angebot nur jenen*Start-up*-Betrieben zugute kommt, die dezentrale Hilfe tatsächlich benötigen. Andernfalls würden – zumindest aus volkswirtschaftlicher Sicht[430] – öffentliche Steuergelder verschwendet bzw. sinnvolleren Verwendungsmöglichkeiten vorenthalten.

Einen Mitnahmeeffekt empirisch zu erfassen, ist nicht einfach. Zwar bietet es sich an, die begünstigten Betriebe selbst zu fragen – wer wäre besser informiert als die eigentlichen Adressaten? Doch einem solchen Ansatz sind methodische Grenzen gesetzt. So müssen die Unternehmer ihre jetzige Situation mit einem hypothetischen Referenzfall vergleichen. Dabei ein objektives Urteil zu fällen, ist schlechterdings nicht möglich – jede Antwort unterliegt einer subjektiven Interpretation. So wird in einer empirischen Studie über die Leistungsfähigkeit von Technologiezentren davon ausgegangen, „dass einige Unternehmen in einer gewissen Selbstüberschätzung sicherlich dazu neigen, ihrem Zentrum eine für die Realisierung des Gründungsvorhaben weniger wichtige Rolle zuzuweisen, so lange sich ihre Unternehmen erfolgreich entwickeln und zu keiner Zeit die Krisenfestigkeit des jungen Betriebes ernsthaft geprüft wird."[431] In diesem Fall wäre das Ergebnis einer standardisierten Befragung über den Mitnahmeeffekt systematisch überzeichnet. Das Gegenargument ist jedoch ebenfalls denkbar, wenn man an das eigennutzorientierte Verhalten der Akteure und das mögliche*Rent-Seeking* in der Innovationspolitik denkt.[432] Demnach wird ein begünstigter Unternehmer strategisch antworten und die Notwendigkeit öffentlicher Hilfe besonders betonen. Sollte eine Studie die Ineffizienz einer bestimmten Fördermaßnahme aufdecken, müsste er künftig mit Einschnitten rechnen. Der empirische

---

429 Tidelski (1997), Kapitel F; ähnlich auch Zimmermann (1987), S. 339. Zu Mitnahmeneffekten in der Innovationspolitik siehe Elle et al. (1997a), S. 89 bzw. 102-104, Pett (1994), S. 194f. und Henze (1992), S. 80ff.

430 Streng davon zu trennen ist die *politische Rationalität*. So können die Leistungen auch in dem Sinne effektiv sein, als sie die persönlichen Ziele des Trägers befriedigen (zum Beispiel sein Prestige erhöhen). Nutzt er dabei noch Mittel eines Dritten, wie etwa dem Land, befriedigt er sein Eigeninteresse auch noch politisch effizient.

431 Pett (1994), S. 203.

432 Henze (1992), S. 105.

Befund über das Gewicht des Mitnahmeeffekts wäre mithin systematisch unterzeichnet. Da beide Argumentationen nachvollziehbar sind, müssen empirische Befunde mit einer gewissen Unsicherheit behaftet bleiben.

Dass sich in einem Technologie- und Gründerzentrum zum großen Teil *Start-ups* ansiedeln, die sich sachlich, räumlich oder zeitlich auch allein gegründet hätten, ist auf Grund der relativen Offenheit der Einrichtung unvermeidbar. Selbst fachlich spezialisierte Zentren, die über freie Flächen verfügen, weisen in der Regel keinen innovativen Gründer ab, nur weil er sich auf einem anderen Technikfeld bewegt. Vor diesem Hintergrund haben *Hans-Dieter Elle + Partner* und das *Finanzwissenschaftliche Forschungsinstitut* bei der Evaluierung der nordrhein-westfälischen Technologiezentren mit einem differenzierten Analyseverfahren versucht, die Relation zwischen Lenkungs- und Mitnahmeeffekt zu schätzen.[433]

Alle ansässigen *Start-up*-Unternehmen wurden in einer Reihe sich ergänzender Fragen darum gebeten, den Einfluss des Zentrums auf Form und Zeitpunkt ihrer Gründung (Gründungseffekt), auf betriebliche Kennziffern wie die Entwicklung von Beschäftigung, Investition, Umsatz, Gewinn und Wettbewerbsfähigkeit (Wachstumseffekt) und auf ihre Standortentscheidung (Ansiedlungseffekt) zu bewerten. Die nominal-skalierten Antworten, wie zum Beispiel „äußerst positiver Einfluss" oder „kein" bzw. „negativer Einfluss", wurden daraufhin nach bestimmten Prämissen gewichtet, miteinander verbunden und in zwei kardinal-skalierte Modellrechnungen überführt:[434] In einem *pessimistischen Szenario* veranschlagten die Gutachter jeweils sehr niedrige Lenkungseffekte und entsprechend massive Mitnahmeeffekte. Umgekehrt gingen sie in einem optimistischen Szenario jeweils von sehr niedrigen Mitnahmeeffekten und hohen Lenkungseffekten aus. Die tatsächlichen Wirkungen der Zentren dürften sich damit aller Wahrscheinlichkeit nach zwischen den beiden Extremen bewegen. Angesichts der methodischen Restriktionen hat die Analyse bewusst darauf verzichtet, einen Mittelwert oder ähnliche Lagemaße zu quantifizieren. Das Ergebnis dieser Szenariotechnik fasst Abbildung 4.16 zusammen.

Die instrumentellen Leistungen eines Technologie- und Gründerzentrums wirken demnach deutlich stärker darauf hin, bereits in der Gründung befindliche Firmen räumlich anzuwerben (zwischen 20 und 43 Prozent Ansiedlungseffekte, die ohne Zentrum unterblieben wären) als ihre betriebswirtschaftlichen Ergebnisse zu verbessern (zwischen 11 und 22 Prozent Gründungs- und Wachstumseffekte, die ohne Zentrum unterblieben wären). Diese Modellrechnungen verdeutlichen, dass sich die erfolgreichen Einrichtungen aus Sicht ihrer Betreiber eher

433 Zur genauen Darstellung siehe Elle et al. (1997b), S. 181-192 und S. 160.

434 Die Methodik und ihre Restriktionen diskutieren Elle et al. (1997b), S. 187-190.

als ein Mittel der lokalen Standort- denn der lokalen Gründungsförderung nutzen lassen.[435]

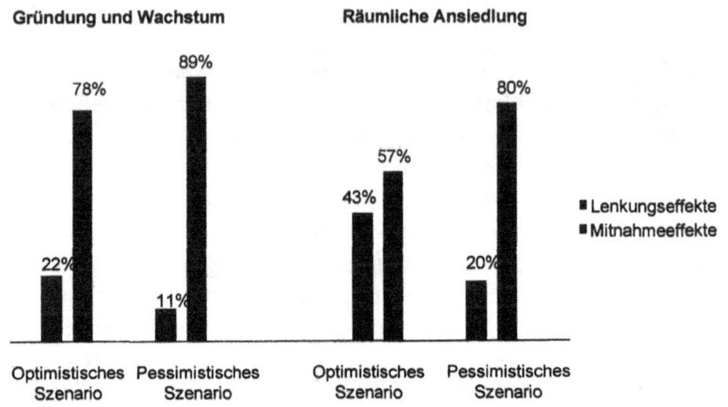

Quelle: Eigene Darstellung nach Elle et al. (1997a), S. 104.

Abbildung 4.16: Mitnahmeeffekte bei Technologie- und Gründerzentren in NRW

Die Interpretation der Mitnahmeeffekte kann nur auf Basis eines politischen Werturteils erfolgen. Hier müssen sich Land und Träger – mit Blick auf ihre persönlichen Zielvariablen – selbst fragen, ob sich das finanzielle Engagement lohnt, wenn im Schnitt zwischen 78 und 89 Prozent der Wirtschaftsleistung eines Existenzgründers auch ohne das Zentrum realisiert worden wäre.

Derart ausführliche empirische Befunde über Mitnahmeeffekte bei Beratungs- und Transferstellen in Nordrhein-Westfalen liegen zurzeit nicht vor. Der folgende Abschnitt richtet deshalb sein Augenmerk auf ein zweites, zentrales Steuerungsproblem der Innovationsförderung; er widmet sich potenziellen Informationsmängeln der politisch-administrativen Akteure. Maßen sich die Leitungen von Transfer- und Beratungsstellen ein Wissen an, das sie nicht haben? Die Antwort verlangt ein differenziertes Urteil. Es hängt davon ab, unter welchem

---

435 Die Ergebnisse zum Gründungs- und Wachstumseffekt decken sich mit den Befunden einer Wirkungsanalyse westdeutscher Technologiezentren von Behrendt (1996). Dabei wird der Beitrag auf zusätzliche Gründungen (*Motivierungseffekt*) auf maximal 20 Prozent geschätzt. Behrendt (1996), S. 233.

institutionellen Arrangement die Einrichtung arbeitet und welche Rolle sie im Austauschprozess zwischen Wissenschaft und Wirtschaft spielt.[436]

Erstens: *forschungsnahe Mittler*. Bei den derzeitigen Anreizstrukturen im öffentlichen Hochschulwesen ist die Delegation von Transfer- und Beratungsaufgaben an eine zentrale Einrichtung problematisch. Solange die Transferstelle das gesamte fachliche Spektrum der jeweiligen Fach- oder Gesamthochschule, Universität oder Forschungseinrichtung abdecken soll, können sich ihre Mitarbeiter kaum spezialisieren, zumal bei einem kleinem Personalstamm von zwei bis fünf Angestellen, der sich in einigen Fällen auch aus ABM-Kräften zusammensetzt. Weder auf dem fachlichen Gebiet der Innovation noch auf deren Anwendungsmarkt sind sie damit Experten. Die Einrichtungen sind vielmehr gezwungen, ein generelles und öffentliches Wissen zu vermitteln – ein Wissen, das sich leicht artikulieren und übertragen lässt (*codified knowledge*). Unternehmer, die im Wettbewerb stehen, brauchen aber eher ein spezifisches und privates Wissen – ein Wissen, das zumeist an den Erfahrungen und Fähigkeiten einzelner Forscher geknüpft ist oder erst in einer interaktiven Zusammenarbeit mit ihnen entsteht (*tacit knowledge*).[437] Genau diese Wissensträger lassen sich aber wegen der mangelnden Anreize nicht immer zu einer Kooperation mit kleinen und mittleren Unternehmen motivieren. Für die Transferstellen können daraus „erhebliche Wissens- und Informationsprobleme"[438] resultieren. Wie zahlreiche empirische Studien belegen, ist der Technologietransfer von wissenschaftlichen Einrichtungen zu kleinen und mittleren Unternehmen nur dann erfolgreich, wenn sich die Partner gegenseitig fachlich vertrauen.[439] Erscheint die Kompetenz einer zentralen Transferstelle fraglich, kann ihr Angebot ins Leere laufen.[440]

Zweitens: *wirtschaftnahe Mittler*. Bei den Technologie- und Innovationsberatern der Kammern handelt es sich in der Regel ebenfalls um Generalisten, die ein Querschnittswissen bereitstellen. Sie verstehen sich als eine erste Anlauf- und Kontaktstelle, die bei betrieblichen Innovationsprozessen Hilfe zur Selbsthilfe geben will; zum Beispiel durch ihre Technologiebörse, die eine *Online*-Datenbank von kooperationswilligen Unternehmen bereitstellt. Ihr Vorteil: Als Einrichtung der regionalen Wirtschaft verfügen die Kammern über einen hohen

---

436 Zum Rollenkonzept im Technologietransfer siehe Bessant/ Rush (1995), die zwischen Generalist (*allrounder*), Mittler (*managing agent*), Motivator (*animator*) und Helfer (*supporter*) unterscheiden.

437 Zu den Wissensformen siehe Domrös (1994), S. 27-30 und Dosi (1988), S. 224.

438 Reinhard/ Schmalholz (1996), S. 205.

439 Siehe der Überblick bei Beise/ Spielkamp (1996), S. 14-15.

440 Siehe Beise/ Licht/ Spielkamp (1995), S. 89.

Bekanntheitsgrad, gerade bei kleinen und mittleren Betrieben vor Ort. Das erleichtert den Kontakt und die Möglichkeit, betriebliche Innovationsprojekte zu vermitteln. Kehrseite sind die zumeist sporadischen Kontakte in Forschung und Wissenschaft. Mögliche Informationsdefizite, die bei diesem Analyse-Objekt dezentraler Innovationspolitik auf dem Prüfstand stehen, sind aber insofern nicht zu bemängeln, als es sich um ein freiwilliges Transfer- und Beratungsangebot der regionalen Wirtschaft handelt.

Drittens: *eigenständige Mittler*. Ob sich die Universal- oder Spezialagenturen in öffentlicher oder öffentlich-privater Trägerschaft zu Unrecht ein Wissen anmaßen, lässt sich allgemein nicht beantworten. Wenngleich viele der Einrichtungen eine Anschubfinanzierung oder auch ständige Zuschüsse des Landes erhalten, firmieren sie privatwirtschaftlich. Dauerhaft schlechte Transfer- und Beratungsleistungen kann der Wettbewerb mithin messbar sanktionieren. Finanzieller Verlust und steigender Zuschussbedarf der Gesellschafter werden letztlich dazu führen, dass die Einrichtung ihr Leistungsspektrum optimieren muss. Staatlichen Steuerungs- und Informationsmängeln sind dadurch marktliche Schranken gesetzt.

Zum Abschluss ist ein Blick darauf interessant, inwieweit kleine und mittlere Betriebe das Transfer- und Beratungsangebot der einzelnen Einrichtungen überhaupt in Anspruch nehmen, inwieweit sie also dem Mittler trauen. Da es keine gesonderten Daten über Nordrhein-Westfalen gibt, sei näherungsweise auf das Gutachten des *ifo Instituts für Wirtschaftsforschung* über Technologietransfer in den alten Bundesländern verwiesen.[441] Es stützt sich auf eine schriftliche Befragung von 1.026 westdeutschen Unternehmen mit mehr als zwanzig Beschäftigten. Tabelle 4.7 zeigt, welche Angebote kleine und mittlere Betriebe bereits in Anspruch genommen haben. Zwei Trends lassen sich dabei erkennen: Je kleiner ein Unternehmen ist, desto weniger nimmt es das Leistungsspektrum einer Transfer- und Beratungsstelle wahr. Forschungsnahe, vor allem aber eigenständige Mittler, treffen auf eine geringere Nachfrage als wirtschaftsnahe Mittler. Auch diese empirischen Befunde deuten darauf hin, dass Angebot und Anreizstrukturen der Einrichtungen im öffentlichen Sektor reformbedürftig sind und sich stärker auf die eigentliche Zielgruppe konzentrieren müssen. Die Vernetzung der bestehenden Fördereinrichtungen sowie öffentlich-private-Partnerschaften sind weitere Lösungsansätze, um Effektivität und Zielgenauigkeit der bestehenden Fördereinrichtungen zu steigern. Das leitet über zur nächsten Perspektive der Untersuchung.

---

441 Reinhard/ Schmalholz (1996), S. 41-48.

Transfer- und Beratungsangebote	Nachfrage der Unternehmen mit ...		
	20-49 Beschäftigten	50-199 Beschäftigten	200-499 Beschäftigten
Forschungsnahe Mittler			
Universitäten	12,5	21,1	30,6
Fachhochschulen	13,2	23,6	37,1
Wirtschaftsnahe Mittler			
Industrie- und Handelskammer	30,6	37,2	30,3
Eigenständige Mittler			
Regional tätige Technologie-Vermittlungseinrichtungen	5,5	8,6	9,0
Angaben in Prozent, Mehrfach-Nennungen möglich			

Quelle: Reinhard/ Schmalholz (1996), S. 46, eigene Zusammenstellung.

Tabelle 4.7: Leistungsnachfrage bei Transferstellen in Westdeutschland

4.5.3. Regionale Netze – Analyse von drei Fallbeispielen

Innovation ist nur selten das Ergebnis eines allein stehenden Unternehmens. Das Neue entsteht vielmehr in einer interaktiven Kooperation zwischen mehreren Wissens- und Funktionsträgern, die in ein gemeinsames räumliches Umfeld eingebettet sind. So lautet eine der Kernaussagen der jüngeren Innovationsforschung.[442] Zu einem regionalen Netz gehören Betriebe, Anbieter und Abnehmer, Kapitalbeteiligungsgesellschaften und Kammern, Wissenschaftler und Wirtschaftsförderer. Im Idealfall bringen alle Partner Ressourcen in die Zusammenarbeit ein, auf die ein isolierter Akteur keinen oder nur einen teureren Zugriff hätte. Waren und Dienste sind Beispiel dafür, aber auch wettbewerbsrelevantes Wissen oder individuelle Informationen. Existenzgründer und junge Unternehmer haben jedoch auf Grund eines begrenzten Beziehungskapitals bisweilen Probleme, an solchen intermediären Kooperationsformen teilzuhaben.[443] Nach dem ökonomischen Referenzmaßstab sollten dezentrale Fördereinrichtungen daher versuchen, ein regionales Netzwerk zugunsten von*Start-ups* zu flechten. Die politischen Maßnahmen zielen dabei auf Kontaktvermittlung und Information sowie auf Beratung und Schulung. Im Idealfall sind die Leistungen so ausgerichtet, dass Unternehmer mit möglichst geringen Transaktionskosten Kooperationspartner vor Ort finden, die ihren Gründungs- und Innovationsprozess berei-

442 Siehe unter vielen Koschatzky/ Kulicke/ Zenker (2001) oder Fritsch (2000).

443 Siehe Kapitel 3.5.4.

chern können. Eine erfolgreiche Standortpolitik zeichnet sich dadurch aus, dass sie das regionale Potenzial eines Wirtschaftsraumes mit all seinen Ressourcen vollständig entfaltetet. Die Herausforderung besteht allerdings darin, jeweils eigenständige und damit eigennutzorientierte Fördereinrichtungen zu einer vertrauensvollen Zusammenarbeit im Sinne der Zielgruppe zu motivieren.

Bei diesem Analyse-Objekt ist es notwendig, den bisherigen Fokus der Untersuchung zu verändern: Statt einer getrennten Betrachtung der Instrumente öffnet sie nun den Blick auf das mögliche *Zusammenspiel* von verschiedenen Akteuren, Einrichtungen und ihren jeweiligen Leistungen innerhalb einer Gebietseinheit. Das Ziel dieser qualitativen Studien ist es, einige instrumentelle und institutionelle Besonderheiten der dezentralen Politikverfahren aufzudecken. Einerseits zählen dazu *Good-practice*-Modelle, also positive Beispiele von innovationspolitischen Strategien. Andererseits sollen aber auch typische Hemmnisse in der Zusammenarbeit zwischen den Akteuren identifiziert werden. Dieser vertiefte Untersuchungsansatz konzentriert sich auf drei Fallbeispiele: die Regionen Aachen und Siegen sowie auf die Bergisch-Märkische Initiative. Die Auswahl wurde so getroffen, dass sie einen möglichst breiten Ausschnitt aus dem regionalen Spektrum des Landes Nordrhein-Westfalen darstellt.[444] Wie die Ausführungen zeigen werden, sind alle drei Räume durch unterschiedliche innovationspolitische Strategien gekennzeichnet, die jeweils an den spezifischen wirtschafts-, siedlungs- und infrastrukturellen Merkmalen anzuknüpfen versuchen. Neben der Auswertung von einschlägigen Sekundärquellen (Regionale Entwicklungskonzepte, Projektberichte, Gutachten) stützen sich die empirischen Befunde auf Tiefeninterviews mit fünfzehn Entscheidungsträgern dezentraler Innovationspolitik. Sie stammen aus zwölf Einrichtungen dieser Regionen; typischerweise aus Technologiezentrum und Transferstelle der Hochschule, Beratungsagentur und Beteiligungsgesellschaft sowie Kommune und Kammer. Grundlage der Experten-Interviews war ein teilstrukturierter Fragebogen mit offenen Fragen. Das gewählte Vorgehen erlaubt es, der Individualität der jeweiligen Wirtschafts- und Politikstrukturen Rechnung zu tragen, ohne gemeinsame Leitfragen außer acht zu lassen. Auf Grund einer Vertraulichkeitsgarantie gegenüber den Gesprächspartnern werden die Ergebnisse anonymisiert dargestellt.

Nach einer kurzen Vorstellung der Region werden zunächst die Anreize untersucht, warum die dezentralen Akteure eine intra-regionale Kooperation eingehen. Danach werden einige ausgewählte politische Fördermaßnahmen dargestellt und bewertet.

---

444 Zu den regionalen Innovationsunterschieden in Nordrhein-Westfalen siehe auch Feldotto (1996).

Um eine problemorientierte Analyse zu gewährleisten, liegen den Fallstudien drei Arbeitshypothesen zugrunde; sie basieren auf den bisherigen theoretischen und empirischen Erkenntnissen über dezentrale Innovationspolitik:

- *Der Aufbau eines regionalen Netzwerks hängt von den Eigeninteressen der beteiligten Akteure ab*: In jüngerer Zeit ist eine breite Literatur über den möglichen regionalwirtschaftlichen Nutzen von Innovationsnetzen entstanden.[445] Ein möglicher *kollektiver* Vorteil ist für das Engagement eines *einzelnen* Netzwerkpartners jedoch irrelevant. Nach der Neuen Institutionenökonomik engagiert sich ein Akteur nur dann, wenn er auf Dauer eigene Ziele verwirklichen kann.
- *Der Aufbau eines regionalen Netzwerks hängt von der Größe eines Gebietes und der Anzahl der Partner ab*: Ein regionaler Verbund darf nicht zu groß sein und nicht zu viele Akteure miteinander verbinden wollen. Mit wachsender Gruppengröße steigen die Transaktionskosten der Zusammenarbeit, der individuelle Nutzen fällt. Vor allem über gebietskörperschaftliche Grenzen hinaus sind Kooperationen wenig wahrscheinlich.
- *Der Aufbau eines regionalen Netzwerks hängt vom endogenen Entwicklungspotenzial eines Gebietes ab*: Es gibt kein Patentrezept dafür, wie sich ein regionales Netz knüpfen lässt. Entscheidend sind die jeweiligen Ausgangsbedingungen in der Region. Gewachsene Organisationstrukturen, persönliche Beziehungen und räumliche Nähe erleichtern die Zusammenarbeit.

4.5.3.1. Region Aachen

Kommunen	Stadt Aachen, Kreise Aachen, Düren, Euskirchen und Heinsberg
Bevölkerung	1.215.000 Einwohner
Räumliche Lage	Ballungsraum im Dreiländereck Deutschland, Niederlande, Belgien
Wirtschaftsstruktur	Hoher Anteil des Dienstleistungssektors (65%). Stark ausgebaute wissenschaftlich-technologische Infrastruktur. Erheblicher Schrumpfungsprozess im altindustriellen Sektor. Region liegt überwiegend in den Regionalfördergebieten der Gemeinschaftsaufgabe und der Europäischen Union

Quelle: Regionalkonferenz Aachen (1999), Fromhold-Eisebith (1992), eigene Zusammenstellung.

Tabelle 4.8: Profil der *ZIN*-Region Aachen

[445] Siehe dazu ausführlich Kapitel 3.5.

Die *ZIN*-Region Aachen setzt sich zusammen aus Stadt und Kreis Aachen sowie den Kreisen Düren, Euskirchen und Heinsberg (Tabelle 4.8). Als erste Region des Landes hat sie nach der Regionalisierung im April 1991 ein eigenes Entwicklungskonzept vorgelegt. Die Gebietseinheit verfügt über ein außerordentlich dichtes Angebot an gründungs- und innovationsrelevanten Einrichtungen, das auf eine ausgeprägte Strukturförderung durch Bund, Land und Europäischer Union zurückzuführen ist. Dazu gehören 11 Technologie- und Gründerzentren, die größte Beteiligungsgesellschaft einer Sparkassengruppe in Deutschland, das Kernforschungszentrum Jülich, mit 4.300 Mitarbeitern größtes deutsches Forschungszentrum und die RWTH Aachen, die mit etwa 31.000 Studierenden, 11.000 Beschäftigten und 240 Instituten größte Technische Universität in Westeuropa. Angesichts des fortschreitenden Strukturwandels haben die örtlichen Entscheidungsträger 1995 beschlossen, ein neues Entwicklungskonzept zu konzipieren. Nach einer eingehenden Stärken- und Schwächen-Analyse hat die Regionalkonferenz 1999 das „fortgeschriebene Regionale Entwicklungskonzept (foREK)" verabschiedet.[446] Die folgende Analyse richtet ihren Fokus auf das jüngste Kooperationsprojekt, die so genannte *GründerRegion Aachen*:[447] 41 Einrichtungen dezentraler Wirtschafts- und Innovationsförderung beteiligen sich an dem Verbund, der im Sommer 1999 seine Arbeit aufgenommen hat.

Auslöser und Anreize zur Vernetzung

Auslöser des Kooperationsprojektes war nach Angaben der Gesprächspartner der zunehmende Standortwettbewerb unter den Regionen Nordrhein-Westfalens: Während Aachen durch die Forschungsinfrastruktur lange Zeit einen Standortvorteil als Technologieregion genoss, hat sich die Konkurrenz um innovative Gründer in den letzten Jahren deutlich verschärft.[448] Vor allem der benachbarten Kölner Region ist es mit Multimedia- und Biotechnologie-Strategien gelungen, zunehmend *Start-ups* zu mobilisieren. Vor diesem Hintergrund hatten die Aachener Akteure den Anreiz, ihre Standortbedingungen zu verbessern. Zudem hat die Stärken- und Schwächen-Analyse, die im Zuge der Fortschreibung des Regionalen Entwicklungskonzeptes entstanden ist, verschiedene Probleme offen

---

[446] Siehe Regionalkonferenz Aachen (1999).

[447] Neben den Kommunen zählen dazu IHK und Handwerkskammer Aachen, die AGIT, die örtlichen Sparkassen, Volks- und Raiffeisenbanken sowie die Hochschulen und Forschungseinrichtungen. Siehe ausführlich www.gruenderregion.de.

[448] Dazu auch Elle et al. (1997b), S. 251.

gelegt:[449] So ist etwa die Verwertung des Gründungs- und Innovationspotenzials der vorhandenen Wissenschafts- und Forschungseinrichtungen ausbaufähig. Gemessen an den Patentzahlen liegt die Region im Bundesvergleich nur auf dem 18. und im Landesvergleich auf dem 8. Rang.[450] Zudem kommt es bei der Beratung von möglichen Gründern zu Reibungsverlusten und Doppelarbeit. Denn seit dem Bau des ersten westdeutschen Technologiezentrums in Aachen im Jahre 1984 sind eine Fülle von Einrichtungen dezentraler Wirtschafts- und Innovationspolitik hinzugekommen. Da die Fördereinrichtungen jeweils eine eigene Öffentlichkeitsarbeit betreiben, können potenzielle Gründer das Angebotsspektrum nur schwer überschauen.[451] Vor allem auf das letztgenannte Defizit versucht der Verbund zu reagieren. Es handelt sich um ein dezentrales Projekt, das keine Fördermittel Dritter in Anspruch nimmt. An den Kosten beteiligen sich die Träger unterschiedlich: Die Banken übernehmen die größten Deckungsbeiträge, haben aber auch über Gründerbeteiligungen Refinanzierungsmöglichkeiten. Die Einrichtungen aus dem Hochschul- und Forschungsbereich steuern hingegen lediglich ihre Infrastruktur bei.

Darstellung einzelner Maßnahmen

Die Initiative zielt in erster Linie darauf ab, bestehende Gründungshilfen zu stärken, anstatt das ohnehin schon umfangreiche Leistungsspektrum in der Region noch weiter auszudehnen. Den Entscheidungsträgern geht es um eine höhere interne und externe Transparenz: Intern soll sich jedes Mitglied rasch erkundigen können, welche Maßnahmen die anderen Träger anbieten. Bei der externen Transparenz steht die Außendarstellung der einzelnen Leistungsangebote im Vordergrund. Daher wurde zunächst eine gemeinsame *Online*-Datenbank eingeführt. Jede Einrichtung trägt dort ihre laufenden Seminare, Transfer- oder Weiterbildungsmaßnahmen ein. Sollten sich Angebote überlappen, können sich die Akteure rechtzeitig abstimmen. Das so ermittelte Leistungsspektrum wird dann über einen gemeinsamen Internet-Auftritt, einer Zeitschrift für Existenzgründung und einem Veranstaltungskatalog einheitlich nach Außen kommuniziert.

Darüber hinaus haben die 41 Projektträger in der Industrie- und Handelskammer zu Aachen eine gemeinsame Anlauf- und Koordinationsstelle für potenzielle Gründer eingerichtet. Nach einem Kontaktgespräch, in der einige Unternehmenskennzahlen wie Phase der Gründung, Geschäftsfeld oder bevorzugter

---

449 Siehe Regionalkonferenz Aachen (1999), S. 26-36.

450 Siehe Regionalkonferenz Aachen (1999), S. 31-32.

451 Siehe Prognos GmbH (1998), S. 78 und 98.

Standort erfasst werden, nennt die Anlaufstelle alle Einrichtungen in der Region, die für eine weitere Betreuung in Frage kommen. Damit die Kammer ihre Mittlerfunktion neutral ausübt, darf sie selbst keine weiter reichenden Beratungsleistungen erbringen. Im Gegenzug finanzieren die übrigen Projektpartner einen Mitarbeiter, der ausschließlich für die intra-regionale Koordination zuständig ist.

Bewertung

Aus ökonomischer Perspektive ist der eigenfinanzierte Kooperationsverbund zu begrüßen, da die Partner durch das gemeinsame Regionalmarketing Größen- und Verbundeffekte entfalten können. Mit gleichem Mittelaufwand für die PR-Arbeit, lässt sich die Sichtbarkeit des bestehenden Angebots erhöhen. Zugleich bietet es innovativen *Start-ups* ein bessere Übersicht über das Leistungsangebot aller Fördereinrichtungen in der Region. Damit knüpft das Projekt an den räumlichen Ressourcen an und versucht, die zuvor identifizierten Schwächen des dichten Förderspektrums zu lindern. Die Untersuchungshypothesen spiegeln sich insofern in der Fallstudie wieder, als die Akteure vor Ort eigennutzorientiert handeln: Triebfeder des Kooperationsprojektes ist die gestiegene inter-regionale Standortkonkurrenz um kreative Gründer und damit die Absicherung der eigenen Wettbewerbsposition. Die freiwillige Kooperation stützt sich auf das gewachsene Beziehungsnetz in der Region. Die Beteiligten könnten allerdings weitere Synergien erzielen, wenn sie nicht nur die Darstellung des bestehenden Angebots, sondern auch das Leistungsangebot selbst straffen würden. Dies ist bisher weitgehend ausgeblieben. Denn während die abgestimmte Öffentlichkeitsarbeit die innovationspolitische Aktivität aller Träger nach Außen hin dokumentiert, würde eine Integration von Fördermaßnahmen einen Verlust von individuellen Handlungsfeldern und Einflussmöglichkeiten bedeuten.

4.5.3.2. Region Siegen

Die *ZIN*-Region Siegen umfasst die Kreise Olpe und Siegen-Wittgenstein (Tabelle 4.9). Die Siedlungs- und Wirtschaftsstruktur ist stark auf das Oberzentrum Siegen ausgerichtet, in der ein Viertel der knapp 440.000 Einwohner der Region leben. In der Kreissstadt sind auch die wichtigsten gründungs- und innovationsrelevanten Einrichtungen konzentriert, wie zum Beispiel ein Technologiezentrum, die erste Beteiligungsgesellschaft einer Sparkasse in Deutschland, die Universität Gesamthochschule Siegen (10.500 Studierende und 1.100 Beschäftigte) sowie einige Transfer- und Beratungsstellen. Ihre oberzentrale Funktion wird durch die periphere Lage und vergleichsweise dünne Besiedelung des Siegerlander Wirtschaftsraumes verstärkt.

Kommunen	Kreise Olpe und Siegen-Wittgenstein
Bevölkerung	430.000 Menschen
Räumliche Lage	Periphere Lage an der Grenze zu Hessen und Rheinland-Pfalz
Wirtschaftsstruktur	Neben der Land- und Forstwirtschaft in den nördlichen Teilen dominiert traditionell der Industriesektor mit mittelständischen Betrieben. Vergleichsweise kleiner Besatz an produktionsorientierten Dienstleistungen. Ein Teil der Region liegt in den Regionalfördergebieten der Gemeinschaftsaufgabe und der Europäischen Union

Quelle: Benkert et al. (1995), S. 97-104, eigene Zusammenstellung.

Tabelle 4.9: Profil der *Z/N*-Region Siegen

Auslöser und Anreize zur Vernetzung

Die inter-kommunale Zusammenarbeit in der Region ist nach den Ergebnissen der Tiefeninterviews ambivalent: Während sich die Akteure innerhalb der Kreise Olpe und Siegen-Wittgenstein jeweils eng vernetzt haben, ist die Kooperation über die Grenzen der beiden Gebietskörperschaften hinaus deutlich geringer. Auch das regionale Entwicklungskonzept von 1992 enthält zwei getrennte Ansätze. Hier zeigt sich deutlich, dass eine Kooperation über historisch gewachsene Gebietsgrenzen hinweg nur schwierig möglich ist. Im folgenden konzentriert sich die Analyse allein auf den Teilbereich Siegen-Wittgenstein.

Auslöser für die vergleichsweise starke Zusammenarbeit innerhalb dieses Kreises war die Regionalisierung der Strukturpolitik Mitte bis Ende der achtziger Jahre. Die dramatischen Beschäftigungsverluste in der metallverarbeitenden Industrie und die verfügbaren Fördermittel des Landes haben die dezentralen Akteure seinerzeit erstmals zu einer Abstimmung bewegt. Die räumliche Nähe innerhalb der Stadt Siegen, dem Kristallisationskern der Region, hat die Zusammenarbeit in der Folgezeit begünstigt. Von 290 Gemeinschaftsprojekten, die das Regionale Entwicklungskonzept von 1992 ausweist, wurden bis Mai 2000 knapp 80 Prozent (225) ganz oder in weiten Teilen realisiert. Zwei Strategien sollen nachfolgend dargestellt werden: die Kulturförderung und die Krisenhilfe des Kreises. Beide Ansätze zielen darauf ab, an den lokalen Standortbedingungen anzuknüpfen.

Darstellung einzelner Maßnahmen

Siegen-Wittgenstein versteht Kulturförderung als einen integralen Bestandteil der Wirtschaftsförderung.[452] Dieser Ansatz basiert auf einem Kulturgutachten aus dem Jahre 1990, das erhebliche Schwächen bei den weichen Standortfaktoren der Region aufgedeckt hat. Um die Einbrüche in der Montanindustrie durch Gründung oder Ansiedlung neuer, zukunftsträchtiger Unternehmen abzufangen, müsse sich das Image sowie der Kultur-, Freizeit- und Erholungswert deutlich verbessern, empfiehlt die Studie.[453] Vor diesem Hintergrund betreibt Siegen-Wittgenstein ein neues Regionalmarketing und baut sein kulturelles Angebot stetig aus. So unterhält der Kreis seit 1990 als zentrale Informationsagentur das *Kultur!Büro.*, das die umliegenden Kommunen in Fragen des Kulturmanagements berät[454] und Kunstschaffenden sowie *Start-ups* aus der Kulturwirtschaft spezielle Förderprogramme vermittelt. Zudem organisiert es regelmäßig Veranstaltungen wie zum Beispiel das jährliche Festival *KulturPur*, das sich zehn Jahre nach seiner Gründung zu einem der größten Open-Air-Kulturevents in Deutschland entwickelt hat. Auch beteiligt sich der Kreis im *Medien- und Kulturhaus Lÿz*, das über Veranstaltungs- und Seminarräume sowie zwei Bühnen für Musik-, Theater-, und Medienproduktionen verfügt. Einen Teil der Räumlichkeiten können Existenzgründer kostenlos nutzen. Aus den 150 Kulturveranstaltungen des Hauses pro Jahr sind einige selbstständige Künstler und Gruppen hervorgegangen.

Die Kulturförderung wie auch die Förderung Neuer Medien, einem anderen Förderschwerpunkt in der Region, vollziehen sich auf drei institutionellen Ebenen (Wissenschaft – Transfer – Weiterbildung): Dazu zählt erstens die Universität Gesamthochschule Siegen, die praxisorientierte Lehr und Forschungsprogramme im Kunst- und Medienbereich unterhält. Hinzu kommen regionale Transferagenturen – das *Kultur!Büro.* sowie das *Medien- und Kulturhaus Lÿz.* Drittens gehört dazu eine berufliche Qualifizierungseinrichtung wie die *Fortbildungsakademie Medien in Siegen (fam)*, zudem ist mit dem Bau der *factory Medien-Kultur siegen* ein neues Themenzentrum geplant, das beide Förderschwerpunkte verbinden soll.[455] Die Aktivität Siegen-Wittgensteins in der Kultur- und Medienwirtschaft schlägt sich auch in der regionalen Wertschöpfung nieder: Dem

---

452 Zum Verhältnis zwischen Kultur- und Wirtschaftsförderung siehe auch Benkert (1992). Über die wachsende ökonomische Bedeutung der Kulturwirtschaft in Nordrhein-Westfalen berichten Benkert et al. (1998) (1995) und (1992).

453 Siehe dazu auch Benkert et al. (1995), S. 102-103.

454 Zum Kulturmarketing siehe grundlegend Benkert/ Lenders/ Vermeulen (1995).

455 Siehe Kreis Siegen-Wittgenstein (2000), S. 9.

zweiten Kulturwirtschaftsbericht des Landes Nordrhein-Westfalens zufolge ist die Zahl der sozialversichungspflichtig Beschäftigten in der Kultur- und Medienwirtschaft zwischen 1980 und 1993 in der Region um 40 Prozent gewachsen, während der Anstieg auf Landesebene nur bei 21 Prozent lag.[456] Eine enge Kooperation zwischen den lokalen Fördereinrichtungen sowie die Konzentration auf die spezifischen Standortmerkmale einer Region kann demnach neue Entwicklungspfade ebnen.

Eine zweite Strategie, auf die hier exemplarisch eingegangen werden soll, ist die Krisenhilfe für kleine und mittlere Betriebe. Drei bis fünf Jahre nach einer Gründung durchlaufen viele innovative *Start-ups* eine kritische Phase – sei es durch Schwierigkeiten in der Produktentwicklung, Finanzierungsengpässe bei laufenden Projekten oder zeitliche Lücken bei Folgeaufträgen.[457] Die *Siegener Beratungsagentur für Existenzgründung und Unternehmensentwicklung mbH* richtet sich an Unternehmen, die trotz eines positiven Entwicklungspotenzials von Insolvenz bedroht sind. Neben eigenen Beratungsleistungen vermittelt sie private Unternehmensberater, die sich die betroffenen Unternehmer auf Grund ihrer finanziellen Situation nicht allein leisten können. Bei einer externen Beratung übernimmt die Einrichtung einen Kostenanteil von 75 Prozent des Tagewerksatzes (maximal 750 DM), wobei die Beratung bis zu 18 Tagewerken, in Ausnahmefällen bis zu 24 Tagewerken dauern kann. Das Konzept ist aus ökonomischer Sicht insofern interessant, als Mitarbeiter der dezentralen Wirtschafts- und Innovationsförderung in Fragen der Unternehmensführung üblicherweise nur bedingt kompetent sind – anstatt sich ein fehlendes Wissen anzumaßen oder kostenintensiv einen eigenen Stab aufzubauen, werden fallweise Experten aus der Privatwirtschaft beauftragt.[458] Kritisch bleibt allerdings das Urteil staatlicher Akteure, welche Unternehmen noch als förderungswürdig gelten können und welche nicht. Hier sind staatliche Steuerungsmängel denkbar.

Die Agentur versucht zurzeit auch, ein regionales Netz im Bereich Krisenmanagement aufzubauen. Dabei sollen fachlich relevante Organisationen wie lokale Finanzämter, Schuldner- oder Steuerberater zusammenarbeiten, um insolvenzbedrohte Jungunternehmen möglichst frühzeitig zu erkennen und unterstützen. Dieser Ansatz lässt sich allerdings nur schwer umsetzen. Denn im Unterschied zum imageträchtigen Thema Gründung und Innovation sind derzeit nur wenige Akteure bereit, sich mit Fragen der Insolvenz öffentlich zu befassen, obwohl gerade in strukturschwächeren Gebieten der betriebliche Bedarf vorhanden ist.

---

456 Benkert et al. (1995), S. 99.

457 Ausführlich dazu Sabisch (1999), Pleschak (1997) oder Hemer (1997).

458 Zu dieser *Make-or-buy*-Entscheidung siehe auch MWMTV (1999b), S. 4-9.

Bewertung

An diesem Beispiel zeigt sich erneut, wie stark eine regionale Kooperation von den Eigeninteressen der beteiligten Akteure abhängt. Wenn weder finanzielle Anreize (z. B. Fördermittel) noch öffentliches Prestige (z. B. Imagegewinn durch ein Engagement) unmittelbar erreichbar sind, haben die Entscheidungsträger nur ein geringes Interesse, sich untereinander zu vernetzen. Die Gesprächspartner regen deshalb einen regionalen Ideenwettbewerb an, um ein höheres Problembewusstsein im Bereich Insolvenz bei Gründern und mittelständischen Betrieben zu schaffen. Anders stellte sich die Ausgangslage während der Regionalisierung dar: Mitte der 80er Jahre hat die tiefgreifende Strukturkrise die relevanten Akteure zu einer Zusammenarbeit angespornt, zumal durch die Kooperation Transferzahlungen des Landes möglich waren. Auch bei der positiv konnotierten Förderung von Kultur und Medienwirtschaft ist die intra-regionale Abstimmung deutlich stärker ausgeprägt.

4.5.3.3. Bergisch-Märkische Initiative

Kommunen	*ZIN*-Region Bergische Großstädte (Remscheidt, Solingen, Wuppertal) *ZIN*-Region Hagen: Stadt Hagen (Märkischer Kreis und Teile des Ennepe-Ruhr-Kreises)
Bevölkerung	1.700.000 Menschen
Räumliche Lage	Nahtstelle zwischen den Wirtschaftszentren an Rhein und Ruhr Verbindung von hoch verdichteter Industrieregion mit eher ländlich geprägten Umland
Wirtschaftsstruktur	Traditionelle Industrieregion, die in den letzten Jahrzehnten einem starken Strukturwandel ausgesetzt ist. Betriebsgrößenstruktur ist durch mittelständische Unternehmen geprägt. Anteil des Dienstleistungssektors (53%) liegt unter dem Bundesdurchschnitt. Im Unterschied zu Teilen der *ZIN*-Region Hagen liegen die Bergischen Großstädte nicht in den Regionalfördergebieten der Gemeinschaftsaufgabe oder Europäischer Union

Quelle: BMBF (2000), Hödl/ Mönig (1997), S. 134-138, eigene Zusammenstellung.

Tabelle 4.10: Profil der Bergisch-Märkischen Region

Das dritte Fallbeispiel, das den Aufbau innovationspolitischer Netze beleuchtet, ist die *Bergisch-Märkische Initiative zur Förderung von Existenzgründungen, Projekten und Strukturen (bizeps)*. An diesem Verbund beteiligen sich Einrichtungen aus den *ZIN*-Regionen Bergische Großstädte und Hagen/ Märkische Region (Tabelle 4.10). Die Bergisch-Märkische Initiative wurde 1998 vom Bundesministerium für Bildung und Forschung als eine von fünf Modellregionen in Deutschland prämiert. Grundlage war der Förderwettbewerb *Exist – Existenzgründer aus Hochschulen*, der den Aufbau von regionalen Innovationsnetzen anregen soll.[459] Wie Tabelle 4.11 zeigt, haben die Projektträger drei Ziele und zehn Teilprojekte definiert, die bis 2001 vollständig abgeschlossen sein sollen.

	Ziele und Teilprojekte	**Leistungen 1999-2001 (Auswahl)**	**Träger**
Ziel 1: Schaffung gründerfreundlicher universitärer Strukturen und Arbeitsbedingungen			
1	Einrichtung einer Gründungsprofessur	Programme zur Gründungsausbildung/-forschung Betreuung von Gründungsprojekten	Uni Wuppertal
2	Hochschuldidaktische Innovationen	Entwicklung und Umsetzung eines Curriculums für die Gründerausbildung	Uni Wuppertal
3	Neue Medien in der Gründerausbildung	Aufbau einer elektronischen Gründerbibliothek Angebot von Internet- und Filmpräsentationen	Uni Wuppertal
4	Fernstudium „Entrepreneurship"	Programme zur Gründungsausbildung/ -forschung Betrieb einer virtuellen Gründer-Cafeteria	Fernuni Hagen
Ziel 2: Unterstützung von Gründern während und nach erfolgter Gründung			
5	Unternehmer helfen Existenzgründern	Kostenloses Angebot von Flächen Begutachtung von Geschäftsplänen *Work-shops*, Kamingespräche	3 Unternehmen
6	Business-Angels	Akquisition von Risikokapital	Wirtschafts-junioren
7	Bergisch-Märkische Transfergesellschaft	Standortberatung für *Start-ups* Transfer- und Beratungsleistungen	8 Technologie-/ Gründerzentren
8	Qualifizierungsverbund	Erstellung eines gemeinsamen Veranstaltungskataloges Entwicklung von gründungsrelevanten Bildungsangeboten mit einheitlichen Qualitätsstandards	16 Weiter-bildungs-einrichtungen

459 Mehr als 200 Hochschulen mit 109 regionalen Projektideen haben an diesem Wettbewerb teilgenommen. Neben der *bizeps*-Initiative zählen zu den Modellregionen *Dresden exists*, *GET UP* (Ilmenau – Jena – Schmalkalden), *Karlsruher Existenzgründungs-Impuls* (*KEIM*) und das *Partnernetz für Unternehmensgründungen aus Stuttgarter Hochschulen* (*PUSH!*). Siehe BMBF (2000) oder www.exist.de.

Ziel 3: Schaffung gründerfreundlicher gesellschaftlicher Rahmenbedingungen			
9	Förderung der Netzwerkstrukturen	Gemeinsame Veranstaltungen beider Kammern	2 IHK
10	Mediale Präsenz – Imagekampagne	Berichterstattung über die Initiative durch ca. 200 redaktionelle Beiträge, z. B. Gründerportraits, Gründerideen, Darstellung der Teilprojekte Schaltung von 59 Anzeigen/Werbungen	3 Bergische Zeitungen 1 Radiosender

Quelle: Transferstelle Bergische Universität – Gesamthochschule Wuppertal, www.bizeps.de, eigene Darstellung.

Tabelle 4.11: Bergisch-Märkische Initiative zur Förderung von Existenzgründern

Auslöser und Anreize zur Vernetzung

Die Teilnahme an dem Wettbewerb geht auf die Initiative der Bergischen Universität-Gesamthochschule Wuppertal zurück; frühzeitig beteiligten sich auch die bergischen Technologie- und Gründerzentren. Bei diesen Gruppen war das Interesse an der Projektakquisition besonders ausgeprägt: Während die Bergische Universität (17.000 Studierende, 1.000 Beschäftigte) mit den Fördermitteln einen neuen Gründungslehrstuhl und den Ausbau der Transferstelle finanzieren konnte, haben die Zentren eine neue Transfer- und Beratungsgesellschaft gegründet.

Dem Verbund liegt formal ein inter-regionaler Ansatz zugrunde. Die Allianz zwischen den Akteuren aus der Bergischen und der Märkischen Region ist allerdings nicht organisch gewachsen, sondern basiert auf strategischen Motiven: Die gezielte Einbindung der *FernUniversität Hagen* sollte die Chancen einer Projektbewilligung erhöhen – sie ist die einzige Fernhochschule in Deutschland und bildet derzeit 44.000 Studierende aus dem gesamten Bundesgebiet aus. Zudem erschien die Region der Bergischen Großstädte zu klein, um sich als ein breites Netz für innovative Hochschulgründer präsentieren zu können. Der regionsübergreifende Ansatz sollte mithin das Potenzial für Synergien und Größeneffekte erhöhen. Die ingesamt 21 Akteure aus beiden Regionen haben sich binnen zwei Wochen entschlossen, sich an dem Kooperationsprojekt zu beteiligen. Ursache war nach den Befragungsergebnissen zum einen das Ziel, Gründung und Innovation zu stärken. So existierten mit der *Bergischen Gründeroffensive* und dem *Märkischen Transferverbund* bereits vor dem Förderwettbewerb jeweils ein Zusammenschluss innerhalb der beiden Regionen. Ein zweites Motiv bestand darin, über den Wettbewerb Fördermittel zu erhalten und die Reputation als prämierter Netzwerkpartner zu steigern. So stellt das Bundesministerium für Bildung und Forschung ein Volumen von 7,7 Millionen DM bereit; die Ministerien für Wirtschaft und Wissenschaft des Landes Nordrhein-Westfalens steuern weitere 660.000 DM bei. Welche Leistungen sie anbieten, welcher Förderbedarf besteht und wie sich die Fördermittel auf die zehn Module verteilen, haben die Träger bereits vor der Antragsabgabe festgelegt. Damit sollten mögliche Verteilungskonflikte vorab verhindert werden. Die Akteure haben zudem auch Wert darauf gelegt, dass jedes der Teilprojekte eigenverantwortlich agiert und gegenüber dem Fördergeber selbst rechenschaftspflichtig ist. Das sollte die wechselseitige Abhängigkeit lindern, begrenzt allerdings auch die inhaltlichen Verbindungen zwischen den einzelnen Projektpartnern.

Darstellung einzelner Maßnahmen

Die Bergisch-Märkische Initiative hat im Jahr 1999 damit begonnen, die einzelnen Maßnahmen umzusetzen. Auf der Grundlage der Tiefen-Interviews (Stand: Juli 2000) lassen sich derzeit einige vorläufige und ausgewählte Zwischenergebnisse skizzieren, denen eine ausführliche Evaluierung der Fördergeber folgen wird.[460]

Das erste Ziel der Initiative besteht darin, gründungsfreundliche, universitäre Strukturen zu schaffen. Die Universität-Gesamthochschule Wuppertal hat mit Beginn des Wintersemesters 1999/2000 einen Lehrstuhl für Unternehmensgründung und Wirtschaftsentwicklung eingerichtet, der inzwischen mit dem Lehrstuhl für Wirtschaftspädagogik, Gründungspädagogik und Gründungsdidaktik ein gemeinsames Curriculum erarbeitet hat. Das Lehrangebot soll Studierende aller Fachbereiche für Gründungen sensibilisieren sowie Fachwissen vermitteln. Dabei werden auch neue didaktische Konzepte und neue Medien eingesetzt.[461] Die Anfangsphase gestaltete sich schwierig: im Startsemester gab es keinen Studieninteressenten. Deshalb haben die beiden Lehrstühle und die Transferstelle mit zirka 500 Broschüren, 90 Plakaten und Direktansprachen in 20 Vorlesungen für das Programm geworben. Zudem erhält *jeder* Studierende mit den Rückmeldeunterlagen einen Prospekt, der das Ausbildungsprogramm darstellt. Inzwischen steigt die Nachfrage – im Sommersemester 2000 haben zirka 40 Studierende die Veranstaltungsreihe belegt, im Folgesemester waren es etwa 60.[462]

---

460 Für die wissenschaftliche Begleitforschung des *exist*-Wettbewerbs ist das *Fraunhofer Institut für Systemtechnik und Innovationsforschung* Karlsruhe zuständig. Siehe Kulicke (2001b), Stahlecker (2001), Görisch (2001).

461 Dazu zählt ein eigener Seminarraum mit 7 Arbeitsplätzen, der ein Unternehmen nachbilden soll (Konferenzraum mit Präsentationsmöglichkeit).

462 So Braukmann (2001).

Darüber hinaus hat die Transferstelle 1999 insgesamt 18 konkrete Gründungsvorhaben betreut. Die *Fern-Universität Hagen* stieß mit ihrem neuen Studienangebot *Gründer werden?* auf eine positivere Resonanz. Statt der geplanten 100 Studierenden lag die Teilnehmerzahl im Sommer 2000 bei knapp 350. Gut 60 Prozent stammen dabei aus Nordrhein-Westfalen.

Zweitens will die Initiative Unternehmer während und nach erfolgter Gründung unterstützen. Bei diesem Maßnahmenkomplex fällt vor allem die Kooperation zwischen allen acht Technologie- und Gründerzentren beider Regionen auf, die nunmehr eine gemeinsame Transfer- und Beratungsgesellschaft betreiben. Den Projektunterlagen zufolge soll die Einrichtung das bisher lokale Leistungsangebot der Zentren vernetzen. Potenziellen Gründern soll sie eine neutrale Standortberatung über die fachlichen Schwerpunkte der einzelnen Zentren bieten. Zudem soll die Gesellschaft eigene Serviceleistungen wie Qualifizierung und Erstellung von Unternehmenskonzepten anbieten, um sich damit mittelfristig selbst zu finanzieren.[463]

Ob sich eine kunden- und kostenorientierte Kooperation zwischen Technologiezentren unterschiedlicher Träger und Regionen durch eine zwischengeschaltete Transfergesellschaft *dauerhaft* stärken lässt, erscheint nach den empirischen Befunden fraglich. Ungeachtet möglicher Synergieeffekte unterhält die Einrichtung in beiden Regionen eine Zweigstelle, zumal innerhalb bestehender Technologiezentren. Ohne die Fördermittel hätten die Projektträger die Transfergesellschaft nach eigenen Angaben nicht oder nicht in derselben Form gegründet. Während der dreijährigen Projektlaufzeit gewähren Bund und Land einen Zuschuss von über 90 Prozent zu den laufenden Betriebskosten. Die Transfereinrichtung firmiert als Gesellschaft mit beschränkter Haftung; der Gesellschaftervertrag begrenzt ihre Arbeit zunächst auf drei Jahre. Eine Förderkonstruktion mit derart geringen Eigenanteilen und begrenzter Laufzeit ist aus Sicht der Prinzipal-Agent-Theorie problematisch. Hinzu kommt, dass sich aus subventionsrechtlichen Gründen die Fördersumme von Bund und Land in dem Maße reduziert, in dem die Transfergesellschaft eigene Erträge erwirtschaftet. Damit entsteht folgendes Dilemma: Bietet die Einrichtung ihre Mittler- und Transferleistungen auf Dauer kostenlos an, entstehen für die Träger spätestens nach Ablauf der dreijährigen Anschubfinanzierung Verluste. Erzielt sie zuvor Gewinn, sinken die Fördermittel – außerdem könnte eine Konkurrenz zu den Technologie- und Gründerzentren der Region entstehen. Wie Gesellschafter und Geschäftsführung mit diesem Spannungsfeld umgehen, bleibt abzuwarten.

---

463 Siehe www.bizeps.de/6_teilprojekte/tp_07.html, BMBF (2000), S. 25.

Das dritte Ziel ist die Schaffung gründungsfreundlicher, gesellschaftlicher Rahmenbedingungen. Neben Informationsveranstaltungen der Industrie- und Handelskammern beider Regionen tragen die örtlichen Medien dazu bei, den Bekanntheitsgrad der Initiative zu steigern. Die drei Tageszeitungen der Bergischen Region und ein lokaler Radiosender werden bis Ende 2001 zirka 200 redaktionelle Beiträge zum Thema Existenzgründung veröffentlichen. Hinzu kommt eine Image- und Anzeigenkampagne, die knapp 60 mal geschaltet wird. Mit der Integration von privaten Medien in das innovationspolitische Konzept kann die Öffentlichkeit für das Thema Gründung und Innovation sensibilisiert werden.

Bewertung

Der Bergisch-Märkischen Initiative ist es gelungen, 21 öffentliche und private Einrichtungen dezentraler Gründungs- und Innovationspolitik in einem Projekt zu verbinden. Die entscheidenden Auslöser waren dabei die monetären und nicht-monetären Anreize des *exist*-Wettbewerbs. Die Zusammenarbeit zwischen den beteiligten Akteuren hat sich nach den Befragungsergebnissen inzwischen deutlich verstärkt, vor allem an der und durch die Arbeit der Transferstelle der Universität-Gesamthochschule Wuppertal, wo das Projekt schwerpunktmäßig angesiedelt ist und eine zentrale Koordination der Teilprojekte erfolgt. Ob und inwieweit sich die einzelnen Fördereinrichtungen auch multilateral vernetzen, ist nach den empirischen Befunden bisher allerdings eher skeptisch zu beurteilen, gerade in Anbetracht der jeweils eigenverantwortlichen Abwicklung der Projektmodule. Laufen die Fördermittel des Bundes aus, rechnen die Gesprächspartner mit einem Nachlassen der Zusammenarbeit. Dies gilt vor allem für die Kontakte zwischen den Akteuren aus der Bergischen und der Märkischen Region, die nicht organisch gewachsen sind, sondern allein förderpolitisch induziert waren.[464]

---

464 Die Ausgangsbedingungen waren zumindest wenig günstig – so hat der Endbericht der prozessualen Begleitforschung der Regionalisierung der Strukturpolitik in Nordrhein-Westfalen bei den Bergischen Großstädten „eine deutliche Abschottung gegenüber benachbarten Regionen" identifiziert. Siehe Hödl/ Mönig (1997), S. 171.

Schlussfolgerungen

Die regionalen Fallstudien haben erstens das breite Spektrum dezentraler Innovationspolitik aufgezeigt. Damit sollte die zuvor vorwiegend quantitative und aggregierte Dokumentation der dezentralen Förderung von Gründung und Innovation in Nordrhein-Westfalen durch qualitative und individuelle Beispiele ergänzt werden. Zweitens stand die Frage im Mittelpunkt, welche Faktoren den Aufbau eines regionalen Innovationsnetzes stärken oder beeinträchtigen können.

Wie bei jeder Fallstudie kann die Darstellung keinen Anspruch auf Repräsentativität erheben. Zu unterschiedlich sind die Ausgangsbedingungen und zu gering ist die Zahl der Tiefen-Interviews. Deshalb beschränkte sie die Arbeit darauf, die Hypothesen über die Funktionsweise von regionalen Netzwerken qualitativ zu untersuchen. Dabei lassen sich Indizien dafür finden, dass die fast schon euphorisch geführte Netzwerkdiskussion in der akademischen Literatur wie folgt relativiert werden muss:[465]

- Der mögliche regionalwirtschaftliche Vorteil einer räumlichen Vernetzung spielt für die dezentralen Träger der Innovationspolitik allenfalls eine Nebenrolle. Sie kooperieren nur dann, wenn sie ihre eigene Position verbessern können. Neben der Abwendung einer Krise, von der die eigene Arbeit bedroht ist (Standortkonkurrenz, regionale Strukturkrise) zählen dazu monetäre Anreize (Fördermittel) oder nicht-monetäre Anreize (Prestige, Einfluss).
- Ein eher kurzfristiger Ansporn wie die Teilnahme an einem ebenso lukrativen wie imagefreundlichen Förderwettbewerb kann zwar zu einer formalen Zusammenarbeit führen. Doch die Pflege und die Intensität der Arbeit dürfte dann nachlassen, wenn die individuellen Anreize zur Vernetzung abhanden kommen. Vor allem bei hoher Teilnehmerzahl und räumlicher Distanz erscheinen politisch geförderte Netze auf Dauer wenig tragfähig.
- Vor diesem Hintergrund sollten die Rahmenbedingungen in der dezentralen Innovationspolitik so ausgestaltet sein, dass sich eine intra-regionale Vernetzung *im eigenen Interesse* der relevanten Akteure lohnt, ohne aber einen Subventionswettlauf um die Fördertöpfe Dritter zu provozieren. Nur dann lassen sich auf Dauer *kunden- und kostenorientierte* Förderleistungen erwarten. Dieser Gedanke wird in Kapitel 5 fortentwickelt, das eine anreizgerechte Reform dezentraler Innovationspolitik entwirft. Zuvor sollen aber noch einmal kurz die wesentlichen Ergebnisse der empirischen Untersuchung resümiert werden.

---

465 Auch Hellmer et al. (1998), S. 245 spricht von einer „theoretisch-normativ inspirierten Debatte“, deren Annahmen sich nicht immer mit der Empirie decken.

4.6. Ökonomische Problemfelder und Perspektiven dezentraler Innovationspolitik

Der empirische Teil der Arbeit zielte darauf ab, dezentrale Innovationspolitik in Nordrhein-Westfalen in seiner Vielfalt zu dokumentieren und die Förderpraxis aus den zuvor entwickelten Perspektiven des ökonomischen Referenzmaßstabes zu untersuchen. Neben der Auswertung von Sekundärquellen wie Gutachten oder regionalen Entwicklungskonzepten stützen sich die empirischen Befunde auf verschiedene, aufeinander aufbauende Primäranalysen. Dazu zählen quantitative Erhebungen unter den Kreisen und kreisfreien Städten (Kommunalbefragung NRW) sowie unter den Leitern der Transfer- und Beratungsstellen und der regionalen Beteiligungsgesellschaften (Managementbefragung NRW). Hinzu kamen qualitative Tiefeninterviews mit 15 Entscheidungsträgern aus 12 innovationspolitischen Einrichtungen, die ihrerseits aus drei Regionen des Landes stammen. Was sind die wichtigsten Befunde dieser Untersuchung? Der folgende Überblick greift die bedeutsamsten Problemfelder dezentraler Innovationspolitik auf (siehe Kapitel 2.3) und konfrontiert die empirischen Ergebnisse mit dem ökonomischen Referenzmaßstab (siehe Kapitel 3.6 und 4.1-5).

Zunächst zur Ausgangslage: Innovative *Start-ups* können sich in Nordrhein-Westfalen an eine Fülle von Fördereinrichtungen wenden. 60 Technologie- und Gründerzentren, 27 Transferstellen an den Hochschulen, 23 Technologieberatungsstellen an den IHK und Handwerkskammern, 22 eigenständige Transferagenturen und 22 regionale Beteiligungsgesellschaften offerieren ein dichtes Leistungsspektrum. Es reicht von Mietflächen und Services, über Forschung & Entwicklung sowie Transfer, über Schulung und Beratung bis hin zu Beteiligung und Finanzierung. Waren es zunächst nur einige lokale Experimente, so hat sich dezentrale Innovationspolitik im Zuge der Regionalisierung zu einem bedeutenden Politikfeld im gesamten Landesgebiet entwickelt. Die Akteure aus Kommune, Kreis und Kammer engagieren sich dabei besonders intensiv. Doch ist das inzwischen außerordentlich dichte Leistungsspektrum geeignet, die*marktlichen Defizite innovativer Start-ups* ursachengerecht zu lindern? Welche *Steuerungsmängel* weisen die innovationspolitischen Maßnahmen auf? Damit ist das erste, grundlegende Problemfeld angesprochen – die ökonomische Legitimation. Die Ordnungstheorie schärfte dabei den Blick für die Gründe und Grenzen der Innovationspolitik.

- *Das Legitimationsproblem*: Die typischen Probleme innovativer *Start-ups*, wie der Erwerb von Eigenkapital und betriebswirtschaftlichen Schlüsselqualifikationen können lediglich größere regionale Beteiligungsgesellschaften an der Wurzel bekämpfen: Sie unterstützen Gründer mit Beteiligungskapital und – in einigen, wenn auch wenigen Fällen – mit persönlicher Managementberatung. Problematisch ist dagegen das Leistungsangebot der Technologiezentren und Transferstellen. Sie können zwar die Transaktionskosten der begünstigten Unternehmen senken, indem sie ihnen Service-, Schulungs- und Beratungsleistungen bereitstellen. Doch weite Bereiche ihres Leistungsspektrums gehen an der Zielgruppe vorbei: Existenzgründungs-, kaufmännische oder technische Seminare besuchen weniger als 15 Prozent der angesiedelten *Start-ups*. Gut der Hälfte der Mieter eines nordrhein-westfälischen Technologiezentrums ist nicht einmal bekannt, dass die Leiter der Einrichtung eine Unternehmensberatung anbieten. Die Mieter beschränken sich vielmehr darauf, subventionierte Miet- und Gewerbeflächen sowie Telekommunikations- und Empfangsdienste zu nutzen. Dabei lassen die Technologiezentren erhebliche Mitnahmeeffekte zu. Auch bei den öffentlichen Transferstellen tauchen Steuerungsdefizite auf. Sie vermitteln eher allgemeines, kodifizierbares Wissen, während wettbewerbsrelevantes, stilles Wissen durch mäßige Kooperationsanreize oftmals verschlossen bleibt. Nach einer bundesweiten Umfrage hatten nur etwas mehr als 10 Prozent der Kleinunternehmen (20-49 Beschäftigte) bisher Kontakt mit einer Hochschul-Transferstelle. Bei den eigenständigen Mittlern sieht das Ergebnis mit zirka 5 Prozent noch schlechter aus.

- *Das Kompetenzproblem*: Vor diesem Hintergrund richtet sich das Augenmerk auf das zweite Problemfeld, die Kompetenzen lokaler Entscheidungsträger. Folgt man der traditionellen Föderalismustheorie, verfügen dezentrale Akteure über Vorteile gegenüber einer zentralen Förderpolitik. Sie können die wirtschaftsstrukturelle Situation vor Ort besser einschätzen und ihre Fördermaßnahmen genau an den lokalen Belangen ausrichten. Zudem kann sich zwischen den Gemeinden ein kreativer Standortwettbewerb entfalten, der die Qualität ihrer innovationspolitischen Maßnahmen steigert. Der ökonomische Referenzmaßstab hat aber deutlich darauf hingewiesen, dass sich derartige Fühlungsvorteile nur dann entfalten, wenn ein geeigneter Ordnungsrahmen eine Interventionsspirale mit ständig neuen Förderangeboten verhindert.

Aus dieser Perspektive ist der Rahmen dezentraler Innovationspolitik, der mit der *Zukunftsinitiative für die Regionen Nordrhein-Westfalens*(*ZIN*) entstand, unzureichend: Der *räumliche Zuständigkeitsbereich* der 15 neu konstruierten *ZIN*-Regionen folgt in erster Linie einem administrativen Zuschnitt, der nicht immer mit den wirtschaftlichen Verflechtungen und Wertschöpfungsketten benachbarter Standorte übereinstimmt. Das gilt vor allem für dicht besiedelte und homogene Räume wie das Ruhrgebiet, das allein in fünf Regionen und drei Regierungsbezirke unterteilt ist. Hier ist Doppelarbeit programmiert. Auch die *Kompetenzverteilung* zwischen Land und dezentralen Trägern der Innovationspolitik ist kritisch zu beurteilen: Es fehlt an eigenverantwortlichen Handlungsbereichen, da sich Planungs-, Entscheidungs- und Finanzierungsbefugnisse der föderalen Ebenen überlappen. Vor allem die Förderung der Technologie- und Gründerzentren sowie der eigenständigen Transferstellen verletzt das Konnexitätsprinzip. Erschwerend kommt hinzu, dass die formalen Institutionen der Regionalisierung wenig geeignet sind, eine*horizontale und vertikale Koordination* dauerhaft zu gewährleisten. Zwar hat die Landesregierung die finanzielle Förderung neuer Instrumente an einen Konsens in der Regionalkonferenz bzw. im regionalen Entwicklungskonzept geknüpft. Die Entscheidungsträger vor Ort haben sich aber durch einen Stimmentausch (*log rolling*) wechselseitig unterstützt, um Fördermittel des Landes einzuwerben. Sieht man von diesen strategischen Koalitionen ab, blieb eine inhaltliche Abstimmung vielfach aus. In einigen Gebieten ist somit ein Angebot an Fördereinrichtungen entstanden, das nicht immer mit dem endogenen Entwicklungspotenzial der Region im Einklang steht und – wie bereits angesprochen – an den eigentlichen Bedürfnissen der Kunden vorbeigeht. Das führt direkt zu nächsten Problemkomplex.

- *Das Interessenproblem:* Das formale Ziel dezentraler Innovationspolitik ist, *Start-ups* zu fördern und damit für mehr Gründung und Innovation in einer Region zu sorgen. Dieses Anliegen wird jedoch von den persönlichen Motiven der involvierten Personen überdeckt. Politiker, Amtsleiter und Manager der Fördereinrichtungen streben oftmals nach politischem Einfluss und Prestige. Die einzelnen Mitarbeiter sind daran interessiert, ihren Arbeitsaufwand zu begrenzen und Freiheitsgrade zu sichern. Nach der Neuen Institutionenökonomik sind daher *Anreiz-, Informations- und Kontrollsysteme* notwendig, um Opportunismus innerhalb des Förderverfahrens zu beschränken.

  Den empirischen Befunden zufolge haben es die Träger der öffentlichen Fördereinrichtungen allerdings häufig versäumt, individuelle Anreize und ein ergebnisorientiertes Aufgaben-Controlling zu etablieren. Dass dadurch erhebliche Prinzipal-Agent-Probleme entstehen, lässt sich am Beispiel der Technologie- und Gründerzentren zeigen. Die Landesregierung hat als Prinzipal den Auf- und Ausbau dieser Einrichtungen in allen Regionen Nordrhein-Westfalens finanziell unterstützt. Ein Zentrum bietet den dezentralen Akteuren die Möglichkeit, innovationspolitisches Engagement öffentlich darzustellen. Deshalb sind etliche Kommunen, Kreise und Kammern als Agenten des Landes auf die Förderprogramme eingegangen. Nach Ablauf der Bau- und Anschubfinanzierung müssen die lokalen Gesellschafter für die betrieblichen Aufwändungen indes selbst aufkommen. Wichtigste Einnahmequelle sind dabei die Mieterlöse. Das Problem: Junge und innovative Gründer stellen zumeist schlechte Risiken dar, weil Liquiditätsengpässe und damit Mietausfälle denkbar sind. Für die Träger eines Zentrums ist daher ein Engagement gerade bei dieser Gruppe mit hohen Opportunitätskosten verbunden. Im Gegensatz zum Existenzgründer bieten etablierte Mittelständler mit einem bestehenden Produktsortiment ungleich sichere Mietzahlungen bei geringem Arbeitseinsatz der Zentrumsleitung. Aus Sicht der dezentralen Agenten ist es daher völlig rational, einem florierenden Mittelständler einen möglichst langen Mietvertrag anzubieten und innovative *Start-ups* zu vernachlässigen. Das eigentliche Förderziel der Einrichtung, als Brutkasten für junge Gründer zu dienen, gerät dabei jedoch rasch aus den Augen oder wird nur noch anhand einiger Mustergründer symbolhaft erfüllt. Derartige Agenturprobleme tauchen bei allen Fördereinrichtungen auf, an denen mehrere eigennützige Akteure beteiligt sind und unvollständige Information herrscht, also auch bei den Transfer- und Beratungsstellen von Hochschule, Kammer und Kommune.

- *Das Vernetzungsproblem:* Im Mittelpunkt des vierten Problemfeldes steht die räumliche Kooperation der dezentralen Fördereinrichtungen. Denn aus der Perspektive der Netzwerktheorie kann das betriebliche Innovationsverhalten enorm von einer Zusammenarbeit mit anderen Wissens- und Funktionsträgern profitieren. Dazu gehören Unternehmen und Universitäten, Innovatoren und Investoren, Kapitalbeteiligungsgesellschaften und Kammern, Technologiezentren und Transferstellen.

  Nach dem ökonomischen Referenzmaßstab sollten die förderpolitischen Maßnahmen deshalb so ausgerichtet sein, dass innovative *Start-ups* mit möglichst geringen Transaktionskosten Kooperationspartner vor Ort finden. Eine stärkere instrumentelle Kooperation nutzt dabei nicht nur den Betrieben. Auch die dezentralen Träger der Innovationspolitik können ihre Kosteneffizienz erhöhen, indem sie ihr Förderangebot aufeinander abstimmen und dadurch *Skalen- und Verbundvorteile* erwirtschaften. Die empirischen Ergebnisse legen jedoch offen, wie schwierig der *Aufbau regionaler Netze* ist – auch wenn er sich ökonomisch stichhaltig begründen lässt und in einigen Regionen erkennbar ist. Zu einer intra-regionalen Zusammenarbeit kommt es nur dann, wenn die beteiligten Akteure ihre individuellen Interessen befriedigen können, die Gebietseinheit und die Anzahl der Partner begrenzt bleibt und die gewählte Strategie an das endogene Entwicklungspotenzial einer Gebietseinheit anknüpft.

Auch bei diesem Problembereich zeigt sich der hohe Stellenwert eines geeigneten Ordnungsrahmens: Erst wenn die lokalen Akteure für ihre Förderpolitik allein verantwortlich sind bzw. in eine wirtschaftliche Krise geraten, haben sie den Anreiz, strategische Allianzen vor Ort zu suchen, Anreize und Aufgaben-Controlling einzuführen und damit letztlich kunden- und kostenorientierte Fördereinrichtungen zu betreiben. Können sie hingegen auf Subventionen Dritter vertrauen, haben sie nur ein geringes Eigeninteresse daran, durch eine räumliche Kooperation die Kosteneffizienz ihrer Politik zu verbessern.

Die Ergebnisse des systematischen Abgleichs zwischen ökonomischem Referenzmaßstab und der Förderpraxis in Nordrhein-Westfalen faßt Tabelle 4.12 noch einmal übersichtlich zusammen.

1.) Rahmen dezentraler Innovationspolitik

Analyse-Objekt	Ökonomische Perspektive	Empirischer Befund
Räumlicher Zuständigkeitsbereich	Innovationspolitische Akteure berücksichtigen die räumlichen externen Effekte ihrer Fördermaßnahmen (Kongruenzprinzip).	Zuschnitt der Regionen folgt eher einer administrativen anstatt einer wirtschaftsstrukturellen Logik. (→ 4.3.1)
Innovationspolitische Kompetenzverteilung	Innovationspolitische Akteure entscheiden über ihre Aufgaben eigenverantwortlich, führen sie durch *und* tragen die Kosten dafür selbst (Konnexitätsprinzip).	*ZIN*-Regionen haben Planungskompetenzen, aber nur zum Teil Entscheidungs- und Finanzierungskompetenzen. (→ 4.3.2)
Vertikale und horizontale Koordination	Innovationspolitische Akteure entwickeln Institutionen, die Prinzipal-Agent-Probleme innerhalb des Förderrahmens lindern und interkommunale Kooperation begünstigen.	Institutionen der Regionalisierung – wie Regionalkonferenz, Entwicklungskonzept und Konsens – sind anfällig für strategisches Verhalten zu Lasten Dritter. (→ 4.3.3)

2.) Instrumente dezentraler Innovationspolitik

Analyse-Objekt	Ökonomische Perspektive	Techno-/ Gründerzentrum	Transfer-/ Beratungsstelle	Regionale Beteiligungsgesellschaft
Größen- und Verbundvorteile	Innovationspolitsche Akteure berücksichtigen bei der Konzeption ihrer Instrumente mindestoptimale Projektgrößen sowie steigende Skalenerträge.	Teilweise erfüllt	Teilweise erfüllt	Teilweise erfüllt (→ 4.4.1)
Anreize und Aufgaben-Controlling	Innovationspolitische Akteure entwickeln Institutionen, die Prinzipal-Agent-Probleme gegenüber dem Management eines Instrumentes lindern.	Schwache Anreiz- und Informationssysteme	Schwache Anreiz- und Informationssysteme	Starke Anreiz- und Informationssysteme (→ 4.4.2)

Fortsetzung nächste Seite

3.) Leistungsangebot der Instrumente dezentraler Innovationspolitik

Analyse-Objekt	**Ökonomische Perspektive**	**Techno-/ Gründer-zentrum**	**Transfer-/ Beratungs-stelle**	**Regionale Beteili-gungs-gesell-schaft**
Marktmängel innovativer *Start-ups*	Maßnahmen dezentraler Innovationspolitik verbessern die Rahmenbedingungen von innovativen *Start-ups*, risikotragendes Eigenkapital zu erwerben und sich die externen Effekte ihrer Innovationen anzueignen.	Nur mittelbar erfüllt	Nur mittelbar erfüllt	Teilweise erfüllt (→ 4.5.1)
Steuerungsmängel politischer Akteure	Maßnahmen dezentraler Innovationspolitik verzichten auf eine inhaltliche Selektion von Innovationsfeldern, ...	Weitgehend erfüllt	Weitgehend erfüllt	Weitgehend erfüllt
	... ohne mögliche Mitnahmeeffekte von Unternehmen völlig auszublenden.	Nicht erfüllt (hohe Mitnahmeeffekte)	Nicht erfüllt (hohe Mitnahmeeffekte)	Erfüllt (geringe Mitnahmeeffekte) (→ 4.5.2)
Regionale Innovationsnetze	Maßnahmen dezentraler Innovationspolitik sind vernetzt und erleichtern innovativen *Start-ups* den Zutritt zu intra-regionalen Kooperationen.	Teilweise erfüllt	Teilweise erfüllt	Teilweise erfüllt (→ 4.5.3)

Quelle: Eigene Zusammenstellung.

Tabelle 4.12: Ökonomische Perspektiven dezentraler Innovationspolitik in NRW

Nachdem nun die ökonomischen Probleme dezentraler Innovationspolitik herausgestellt und sowohl theoretisch als auch empirisch untersucht wurden, richtet sich nun das Interesse auf mögliche Reformansätze. Wie lässt sich eine kosten- und kundengerechtere Förderung von Gründung und Innovation begünstigen?

„Institutions form the incentive structure of a society and political and economic institutions, in consequence, are the underlying determinant of economic performance."

DOUGLASS C. NORTH (1994), S. 359.

5. Anreizgerechte Reform dezentraler Innovationspolitik

Das folgende Kapitel entwickelt Vorschläge für eine anreizgerechte Reform dezentraler Innovationspolitik. Die Empfehlungen folgen der Struktur des ökonomischen Referenzmaßstabes, da sich so theoretische Grundlagen, empirische Befunde und strategische Entwicklungsschritte handlungsorientiert zusammenführen lassen. Um das wissenschaftliche Fundament der Reformvorschläge offenzulegen, werden zunächst noch einmal kurz Ausgangspunkt und Argumentation der Untersuchung rekapituliert (Kapitel 5.1). Anschließend werden dann die konkreten Handlungsoptionen zur Diskussion gestellt (Kapitel 5.2).

5.1. Grundlage der Reformvorschläge – Zusammenfassung der Argumentation

Die *New Economy* hat sich binnen weniger Jahre zu einem schillernden Begriff entwickelt. Mit bisher nicht gekannter Geschwindigkeit entstehen neue Betriebe und Branchen; Produktzyklen verkürzen sich immer mehr. Auch die Innovationspolitik verändert sich zunehmend. Vor allem die Akteure auf dezentraler Ebene haben sich ein neues Politikfeld erschlossen. Eine Vielzahl an Technologie- und Gründerzentren, Transfer- und Beratungsstellen, Beteiligungsgesellschaften und Wagniskapitalfonds bieten innovativen *Start-ups* ihre Hilfe an. Aber so differenziert sich die Förderpraxis inzwischen darstellt, so spärlich ist ihre systematische Analyse. Am einen Pol stehen eher *normative* Beiträge, die staatliche Eingriffe in den Wettbewerbs- und Innovationsprozess per se verurteilen und daher von einer weiteren Analyse der bestehenden Instrumente absehen. Am anderen Pol gibt es *empirische* Wirkungsanalysen über einzelne Maßnahmen, die jedoch die theoretischen Zugänge zur Innovationspolitik nur bedingt berücksichtigen; ihr Fokus liegt überdies in der Regel jeweils nur auf einer Instrumentengattung. Es fehlte eine Untersuchung, die sowohl das ökonomische Fundament als auch die breite Palette der förderpolitischen Aktivitäten in einem Zusammenhang beleuchtet. Diese Forschungslücke zu schließen, ist das Anliegen dieser Arbeit (KAPITEL 1).

Nach einem Überblick über den Stand der Innovationstheorie war es zunächst notwendig, die Entwicklung der Innovationspolitik zu reflektieren. Das Engagement in diesem Bereich hat sich in den vergangenen Jahren erheblich gewandelt: Neben einer zunächst noch rein zentralstaatlichen Forschungs-, Technologie- und Innovationspolitik sind zunehmend regionale und lokale Fördermaßnahmen getreten. Welche unterschiedlichen Ideen und Instrumente mit diesem Prozess verknüpft sind und wie sie mit den Erkenntnissen der Innovationstheorie korrespondieren, skizzierte KAPITEL 2. Damit führte es in das Forschungsobjekt ein, definierte grundlegende Begriffe und legte wesentliche Problembereiche dezentraler Innovationpolitik offen. Aus der Warte des ökonomischen Beobachters lassen sich Spannungsfelder bei ökonomischer Legitimation, dezentraler Kompetenz, politischen Eigeninteressen und räumlicher Vernetzung erkennen.

Vor diesem Hintergrund hat KAPITEL 3 einen ökonomischen Referenzmaßstab dezentraler Innovationspolitik erarbeitet. Ein besonderes Merkmal in der Vorgehensweise war der Zugriff auf verschiedene wirtschaftswissenschaftliche Theoriezweige. Dazu gehörten Ordnungs- und Föderalismustheorien sowie Institutionen- und Netzwerktheorien. Diese Ansätze können die genannten Problembereiche erhellen, doch für sich allein betrachtet reichen sie nicht weit genug. Erst eine konsistente Synthese ihrer Kernaussagen schärft den Blick dafür, ob sich der Staat in den Innovationsprozess einschalten sollte (Ordnungstheorie), welche Vorteile ein subsidiäres Engagement bietet (Föderalismustheorie), welche Schwierigkeiten in der Zusammenarbeit zwischen eigennutzorientierten Entscheidungsträgern vor Ort auftauchen können (Institutionentheorie) und welche Förderaktivitäten zugunsten innovativer *Start-ups* sinnvoll erscheinen (Netzwerktheorie). Auf diesem theoretischen Fundament wurden dann ökonomische Analyse-Objekte und Leitbilder gewonnen, die das Gerüst für die weitere Analyse bildeten.

KAPITEL 4 hat daraufhin das innovationspolitische Engagement in Nordrhein-Westfalen in seiner Vielfalt dargestellt und mit dem neuen Referenzmaßstab konfrontiert. Neben der Auswertung verfügbarer Sekundärquellen stützten sich die empirischen Befunde auf eigene, quantitative Erhebungen unter den Kreisen und kreisfreien Städten sowie den Leitern der Transfer- und Beratungsstellen sowie der regionalen Beteiligungsgesellschaften. Hinzu kamen qualitative Tiefen-Interviews mit fünfzehn Entscheidungsträgern aus zwölf innovationspolitischen Einrichtungen, die ihrerseits aus drei Regionen des Landes stammen.

Die erste innovationspolitische Bestandsaufnahme nach der Regionalisierung in Nordrhein-Westfalen hat gezeigt, dass sich innovative *Start-ups* an etliche Fördereinrichtungen wenden können: 60 Technologie- und Gründerzentren, 27 Transferstellen an den Hochschulen, 23 Technologieberatungsstellen an den IHK und Handwerkskammern, 22 eigenständige Transferagenturen und 22 regionale Beteiligungsgesellschaften offerieren ein dichtes Leistungsspektrum. Es umfasst Mietflächen und Services, Forschung & Entwicklung, Transfer, Schulung und Beratung sowie Beteiligung und Finanzierung. Seit dem Beginn der Regionalisierung Ende der achtziger Jahre haben sich damit die politischen Aktivitäten zugunsten von Gründung und Innovation enorm ausgedehnt. „Dieses breite Spektrum innovationsfördernder Einrichtungen ist jedoch in seiner Gesamtheit für die Wirtschaft als potenzieller Nutzer schwer überschaubar“, urteilen die Minister für Wirtschaft und Wissenschaft in einem Bericht an den Ministerpräsidenten Nordrhein-Westfalens.[466] „Ziel muss es daher sein, die Forschungs- und Transferlandschaft transparenter zu machen, zu strukturieren, zu profilieren und effizienter zu gestalten. Wesentlich ist aber auch eine größere Marktorientierung; das bedeutet, die Transferaktivitäten stärker den Bedürfnissen der Partner aus der Wirtschaft anzupassen.“

5.2. Reformvorschläge

Mehr Effizienz und Transparenz, mehr Markt- und Kundennähe – diese Ziele stehen auch im Mittelpunkt der folgenden Handlungsempfehlungen. Sie sind in neun Bereiche gegliedert, die aus dem ökonomischen Referenzmaßstab dezentraler Innovationspolitik hervorgehen. Während einige der Maßnahmen sich genau fassen lassen, bleiben andere bewusst offen. Nicht in allen Fällen lässt sich eine abschließende oder einheitliche Lösung präsentieren. So richtete sich das Augenmerk nicht auf ein bestimmtes Instrument oder einen einzelnen Träger, sondern auf die als wesentlich erachteten Analyse-Objekte, die die Fülle der innovationsfördernden Aktivitäten widerspiegeln sollen. Welche politischen Konsequenzen die jeweiligen Entscheidungsträger vor Ort ziehen, muss deshalb weiteren Einzelfallprüfungen vorbehalten bleiben. Überdies gelten für die wirtschaftspolitische Steuerung enge Grenzen: Unternehmerische wie auch politische Innovationen sind komplex, das Wissen, künftige Veränderungsprozesse zu steuern, ist gering. Dieser Befund gilt keineswegs nur für Politiker und Verwaltungsbeamte, sondern auch für Wissenschaftler und Berater.[467] Die Vorschläge verstehen sich als ein ökonomisch fundierter Leitfaden für die relevanten Akteure. Kerngedanke ist es, durch *Anreize* innovationsfreundliche Rahmenbedingungen zu schaffen, ohne aber das Handeln der Akteure selbst festzulegen. Die zur Diskussion gestellten Empfehlungen sind jeweils mit einem pointierten Gegensatzpaar überschrieben, das den zugrunde liegenden Gedanken zuspitzen und den Wandel von einer traditionellen Wirtschaftsförderung zu einem subsidiären

---

[466] MWMTV und MSWWF (1999), S. 15.

[467] Zu den Möglichkeiten und Grenzen der wirtschaftspolitischen Beratung siehe Benkert (1995), von Weizsäcker (1999) oder Priddat (1999b).

Innovationsmanagement verdeutlichen soll.[468] Bevor auf die einzelnen Analyse-Objekte des ökonomischen Referenzmaßstabs schrittweise eingegangen wird, soll zunächst ein Aspekt besonders betont werden: das Selbstverständnis der Träger dezentraler Innovationspolitik.[469]

5.2.1. Neues Selbstverständnis in der Innovationspolitik: Partner statt Primat

Dezentrale Innovationspolitik wird sich künftig in weiten Teilen wandeln müssen. Das liegt an den tiefgreifenden Veränderungen, die mit den globalen und digitalen Wirtschaftsformen einhergehen. Die Träger des Politikfeldes unterscheiden sich dabei keineswegs von ihren Mandanten, den Unternehmen. Denn genau wie kreative *Start-ups* einer kräftigen Konkurrenz ausgesetzt sind, stehen öffentliche Akteure in einem scharfen Standortwettbewerb. In dem Maße, in dem Handelsbarrieren fallen und virtuelle Organisationen, elektronischer Handel sowie neue Distributionsformen das Wirtschaftsleben durchdringen, verschwimmen die regionalökonomischen Grenzen zwischen Zentrum und Peripherie. Firmen und Arbeitnehmer der *New Economy* sind weniger an eine Stadt gebunden als Fabriken und Arbeiter der alten Ökonomie. Nicht nur für das Produkt eines Unternehmens, sondern auch für dessen Produktionsstätte gilt somit der Prozess der schöpferischen Zerstörung. Neben dem Konkurrenzdruck gibt es noch eine zweite Parallele zwischen Wirtschaft und Politik: den Faktor Zeit. Innovationspolitische Akteure, die sich dem Strukturwandel rasch öffnen und – um im Bild von *Joseph A. Schumpeter* zu bleiben – als Pionier vorantreiben, können einen temporären Vorteil erringen.

Traditionelle Wirtschaftsförderung ist durch den Primat der Politik bestimmt: Ministerialbeamte genehmigen und gewähren Transfers, typischerweise für einige ausgewählte Sektoren. Ämter für Wirtschaftsförderung und Liegenschaften prüfen und bewilligen Investitionsvorhaben. Unternehmerisches Handeln ist mithin an einen behördlichen Akt gebunden. Auch wenn manche dieser Aufgaben bestehen bleiben, kommen andere, zunehmend wichtigere Kompetenzen hinzu. Dazu zählen keineswegs nur eine kundenorientierte Administration, zügige Verwaltungsabläufe oder virtuelle Rathäuser, die ihre Leistungen als *One-*

---

468 Diese Zuspitzung will das Neue hervorheben ohne zu übersehen, dass viele Vorschläge *neben* traditionelle Aufgaben der Innovationspolitik treten, die – in einem neuen Selbstverständnis – auch künftig relevant sind.

469 Siehe Jung (2000), S. 20-29, Icks/ Richter (1999), S. 124-125 oder Benkert (1990), S. 87-95.

Stop-Agency via Internet anbieten. Notwendig ist vielmehr ein neues Selbstverständnis der Politik, das sich durch ein partnerschaftliches Verhältnis zu den Unternehmern und Bürgern auszeichnet. Statt einer reaktiven Vorgehensweise müssen Wirtschaftsförderer künftig ihre Funktion als interaktive Moderatoren begreifen. Erst dann können sie frühzeitig standortpolitische Herausforderungen erkennen und positive Impulse für dezentrale Entwicklungsprozesse geben.

So wichtig dieses neue Selbstverständnis auch ist, so zögerlich setzt es sich in der Praxis durch. Wenn aber die intrinsische Motivation der relevanten Akteure begrenzt ist, sind geeignete Anreiz- und Organisationsstrukturen nötig, um den skizzierten Wandel zu unterstützen. Das führt zu den drei Komponenten des ökonomischen Referenzmaßstabs dezentraler Innovationspolitik. Während manche empirische Studien ihre Aufmerksamkeit allein auf Instrumente und Leistungsangebote richten, rückt diese Arbeit auch den Politikrahmen in den Mittelpunkt. Denn die institutionellen Merkmale der Regionalisierung sind eine Ursache dafür, dass in einigen Gebieten in Nordrhein-Westfalen ein Überangebot an Einrichtungen besteht und Maßnahmen sich überlagern. Die folgenden drei Empfehlungen zum Rahmen richten sich daher primär an die Landesregierung. Ziel der Vorschläge ist es, den räumlichen Zuständigkeitsbereich und die innovationspolitischen Kompetenzen so zu gestalten, dass sie das Eigeninteresse der dezentralen Entscheidungsträger an koordinierten und konkurrenzfähigen Förderaktivitäten dauerhaft stärken.

5.2.2. Räumlicher Zuschnitt: Wirtschaftsraum statt Verwaltungseinheit

Auf Initiative der Landesregierung sind Ende der achtziger Jahre fünfzehn Regionen in Nordrhein-Westfalen entstanden. Damit wollte sie die Sachkenntnis der Akteure vor Ort nutzen, um endogene Entwicklungspotenziale freizulegen. Bei der Abgrenzung spielten wirtschaftsstrukturelle Aspekte jedoch nur eine untergeordnete Rolle. Es waren vielmehr verwaltungstechnische Überlegungen, die im Vordergrund standen. Vor allem im Ruhrgebiet kommt das zum Ausdruck. Dieser ökonomisch eng verflochtene Wirtschaftsraum ist in fünf Regionen aufgeteilt, die wiederum drei unterschiedlichen Regierungsbezirken angehören. Die Sitze der Bezirksregierungen liegen in Arnsberg, Düsseldorf und Münster. Unter diesen räumlichen Bedingungen fällt es schwer, die innovationspolitischen Entwicklungsstrategien inter-regional zu koordinieren, denn eine Vielzahl von staatlich subventionierten Fördereinrichtungen stehen dort im dichten Wettbewerb.

Seit geraumer Zeit findet eine intensive Debatte darüber statt, das Ruhrgebiet als zusammenhängenden Wirtschaftsraum neu zu formieren. In diesem Kontext empfiehlt es sich, den räumlichen Zuständigkeitsbereich der fünfzehn *ZIN*-Regionen zu überprüfen. Dort, wo eine Abstimmung zwischen benachbarten Gebietseinheiten durch ökonomische Aspekte wie räumliche Externalitäten und Wertschöpfungsketten geboten ist, aber durch administrative Verwaltungseinheiten beeinträchtigt wird, ist ein anderer Zuschnitt zu erwägen. Auf Grund politischer Transaktionskosten muss es sich dabei nicht um eine kommunale Gebietsreform im strengen Sinne handeln. Die Akteure vor Ort sollten vielmehr prüfen, ob sie funktionale Zweckverbände im Bereich der Gründungs- und Innovationsförderung eingehen. Dem steht bisher allerdings eine unzureichende Kompetenzverteilung in der Innovationspolitik entgehen.

5.2.3. Innovationspolitische Kompetenzverteilung: Verantwortung statt Verflechtung

Mit der Regionalisierung haben die Träger dezentraler Innovationspolitik neue Handlungskompetenzen erhalten. Sie sind aufgerufen, auf Basis einer regionalen Stärken- und Schwächen-Analyse ein Entwicklungskonzept zu entwerfen, das konkrete Maßnahmen zur Förderung von Technologie und Innovation enthält. Vertreter des Landes entscheiden dann, ob sie die vorgeschlagenen Projekte finanziell unterstützen. Vor allem bei den Technologiezentren und den Transferagenturen, die während der *Zukunftsinitiative für die Montanregionen (ZIM)* und der *Zukunftsinitiative für die Regionen Nordrhein-Westfalens (ZIN)* entstanden sind, verteilen sich Planungs-, Durchführungs- und Finanzierungskompetenzen auf mehrere Ebenen. Diese Politikverflechtung ist zwiespältig: Auf der einen Seite will die Landesregierung die Eigenverantwortung der dezentralen Träger der Innovationspolitik kräftigen. Auf der anderen Seite behält sie sich die Entscheidung über die finanzielle Förderung der Projektideen vor. Das ursprüngliche Ziel, lokale Experimente und Entdeckungsprozesse anzustoßen, lässt sich so nur bedingt erreichen. Denn angesichts der prekären Finanzsituation zahlreicher Städte und Gemeinden richten einige Kommunalpolitiker ihre Konzepte weniger am regionalen Entwicklungspotenzial als vielmehr an der Verfügbarkeit von Fördermitteln aus. Damit sind einheitliche Strategien vorbestimmt, wie der flächendeckende Auf- und Ausbau von Technologiezentren und Transferstellen zeigt.

Reform des kommunalen Finanzausgleichs

Wenn die Landesregierung an ihrem Anliegen festhalten will, eine eigenverantwortliche Innovationspolitik in den Regionen Nordrhein-Westfalens zu begründen, sollte sie ihre bisherige Förderpolitik verändern. Anstatt selektive Programme aufzulegen, bei denen das Land zwar eine Finanzierungsgewalt in den Händen hält, aber ständig mit neuen Subventionsanträgen konfrontiert wird, sollte es die in Artikel 28 Grundgesetz verankerte kommunale Selbstverantwortung stärken. Bereits seit Jahren wird ein neues Gemeindesteuersystem gefordert, das die Grundsätze von Konnexität und fiskalischer Äquivalenz besser erfüllt.[470] Doch die komplexen Mischfinanzierungsregeln im deutschen Finanzausgleich lassen Reformvorschläge regelmäßig scheitern – es existiert eine „Politikverflechtungsfalle".[471]

Als ein pragmatisches Mittel bietet sich der kommunale Finanzausgleich an, mit dem das Land seine Finanzbeziehungen zu Landkreis, Stadt und Gemeinde gesetzlich regelt. So lässt sich mit Hilfe von investiven Zweckzuweisungen eine höhere Einnahmen- und Ausgabenautonomie dezentraler Akteure herbeiführen.[472] Die Kommunalvertreter müssten dann nachweisen, dass sie mit den erhaltenen Mitteln Gründung und Innovation fördern – soweit die Zweckbindung der Transfers. Welche Schwerpunkte sie setzen und welche Instrumente sie wählen, bliebe ihnen aber selbst vorbehalten. Im Gegenzug würde das Land das Volumen seiner Förderprogramme für kommunale Projektträger verringern. Die Zweckzuweisungen sollten für eine mehrjährige Periode vorab definiert und in ihrer Höhe begrenzt werden, um einerseits Planungssicherheit zu gewähren, andererseits aber auch Planungsverantwortung der dezentralen Akteure zu betonen.[473] Eine Reform des kommunalen Finanzausgleichs könnte dann den Wettlauf um mögliche Fördermittel der Zentrale verkleinern und statt dessen einen Wettbewerb um den effizienten Einsatz der eigenen Mittel begünstigen.

---

470 Siehe unter vielen: Peffekoven (1996), Junkernheinrich/ Klemmer (1996) oder Linscheidt/ Truger (1998). Zur Stärkung des Konnexitätsprinzip in der Finanzverfassung siehe Geske (1998) oder Grossekettler (1995).

471 Scharpf (1985) definiert eine Politikverflechtungsfalle „als eine zwei oder mehr Ebenen verbindende Entscheidungsstruktur, die aus ihrer institutionellen Logik heraus systematisch (...) ineffiziente und problem-unangemessene Entscheidungen erzeugt und zugleich unfähig ist, die institutionellen Bedingungen ihrer Entscheidungslogik zu verändern."

472 Zur Theorie der Zuweisungen siehe Benkert (1984).

473 Ein Zeitraum von einem Jahr erscheint zu kurz, da eine hektische Mittelverwendung die Folge wäre. Freie Mittel sollten auf die Folgeperiode übertragen werden können.

5.2.4. Vertikale und horizontale Koordination: *Profit-Seeking* statt *Rent-Seeking*

Der regionale Konsens kennzeichnet das Förderverfahren, das die Landesregierung mit ihren Zukunftsinitiativen eingeführt hat. Damit wollte sie eine vertikale und horizontale Koordination der Innovationspolitik herbeiführen. Zuweilen haben sich dezentrale Akteure aber nur deshalb wechselseitig unterstützt, um Subventionen für den eigenen Standort zu erlangen. Die Einigung vor Ort ging also zu Lasten eines Dritten, nämlich des Landes, das seinerseits beträchtliche Fördermittel eines Vierten, nämlich der Europäischen Union, verteilte. Diese Konstellation hat zu einer Reihe von unrentablen Projekten geführt, obwohl es letztlich um den Einsatz knapper Steuergelder geht. An diesem Punkt führen die beiden vorangegangen Empfehlungen zusammen: Wenn die dezentralen Akteure für die finanziellen Konsequenzen ihrer Politik gemäß dem Konnexitätsprinzip selbst verantwortlich sind und mit begrenzten Mitteln haushalten müssen, dürften sie daran interessiert sein, die Instrumente an den strukturellen Bedingungen des jeweiligen Wirtschaftsraumes auszurichten.[474] Während das institutionelle Design der Regionalisierung den Anreiz bot, ein ‚Anspruchskartell' gegenüber dem Land zu bilden, motiviert eine höhere Finanzautonomie dazu, Einrichtungen der Gründungs- und Innovationsförderung nach Rentabilitätsgesichtspunkten abzustimmen und funktionale Zweckverbände zu gründen. Das *Profit-Seeking* löste das *Rent-Seeking* ab.

Zwei mögliche Koordinationsformen, die auf mehr Markt- und Kundennähe abzielen, seien an dieser Stelle skizziert.

Interkommunale Kooperation (*Co-opetition*)

Dezentrale Einheiten können ihre Wettbewerbsposition um innovative Unternehmer stärken, indem sie mit anderen Städten und Gemeinden innerhalb eines Wirtschaftsraumes fachlich enger zusammenarbeiten.[475] Dabei besteht erneut eine Analogie zum Unternehmenssektor, in dem sich in jüngster Zeit eine Fülle von strategischen Allianzen beobachten lässt. Mit dem Begriff *Co-opetition*[476]

---

474 Siehe auch Pitlik/ Schmid (2000), S. 109-111 sowie Frey/ Eichenberger (2000), S. 339. Letztere fordern finanzautonome Körperschaften, die sie als "*FOCJ*" (*Functional, Overlapping, Competing Juristictions*) bezeichnen.

475 Ausführlich dazu Götz (1999), Teil III und Richter (1997).

476 „*Co-opetition*" ist eine Wortschöpfung aus „*competition*" einerseits und „*co-operation*" andererseits. Der Begriff geht zurück auf *Ray Noorda*, Gründer der Softwarefirma *No-*

lässt sich diese Handlungsoption umschreiben: Rivalen werden zu Partnern, um einen Vorsprung gegenüber anderen Rivalen zu erlangen. Auch in der dezentralen Innovationspolitik kann es sinnvoll sein, sich durch Kooperation von anderen Standorten abzuheben. Wie die empirische Analyse gezeigt hat, entwickeln die Verantwortlichen in einigen Regionen ein gemeinsames Standort-Marketing, stimmen die Leistungen ihrer Fördereinrichtungen ab oder unterhalten eine zentrale Anlaufstelle, die potenzielle Gründer an fachlich spezialisierte Anbieter in der Region vermittelt. Doch auf Grund der genannten Schwächen im föderalen Finanzsystem sind interkommunale Aktivitäten bisher „eher die Ausnahme und müssen dort, wo sie übergeordneten Körperschaften sinnvoll und notwendig erscheinen, erst durch die Setzung von Anreizen (...) induziert werden."[477]

Öffentlich-Private-Partnerschaften (*Public-Private-Partnerships*)

Die Qualität dezentraler Innovationspolitik lässt sich auch durch eine Zusammenarbeit mit nicht-staatlichen Akteuren steigern. Diese Strategie ist als *Public-Private-Partnership* weithin bekannt.[478] Die Handlungsoption ist gekennzeichnet durch eine freiwillige und formalisierte Zusammenarbeit von kommunalen und anderen örtlich tätigen Akteuren, so zum Beispiel Kammern, Kreditinstituten, Verbänden, Wirtschaftsförderungsgesellschaften oder auch einzelnen Unternehmen. Das gemeinsame Vorgehen basiert auf individuellen Erwartungen: Die Interessen der Wirtschaftsvertreter sind vor allem ökonomischer Natur. Sie liegen in monetären Erträgen, in einer höheren Planungssicherheit oder in regelmäßigen Kontakten mit Politikern und Verwaltungschefs. Diese wiederum versprechen sich angesichts knapper öffentlicher Kassen zusätzliche Finanzmittel und neue Tätigkeitsfelder. Auch von der Fachkompetenz und den Managementerfahrungen der Wirtschaft will die öffentliche Seite profitieren.[479]

---

vell. Das Konzept ähnelt dem des regionalen Netzwerks, auf das die Handlungsempfehlung 2.9 noch eingehen wird. Während Netze als lose Kopplungen zwischen Akteuren wenig formalisiert sind, handelt es sich bei Formen des *Co-opetition* um klar umrissene Projekte. Siehe dazu Nalebuff/ Brandenburger (1996), Armstrong (1997), Beck (1998) oder Jansen (2000).

477 Benkert (1996), S. 184.

478 Siehe unter vielen Birnstiel (1995), Budäus/ Grüning (1997), Heinz (1998), Priddat (1999c), S. 148-149. Zur Situation in Nordrhein-Westfalen siehe Kruzewicz (1993).

479 In der dezentralen Innovationspolitik Nordrhein-Westfalens gibt es eine Reihe von positiven Beispielen für *Public-Private-Partnerships*. Vor allem die ökonomisch erfolgreicheren Technologiezentren, die frühzeitig an den Hochschulstandorten entstanden sind, zeichnen sich durch ein breites öffentliches und privates Engagement aus. Sie verfügen

Sowohl öffentlich-private Partnerschaft als auch interkommunale Kooperation bieten die Chance, Ziele zu realisieren, die ein Akteur im Alleingang nicht oder nur mit einem höheren Ressourceneinsatz erreichen könnte. Gleichwohl sind beide Ansätze mit Risiken behaftet. Benachbarte Gemeinden oder beteiligte Unternehmen können sich als Trittbrettfahrer entpuppen, die an den Erfolgen einer Kooperation teilhaben, doch die damit verbundenen Kosten abwälzen wollen. So bleibt bei einer inter-kommunalen Zusammenarbeit im Binnenverhältnis freilich die Standortkonkurrenz bestehen, da ein innovativer *Start-up* sich immer nur für einen Ort entscheiden kann. Bei einer *Public-Private-Partnership* versuchen die beteiligten Wirtschaftsakteure oftmals, finanzielle Risiken zu sozialisieren. Deshalb dürfen die beiden Strategien kein Selbstzweck sein, um ein innovationspolitisches Engagement symbolträchtig darzustellen. Gerade durch die geforderte Finanzautonomie ist es für die öffentlichen Träger der Innovationspolitik notwendig, sich gegen opportunistisches Verhalten zu wappnen.

Vor diesem Hintergrund bietet Tabelle 5.1 eine Art Prüfkatalog, der Bedingungen kritisch abfragt, die für den wirtschaftlichen Nutzen einer Kooperation wesentlich erscheinen, gelegentlich aber vernachlässigt werden. Der Beginn einer Kooperation ist demnach nur dann empfehlenswert, wenn es gemeinsame Ziele und komplementäre Ressourcen zwischen den potenziellen Projektpartnern gibt (primäre Startbedingung). Wenn diese Interdependenz besteht, sollten die Akteure in einem zweiten Schritt prüfen, ob die Kommunikation zwischen den beteiligten Akteuren gewährleistet ist – sei es durch persönliche Beziehungen oder durch einen von allen akzeptierten Moderator (sekundäre Startbedingung). Der Erfolg der weiteren Zusammenarbeit hängt davon ab, ob im Vorfeld die Kompetenzen zwischen den Partnern klar verteilt, ob Phasen und Zwischenziele des Projektes abgesteckt, ob Verteilungsfragen geklärt und ob die Anreizstrukturen so gestaltet sind, das alle Beteiligten ein dauerhaftes Interesse an einer Zusammenarbeit haben – vor allem auch dann, wenn Konflikte auftauchen (Prozessbedingungen).[480]

---

mit ihren Beiräten über intensivere Informations- und Kontrollmechanismen als jene Einrichtungen, die sich allein in öffentlicher Trägerschaft befinden. Ausführlich dazu Elle et al. (1997a), S. 48-51.

480 Siehe auch Kouwenhoven (1993), S. 124, Budäus/ Grüning (1997), S. 65 und Heinz (1998), S. 236-237.

Startbedingungen
a) Primäre Startbedingungen
• Gibt es gemeinsame Ziele?
• Gibt es komplementäre Ressourcen?
b) Sekundäre Startbedingungen
• Gibt es informelle bzw. formale Beziehungen?
• Gibt es akzeptierte Moderatoren?
Prozessbedingungen
• Besteht ein markt- und kundenorientiertes Denken?
• Besteht eine gemeinsame Strategie?
• Sind Kompetenzen eindeutig verteilt?
• Sind Projektstufen klar definiert (Meilensteinplanung)?
• Sind Kosten-, Gewinn- und Risiko verteilt?
• Bestehen Anreiz-, Informations- und Controlling-Systeme?
• Bestehen Konfliktlösungsmechanismen?

Quelle: Eigene Zusammenstellung nach Kouwenhoven (1993), S. 124.

Tabelle 5.1: Prüfliste für Kooperationen in der dezentralen Innovationspolitik

Mit Blick auf die erste Komponente des ökonomischen Referenzmaßstabs lässt sich damit folgendes Ergebnis festhalten: Von dem Ordnungsrahmen dezentraler Innovationspolitik hängt es maßgeblich ab, ob die örtlichen Entscheidungsträger zu einer räumlich und ökonomisch sinnvollen Koordination ihrer Aktivitäten bereit sind. Je stärker sie ihr Handeln selbst finanzieren und verantworten müssen, um so wahrscheinlicher sind Kooperationsmodelle, die sich am Markt und den Kunden orientieren. Damit kommen wir nun zu den innovationspolitischen Instrumenten.

Technologie- und Gründerzentren sowie Transfer- und Beratungsstellen standen in den vergangenen Jahren im Mittelpunkt dezentraler Innovationspolitik. Ihre Träger und Geschäftsführer sind Adressaten der folgenden beiden Handlungsempfehlungen. Die Vorschläge zielen darauf ab, die Effizienz der Einrichtungen zukünftig durch Größen- und Verbundeffekte sowie durch Anreiz- und Controlling-Mechanismen zu steigern.

5.2.5. Größen- und Verbundvorteile: Synergie statt Statusdenken

Ähnlich wie benachbarte Kommunen sollten auch die Träger der Instrumente sorgsam prüfen, ob sie die Wirtschaftlichkeit ihrer Aktivitäten verbessern können.

Größeneffekte (*Economies of scale*)

Das isolierte Wachstum eines Technologiezentrums oder einer Transferstelle ist eine denkbare Option, um Größenvorteile zu erzielen. Doch angesichts der ohnehin schon dichten Landschaft an Fördereinrichtungen dürfte ein solcher Alleingang nur in Ausnahmefällen ökonomisch begründet sein. So muss das Leistungsangebot auf eine hinreichend große Nachfrage treffen. Wenn aber im regionalen Umfeld wenige Hochschul- und Forschungseinrichtungen existieren, wenn die räumliche Lage für hoch qualifiziertes Humankapital mäßig attraktiv ist oder wenn Produkt- bzw. Dienstleistungsmärkte für Unternehmen schwer erreichbar sind, sollten dezentrale Träger der Innovationspolitik – in eigenem Interesse – von einem weiteren Auf- und Ausbau innovationspolitischer Einrichtungen absehen. Allenfalls in besonders dynamischen Regionen, so lautet die ebenso schlichte wie bedeutsame Schlussfolgerung, besteht das Potenzial für einen weiteren Ausbau.[481] Die Träger bereits bestehender Häuser sollten statt dessen Verbundvorteile realisieren, um die Wirtschaftlichkeit zu erhöhen.

Verbundvorteile (*Economies of scope*)

Eine erste Strategie sind *Beschaffungsallianzen*, also der gemeinsame Einkauf von Betriebsmitteln und Dienstleistungen. Durch die so gebündelte Nachfrage lassen sich Mengenrabatte und Sonderkonditionen aushandeln; das gilt übrigens auch für die betreuten *Start-up*-Unternehmen. Das potenzielle Spektrum reicht von den Kosten für EDV- und Büroinfrastruktur über Telekommunikation und Energieversorgung, Geschäftsreisen und Logistik bis hin zu Schulung und Fortbildung. Das gemeinsame Handeln lässt sich durch eine zentrale Organisation oder durch virtuelle Marktplätze via Internet (*e-Governance*) koordinieren.[482]

---

481 Siehe anstelle vieler Benzler/ Wink (2000), S. 427-428.

482 Zum elektronischen Beschaffungswesen im öffentlichen Sektor siehe auch Jansen/ Priddat (2001), S. 93-146.

Strategische Allianzen sind eine zweite Option, die Rentabilität der Einrichtungen zu steigern. Die empirische Bestandsaufnahme legte offen, wie stark sich die Angebote der Häuser ausgedehnt haben; das gilt vor allem für die Technologie- und Gründerzentren. Doch nicht jeder Anbieter muss sich auf allen Leistungsfeldern engagieren. Wenn etwa eine Einrichtung gleichermaßen von Industrie- und Handelskammer, Sparkasse und Wirtschaftsförderungsgesellschaft getragen wird, so muss nicht jeder dieser Akteure eigene Beratungs- und Serviceleistungen für innovative *Start-ups* anbieten. Statt dieser Konkurrenz zwischen den Gesellschaftern sollten die Träger prüfen, ob sich bestimmte Aufgaben den Kernkompetenzen der beteiligten Akteure zuordnen lassen. Bei einer gleichwertigen Qualität lässt sich der personelle und finanzielle Aufwand reduzieren. Auch das *Outsourcing* von Leistungen ist denkbar, denn Mieter eines Zentrums wollen sich vielfach nicht von ihrem Vermieter, der Zentrumsleitung, beraten lassen.[483] Dazu ist es unverzichtbar, das frühere Statusdenken zu überwinden und sich Synergien zu öffnen.

5.2.6. Anreize und Aufgaben-Controlling: Anreize statt Appelle

Mit Appellen allein lassen sich markt- und kundengerechte Fördermaßnahmen zugunsten innovativer Existenzgründer nur schwer erreichen. Nach den Erkenntnissen der Prinzipal-Agent-Theorie kann es nicht darum gehen, den handelnden Personen vorzuschreiben, was sie zu tun und zu lassen haben. Notwendig sind vielmehr effiziente Anreiz- und Informationssysteme, die einen Akteur motivieren, sein spezifisches Wissen vollständig einzubringen. Die folgenden Empfehlungen konzentrieren sich auf Technologie- und Gründerzentren sowie Hochschulen mit ihren Transferstellen. Im Gegensatz zu privatwirtschaftlichen Initiativen mangelt es dort oftmals an den nötigen Steuerungsmechanismen.

Mobilisierungsprämie bei Technologie- und Gründerzentren

Wie die empirische Analyse offengelegt hat, birgt die Förderung der Zentren durch das Land eine grundlegende Konstruktionsschwäche. Denn nach Ablauf der Bau- und dreijährigen Anschubfinanzierung steigen die Opportunitätskosten, innovative *Start-ups* zu beherbergen. Bei dieser Zielgruppe handelt es sich aus Vermietersicht um schlechte Risiken, da Mietausfall oder Insolvenz nicht unwahrscheinlich sind. Um finanzielle Verluste zu vermeiden, könnten sich die

---

483 So Elle et al. (1997a), S. 158.

Entscheidungsträger in den Zentren zunehmend darauf verlagern, langfristige Mietverträge mit etablierten Mittelständlern abzuschließen und nur noch einige wenige Gründer symbolhaft zu betreuen – angesichts der prekären Haushaltssituation zahlreicher Standortkommunen ein durchaus denkbares Szenario.

Sollten Land und Träger auch in Zukunft mit Hilfe von Technologiezentren innovative Gründer unterstützen und nicht anderen Instrumenten den Vorzug geben wollen, sind *Mobilisierungsprämien* zu erwägen. Das gilt besonders für eine Förderung von neuen oder den Ausbau von bestehenden Einrichtungen. Zwei Varianten kommen in Betracht:[484] Bei der so genannten ‚Flächen'-Prämie richtet sich die Höhe der Transfers an die Zentrumsleitung nach dem Mietraum, den sie einem Gründer bereitstellt. Sie lenkt das Interesse auf flächenintensive und damit in der Regel größere *Start-up*-Unternehmen. Bei der so genannten ‚Kopf'-Prämie zahlen Land oder Träger hingegen den Zentren für jeden mobilisierten Gründer einen finanziellen Zuschlag. Abweichend zur ‚Flächen'-Prämie spornen sie dazu an, möglichst viele Kleinbetriebe aufzunehmen und dabei zugleich ein sparsames Flächenmanagement zu betreiben. Werden die Prämien zeitlich degressiv ausbezahlt, haben die Zentrumsleiter nach Ablauf dieser Frist den Anreiz, neue *Start-ups* zu mobilisieren, ohne kurzfristige Schein- oder unangemessen flächenintensive Vermietungen anzustreben.[485]

Auch bei den öffentlichen Transfer- und Beratungsstellen fehlen bisher marktliche Anreize – vor allem in den Hochschulen des Landes. Was *James M. Buchanan* am akademischen Sektor allgemein bemängelt, gilt im besonderen auch für den Technologietransfer: „*1.) those who consume its product do not purchase it; 2.) those who produce it do not sell it; and 3.) those who finance it do not control it.*"[486] Mit Ausnahme der erkenntnisorientierten Grundlagenforschung verfügen jedoch alle Wissenschaftszweige über ein mehr oder minder großes Transferpotenzial.

Direkter Wissenstransfer durch monetäre / nicht-monetäre Anreize

Hier stellt sich ein zweifaches Problem: Zum einen hat das Land die Transferaufgabe an zwischengeschaltete Mittler delegiert. In den Transferstellen der

---

484 Elle et al. (1997a), S. 144-146.

485 Die Landesregierung Nordrhein-Westfalens plante eine degressive ‚Kopf'-Prämie von 6000 DM je Gründer, die über drei Mietjahre ausbezahlt werden sollte (1. Jahr: 3.000 DM, 2. Jahr: 2.000 DM, 3. Jahr: 1.000 DM). Siehe MWMTV (1997).

486 Buchanan/ Devletoglou (1970), S. 8.

Hochschulen ist aber eher ein allgemeines und kodifiziertes Wissen verfügbar, das für Unternehmen nur von begrenztem Nutzen ist. Zum anderen sind die Träger des detaillierten und impliziten Wissens, also Professoren und wissenschaftliche Mitarbeiter, auf Grund institutioneller Barrieren vielfach nur in Ausnahmefällen an F&E-Projekten interessiert. Es empfehlen sich daher monetäre und nicht-monetäre Leistungsanreize, die in erster Linie den *direkten Wissenstransfer* zwischen Unternehmen und anwendungsorientierten Forschern stärken.[487]

Kompetente Wissenschaftler werden sich im Technologietransfer vermutlich häufiger engagieren, wenn es sich für sie persönlich rentiert. Somit ist es ratsam, die *Nebentätigkeitsbestimmungen* an den Hochschulen für Kooperationsprojekte zu öffnen. Das gilt für das Besoldungsrecht der Professoren, vor allem aber für den rigiden Bundesangestelltentarif (BAT), unter dem die nicht-beamteten Mitarbeiter der Universitäten, An-Institute und sonstigen Forschungseinheiten arbeiten.[488] Nach Abzug eines vorab definierten Anteils für Gemeinkosten sollten die einschlägigen Nebentätigkeitsverordnungen den Projektbearbeitern individuelle Zusatzverdienste gestatten. *Zielvereinbarungen* und *Bonussysteme* sind ein weiteres Instrument, um in anwendungsorientierten Forschungseinheiten die Transfer- und Kooperationsbereitschaft zu steigern. Denkbar wäre es, das Verhältnis zwischen Grundfinanzierung und Drittmitteln im Budget leistungsgerecht auszuhandeln. Liegen die Erlöse über den Erwartungen, sollten zusätzliche Sach- oder Personalmittel gewährt und variable Gehaltskomponenten der beteiligten Akteure gesteigert werden. Ein weiterer Teil des Anreizsystems ist das *gewerbliche Schutzrecht* von Erfindern, zum Beispiel in den Natur- und Ingenieurwissenschaften: Nach den Regeln des Arbeitnehmer-Erfindergesetzes haben Mitarbeiter nicht die Möglichkeit, sich die Erträge einer Innovation anzueignen – die möglichen Erlöse fallen an den Dienstherrn.[489] Um die Verwertungsmotivation nicht weiter zu lähmen, sind bei kommerziellen Entwicklungsprojekten *Gewinnbeteiligungen* und *Lizenzverträge* ratsam.

Neben monetären Ansätzen sollten die Entscheidungsträger des Landes und der Hochschulen auch *nicht-monetäre* Instrumente nutzen. So wäre zu überlegen, Wissenschaftler für die Dauer eines Kooperationsprojektes von bestimmten

---

487 Zu den monetären und den nicht-monetären Anreizen siehe auch Priddat (1999a), S. 10-15, Elle (1998), S. 93-102, Reinhard/ Schmalholz (1996), S. 203-219. North (1993), S. 364 schreibt: „The incentives to acquire pure knowledge, the essential underpinning of modern economic growth, are affected by monetary rewards and punishmens."

488 Dabei handelt es sich mit Doktoranden, Habilitanden und in technischen Bereichen auch Laborleitern häufig um die eigentlichen Bearbeiter eines F&E-Projektes.

489 Reinhard/ Schmalholz (1996), S. 206-208. Lediglich Universitätsprofessoren besitzen ein Verwertungsprivileg und dürfen Patente anmelden und durchsetzen.

Dienstverpflichtungen wie Gremien- oder Lehrtätigkeit *freizustellen* oder in besonderen Fällen auch ganz zu *beurlauben*. Darüber hinaus ist an eine *verwaltungstechnische Entlastung* durch zentrale Hochschuleinrichtungen zu denken. Auf Wunsch der Wissenschaftler könnten sie bei der Antragstellung oder administrativen Abwicklung von Kooperationen Serviceleistungen erbringen – zum Beispiel bei vertrags-, steuer- oder patentrechtlichen Fragen. Schließlich könnte auch das Angebot von individuellen Fort- und Weiterbildungsmaßnahmen (*Coaching*) die Transferbereitschaft und -qualität erhöhen.

Diese Vorschläge zielen allesamt darauf ab, den *unmittelbaren* (personengebundenen) Wissenstransfer zu stimulieren. Doch welche Perspektiven ergeben sich dann für die bestehenden Transferstellen?

Professionelles *Brokerage*

Wenn Land und Hochschulen am *mittelbaren* Technologietransfer festhalten wollen, sollten sie ihre Einrichtungen professionalisieren.[490] Dem zuständigen Wissenschaftsministerium fällt dabei die Aufgabe zu, die Finanzautonomie der Transferstellen durch eine Reform der Haushaltsordnung zu erhöhen. Gerade wegen der Projektarbeit benötigen diese frei verfügbare Budgets, die nicht an starre Stellenpläne sowie feste Besoldungsgruppen geknüpft sind. Akquirieren die Hochschultransferstellen ein Praxisprojekt, sollten sie mögliche Kooperationspartner, Externe oder Wissenschaftler aus dem eigenen Haus, leistungsgerecht entlohnen können. Bleibt eine solche Budgetreform aus, könnten die Hochschulen marktfähige Bereiche des Technologietransfers privatisieren – diesen Weg gehen bereits jetzt einige Universitäten, indem sie einen Verein oder eine GmbH ausgelagert haben. Ihr Geschäftsziel besteht in einem professionellen *Brokerage*: Gegen eine Maklergebühr vermitteln sie Verträge zwischen Wissenschaft und Wirtschaft oder vermarkten patent- bzw. verwertungsfähige Forschungsergebnisse. Während sich die Transferbüros bisher eher als zentrale Anlaufstelle verstehen, die die Kontaktaufnahme den Unternehmern überlässt, haben diese Mittler ein Eigeninteresse daran, Partner aus der Wirtschaft anzusprechen und die Leistungen der Hochschule anzubieten. Angesichts der oftmals unterschätzten Kommunikationsprobleme ist es denkbar, dass die Mittler eine Zusammenarbeit nicht nur einfädeln, sondern auch dauerhaft begleiten. Dies setzt allerdings voraus, dass es sich bei den *Brokern* um erfahrene Projektmanager handelt, was wiederum konkurrenzfähige Bezüge bedingt.[491]

---

490 Dazu vor allem Elle (1998), S. 93-102, Reinhard / Schmalholz (1996), S. 215-217.

491 Zur Privatisierung des Technologietransfers siehe Priddat (1999a), S. 12-13.

Transparente Leistungen

Neben den mangelnden Anreizen wird die Leistungsfähigkeit dezentraler Innovationspolitik durch eine weitere Schwäche beeinträchtigt. Das Politikfeld leidet in doppelter Hinsicht unter Intransparenz: Die Träger der Fördereinrichtungen sind oftmals nur mäßig darüber informiert, wie das Management seine operativen Aufgaben erfüllt. Zudem können die Adressaten der Politik die konkurrierenden Angebote nur schwer überschauen. Beide Problemfelder, lückenhafte Steuerungskennzahlen nach Innen und schwache Wettbewerbsinformationen nach Außen, lassen sich mit den folgenden Maßnahmen verkleinern:

Monitoring und Aufgaben-Controlling

Obwohl die meisten Technologiezentren und Transferstellen in den vergangenen Jahren ein breites Leistungsspektrum aufgebaut haben, führen die wenigsten Einrichtungen Kostenstellen- und -trägerrechnungen durch. Angaben über Unternehmen oder Kundenprofile liegen ebenfalls nur sporadisch vor. Den Entscheidungsträgern fehlt es damit an einer Datengrundlage, so dass sie die Förderaktivitäten nur bedingt strategisch gestalten können. Kunden- und kostenorientierte Leistungsangebote setzen jedoch ein verlässliches Informations- und Berichtswesen voraus. Dabei ist zu beachten, dass es keineswegs notwendig ist, alle Maßnahmen selbst zu produzieren. Vielmehr kommt es darauf an, an den lokalen Bedürfnissen ausgerichtete Angebote bereitzustellen. Wie bereits skizziert, können Beratungs- und Serviceleistungen auch öffentlich-private oder private Träger übernehmen. Diese *Make-or-Buy*-Entscheidung stellt sich vor allem dann neu, wenn sich die kommunalen Akteure künftig nicht mehr auf diskretionäre Transfers Dritter verlassen können, sondern mit eigenen Mitteln haushalten müssen. Ein *Monitoring* und ein *Aufgaben-Controlling* zu entwickeln liegt also im eigenen Interesse der Träger und Leiter der Einrichtungen.[492] Während die Informations- und Überwachungssysteme darauf abzielen, den politischen Akteuren die interne Steuerung zu erleichtern, nehmen die folgenden Empfehlungen die zweite Perspektive ein – die des innovativen Unternehmers.

---

492 Siehe Elle et al. (1997a), S. 159. Zum Aufgaben-Controlling im öffentlichen Sektor siehe auch Egli (1998), Budäus (1997) und Budäus/ Buchholtz (1997).

Qualitätssignale

Aus Sicht eines *Start-ups* sind verlässliche Qualitätssignale über die Leistungsfähigkeit einer Fördereinrichtung wünschenswert. Diese Informationen würden nicht nur die betrieblichen Such- und Transaktionskosten mindern, sondern auch einen stärkeren Qualitätswettbewerb zwischen den Anbietern forcieren. Ein wirksames Mittel wäre es, die Leistungen der bestehenden Einrichtungen von neutraler Seite *evaluieren* und die Ergebnisse öffentlich kommunizieren zu lassen (*Benchmarking*). Zwar hat die nordrhein-westfälische Landesregierung die Effizienz und Effektivität der Technologiezentren und Hochschul-Transferstellen erst Ende der neunziger Jahre begutachten lassen.[493] Da jedoch die Befunde in aggregierter Form vorliegen, erlauben sie keinen Vergleich zwischen den Anbietern. Eine erneute Studie indes ist aus interessenpolitischer Sicht unwahrscheinlich – gerade die weniger konkurrenzfähigen Einrichtungen dürften sich diesem Ansatz entziehen.

Die Träger der führenden Technologie- und Gründerzentren bzw. Transfer- und Beratungsstellen könnten deshalb selbst die Initiative ergreifen und einheitliche Kennzahlen für ihren jeweiligen Instrumententyp entwickeln. Diese *Qualitätsstandards* sollten über unternehmensrelevante Merkmale einer Einrichtung informieren. Dazu zählen zum Beispiel Daten über Ausbildung und Erfahrung der Mitarbeiter oder über Angebote und Kosten der Leistungen. Finden sich mehrere Akteure zusammen, könnten sie diese Standards zu einem *Zertifizierungssystem* ausbauen. Ein solcher Ansatz, der bereits in anderen Branchen mit intransparenten Wettbewerbsbedingungen umgesetzt wurde[494], könnte die Landesregierung ggf. durch ein Modellprojekt unterstützen. *Rating-Systeme* stellen einen weiteren möglichen Qualitätsindikator dar. Bei den Technologie- und Gründerzentren wären etwa Kennzahlen über die Innovationsfelder der Mieter (Innovations-*Rating*) oder über die durchschnittliche Verweildauer der Mieter (Inkubator-*Rating*) denkbar.[495] Als Datengrundlage könnten die vorgeschlagenen Mobilisierungsprämien dienen, da ihnen eine systematische Analyse der Mieterbewegungen zugrunde liegt. Bei den Transferstellen der Hochschulen wäre zum Beispiel das Volumen der eingeworbenen Drittmittel nach Fachbereichen aufschlussreich.[496] Ein jährlicher *Innovations- und Transferpreis* ist ein weiteres Mittel, um den Unternehmen Qualitätssignale auszusenden und zugleich den dezentralen Wettbewerb zwischen den Einrichtungen zu forcieren. So wäre es denkbar, dass jede

493 Siehe Elle et al. (1997a) (1997b) und Elle (1998).

494 Siehe dazu den Sammelband von Hawkins/ Mansell/ Skea (1995).

495 Siehe Elle et al. (1997a), S. 146.

496 Dies schlagen auch das MWMTV und MSWWF (1999), S. 15-16 vor.

innovationspolitische Fördereinrichtung bis zu drei von ihnen betreute *Start-ups* für einen jährlich stattfindenden Landes- oder Bundespreis nominiert. Wichtiger als die Höhe der Prämie ist dabei die Öffentlichkeitswirkung, die sowohl die Reputation der teilnehmenden Unternehmen als auch der Inkubatoreinrichtung mehrt.

Internet-Portal zur dezentralen Gründungs- und Innovationspolitik

Für die Wirksamkeit der vorgeschlagenen Maßnahmen ist es entscheidend, die gewonnenen Daten kunden- und serviceorientiert zu veröffentlichen. Die bisherigen Printmedien reichen zu diesem Zweck nicht aus. Das Internet sollte als Kommunikationsforum stärker genutzt werden, da es das Medium ist, das junge *Start-ups* besonders in Anspruch nehmen. Die meisten Akteure bieten inzwischen zwar Informationen *online* an. Doch es mangelt an einem gemeinsamen Forum, das die vorhandenen Angebote landesweit und trägerübergreifend bündelt und nach vergleichbaren Kriterien offenlegt. Ein interaktives *Internet-Portal* zur dezentralen Gründungs- und Innovationsförderung könnte diese Lücke schließen. So könnten die Entscheidungsträger die Transparenz ihres Leistungsspektrums erhöhen. Damit steht nun die dritte Ebene des ökonomischen Referenzmaßstabs im Blickpunkt.

Die folgenden drei Empfehlungen zum innovationspolitischen Förderangebot zielen darauf ab, die Marktposition von kreativen und wachstumsträchtigen *Start-ups* zu verbessern, ohne dabei staatliche Steuerungsmängel außer Acht zu lassen. Adressiert sind sie schwerpunktmäßig an die Gesellschafter und Manager der Instrumente, zum Teil aber auch an das Land. Es handelt sich insofern um eine schwierige Komponente des ökonomischen Referenzmaßstabs, als jetzt das direkte Verhältnis zwischen dezentraler Politik und Unternehmen angesprochen ist. Es ergibt sich ein Spannungsfeld zwischen der gegenwärtigen Förderpraxis einerseits und der klassisch-normativen Theorie der Wirtschaftspolitik andererseits, die nahezu allen Marktinterventionen eine Absage erteilt. Das gilt auch für die Förderung von *Start-ups*: „Staatliche Eingriffe in das Existenzgründungsgeschehen durch Technologiezentren sind unter ordnungspolitischen Erwägungen abzulehnen.“[497] – ein solches Urteil ist für den wirtschaftswissenschaftlichen Diskurs charakteristisch. Diese Perspektive hat einen gewissen Erklärungswert, da sie die Grenzen politischer Steuerung betont. Doch sie ist insofern unbefriedigend, als sie von der Realität abstrahiert. Dezentrale Entscheidungsträger *ha-*

---

[497] Salomo (1999), S. 34.

ben in der Vergangenheit ein dichtes Angebot an Fördereinrichtungen aufgebaut, und – um es überspitzt zu formulieren – vermutlich wird niemand eine bestehende Einrichtung wieder schließen. Wie lässt sich also das Verhältnis zwischen „den Idealwelten des Ökonomen und den Niederungen der Politik“[498] klären?

Hilfreich ist an dieser Stelle der Zugang von *Carl Christian von Weizsäcker*, der zwischen ‚naiver‘ und ‚realistischer‘ Politikberatung unterscheidet:[499] Während die erste Variante die Eigengesetzlichkeit der Politik ignoriert und ein Allokationsoptimum ins Zentrum der Analyse rückt, stellt sich die zweite Strategie den politischen Gegebenheiten und versucht dann, ökonomisch tragfähige und politisch durchsetzbare Alternativen auszuloten. In diesem Sinne haben die vorangegangenen Vorschläge zunächst eine anreizorientierte Reform innerhalb der historisch gewachsenen Förderlandschaft angeregt. Auch die folgenden Empfehlungen, die sich mit dem direkten Verhältnis zwischen dezentraler Politik und Unternehmen befassen, gehen zunächst vom Status quo der Förderlandschaft aus. Das weitere Ziel kann dann allerdings nicht mehr sein, den einzig richtigen oder gar pareto-effizienten Maßnahmenkatalog zu konstruieren. In einem evolutorischen Prozess mit unvollständigem Wissen und politischen Transaktionskosten ist dies unmöglich – auf die kognitiven Grenzen der Politiker und Verwaltungsbeamte, aber auch der Wissenschaftler und Berater wurde bereits hingewiesen.[500] Das Anliegen besteht vielmehr darin, alternative Politikoptionen zu diskutieren, die schrittweise eine bessere, aber nicht zwangsläufig die theoretisch beste Lösung herbeiführen.

5.2.7. Marktmängel innovativer *Start-ups*: Qualifizieren statt Subventionieren

Innovative *Start-ups* zu unterstützen gilt dann als legitim, wenn die Unternehmen von Marktunvollkommenheiten betroffen sind und der Staat zugleich wirksam Abhilfe leisten kann. Ordnungstheoretischen Argumenten zufolge können Gründer unter Wissensdefiziten und Kapitalmarktrestriktionen leiden. Sie haben möglicherweise auch Probleme, sich die positiven Externalitäten einer Innovation vollständig anzueignen.

---

498 Herrmann-Pillath (1999), S. 431-436, der analog das Spannungsfeld zwischen Handelspolitik und normativer Aussenhandelstheorie untersucht.

499 Weizsäcker (1999), S. 143-146.

500 Siehe auch die jüngeren Ansätze zu einer Theorie evolutorischer Wirtschaftspolitik von Koch (1998) (1996) (1995), Slembeck (1997) oder Wegner (1993).

Mit zwei Ansätzen hat die Politik in Nordrhein-Westfalen auf diese Diagnose reagiert: Dezentrale Akteure setzen vornehmlich auf eine Beratungsinfrastruktur. Hinzu kommen finanzielle Förderprogramme der Landesregierung.

Dezentrale Beratungsinfrastruktur optimieren

Der Schwerpunkt dezentraler Innovationspolitik lag seit Mitte der achtziger Jahre auf einem landesweiten Aufbau von Technologie- und Gründerzentren. Wegen ihrer symbolischen Funktion – manche sprechen auch von „Kathedralen des Strukturwandels"[501] – waren sie ein beliebtes Mittel, um politische Aktivität für zukunftsträchtige Unternehmen und Arbeitsplätze zu demonstrieren. Zwar können flexible Büro- und Geschäftsräume die Transaktionskosten innovativer *Start-ups* senken, doch der indirekte Förderimpuls über subventionierte Mietflächen hilft ihnen im Gründungs- und Wachstumsprozess nur bedingt weiter. Wichtiger sind persönliche Kontakte mit potenziellen Projektpartnern, ein individuelles *Coaching* sowie intelligentes Beteiligungskapital. Für diese Leistungen sind allerdings keine neuen und kostenträchtigen Gebäude notwendig. Anstatt *zusätzliche* bauliche Maßnahmen zu ergreifen, sollten dezentrale Akteure ihre Kräfte künftig darauf konzentrieren, das *bestehende* Leistungsangebot der zahlreichen Technologie- und Gründerzentren, Transfer- und Beratungsstellen sowie der regionalen Beteiligungsgesellschaften zu verbessern – auch im Zusammenspiel zwischen den Einrichtungen. Ziel ist es, den *Start-ups* komplementäres Wissen und Ressourcen bereitzustellen. In den abschließenden Handlungsempfehlungen, die sich mit dem Aufbau von regionalen Innovationsnetzen beschäftigen, kommen wir auf diesen Aspekt zurück. Zuvor aber noch ein Blick auf die zweite Säule der bisherigen Innovationspolitik, den finanziellen Förderprogrammen.

Reform der finanziellen Förderprogramme

Die innovationspolitischen Förderprogramme des Landes und anderer Transfergeber sind bisher fast ausschließlich auf den Industriesektor zugeschnitten: Sie gewähren technologieorientierten Klein- und Mittelbetrieben Investitionszuschüsse für aktivierbare Vermögensgegenstände, insbesondere Sachanlagen. Das *Technologieprogramm Wirtschaft*, die Gemeinschaftsaufgabe *Verbesserung der regionalen Wirtschaftsstruktur*, das *KfW-Mittelstandsprogramm* und das *ERP-*

501 Benzler/ Wink (2000), S. 424.

Existenzgründungsprogramm sind Beispiele dafür. Bei diesen traditionellen Förderansätzen gehen moderne Dienstleistungsunternehmen weitgehend leer aus.[502] Dabei schaffen distributions- und wissensorientierte Servicebetriebe überdurchschnittlich viele Arbeitsplätze und Innovationen in vor- und nachgelagerten Wirtschaftszweigen.[503]

Wenn die Transfergeber an ihren bisherigen Förderansätzen festhalten wollen, sollten sie daher nicht länger zwischen sekundärem und tertiärem Sektor unterscheiden. Eine Reform der finanziellen Programme sollte zudem die selektive Förderung von Einzelbetrieben begrenzen und zu Teamprojekten mit unternehmerischen Eigenbeteiligungen übergehen. Dies ist bereits jetzt im Rahmen der neuen Fördermittel der Europäischen Union für den Zeitraum 2000 bis 2006 vorgesehen.[504] Die temporäre Zusammenarbeit von mehreren, rechtlich selbstständigen Einheiten erfordert jedoch flexible und rasche Genehmigungsverfahren. Das gilt gerade im Innovationsbereich, wo es auf Interaktion und Tempo ankommt. Wie Praktiker berichten nehmen Vertreter der Bundesländer die projektbezogenen Förderprogramme der Europäischen Union jedoch nur unvollständig wahr; zudem wird mitunter ein erheblicher Zeitverlust beklagt.[505]

Regionale *Businessplan*-Wettbewerbe

Neben einer Reform der finanziellen Programme und der Beratungsinfrastruktur sollten die Träger dezentraler Innovationspolitik neue Wege beschreiten, um innovative *Start-ups* zu unterstützen. Regionale *Businessplan*-Wettbewerbe sind ein Mittel, um beide Förderansätze – budgetneutral – miteinander zu verzahnen. Als „inszenierte Lernprogramme“[506] bieten sie Gründern die Chance, ihre Geschäftsidee mit Beteiligungsgesellschaften, Transfer- und Beratungseinrichtungen abzustimmen und im Erfolgsfall öffentlichkeitswirksam zu präsentieren.

---

502 Siehe Jung (2000), S. 5 und Schefczyk (2000b), S. 3. Eine Ausnahme in Nordrhein-Westfalen ist das Förderprogramm *GO!*. Siehe www.go-online.nrw.de

503 Dazu zählen vor allem die Segmente Informations- und Kommunikationsdienste, Beratung, Weiterbildung, Logistik und Gesundheitswesen. Siehe Dathe/ Schmid (2000) und Legler (2000).

504 Siehe Jakoby (1999). Nordrhein-Westfalen versucht z. B. mit dem *Zukunftswettbewerb Ruhrgebiet*, die Zusammenarbeit zwischen Wissenschaft und Wirtschaft in den Ziel-2-Gebieten zu stärken. Dazu o. V. (2000).

505 Siehe Jung/ Ullrich (2000), S. 30-32.

506 Eglau et al. (2000), S. 59-62. Als Vorbild dienen US-amerikanische Hochschulen, die schon seit einiger Zeit derartige Wettbewerbe durchführen.

Dazu sollten die Veranstalter offene *Entrepreneur*-Foren anbieten, in denen die Teilnehmer ihre Geschäftsidee vorstellen, mit erfahrenen Praktikern diskutieren sowie mögliche Kooperationspartner treffen können. Um Mitnahmeeffekte zu begrenzen, sollte die Höhe der Wettbewerbsprämie eine untergeordnete Rolle spielen und ggf. als Zuschuss im Rahmen der verfügbaren Förderprogramme verteilt werden. Denkbar wären auch nicht-monetäre Preise wie individuelle *Coaching*-Maßnahmen. Auch den Organisatoren bieten die Wettbewerbe Vorteile: Sie helfen, potenzielle Gründer aufzuspüren – das ist gerade für regionale Beteiligungsgesellschaften wichtig. Die übrigen Träger können ihre innovationspolitische Kompetenz einbringen und damit positive Imageeffekte erzielen. Werden die *Businessplan*-Wettbewerbe gemeinsam von öffentlichen, öffentlich-privaten und privaten Akteuren durchgeführt, begrenzen sie überdies auch staatliche Steuerungsmängel, die nachfolgend im Blickpunkt stehen.

5.2.8. Steuerungsmängel politischer Akteure: Wissen bündeln statt anmaßen

Erfolgreiche Standortpolitik zeichnet sich dadurch aus, dass sie das endogene Entwicklungspotenzial eines Wirtschaftsraumes erkennt und voll entfaltet. Zwei Restriktionen sind aber zu beachten. Die Kommunen verfügen nur über begrenzte personelle und finanzielle Ressourcen; dieses Problem ist gerade bei kleineren Gemeinden virulent. Die Kenntnisse der staatlichen Akteure über regionale Stärken und Schwächen, über Wachstumschancen und -engpässe sind begrenzt. Das erforderliche Wissen ist über alle wirtschaftlich relevanten Kräfte eines Raumes verstreut. Eine einzelne Organisation, also auch die der Wirtschaftsförderung, ist allein niemals in der Lage, dieses Potenzial aufzubauen, aufzubereiten und bereitzustellen. Anstatt sich eine Planungskompetenz über eine nur bedingt planbare Zukunft anzumaßen, sollten staatliche Akteure versuchen, ihre Informationsbasis und Anpassungsflexibilität zu erhöhen.

Prozess- und kommunikationsorientierte Aktivitäten

Um lokale Probleme frühzeitig zu erkennen und neue Ideen zu sammeln, empfiehlt sich ein offener Standortdialog mit allen interessierten Partnern innerhalb eines Wirtschaftsraumes. Ziel einer solchen prozess- und kommunikationsorientierten Innovationspolitik ist es, unterschiedliche Wissensträger zusammenzuführen und komplementäre Kräfte zu bündeln.[507] Dabei sollte es sich allerdings nicht um einen exklusiven Club handeln, sondern um ein möglichst breites Forum, das unterschiedlichen Perspektiven und Akteuren Raum bietet und somit eine „Selbstentwicklung“[508] der Region auslösen kann. Aktivitäten wie Anregen, Begleiten und Mobilisieren werden wichtiger als Planen, Bauen und Bewilligen. Durch eine nicht-hierarchische Interaktion kann im Idealfall ein kreatives Milieu wachsen, in dem Innovatoren und Investoren, Unternehmen und Universitäten, Kammern und Kommunalvertreter zusammenarbeiten – aus eigenen Interessen. Damit ist der nächste und abschließende Referenzpunkt angesprochen: der Aufbau und die Pflege regionaler Innovationsnetze.

5.2.9. Regionale Netze: Gestalten statt Verwalten

Ein Innovationsnetz lässt sich nicht dirigistisch erzeugen, man kann nur den Boden dafür bereiten. Weil in einem kreativen Milieu formalisierte Verträge kaum anwendbar sind, erfordern die Kooperationsbeziehungen ein gegenseitiges Vertrauen. Dies können die Träger und Manager der dezentralen Innovationspolitik erwerben, indem sie sich als fachlich kompetente Partner gegenüber ihren Anspruchsgruppen profilieren. Das bedingt einen ausgeprägten Gestaltungs- statt Verwaltungswillen, bei dem kunden- und kostenorientiertes Denken und Handeln im Vordergrund stehen.[509] Die vorliegende Arbeit hat Vorschläge unterbreitet, wie sich die innovationspolitische Leistungsfähigkeit steigern lässt. Es gibt eine Reihe von Aktivitäten zugunsten innovativer*Start-ups*, die im Gestaltungsbereich der dezentralen Akteure liegen und eine Selbstentwicklung der Region unterstützen, ohne auf direkte Interventionen zu setzen.

- *Informieren:* Primäre Aufgabe von Trägern und Managern der Einrichtungen ist es, die vorhandenen Leistungsangebote besser zu vermarkten. Die Entscheidungsträger sollten einen entsprechenden Informationspool aufbauen und pflegen. Neben den üblichen Förderbroschüren sind elektronische Medien wie ein Internet-Portal zur regionalen Gründungs- und Innovationspolitik geeignet, die Transparenz nach außen zu steigern. Hilfreich sind verlässliche Qualitätssignale, die den lokalen Wettbewerb erhöhen. Das Standortmarketing muss sich aber auch nach innen richten. So wäre es kontraproduktiv, wenn eine PR-Offensive zwar das Interesse der Unternehmen weckt, diese

---

507 Zum prozessual-kommunikativen Charakter der Wirtschaftspolitik siehe Koch (1995) sowie Jung (2000), Schlager/ Ünver (2000) und Cantner/ Pyka (2001).

508 Zum Konzept der dezentralen Selbstentwicklung Benkert (1990), S. 75-95.

509 Benkert (1990), S. 77.

aber wegen Verwaltungshierarchien, Serviceschwäche oder anderer Verfahrensmängel wieder abspringen.

- *Beraten:* Die bestehenden Fördereinrichtungen sollten ihre Beratungsleistungen stärker als bisher an der Nachfrage der Kunden ausrichten. Durch eine engere Zusammenarbeit zwischen den einzelnen Anbietern lässt sich vielfach die Qualität, aber auch die Kosteneffizienz der Beratung steigern. Stützen sich die gewählten Maßnahmen auf Anreiz- und Controlling-Systeme, können sie dazu beitragen, Fehler zu verringern und damit „lernende Regionen“ [510] zu etablieren.
- *Vermitteln:* Die Träger der Fördereinrichtungen sollten *Start-ups* aktiv bei der Suche nach Kooperationspartnern helfen. EDV-Datenbanken und *Online*-Börsen bieten einen formalen Weg. Wichtiger erscheinen aber informelle Kontakte zu anderen innovationsrelevanten Akteuren, zum Beispiel Unternehmern oder Wagniskapitalgebern. *Businessplan*-Wettbewerbe mit begleitenden Veranstaltungen bieten Gründern darüber hinaus die Chance, Träger der Beratungsinfrastruktur und mögliche Projektpartner kennenzulernen. Sinnvoll erscheint eine zentrale Anlauf- und Dienstleistungsstelle, die Interessenten an spezialisierte Einrichtungen in der Region weiterleitet.
- *Koordinieren:* Je nach örtlicher Akzeptanz können Träger der Innovationspolitik eine Schnittstellenfunktion in einem regionalen Netzwerk übernehmen. Ihnen fiele dann die Aufgabe zu, engagierte Projektpartner zu gewinnen, Gesprächskreise zu moderieren und konkrete Maßnahmen umzusetzen. In Konfliktsituationen könnten sie als Mediator zwischen den Parteien vermitteln.

Eine Reihe von Regionen verfolgt bereits jetzt eine solche dialogorientierte Innovationspolitik. Allerdings stehen die Akteure vor einem Dilemma: Einen Kommunikations- und Handlungs*prozess* zu gestalten, zeitigt vielfach schwieriger belegbare Effekte als die herkömmliche, auf Verbesserung der sichtbaren Infrastruktur zielende Wirtschaftsförderung – etwa in Form von Technologie- und Gründerzentren. Solange sich die lokalen Politiker in einen Subventionswettlauf zu Lasten Dritter begeben können, ist es rational, am traditionellen Förderinstrumentarium festzuhalten. Angesichts der Eigenlogik der Politik muss sich daher die künftige Aufmerksamkeit nicht nur auf die Leistungen und Instrumente, sondern auch auf den institutionellen Rahmen dezentraler Innovationspolitik richten: Die Förderung von Gründung und Innovation dürfte sich neu ordnen, wenn die politischen Akteure stärker als bisher Sorge für die Entwicklung ihrer Region tragen und für die Maßnahmeneffekte selbst einstehen.

---

[510] Dazu Schlager/ Ünver (2000), S. 142.

Vor diesem Hintergrund zeigt Tabelle 5.2 zum Abschluß noch einmal alle Komponenten der hier vorgeschlagenen anreizgerechten Reform dezentraler Innovationspolitik.

1.) Rahmen dezentraler Innovationspolitik

Analyse-Objekt	**Ökonomische Handlungsempfehlung**	**Adressat**
Räumlicher Zuständigkeitsbereich	Abgrenzung der Regionen nach wirtschaftsstrukturellen Aspekten	Land
Innovationspolitische Kompetenzverteilung	Reform des kommunalen Finanzausgleichs im Sinne des Konnexitätsprinzips. Politikverflechtung auflösen	Land
Vertikale und horizontale Koordination	*Co-opetition* und *Public-Private-Partnerships*, allerdings mit institutionellen Vorkehrungen gegen Opportunismus	Träger / Manager

2.) Instrumente dezentraler Innovationspolitik

Analyse-Objekt	**Ökonomische Handlungsempfehlung**	**Adressat**
Größen- und Verbundvorteile	Kostenreduktion: • Beschaffungs-Allianzen • Strategische Allianzen	Träger / Manager
Anreize und Aufgaben-Controlling	Monetäre und nicht-monetäre Anreize: • bei Technologie- und Gründerzentren: Prämien • bei Wissenschaftlern: Nebenverdienst, Gewinnbeteiligung, Freistellung, administrative Entlastung, Weiterbildung • bei Transfer- und Beratungsstellen: Ertragsoptionen durch professionelles *Brokerage*	Land / Träger
	Informations- und *Controlling*-Systeme: • *Monitoring* und Aufgabencontrolling • Evaluierung, *Ranking*, Innovationspreis • Qualitätsstandards und Zertifizierung • Internet-Portal	Land / Träger

Fortsetzung nächste Seite

3.) Leistungsangebot der Instrumente dezentraler Innovationspolitik

Analyse-Objekt	Ökonomische Handlungsempfehlung	Adressat
Marktmängel innovativer *Start-ups*	Reform der öffentlichen Förderprogramme: • Dienstleister und Kooperationsprojekte unterstützen • Fördermittel im Wettbewerb ausschreiben • Eigenanteile der Unternehmen definieren	Land
	Optimierung der dezentralen Beratungsinfrastruktur: • keine neuen Fördereinrichtungen, bestehende Angebote verbessern • regionale *Businessplan*-Wettbewerbe	Träger / Manager
Steuerungsmängel politischer Akteure	Prozess- und kommunikationsorientierte Aktivitäten: • offener Standortdialog • Wissensträger zusammenführen	Träger / Manager
Regionale Innovationsnetze	Selbstentwicklung der Region: • Information und Beratung • Vermittlung und Moderation	Träger / Manager

Quelle: Eigene Zusammenstellung.

Tabelle 5.2: Anreizgerechte Reform dezentraler Innovationspolitik

Literaturverzeichnis

ACS, Z. J. und AUDRETSCH, D. D. (1992): Innovation durch kleine Unternehmen, Berlin.

ADT – Arbeitsgemeinschaft Deutscher Technologie- und Gründerzentren (2000): Innovationszentren in Deutschland 2000/2001, Berlin.

AKERLOF, G. A. (1970): The Market for 'Lemons': Quality, Uncertainty and the Market Mechanism; in: Quarterly Journal of Economics, Bd. 84, S. 488-500.

ALBACH, H. und TENGLER, H. (1987): Innovationsförderung durch Technologieparks; in Henn, R. (Hrsg.): Technologie, Wachstum und Beschäftigung, Berlin.

ALCHIAN, A. A. und DEMSETZ, H. (1973a): The Property Rights Paradigm; in: Journal of Economic History, Bd. 33, S. 16-27.

ALCHIAN, A. A. und DEMSETZ, H. (1973b): Production, information costs and economic organization; in: American Economic Review, Bd. 62, S. 777-795.

ARMSTRONG, J. S. (1997): Co-opetition; in: Journal of Marketing, H. 2, S. 92-95.

ARNDT, O. (1999): Sind intraregional vernetzte Unternehmen erfolgreicher?: Eine empirische Analyse zur Embeddedness-These auf der Basis von Industriebetrieben in zehn europäischen Regionen, Wirtschafts- und Sozialgeographisches Institut der Universität zu Köln, Working Paper 99-05, Köln.

ARROW, K. A. (1962a): The Economic Implication of Learning by Doing; in: Review of Economic Studies, Bd. 29, S. 155-173.

ARROW, K. A. (1962b): Economic Welfare and the Allocation of Ressources for Invention; in: National Bureau of Economic Research (Hrsg.): The Rate and Direction of Inventive Activity: Economic and Social Factors, Princeton, S. 609-626.

ARROW, K. A. (1971): Economic Welfare and the Allocation of Ressources for Invention; in: Nelson, R. (Hrsg.): The Rate and Direction of Inventive Activity, Cambridge, Massachusetts, S. 609-625. (Wiederabgedrukt in: Rosenberg, N. (Hrsg.): The Economics of Technological Change, Harmondsworth, S. 164-181.)

ARROW, K. A. (1985): The Economics of Agency; in: Pratt, J. W. und Zeckhauser, R. J. (Hrsg.): Principals and Agents: The Structure of Business, Boston, S. 37-51.

ARTHUR, W. B. (1989): Competing Technologies, Increasing Returns, and Lock-In By Historical Events; in: Economic Journal, Bd. 99, H. 3, S. 166-231.

ATKINSON, M. M. und COLEMAN, William D. (1992): Policy Networks, Policy Communities and the Problems of Governance; in: Governance: An International Journal of Policy and Administration, Bd. 5, H. 2, S. 154-180.

ATTESLANDER, P. (2000): Methoden der empirischen Sozialforschung, 9. Auflage, Berlin.

AYDALOT, P. (1986) (Hrsg.): Milieux Innovateurs en Europe, Paris.

BACKHAUS, A. und SEIDEL, O. (1998): Die Bedeutung der Region für den Innovationsprozeß. Eine Analyse aus der Sicht verschiedener Akteure; in: Raumforschung und Raumordnung, Bd. 56, H. 4, S. 264-276.

BADE, F.-J. (1998): Möglichkeiten und Grenzen der Regionalisierung der regionalen Strukturpolitik; in: Raumforschung und Raumordnung, Bd. 56, H. 1, S. 3-8.

BAPTISTA, R. und SWANN, P. (1998): Do firms in clusters innovate more?; in: Research Policy, Bd. 27, H. 5, S. 525-540.

BARANOWSKI, G. und HEUKEROTH, U. (2000) (Hrsg.): Innovationszentren in Deutschland 2000/2001, Berlin.

BECHER, G. und WOLFF, H. (1995): Evaluation of the Promotion of R&D Cooperations of Small and Medium Sized Enterprises; in: Becher, G. und Kuhlmann, S. (Hrsg.): Evaluation of Technology Policy Programmes in Germany, Dordrecht, S. 55-80.

BECK, T. C. (1998): Co-opetition bei der Netzwerkorganisation; in: Zeitschrift für die Organisation, H. 5, S. 271-276.

BECKER, G. S. (1976): The Economic Approach to Human Behavior, Chicago (deutsch: Der ökonomische Ansatz zur Erklärung des menschlichen Verhaltens, Tübingen 1982).

BECKER, G. S. (1993): Nobel Lecture: The Economic Way of Looking at Behavior; in: Journal of Political Economy, Bd. 101, H. 3, S. 385-409.

BEHRENDT, H. (1996): Wirkungsanalyse von Technologie- und Gründerzentren in Westdeutschland, Heidelberg.

BEHRENS, W.; HOFFJAN, A. und PAKULLA, R. (2000): Venture-Capital-Finanzierung; in: Wirtschaftswissenschaftliches Studium, H. 5, S. 287-291.

BEISE, M. und SPIELKAMP, A. (1996): Technologietransfer von Hochschulen: Ein Insider-Outsider-Effekt, Mannheim.

BEISE, M.; LICHT, G. und SPIELKAMP, A. (1995): Technologie-Transfer an kleine und mittlere Unternehmen: Analysen und Perspektiven für Baden-Württemberg, Baden-Baden.

BELZER, V. (1991): Unternehmensnetzwerke: Versuch einer Analyse und Kategorisierung; in: Hilbert, J.; Kleinaltenkamp, M.; Nordhause-Janz, J. und Widmeier, B. (Hrsg.): Neue Kooperationsformen in der Wirtschaft – Können Konkurrenten Partner werden? Schriften des Institut Arbeit und Technik, Opladen, S. 23-41.

BELZER, V. (1993): Kooperationspraxis im Verarbeitenden Gewerbe – Erfahrungen aus Nordrhein-Westfalen, Gelsenkirchen.

BENKERT, W. (1984): Die Theorie der Zuweisungen I und II, in: Das Wirtschaftsstudium, Bd. 13, H. 1 und 2, S. 43-47 und S. 93-97.

BENKERT, W. (1990): Wirtschaftsstruktur und Wirtschaftsförderung in Hattingen, Gutachten für die Stadt Hattingen, Witten.

BENKERT, W. (1992): Ist Kulturförderung Wirtschaftsförderung?; in: Boblitz, K. (Hrsg.): Beiträge zum 2. Moerser Kulturforum, Moers, S. 17-40.

BENKERT, W. (1995): Das Gutachten in der Beratung von Politik und öffentlicher Verwaltung; in: Walger, G. (Hrsg.): Unternehmensberatung in Theorie und Praxis, Köln, S. 63-90.

BENKERT, W. (1996): Interkommunale Konkurrenz. Formen, Ergebnisse und Bewertung von Wettbewerb im Staatssektor; in: Postlep, R.-D. (Hrsg.): Aktuelle Fragen zum Föderalismus – Ausgewählte Probleme aus Theorie und politischer Praxis des Föderalismus, Marburg, S. 167-185.

BENKERT, W.; KUNZMANN, K. R. und WIESAND, A. J. et al. (1992): Dynamik der Kulturwirtschaft. Nordrhein-Westfalen im Vergleich, erster Kulturwirtschaftsbericht herausgegeben vom Ministeriums für Wirtschaft, Mittelstand und Technologie des Landes NRW, Düsseldorf.

BENKERT, W.; KUNZMANN, K. R. und WIESAND, A. J. et al. (1995): Kultur- und Medienwirtschaft in den Regionen Nordrhein-Westfalens, zweiter Kulturwirtschaftsbericht herausgegeben vom Ministerium für Wirtschaft, Mittelstand und Technologie des Landes Nordrhein-Westfalen, Düsseldorf.

BENKERT, W.; KUNZMANN, K. R. und WIESAND, A. J. et al. (1998): Kulturwirtschaft in Nordrhein-Westfalen: Kultureller Arbeitsmarkt und Verflechtungen, dritter Kulturwirtschaftsbericht herausgegeben vom Ministerium für Wirtschaft und Mittelstand, Technologie und Verkehr Landes Nordrhein-Westfalen, Düsseldorf.

BENKERT, W.; LENDERS, B. und VERMEULEN, P. (1995): Handbuch Marketing für Kultureinrichtungen, Stuttgart.

BENZ, A. (1991): Umverteilung durch Verhandlungen? Kooperative Staatspraxis bei Verteilungskonflikten; in: Staatswissenschaften und Staatspraxis, H. 2, S. 46-75.

BENZ, A. (1992) (Hrsg.): Horizontale Politikverflechtungen. Zur Theorie von Verhandlungssystemen, Frankfurt.

BENZ, A. (1995): Politiknetzwerke in der Horizontalen Politikverflechtung; in: Jansen, D. und Schubert, K. (Hrsg.): Netzwerke und Politikproduktion, Marburg, S. 185-204.

BENZLER, G. und WINK, R. (2000): Technologie- und Gründerzentren – Relikt einer „old economy"?; in: Wirtschaftsdienst, Bd. 80, H. 7, S. 423-430.

BERENS, W.; HOFFJAN, A. und PAKULLA, R. (2000): Venture Capital-Finanzierung; in: Wirtschaftswissenschaftliches Studium, Bd. 29, H. 5, S. 287-291.

BERGER, J. (1995): Warum arbeiten die Arbeiter?; in: Zeitschrift für Soziologie, Bd. 24, H. 6, S. 407-421.

BERNHOLZ, P. und BREYER, F. (1994): Grundlagen der Politischen Ökonomie, Bd. 2, Ökonomische Theorie der Politik, Tübingen.

BERRIOS-AMADOR, M.; LOHMANN, K.; PLESCHAK, F. (1999) (Hrsg.): Beteiligungskapital in der Unternehmensfinanzierung: Grundfragen – Konzepte – Erfahrungen, Wiesbaden.

BESSANT, J. und RUSH, H. (1995): Building Bridges for Innovation: The Role of Consultants in Technology Transfer; in: Research Policy, Bd. 24, H. 1, S. 97-114.

BHATTACHARYA, R.; DEVINNEY, T. und PILLUTLA, M. (1998): A Formal Model of Trust Based on Outcomes; in: Academy of Management Review, Bd. 23, S. 459-472.

BICKEL, W. (1956): Der Finanzausgleich; in: Handbuch der Finanzwissenschaft, Bd. 2, S. 730-788.

BIEHL, D. (1987): Stabilisierungspolitik im Spannungsfeld von Zentralisierung und Dezentralisierung; in: Schuster, F. (1987): Dezentralisierung des politischen Handelns (III), Forschungsbericht der Konrad-Adenauer Stiftung, Bd. 61, Sankt Augustin, S. 350-393.

BIRNSTIEL, D. (1995): Public-Private-Partnership in der Wirtschaftsförderung; in: Ridinger, R. und Steinröx, M. (Hrsg.): Regionale Wirtschaftsförderung in der Praxis, Köln, S. 225-243.

BLAFFERT, S. (1996): Theorie und Praxis von Konzepten regionaler Selbstorganisation – am Beispiel von neuen Institutionen der Regionalentwicklung in Nordrhein-Westfalen, Dortmund.

BLOTEVOGEL, H. H. (1993): Neue Ansätze regionaler Entwicklungspolitik in Nordrhein-Westfalen, Diskussionspapier des Geographischen Instituts der Universität-Gesamthochschule Duisburg, H. 1, Duisburg.

BLOTEVOGEL, H. H. (1994): Neue Ansätze regionaler Entwicklungspolitik in Nordrhein-Westfalen; in: Akademie für Raumforschung und Landesplanung (Hrsg.): Aktuelle Fragen der Landesentwicklung Nordrhein-Westfalens, ARL-Forschungs- und Sitzungsberichte 194, Hannover, S. 15-48.

BMBF (2000): EXIST – Existenzgründer aus Hochschulen. Netzwerke für innovative Unternehmensgründungen, Bonn.

BOHNET, A. und BISCHOFF, I. (1999): Zur Kennzeichnung und Systematisierung von Koordinationsverfahren – Ein Literaturüberblick; in: Cassel, D. (Hrsg.): Perspektiven der Systemforschung, Schriften des Vereins für Socialpolitik, Bd. 268, S. 55-73.

BORTZ, J. und DÖRING, N. (1995): Forschungsmethoden und Evaluation. Für Sozialwissenschaftler, Wien.

BRAUKMANN, U. (2001): Der Wuppertaler Ansatz einer wirtschaftspädagogisch fundierten Entrepreneurship Education; in: Fraunhofer-Institut für Systemtechnik und Innovationsforschung (Hrsg.): Wissenschaft und Wirtschaft im regionalen Gründungskontext, Dokumentation der Fachkonferenz am 5. und 6. April 2001 in Karlsruhe.

BRENNAN, G. und BUCHANAN, J. M. (1980): The power to tax: analytical foundations of a fiscal constitution, Cambridge, Massachusetts. (deutsch: Besteuerung und Staatsgewalt: analytische Grundlagen einer Finanzverfassung, Hamburg 1988).

BRENNAN, G. und BUCHANAN, J. M. (1983): Predictive Power and the Choice among Regimes; in: Economic Journal, Bd. 93, H. 3, S. 89-105.

BRENNAN, G. und BUCHANAN, J. M. (1985): The Reasons of Rules, Cambridge. (deutsch: Die Begründung von Regeln. Konstitutionelle Politische Ökonomie, Tübingen 1993).

BRETON, A. (1965): A Theory of Government Grants; in: Canadian Journal of Economics and Political Science, Bd. 31, S. 175-187.

BRETON, A. (1970): Public Goods and the Stability of Federalism; in: Kyklos, Bd. 23, S. 882-902.

BRETON, A. (1996): Competitive Governments. An Economic Theory of Politics and Public Finance, Cambridge.

BRETON, A. und SCOTT, A. (1980): The Design of Federations, Montreal.

BRETON, A. und SCOTT, B. (1978): The Economic Constitution of Federal States, Toronto.

BROCKHOFF, K. (1999): Zum Transfer von Ergebnissen öffentlicher Grundlagenforschung in die Wirtschaft; in: Zeitschrift für Betriebswirtschaft, Bd. 69, H. 11, S. 1332-1349.

BROß, U. (2000): Innovationsnetzwerke in Transformationsländern. Eine evolutionsökonomische Analyse am Beispiel Slowenien, Schriftenreihe des Fraunhofer-Instituts für Systemtechnik und Innovationsforschung, Heidelberg.

BRÜDERL, J.; PREISENDÖRFER, P. und ZIEGLER, R. (1992): Survival chances of newly founded business organizations; in: American Sociological Review, Bd. 57, S. 227-242.

BUCHANAN, J. M. (1974): Who should distribute what in a Federal System?; in: Hochman, H. M. und Peterson, G. E. (Hrsg.): Redistribution through Public Choice, New York, S. 22-41.

BUCHANAN, J. M. (1980): Rent-Seeking and Profit-Seeking; in: Buchanan, J. M.; Tollison, R. D. und Tullock, G. (1980): Towards a Theory of the Rent-Seeking Society, College Station, S. 3-15.

BUCHANAN, J. M. (1992): Markt, Freiheit und Demokratie. Argumente der Freiheit, Sankt Augustin.

BUCHANAN, J. M. und DEVLETOGLOU, N. E. (1970): Academia in Anarchy. An Economic Diagnosis, New York und London.

BUCHANAN, J. M. und GOETZ, C. J. (1972): Efficiency Limits of Fiscal Mobility: An Assesment of the Tiebout Model; in: Journal of Political Economy, Bd. 80. H. 1, S. 25-43.

BUCHANAN, J. M. und TULLOCK, G. (1962): The Calculus of Consent, Logical Foundations of Constitutional Democracy, Ann Arbor.

BUCHANAN, J. M.; TOLLISON, R. D. und TULLOCK, G. (1980): Towards a Theory of the Rent-Seeking Society, College Station.

BUDÄUS, D. (1997): Neue Wege im Rechnungswesen und Controlling öffentlicher Einrichtungen; in: Baum, H.-G. (Hrsg.): Controlling öffentlicher Einrichtungen, Stuttgart, S. 43-55.

BUDÄUS, D. und BUCHHOLTZ, K. (1997): Konzeptionelle Grundlagen des Controlling in öffentlichen Verwaltungen; in: Die Betriebswirtschaft, Bd. 57 H. 3, S. 322-337.

BUDÄUS, D. und GRÜNING, G. (1997): Public-Private Partnership – Konzeption und Probleme eines Instrumentes zur Verwaltungsreform aus Sicht der Public Choice-Theorie; in: Budäus, D. und Eichhorn, P. (Hrsg.): Public-Private Partnership – Neue Formen öffentlicher Aufgabenerfüllung, Schriftenreihe der Gesellschaft für öffentliche Wirtschaft, H. 41, Baden-Baden, S. 25-66.

BUNDESMINISTERIUM FÜR BILDUNG UND FORSCHUNG (2000): Bundesbericht Forschung 2000, Berlin.

BUTLER, R. (1983): A Transactional Approach to Organizing Efficiency. Perspectives from Markets, Hierarchies, and Collectives; in: Administration and Society, Bd. 15, S. 323-362.

CAMAGNI, R. (1991): Innovation network. Spatial perspectives, London.

CANTNER, U. und PYKA, A. (2001): Classifying technology policy from evolutionary perspective; in: Research policy, Bd. 30, H. 5, S. 759-775.

CAPELLO, R. (1999): Spatial Transfer of Knowledge in High Technology Milieux: Learning Versus Collective Learning Processes; in: Regional Studies, Bd. 33, H. 3, S. 353-365.

CHRISTIANS, U. und SCHRÖDER, W. (2001): Finanzierungsprobleme kleinerer Unternehmen in strukturschwachen Regionen; in: Wirtschaftsdienst, Bd. 81, H. 2, S. 102-110.

COASE, R. H. (1937): The nature of the firm; in: Economica, Bd. 4, H. 11, S. 386-405.

COHEN, M. und LEVINTHAL, D. A. (1989): Innovation and Learning: The Two Faces of R&D; in: The Economic Journal, Bd. 99, H. 9, S. 569-596.

COOKE, P. (1994): Innovation networks and regional development: Learning from European experience; in: Krumbein, W. (Hrsg.): Ökonomische und politische Netzwerke in der Region, Beiträge aus der internationalen Debatte , Münster und Hamburg.

COOKE, P. und MORGAN, K. (1993): The Network Paradigm: New Departures in Corporate and Regional Development; in: Society and Space, Bd. 11, S. 499-514.

COOKE, P.; GOMEZ, M. und ETXEBARRIA, Goio (1997): Regional innovation systems: Institutional and organisational dimensions; in: Research Policy, Bd. 29, H. 4/5, S. 475-491.

CUNY, R. H. und STAUDER, J. (1993): Lokale und regionale Netzwerke; in: Wirtschaftsdienst, Bd. 73, H. 3, S. 150-157.

DANIELZYK, R. (1995): Regionalisierte Entwicklungsstrategien – „modisches" Phänomen oder neuer Politikansatz; in: Momm, A.; Löckener, R.; Danielzyk, R. und Priebs, A. (Hrsg.): Regionalisierte Entwicklungsstrategien. Beispiele und Perspektiven integrierter Regionalentwicklung in Ost- und Westdeutschland, Bonn, S. 9-18.

DANIELZYK, R. und PRIEBS, A. (1998): Regionale Entwicklungskonzepte – Erfahrungen aus Westdeutschland und Schlußfolgerungen für die ostdeutschen Länder; in: Danielzyk, R. und Priebs, A. (Hrsg.): Regionalisierte Entwicklungsstrategien. Beispiele und Perspektiven integrierter Regionalentwicklung in Ost- und Westdeutschland, Bonn, S. 55-72.

DASGUPTA, P. (1988): Trust as a Commodity; in: Gambetta, D. (Hrsg.): Trust: Making and Breaking Cooperative Relations, Oxford, S. 49-47.

DATHE, D. und SCHMID, G. (2000): Dynamik der Dienstleistungsbeschäftigung: Ballungsregionen in der Krise; in: Wirtschaftsdienst, Bd. 80, H. 5, S. 284-288.

DAVID, P. A. (1985): Clio and the Economics of QWERTY; in: American Econmic Review, Bd. 75, H. 2, S. 332-337.

DEBRESSON, C. und AMESSE, F. (1991): Network of Innovators: A Review and Introduction to the Issue; in: Research Policy, Bd. 20, special issue, S. 363-379.

DEMSETZ, H. (1969): Information and Efficiency: Another Viewpoint; in: Journal of Law and Economics, Bd. 12, H. 11, S. 1-22.

DIETL, H. M. (1993): Institutionen und Zeit, Tübingen 1993.

DIHT (1998): Kammeraufgabe Forschungs-, Technologie- und Innovationsförderung. Grundsatzpapier zur Aufgabenstellung der Industrie- und Handelskammern und des DIHT, Bonn.

DIXIT, A. K. (1996): The Making of Economic Policy. A Transaction-Cost Politics Perspective, Cambridge, Massachusetts und London.

DOMRÖS, C. (1994): Innovationen und Institutionen. Eine transaktionskostenökonomische Analyse unter besonderer Berücksichtigung strategischer Allianzen, Berlin.

DOPP, F. (1999): Entwicklung und zukünftige Herausforderungen öffentlicher Finanzierungshilfen für junge Technologieunternehmen; in: Koschatzky, K.; Kulicke, M.; Nellen, O. und Pleschak, F. (Hrsg.): Finanzierung von KMU im Innovationsprozeß – Akteure, Strategien, Probleme, Stuttgart, S. 39-48.

DÖRING, T. (1994): Das Subsidiaritätsprinzip; in: Wirtschaftswissenschaftliches Studium, Bd. 23, H. 5, S. 243-247.

DÖRING, T. (1997): Subsidiarität und Umweltpolitik in der Europäischen Union, Marburg.

DÖRSAM, P. und ICKS, A. (1997): Vom Einzelunternehmen zum regionalen Netzwerk: Eine Option für mittelständische Unternehmen, Schriften zur Mittelstandsforschung, Nr. 75 N.F., Stuttgart.

DOSI, G. (1982): Technological paradigms and technological trajectories. A suggested interpretation of the determinants and directions of technical change, in: Research Policy, Bd. 11, H. 11, S. 147-162.

DOSI, G. (1988a): The nature of the innovation process; in: Dosi, G.; Freeman, C.; Nelson, R. et al. (Hrsg.): Technical Change and Economic Theory, London und New York, S. 221-238.

DOSI, G. (1988b): Sources, Procedures, and Microeconomic Effects of Innovation; in: Journal of Economic Literature, Bd. 26, H. 3, S. 1120-1171.

DOSI, G. (1993): Evolutionäre Ansätze zu Innovationen, Marktprozessen und Institutionen sowie einige Konsequenzen für die Technologiepolitik; in: Meyer-Krahmer, F. (Hrsg.): Innovationsökonomie und Technologiepolitik. Forschungsansätze und politische Konsequenzen, Heidelberg, S. 68-98.

DOSI, G. und NELSON, R. R. (1994): An introduction to evolutionary theories in economics; in: Journal of Evolutionary Economics, Bd. 4, H. 3, S. 153-172.

DOSI, G.; FREEMAN, C.; NELSON, R. R.; SILVERBERG, G. und SOETE, L. (1988) (Hrsg.): Technical Change and Economic Theory, London und New York.

DOWNS, A. (1957): An Economic Theory of Democracy, New York (deutsch: Eine ökonomische Theorie der Demokratie, Tübingen 1968).

DREXLER, A. und DOSE, N. (1988): Technologieparks - Ursachen und Ideologie; in: Dose, N. und Drexler, A. (Hrsg.): Technologieparks. Voraussetzungen, Bestandsaufnahme und Kritik, Opladen, S. 10-31.

DURTH, R. (2000): Die Ausbreitung von Innovationen: Die Bedeutung nationaler Diffusionssysteme; in: Wirtschaftsdienst, Bd. 80, H. 10, S. 633-640.

EBERS, M. und GOTSCH, W. (1999): Institutionenökonomische Theorien der Organisation; in: Kieser, A. (Hrsg.): Organisationstheorien, Stuttgart, S. 199-251.

ECKEY, H.-F.; HORN, K. und KLEMMER, P. (1990): Abgrenzung von räumlichen Diagnoseeinheiten für die Zwecke der regionalen Wirtschaftspolitik; in: Beiträge zur Struktur- und Konjunkturforschung, Bd. 29, Bochum.

EGLAU, H.-O; KLUGE, J.; MEFFERT, J. und STEIN, L. (2000): Durchstarten zur Spitze – McKinseys Strategien für mehr Innovation, Frankfurt am Main.

EGLI, D. (1998): New Public Management; in: List Forum für Wirtschafts- und Finanzpolitik, Bd. 24, H. 1, S. 57-64.

EISENHARDT, K. (1989): Agency theory: An assessment and review; in: Academy of Management Review, Bd. 14, H. 1, S. 57-74.

ELLE, HANS-DIETER + PARTNER (1998): Hochschul-Transferstellen in Nordrhein-Westfalen. Entwicklung, Leistungen und Perspektiven, Endbericht, Studie zur Evaluierung im Auftrag des Ministeriums für Wissenschaft und Forschung des Landes Nordrhein-Westfalen, Düsseldorf.

ELLE, HANS-DIETER + PARTNER und FINANZWISSENSCHAFTLICHES FORSCHUNGSINSTITUT AN DER UNIVERSITÄT ZU KÖLN (1997a): Technologiezentren in Nordrhein-Westfalen. Ergebnisse einer Studie zu Entwicklung, Leistungen und Perspektiven, herausgegeben vom Ministerium für Wirtschaft und Mittelstand, Technologie und Verkehr des Landes Nordrhein-Westfalen, Düsseldorf.

ELLE, HANS-DIETER + PARTNER UND FINANZWISSENSCHAFTLICHES FORSCHUNGSINSTITUT AN DER UNIVERSITÄT ZU KÖLN (1997b): Technologiezentren in Nordrhein-Westfalen. Entwicklung, Leistungen und Perspektiven. Endbericht, Studie zur Evaluierung im Auftrag des Ministeriums für Wirtschaft und Mittelstand, Technologie und Verkehr des Landes Nordrhein-Westfalen, Düsseldorf.

ELLWEIN, T. und BRUDER, W. (1980): Innovationsorientierte Regionalpolitik, Opladen.

ERDMANN, G. (1993): Elemente einer evolutorischen Innovationstheorie, Tübingen.

ESER, T. W. (1996): Ökonomische Theorie der Subsidiarität und Evaluation der Regionalpolitik, Ableitung eines Beurteilungskonzeptes und dessen Anwendung auf die institutionellen Strukturen Englands und Deutschlands von der EU zur kommunalen Ebene, Baden-Baden.

EWERS, H.-J. (1987): Zur Dezentralisierung der Industriestrukturpolitik; in: Fritsch, M. und Hull, C. (Hrsg.): Arbeitsplatzdynamik und Regionalentwicklung, Berlin, S. 339-351.

EWERS, H.-J. (1995): Innovation; in: Akademie für Raumordnung und Landesplanung (Hrsg.): Handwörterbuch der Raumordnung, Hannover, S. 499-507.

EWERS, H.-J. und FRITSCH, M. (1987): Zu den Gründen staatlicher Forschungs- und Technologiepolitik; in: Boettcher, E.; Herder-Dorneich, P. und Schenk, K.-E. (Hrsg.): Jahrbuch für Neue Politische Ökonomie, Bd. 6, Tübingen, S. 108-135.

EWERS, H.-J. und WEIN, T. (1993): Der Begründungszusammenhang zur Förderung der jungen technologieorientierten Unternehmen, Berlin.

EWERS, H.-J.; WETTMANN, R.; KLEINE, J. und KRIST, H. (1980): Innovationsorientierte Regionalpolitik, Schriftenreihe „Raumordnung" des Bundesministeriums für Raumordnung, Bauwesen und Städtebau, Bonn.

EWERS, H-J. und ALLESCH, J. (1990) (Hrsg.): Innovation and regional development: strategies, instruments and policy coordination, Berlin.

FAMA, E. F. und JENSEN, M. (1983): Separation of Ownership and Control; in: Journal of Law and Economics, Bd. 26, H. 2, S. 301-307.

FELD, L. und KIRCHGÄSSNER, G. (1998): Fiskalischer Föderalismus; in: Wirtschaftswissenschaftliches Studium, Bd. 27, H. 2, S. 60-65.

FELDMANN, F. (1999): Betriebs- und regionalwirtschaftliche Effekte von Technologieparks, Lohmar.

FELDOTTO, P. (1996): Regionale Innovationsunterschiede in Nordrhein-Westfalen; in: RWI-Mitteilungen, Bd. 47, H. 2, S. 151-170.

FELDOTTO, P. (1997a): Regionales Innovationsmanagement unter den Bedingungen einer regionalisierten Strukturpolitik. Das Beispiel der altindustriellen Regionen Nord-Pas-de-Calais und Emscher-Lippe, Schriftenreihe des Rheinisch-Westfälischen Instituts für Wirtschaftsforschung, N.F. Nr. 60, Essen.

FELDOTTO, P. (1997b): Konzeptionen und institutionelle Voraussetzungen für ein regionales Innovationsmanagement. Das Beispiel der traditionellen Industrieregionen Nord-Pas-de-Calais (F) und Emscher-Lippe (D); in: Raumforschung und Raumordnung, Bd. 55, H. 4/5, S. 305-315.

FORTH, T. und WOHLFAHRT, N. (1992): Politische Regionalisierung: Zur Reform staatlichen Handelns in NRW aus politik- und verwaltungswissenschaftlicher Perspektive; in: Institut für Landes- und Stadtentwicklungsforschung des Landes Nordrhein-Westfalen (Hrsg.): Regionale Politik und regionales Handeln. Beiträge zur Analyse und Ausgestaltung der regionalen Strukturpolitik in Nordrhein-Westfalen, Dortmund, S. 31-42.

FRANZ, P. (1999): Innovative Milieus: Extrempunkte der Interpenetration von Wirtschafts- und Wissenschaftssystemen; in: Jahrbuch für Regionalwissenschaft, Bd. 19, S. 107-130.

FREEMAN, C. (1987): Technology Policy and Economic Performance: Lessons from Japan, London.

FREEMAN, C. (1990) (Hrsg.): The Economics of Innovation, Aldershot.

FREEMAN, C. (1991): Networks of Innovators: A Synthesis of Research Issues; in: Research Policy, Bd. 20, special issue, S. 499-514.

FREY, B. S. (1990): Ökonomie ist Sozialwissenschaft: Die Anwendung der Ökonomie auf neue Gebiete, München.

FREY, B. S. (1997): Markt und Motivation. Wie ökonomische Anreize die (Arbeits-) Moral verdrängen, München.

FREY, B. S. und BOHNET, I. (1993): Der ökonomische Blickwinkel. Ein Ansatz zu einer einheitlichen Sozialwissenschaft; in: Wirtschaftswissenschaftliches Studium, Bd. 22, H. 2, S. 95-97.

FREY, B. S. und KIRCHGÄSSNER, G. (1994): Demokratische Wirtschaftspolitik. Theorie und Anwendung, München.

FREY, B. und EICHENBERGER, R. (1995): Competition among jurisdictions: the idea of FOCJ; in: Gerken, L. (Hrsg.): Competition among institutions. Basingstoke, Hampshire, S. 209-229.

FREY, B. und EICHENBERGER, R. (2000): Jenseits des Gebietsmonopols des Staates: Föderalismus mittels FOCJ; in: Gerken, L. und Schick, G. (Hrsg.): Grüne Ordnungsökonomik: Eine Option moderner Wirtschaftspolitik, Frankfurt am Main, S. 331-348.

FREY, D.; BRANDSTÄTTER, V. und SCHUSTER, B. (1994): Das ökonomische Modell aus psychologischer Sicht; in: Smekal, C. und Theurl, E. (Hrsg.): Stand und Entwicklung der Finanzpsychologie, Baden-Baden, S. 65-121.

FREY, R. L. (1979): Begründung einer stärkeren Dezentralisierung politischer Entscheidungen aus der ökonomischen Theorie des Föderalismus; in: Schuster, F. (Hrsg.): Dezentralisierung des politischen Handelns (I), Forschungsbericht der Konrad-Adenauer-Stiftung, Bd. 4, Sankt Augustin.

FREY, R. und HENKE, L. (1989): Forschungs- und Wissenschaftstransfer und lokaler Transferbedarf – entsteht hier eine neue kommunale Aufgabe?; in: Hucke, J. und Wollmann, H. (Hrsg.): Dezentrale Technologiepolitik? Technikförderung durch Bundesländer und Kommunen, Basel.

FRITSCH, M. (1990): Technologieförderung als regionalpolitische Strategie?; in: Raumforschung und Raumordnung, Bd. 48, H. 2/3, S. 117-123.

FRITSCH, M. (1992): Unternehmensnetzwerke im Lichte der Institutionenökonomik; in: Jahrbuch für Neue Politische Ökonomie, Bd. 11, S. 89-102.

FRITSCH, M. (1993): Markt, Marktversagen und die Evaluation technologiepolitischer Förderprogramme, Diskussionspapier der Technischen Universität Freiberg/ Sachsen, Nr. 93-8, Freiberg.

FRITSCH, M. (2000): Ansatzpunkte und Möglichkeiten zur Verbesserung regionaler Innovationsbedingungen – Ein Überblick über den Stand der Forschung, in: Kreinsen, H. (Hrsg.): Standortbedingungen: Unternehmen zwischen Globalisierung und Regionalisierung, Berlin, S. 103-128.

FRITSCH, M. (2001): Innovation by networking – an economic perspective; in: Koschatzky, K.; Kulicke, M. und Zenker, A. (Hrsg.): Innovation networks: concepts and challenges in the European perspective, Heidelberg, S. 25-34.

FRITSCH, M. und SCHWIRTEN, C. (1998): Öffentliche Forschungseinrichtungen im regionalen Innovationssystem. Ergebnisse einer Untersuchung in drei deutschen Regionen; in Raumforschung und Raumordnung, Bd. 56, H. 4, S. 253-263.

FRITSCH, M.; KOSCHATZKY, K.; SCHÄTZL, L. und STERNBERG, R. (1998): Regionale Innovationspotentiale und innovative Netzwerke; in: Raumforschung und Raumordnung, Bd. 56, H. 4, S. 243-252.

FRITSCH, M.; WEIN, T. und EWERS, H.-J. (1999): Marktversagen und Wirtschaftspolitik. Mikroökonomische Grundlagen staatlichen Handelns, 3. Auflage, München.

FROMHOLD-EISEBITH, M. (1992): Wissenschaft und Forschung als regionalwirtschaftliches Potential? Das Beispiel von Rheinisch-Westfälischer Hochschule und Region Aachen, Aachen.

FROMHOLD-EISEBITH, M. (1999): Das "kreative Milieu" – nur theoretisches Konzept oder Instrument der Regionalentwicklung?; in: Raumforschung und Raumordnung, Bd. 57, H. 2/3, S. 168-175.

FÜRST, D. (1991): Grundsatzfragen und Organisationsformen übergemeindlicher Zusammenarbeit; in: Niedersächsisches Institut für Wirtschaftsforschung (Hrsg.): Zur Neuorientierung der regionalen Wirtschaftspolitik, Hannover, S. 57-72.

FÜRST, D. (1994): Regionalkonferenzen zwischen offenen Netzwerken und fester Institutionalisierung; in: Raumforschung und Raumordnung, Bd. 52, H. 3, S. 184-192.

FÜRST, D. und KILPER, H. (1993): Die Innovationskraft regionaler Politiknetzwerke. Nordrhein-westfälische Ansätze politischer Modernisierung im Vergleich, Gelsenkirchen.

FÜRST, D. und SCHUBERT, H. (1998): Regionale Akteursnetzwerke. Zur Rolle von Netzwerken in regionalen Umstrukturierungsprozessen; in: Raumforschung und Raumordnung, Bd. 56, H. 5/6, S. 352-361.

GAUDIN, T. (1985): Definition of Innovation Policies; in: Sweeney, G. (Hrsg.): Innovation Policies: An International Perspective, London, S. 11-47.

GERPOTT, T. J. (1999): Strategisches Technologie- und Innovationsmanagement: eine konzentrierte Einführung, Stuttgart.

GERPOTT, T. J. (2001): Innovationsmanagement; in: Die Betriebswirtschaft, Bd. 61, H. 2, S. 240-255.

GESKE, O.-E. (1998): Eine neue Finanzverfassung zur Wiederherstellung eines strikten Konnexitätsprinzips?; in: Wirtschaftsdienst, Bd. 78, H. 9, S. 556-564.

GIELOW, G. (1994): Entwicklungsmuster lokaler Innovationspolitik in West- und Ostdeutschland; in: Fritsch, M. (Hrsg.): Potentiale für einen „Aufschwung Ost“: Wirtschaftsentwicklung und Innovationstransfer in den Neuen Bundesländern, Berlin, S. 231-253.

GLÄSER, J. (1999): Anreizprobleme staatlicher Startfinanzierung von KMU – Warum der nachweisliche Erfolg geförderter Gründungen nicht unbedingt ein Erfolg der Gründungsförderung sein muss; in: Koschatzky, K.; Kulicke, M.; Nellen, O.; Pleschak, F. (Hrsg.): Finanzierung von KMU im Innovationsprozeß – Akteure, Strategien, Probleme, Stuttgart, S. 71-75.

GÖRISCH, J. (2001): Studierende und Selbständigkeit – die Sicht der Zielgruppe; in: Fraunhofer-Institut für Systemtechnik und Innovationsforschung (Hrsg.): Wissenschaft und Wirtschaft im regionalen Gründungskontext, Dokumentation der Fachkonferenz am 5. und 6. April 2001 in Karlsruhe.

GOSHAL, S. und MORAN P. (1996): Bad for practice: A critique of the transaction cost theory; in: Academy of Management Review, Bd. 21, S. 13-47.

GÖTZ, C. (1999): Kommunale Wirtschaftsförderung zwischen Wettbewerb und Kooperation, Hamburg.

GRABHER, G. (1988): Unternehmensnetzwerke und Innovation, Discussion Paper FS I 88-20, Wissenschaftszentrum Berlin, Berlin.

GRABHER, G. (1991): Netzwerke – Ein Ansatz für den Umbau des Montankomplexes im Ruhrgebiet; in: Hilbert, J.; Kleinaltenkamp, M.; Nordhause-Janz, J. und Widmeier, B. (Hrsg.): Neue Kooperationsformen in der Wirtschaft – Können Konkurrenten Partner werden? Schriften des Institut Arbeit und Technik, Opladen, S. 95-107.

GRABHER, G. (1993a) (Hrsg.): The embedded firm. On the socioeconomics of industrial networks, London und New York.

GRABHER, G. (1993b): Rediscovering the social in the economics of interfirm relations; in: Grabher, G. (Hrsg.): The embedded firm. On the socioeconomics of industrial networks, London und New York, S. 1-31.

GRABHER, G. (1993c): The weakness of strong ties. The lock-in of regional development in the Ruhr area; in: Grabher, G. (Hrsg.): The embedded firm. On the socioeconomics of industrial networks, London und New York, S. 255-277.

GRABHER, G. (1993d): Wachstums-Koalitionen und Verhinderungs-Allianzen – Entwicklungsimpulse und -blockierungen durch regionale Netzwerke; in: Informationen zur Raumentwicklung, H. 11, S. 749-758.

GRABOW, B.; HEUER, H. und KÜHN, G. (1990): Lokale Innovations- und Technologiepolitik. Ergebnisse einer bundesweiten Erhebung, Berlin.

GRANOVETTER, M. (1973): The strength of weak ties; in: American Journal of Sociology, Bd. 78, S. 1360-1380.

GRANOVETTER, M. (1985): Economic action and social structure: The problem of embeddedness; in: American Journal of Sociology, Bd. 91, S. 481-510.

GREIF, S. (1982): Angebot und Nachfrage nach Patentinformationen – Die Informationsfunktion von Patenten, Göttingen.

GROSSEKETTLER, H. (1989): Zentralisation oder Dezentralisation der Wirtschaftsförderung aus wirtschaftswissenschaftlicher Sicht. Volkswirtschaftliche Diskussionsbeiträge, Nr. 113, Münster.

GROSSEKETTLER, H. (1995): Öffentliche Finanzen; in: Vahlens Kompendium der Wirtschaftstheorie und Wirtschaftspolitik, Bd. 1, München, S. 485-670.

GRUPP, H. (1997): Messung und Erklärung des Technischen Wandels – Grundzüge einer empirischen Innovationsökonomik, Berlin.

HABERSAM, M. (1995): Zukunftsfähige Technologiezentren. Ergebnisse einer Wirkungsanalyse von Technologiezentren in Nordrhein-Westfalen; in: Priddat, B. (Hrsg.): Wittener Jahrbuch für ökonomische Literatur 1995, Marburg, S. 139-173.

HABERSAM, M.; BURMEISTER, K.; KNOBLAUCH, T.; COLOM, V. und SIBUM, D. (1994): Technologiezentren im Wandel. Wirkungsanalyse von Fördermassnahmen des Landes Nordrhein-Westfalen im Bereich des Technologietransfers, Berlin.

HÅKANSSON, H. (1989): Corporate technological behaviour – Co-operation and networks, London.

HÅKANSSON, H. und JOHANSON, B. (1993): The network as a governance structure – Interfirm cooperation beyond markets and hierarchies; in: Grabher, G. (Hrsg.): The embedded firm. On the socioeconomics of industrial networks, London und New York, S. 35-51.

HANSMEYER, K.-H. und KOPS, M. (1984): Die Kompetenzarten der Aufgabenzuständigkeit und deren Verteilung im föderativen Staat; in: Hamburger Jahrbuch für Wirtschafts- und Gesellschaftspolitik, Bd. 29, S. 127-140.

HANUSCH, H. (2000): Die treibenden Kräfte in modernen Volkswirtschaften. Zum 50. Todestag von Joseph Alois Schumpeter; in: Wirtschaftsdienst, Bd. 80, H. 1, S. 60-68.

HANUSCH, H. und CANTNER, U. (1993): Neuere Ansätze in der Innovationstheorie und der Theorie des technischen Wandels – Konsequenzen für eine Industrie- und Technologiepolitik; in: Meyer-Krahmer, F. (Hrsg.): Innovationsökonomie und Technologiepolitik. Forschungsansätze und politische Konsequenzen, Heidelberg, S. 11-46.

HARDT, U. (1991): Regionalpolitik: Zentrale oder regionale Aufgabe?; in: Niedersächsisches Institut für Wirtschaftsforschung (Hrsg.): Zur Neuorientierung der regionalen Wirtschaftspolitik, Hannover, S. 79-98.

HARRIS, M. und RAVIV, A. (1979): Optimal incentive contracts with asymmetric information; in: Journal of Economic Theory, Bd. 20, S. 231-259.

HASSINK, R. (1992): Regional Innovation Policy: Case Studies from the Ruhr Area, Baden-Württemberg and the North East of England, Netherland Geographical Studies, Nr. 145, Utrecht.

HAUFF, V. und SCHARPF, F. (1975): Modernisierung der Volkswirtschaft – Technologiepolitik als Strukturpolitik, Frankfurt am Main und Köln.

HAUSCHILDT, J. (1997): Innovationsmanagment, München.

HAWKINS, R. W.; MANSELL, R. und SKEA, J. (1995): Standards, Innovation and Competitiveness. The Politics and Economics of Standard in Natural and Technical Environments, Aldershot.

HAX, H. (1997): Vorwort; in: Dörsam, P. und Icks, A.: Vom Einzelunternehmen zum regionalen Netzwerk: Eine Option für mittelständische Unternehmen, Schriften zur Mittelstandsforschung, N.F. Nr. 75, Stuttgart, S. I.

HAYEK, F. A. von (1945): The Use of Knowledge in Society; in: American Economic Review, Bd. 35, S. 519-530.

HAYEK, F. A. von (1960): The Constitution of Liberty, London. (deutsch: Die Verfassung der Freiheit, Tübingen 1971).

HAYEK, F. A. von (1969): Der Wettbewerb als Entdeckungsverfahren; in: Hayek, F. A. von (Hrsg.): Freiburger Studien, Tübingen, S. 249-265.

HAYEK, F. A. von (1973): Law, Legislation and Liberty: A New Statement of the Liberal Principles of Justice and Political Economy, Bd. 1, Rules and Orders, Chicago. (deutsch: Recht, Gesetzgebung und Freiheit, Bd. 1, Landsberg 1980).

HAYEK, F. A. von (1975): Die Anmaßung von Wissen; in: ORDO – Jahrbuch für die Ordnung von Wirtschaft und Gesellschaft, Bd. 26, S. 12-21.

HEINZ, W. (1998): Public Private Partnership; in: Archiv für Kommunalwissenschaften, Bd. 37, H. 2, S. 210-239.

HEINZ, W. (1998): Public Private Partnership; in: Archiv für Kommunalwissenschaften, Bd. 37, H. 2, S. 210-239.

HEINZE, R. G. und VOELZKOW, H. (1997) (Hrsg.): Regionalisierung der Strukturpolitik in NRW, Opladen.

HEINZE, R. G.; HILBERT, J.; NORDHAUSE-JANZ, J. und REHFELD, D. (1996): Strukturpolitik zwischen Tradition und Innovation: NRW im Wandel, Opladen.

HEINZE, R. G.; HILBERT, J.; NORDHAUSE-JANZ, J. und REHFELD, D. (1998): Industrial clusters and the governance of change: Lessons from North Rhine-Westfalia; in: Braczyk, H.-J.; Cooke, P. und Heidenreich, M. (Hrsg.): Regional Innovation Systems: The role of governance in a globalized world, London, S. 263-283.

HEINZE, R. und VOELZKOW, H. (1991): Regionalisierung der Strukturpolitik in Nordrhein-Westfalen; in: Blanke, B. (Hrsg.): Staat und Stadt, Politische Vierteljahresschrift, Sonderheft 22, S. 461-476.

HEINZE, R. und VOELZKOW, H. (1992): Neue Politikmuster in der nordrhein-westfälischen Strukturpolitik: Regionalisierung und Korporatismus; in: Institut für Landes- und Stadtentwicklungsforschung des Landes Nordrhein-Westfalen (Hrsg.): Regionale Politik und regionales Handeln. Beiträge zur Analyse und Ausgestaltung der regionalen Strukturpolitik in Nordrhein-Westfalen, Dortmund, S. 43-54.

HEINZE, R.; HELLE, E.; HILBERT, J.; NORDHAUSE-JANZ, J.; NOWAK, N.; POTRATZ, W. und SCHARFENORTH, K. (1992): Strukturpolitik zwischen Tradition und Innovation – NRW im Wandel, Opladen.

HELBRECHT, I.; DANIELZYK, R. und BUTZIN, B. (1991): Wahrnehmungsmuster und Bewusstseinsformen als qualitative Faktoren der Regionalentwicklung: Fallstudie Ruhrgebiet; in: Raumforschung und Raumordnung, Bd. 49, H. 4, S. 229-236.

HELLMER, F; FRIESE, C.; KOLLROS, H. und KRUMBEIN, W. (1999): Mythos Netzwerke. Regionale Innovationsprozesse zwischen Kontinuität und Wandel, Berlin.

HELPER, S. (1993): An exit-voice analysis of supplier relations – the case of the US automobile industry; in: Grabher, G. (Hrsg.): The embedded firm. On the socioeconomics of industrial networks, London und New York, S. 227-251.

HEMER, J. (1997): Crises of New Technology-Base Firms; in: Koschatzky, K. (Hrsg.): Technology-Based Firms in the Innovation Process. Management, Financing and Regional Networks, Heidelberg, S. 53-81.

HEMER, J. (1999): Mobilisierung von Business Angels in Deutschland; in: Berrios, A. M. (Hrsg.): Beteiligungskapital in der Unternehmensfinanzierung: Grundfragen – Konzepte – Erfahrungen, Wiesbaden, S. 185-200.

HENZE, M. (1992): Innovationspolitik und Rent-Seeking: zur politischen Ökonomie der staatlichen Förderung unternehmerischer Innovationen, Köln.

HERB, F. (1988): Marktwirtschaftliche Innovationspolitik, Hohenheimer Volkswirtschaftliche Schriften, Bd. 9, Frankfurt am Main.

HERRMANN-PILLATH, C. (1999): Über Handelswiderstände; in: ORDO – Jahrbuch für die Ordnung von Wirtschaft und Gesellschaft, Bd. 51, S. 431-472.

HERRMANN-PILLATH, C. und LEHMANN-WAFFENSCHMIDT, M. (2001) (Hrsg.): Handbuch evolutorischer Ökonomik, Heidelberg, erscheint demnächst.

HESSE, J.; BENZ, An.; BENZ, Ar. und BACKHAUS-MAUL, H. (1991): Regionalisierte Wirtschaftspolitik – Das Beispiel „Zukunftsinitiative Montanregionen“, Baden-Baden.

HEUKEROTH, U.; KONZACK, T.; PLESCHAK, F. und STUMMER, F. (2001): Handbuch für das Management von Innovationszentren, Berlin.

HILBERT, J. und POTRATZ, W. (1997): Inhalte der regionalen Entwicklungskonzepte; in: Heinze, R. G. und Voelzkow, H. (Hrsg.): Regionalisierung der Strukturpolitik in NRW, Opladen, S. 201-215.

HILBERT, J.; WIDMEIER, B. und BANDEMER, S. von (1991): Können Konkurrenten Partner werden? Eine Einführung in die Chancen und Schwierigkeiten partnerschaftlicher Formen zwischenbetrieblicher Kooperation; in: Hilbert, J.; Kleinaltenkamp, M.; Nordhause-Janz, J. und Widmeier, B. (Hrsg.): Neue Kooperationsformen in der Wirtschaft. Können Konkurrenten Partner werden?, Opladen, S. 9-21.

HILPERT, U. (1991): The Optimization of Political Approaches to Innovation; in: Hilpert, U. (Hrsg.): Regional Innovation and Decentralization. High Tech Industry and Government Policy, London, S. 291-302.

HIPPEL, E. von (1994): 'Sticky Information' and the Locus of Problem Solving: Implication for Innovation; in: Management Science, Bd. 40, H. 4, S. 429-439.

HIRSCHMAN, A. O. (1970): Exit, Voice and Loyality: Responses to Decline in Firms, Organizations and States, Cambridge, Mass.

HÖDL, E. und MÖNIG, R. (1997): Regionalbericht Bergische Großstädte; in: Heinze, R. G. und Voelzkow, H. (Hrsg.): Regionalisierung der Strukturpolitik in Nordrhein-Westfalen, Opladen, S. 134-171.

HOFSTETTER, S. (1991): Management des Technologietransfers. Zur Innovationsförderung in Klein- und Mittelunternehmungen, St. Gallen.

HOMBURG, S. (1997): Fiskalföderalismus in Europa, Schriften des Vereins für Socialpolitik, N.F. 253, Berlin.

HOTZ-HART, B. (1993): Internationaler Wettbewerb und staatliche Innovationsförderung aus der Sicht eines kleinen Landes; in: Oppenländer, K.-H. und Popp, W. (Hrsg.): Privates und staatliches Innovationsmanagament, München, S. 275-309.

HOWELLS, J. (1999): Regional systems of innovation?; in: Archibugi, D.; Howells, J. und Michie, J. (Hrsg.): Innovation policy in a global economy, Cambridge, S. 67-93.

HUEBNER, M. (1996): Regionalisierung und kommunale Zusammenarbeit. Dezentrale Kooperation aus systemtheoretischer Sicht, Oldenburg.

ICKS, A. und RICHTER, M. (1999): Innovative kommunale Wirtschaftsförderung. Wege – Beispiele – Möglichkeiten, Schriften zur Mittelstandsforschung Nr. 81 N. F., Wiesbaden.

JAKOBY, H. (1999): Reform der EU-Strukturfonds – Handlungsbedarf in den Ländern für die Programmperiode 2000-2006; in: WSI-Mitteilungen, Bd. 52, H. 6, S. 407-414.

JANSEN, S. A. (2000): Konkurrenz der Konkurrenz – Co-opetition: Die Form der Konkurrenz. Typen, Funktionen und Voraussetzungen von paradoxen Koordinationsformen, in: Jansen, S. A. und Schleissing, S. (Hrsg.): Konkurrenz und Kooperation. Interdisziplinäre Zugänge zur Theorie der Co-opetition, Marburg, S. 13-63.

JANSEN, S. A. und PRIDDAT, B. P. (2001): eGovernment und Political Directness – Erste Überlegungen zur Virtualisierung des Staates, in: Hutter, M. (Hrsg.): e-conomy 2.0, Marburg, S. 93-146.

JARILLO, J. C. (1988): On Strategic Networks; in: Strategic Management Journal, Bd. 9, S. 31-41.

JARILLO, J. C. und RICART, Joan E. (1987): Sustaining Networks; in: Interfaces, Bd. 17, S. 82-91.

JENSEN, M. C. und MECKLING, W. H. (1976): Theory of the Firm: Managerial Behaviour, Agency Cost and Ownership Structure; in: Journal of Financial Economics, Bd. 3, S. 305-360.

JOCHIMSEN, R. (1995): Infrastruktur; in: Akademie für Raumforschung und Landesplanung (Hrsg.): Handwörterbuch der Raumordnung, Hannover, S. 490-498.

JOHANSON, J. und MATTSON, L.-G. (1991): Interorganizational relations in industrial systems: a network approach compared with the transactions-cost approach; in: Thompson, G. et al. (Hrsg.): Markets, hierarchies and networks, London, Newbury Park und Neu Delhi.

JOHANSSON, B.; KARLSSON, C. und WESTIN, L. (1994) (Hrsg.): Patterns of a Network Economy, Berlin.

JOHNSON, B. (1992): Institutional Learning; in: Lundvall, B. A. (Hrsg.): National Systems of Innovation and Interactive Learning, London, S. 23-44.

JUNG, H.-U. (2000): Veränderte Rahmenbedingungen für die Kommunale Wirtschaftsförderung und Konsequenzen für ihre Ausgestaltung; in: Jung, H.-U. und Ullrich, M. (Hrsg.): Kommunale Wirtschaftsförderung vor neuen Herausforderungen, Hannoversche Geographische Arbeitsmaterialien, Nr. 23-2000, Hannover, S.1-33.

JUNG, H.-U. und ULLRICH, M. (2000) (Hrsg.): Kommunale Wirtschaftsförderung vor neuen Herausforderungen, Hannoversche Geographische Arbeitsmaterialien, Nr. 23-2000, Hannover.

JUNKERNHEINRICH, M. (1991): Gemeindefinanzen. Theoretische und methodische Grundlagen ihrer Analyse, Berlin.

KAMANN, D.-J. (1997): Policies for Dynamic Innovative Networks in Innovative Milieux; in: Ratti, R.; Bramanti, A. und Gordon, R. (Hrsg.): The Dynamics of Innovative Regions: The GREMI Approach, Aldershot, S. 367-391.

KARRENBERG, H. und MÜNSTERMANN, E. (1999): Gemeindefinanzbericht 1999. Steuerpolitik 99 – Nicht gegen die Städte; in: Der Städtetag, Jg. 52, H. 4, S. 151-240.

KERBER, W. (1991): Zur Entstehung von Wissen: Grundsätzliche Bemerkungen zu Möglichkeiten und Grenzen staatlicher Förderung der Wissensproduktion aus der Sicht der Theorie evolutionärer Marktprozesse; in: Oberender, P. und Streit, M. (Hrsg.): Marktwirtschaft und Innovation, Baden-Baden, S. 9-53.

KILPER, H. (1998): Regionalisierung zwischen Effektivität, Innovation und Legitimation, Bochum.

KILPER, H. und LATNIAK, E. (1996): Einflußfaktoren betrieblicher Innovationsprozesse – Zur Rolle des regionalen Umfeldes; in: Brödner, P.; Pekruhl, U. und Rehfeld, D. (Hrsg.): Arbeitsteilung ohne Ende? Von den Schwierigkeiten inner- und überbetrieblicher Zusammenarbeit, München.

KILPER, H. und REHFELD, D. (1991): Vom Konzept der Agglomerationsvorteile zum Industrial District. Überlegungen zur Bedeutung interregionaler Verflechtungen und Kooperationsbeziehungen für die Stabilität von Regionen, discussion paper IAT-PS 03 des Instituts für Arbeit und Technik, Gelsenkirchen.

KILPER, H.; LATNIAK, E.; REHFELD, D. und SIMONIS, G.(1994): Das Ruhrgebiet im Umbruch. Strategien regionaler Verflechtung, Opladen.

KIRCHGÄSSNER, G. (1991): Homo oeconomicus. Das ökonomische Modell individuellen Verhaltens und seine Anwendung in den Wirtschafts- und Sozialwissenschaften, Tübingen.

KIRCHHOFF, U. und MÜLLER-GODEFFROY, H. (1991): Lokale Wirtschafts- und Innovationsförderung. Ansatzpunkte, Instrumente und Fallbeispiele aus der Sicht der Sparkassen und Landesbanken, Stuttgart.

KIRSCH, G. (1977): Föderalismus, Wirtschaftswissenschaftliches Seminar, Bd. 5, Stuttgart und New York.

KIRSCH, G. (1997): Neue Politische Ökonomie, 4. Auflage, Düsseldorf.

KLESSE, C. (1992): Technologiezentren und Strukturwandel – Analyse der regionalen Beschäftigungseffekte des Technologiezentrums Dortmund, Dortmund.

KLINE, S. J. (1985): Innovation is not a linear process; in: Research Management, Bd. 28, H. 1, S. 36-45.

KLINE, S. J. und ROSENBERG, N. (1986): An Overview of Innovation; in: Rosenberg, N. und Landau R. (Hrsg.): The Positive Sum Strategy, Washington D. C., S. 275-305.

KLODT, H. (1987): Wettlauf um die Zukunft – Technologiepolitik im internationalen Vergleich, Kieler Studien, Nr. 206, Tübingen.

KLODT, H. (1992): Die Strukturpolitik der EG, Kieler Studien, Nr. 249, Tübingen.

KLODT, H. (1995): Grundlagen der Forschungs- und Technologiepolitik, München.

KNOBLAUCH, T. (1996): Die Möglichkeit des Neuen – Innovation in einer lernenden Unternehmung, Stuttgart.

KOCH, L. T. (1995): Evolutorische Wirtschaftspolitik. Der prozessual-kommunikative Charakter wirtschaftspolitischer Steuerung; in: ORDO – Jahrbuch für die Ordnung von Wirtschaft und Gesellschaft, Bd. 46, S. 101-115.

KOCH, L. T. (1996): Evolutorische Wirtschaftspolitik: eine elementare Analyse mit entwicklungspolitischen Beispielen, Tübingen.

KOCH, L. T. (1998): Kognitive Determinanten der Problementstehung und –behandlung im wirtschaftspolitischen Prozess; in: Zeitschrift für Wirtschafts- und Sozialwissenschaften, Bd. 118, H. 4, S. 597-622.

KOKALJ, L.; MAY-STROBL, E.-M. und KAY, R. (1999): Initiative „Wagniskapital NRW“ - eine erste Bilanz, Institut für Mittelstand Materialien, Nr. 137, Bonn.

KÖLLER, T. (1996): Die regionalisierte Strukturpolitik. Eine Analyse aus und in staatstheoretischer Perspektive, Duisburg.

KONZE, H. (1992): Der ZIN-Moderator. Die Rolle des Regierungspräsidenten bei der Zukunftsinitiative für die Regionen Nordrhein-Westfalens (ZIN); in: Institut für Landes- und Stadtentwicklungsforschung des Landes Nordrhein-Westfalen (Hrsg.): Regionale Politik und regionales Handeln. Beiträge zur Analyse und Ausgestaltung der regionalen Strukturpolitik in Nordrhein-Westfalen, Dortmund, S. 55-62.

KONZE, H. (1995): Regionalplanung und regionale Strukturpolitik – Erfahrungen aus dem Regierungsbezirk Düsseldorf; in: Momm, A.; Löckener, R.; Danielzyk, R. und Priebs, A. (Hrsg.): Regionalisierte Entwicklungsstrategien. Beispiele und Perspektiven integrierter Regionalentwicklung in Ost- und Westdeutschland, Bonn, S. 75-80.

KOSCHATZKY, K. (1995): Regionale Innovations- und Technologieförderung. Ansatzpunkte für die Nutzung regionaler Innovationspotentiale, Fraunhofer-Institut für Systemtechnik und Innovationsforschung, Arbeitspapier Regionalforschung Nr. 1, Karlsruhe.

KOSCHATZKY, K. (1997a): Innovative Regional Development Concepts and Technology-Based Firms; in: Koschatzky, K. (Hrsg.): Technology-Based Firms in the Innovation Process. Management, Financing and Regional Networks, Heidelberg, S. 177-202.

KOSCHATZKY, K. (1997b): Introduction: Technology-Based Firms in the Innovation Process: Object of Theory and Research; in: Koschatzky, K. (Hrsg.): Technology-Based Firms in the Innovation Process.Management, Financing and Regional Networks, Heidelberg, S. 1-8.

KOSCHATZKY, K. (1997c): Innovationsdeterminanten im interregionalen Vergleich: Möglichkeiten zur Stärkung regionaler Innovationspotentiale; in: Geographische Zeitschrift, Bd. 85, H. 2/3, S. 97-112.

KOSCHATZKY, K. (1997d) (Hrsg.): Technology-Based Firms in the Innovation Process. Management, Financing and Regional Networks, Heidelberg.

KOSCHATZKY, K. (2001): Networks in Innovation Research and Innovation Policy; in: Koschatzky, K.; Kulicke, M. und Zenker, A. (Hrsg.): Innovation networks: concepts and challenges in the European perspective, Heidelberg, S. 10-24.

KOSCHATZKY, K. und GUNDRUM, U. (1997): Die Bedeutung von Innovationsnetzwerken für kleine Unternehmen; in: Koschatzky, K. (Hrsg.): Technologieunternehmen im Innovationsprozess – Management, Finanzierung und regionale Netzwerke, Reihe Technik, Wirtschaft und Politik, Nr. 23, Heidelberg, S. 207-227.

KOSCHATZKY, K.; KULICKE, M. und ZENKER, A. (2001) (Hrsg.): Innovation networks: concepts and challenges in the European perspective, Heidelberg.

KOSCHATZKY, K.; KULICKE, M.; NELLEN, O. und PLESCHAK, F. (1999) (Hrsg.): Finanzierung von KMU im Innovationsprozeß – Akteure, Strategien, Probleme, Stuttgart.

KOUWENHOVEN, V. (1993): Public-Private-Partnership: A Model for the Management of Public-Private Cooperation; in: Kooiman, Jan (Hrsg.): Modern Governance – New Government-Society Interactions, London, S. 119-130.

KRAFFT, A. und ULRICH, G. (1993): Die Regionalisierung der Wirtschafts- und Strukturpolitik aus systemtheoretischer Perspektive; in: Kilper, H. (Hrsg.): Steuerungseffekte und Legitimation regionaler Netzwerke, Veröffentlichungen des Instituts für Arbeit und Technik, Gelsenkirchen, S. 50-62.

KREIS SIEGEN-WITTGENSTEIN (2000): Die Provinz – Jahreszeitung aus Siegen-Wittgenstein, Siegen.

KREMER, U. (1994): Beteiligung an der regionalisierten Strukturpolitik in Nordrhein-Westfalen; in: Daheim, H.; Krahn, K. und Schneider, R. (Hrsg.): Standortfaktor industrielle Beziehungen, München, S. 73-81.

KREMER, U. und LÖCKENER, R. (1994): Das ZIN-Experiment: Hintergründe, Erfahrungen und Perspektiven der regionalisierten Strukturpolitik in Nordrhein-Westfalen; in: Klepsch, T., Legrand, H.-J. und Sanne, A. (Hrsg.): Integrierte Strukturpolitik, Köln, S. 172-185.

KREMER, U. und LÖCKENER, R. (1995): Das ZIN-Experiment – Erfahrungen und Perspektiven der regionalisierten Strukturpolitik in Nordrhein-Westfalen als industriepolitischer Handlungsrahmen; in: Momm, A.; Löckener, R.; Danielzyk, R. und Priebs, A. (Hrsg.): Regionalisierte Entwicklungsstrategien. Beispiele und Perspektiven integrierter Regionalentwicklung in Ost- und Westdeutschland, Bonn, S. 89-100.

KREMER, U. und WESTPHAL, T. (1996): Intelligentes Eigenkapital: Kapitalbeteiligungsgesellschaften und Strukturpolitik in Nordrhein-Westfalen, Bochum.

KREPS, D. M. (1990): Corporate Culture and Economic Theory; in: Alt, J. E. und Shepsle, K. A. (Hrsg.): Perspectives on Positive Political Economy, Cambridge, S. 90-143.

KRUEGER, A. O. (1974): The Political Economy of the Rent-Seeking Society; in: American Economic Review, Bd. 64, S. 291-303.

KRUMBEIN, W. (1994): Ökonomische und politische Netzwerke in der Region, Beiträge aus der internationalen Debatte, Münster und Hamburg.

KRUSE, H. (1992): Strukturpolitik in Nordrhein-Westfalen; in: Institut für Landes- und Stadtentwicklungsforschung des Landes Nordrhein-Westfalen (Hrsg.): Regionale Politik und regionales Handeln. Beiträge zur Analyse und Ausgestaltung der regionalen Strukturpolitik in Nordrhein-Westfalen, Dortmund, S. 11-30.

KRUZEWICZ, Michael (1993): Lokale Kooperationen in NRW. Public-Private Partnership auf kommunaler Ebene, Schriften des Instituts für Landes- und Stadtentwicklungsforschung des Landes Nordrhein-Westfalen, Nr. 79, Duisburg.

KUHLMANN, S. (2001): Politische Steuerung von Innovationsnetzwerken? Leitlinien der Evaluation; in: Fraunhofer-Institut für Systemtechnik und Innovationsforschung (Hrsg.): Wissenschaft und Wirtschaft im regionalen Gründungskontext, Dokumentation der Fachkonferenz am 5. und 6. April 2001 in Karlsruhe.

KULICKE, M. (1999): Aktuelle Situation der Innovationsfinanzierung; in: Koschatzky, K.; Kulicke, M.; Nellen, O. und Pleschak, F. (Hrsg.): Finanzierung von KMU im Innovationsprozeß – Akteure, Strategien, Probleme, Karlsruhe, S. 3-19.

KULICKE, M. (2001a): Innovation networks and regional venture capital companies in Germany - experiences for central and eastern European countries; in: Koschatzky, K.; Kulicke, M. und Zenker, A. (Hrsg.): Innovation networks: concepts and challenges in the European perspective, Heidelberg, S. 191-204.

KULICKE, M. (2001b): Die Evaluierung von EXIST – Existenzgründer aus Hochschulen; in: Fraunhofer-Institut für Systemtechnik und Innovationsforschung (Hrsg.): Wissenschaft und Wirtschaft im regionalen Gründungskontext, Dokumentation der Fachkonferenz am 5. und 6. April 2001 in Karlsruhe.

KULICKE, M. und WUPPERFELD, U. (1996): Beteiligungskapital für junge Technologieunternehmen, Schriftenreihe des Fraunhofer-Instituts für Systemtechnik und Innovationsforschung, Bd. 22, Heidelberg.

KURZ, R. und HERB, F. (1990): Neuorientierung der Innovationspolitik; in: Zeitschrift für Wirtschaftspolitik, Bd. 39, H. 2, S. 171-181.

LANDESREGIERUNG NORDRHEIN-WESTFALEN (1989): Weitere Regionalisierung der Strukturpolitik des Landes. Beschluss der Landesregierung vom 30. Mai 1989, Vorlage 10/2605; abgedruckt in: Ministerium für Wirtschaft, Mittelstand und Technologie des Landes Nordrhein-Westfalen (1990): Zukunftsinitiative für die Regionen Nordrhein-Westfalen (ZIN) 1990 – Zwischenbericht, Düsseldorf, Anlage 1.

LAUX, H. und SCHENK-MATHES, H. Y. (1992): Erfolgsorientierte Belohnungssysteme mit und ohne Verlustbeteiligung; in: Zeitschrift für betriebswirtschaftliche Forschung, Bd. 44, H. 5, S. 395-424.

LEGLER, H. (2000): Industrieforschung in Deutschlands Regionen; in: Wirtschaftsdienst, Bd. 80, H. 5, S. 289-296.

LEHNER, F. und NORDHAUSE-JANZ, J. (1989): Dezentrale Innovationspolitik: Neue Chancen für die Steuerung technisch-ökonomischer Innovationsprozesse; in: Hucke, J. und Wollmann, H. (Hrsg.): Dezentrale Technologiepolitik? Technikförderung durch Bundesländer und Kommunen, Basel, Boston und Berlin, S. 99-129.

LESSAT, V.; HEMER, J.; ECKERLE, T. et al. (1999): Beteiligungskapitalmarkt und technologieorientierte Unternehmensgründungen. Markt – Finanzierung – Rahmenbedingungen, Gutachten für das Bundesministerium für Wirtschaft und Technologie vorgelegt vom Fraunhofer-Institut für Systemtechnik und Innovationsforschung, Karlsruhe, und dem Zentrum für Europäische Wirtschaftsforschung, Mannheim, Wiesbaden.

LICHT, G.; HEMER, J. und KULICKE, M. (1998): Beteiligungskapital und technologieorientierte Unternehmensgründungen, Gutachten für das Bundesministerium für Wirtschaft und Technologie vorgelegt vom Fraunhofer-Institut für Systemtechnik und Innovationsforschung und dem Zentrum für Europäische Wirtschaftsforschung, Karlsruhe und Mannheim.

LINSCHEIDT, B. (1999): Nachhaltiger technologischer Wandel aus Sicht der evolutorischen Ökonomik – staatliche Steuerung zwischen Anmaßung von Wissen und drohender Entwicklungsfalle, Umweltökonomische Diskussionsbeiträge des Finanzwissenschaftlichen Forschungsinstituts an der Universität zu Köln, Nr. 99-1, Köln.

LINSCHEIDT, B. und TRUGER, A. (1998): Reform des Kommunalsteuersystems; in: Vierteljahrshefte zur Wirtschaftsforschung, Bd. 66, H. 3, S. 382-394.

LITTMANN, K. (1975): Die Chancen staatlicher Investitionslenkung, Göttingen.

LOMPE, K.; KEHLBECK, H.; SCHIRMACHER, A. und WARNECKE, D. (1998): Risikokapital, Existenzgründungen und Region, Hannover.

LUNDVALL, B.-A. (1988): Innovation as an interactive process – from user-producer interaction to the national system of innovation; in: Dosi, G.; Freeman, C.; Nelson, R. et al. (Hrsg.): Technical Change and Economic Theory, London und New York, S. 349-369.

LUNDVALL, B.-A. (1992) (Hrsg.): National systems of innovation: towards a theory of innovation and interactive learning, London und New York.

MAAS, C. (1986): Zur ökonomischen Begründung der Forschungs- und Technologiepolitik, Berlin.

MACNEIL, I. R. (1974): The Many Futures of Contracts; in: Southern California Law Review, Bd. 47, S. 691-816.

MACNEIL, I. R. (1978): Contracts: Adjustment of Long-Term Economic Relations and Classical, Neoclassical, and Relational Contract Law; in: Northwestern University Law Review, Bd. 72, S. 854-905.

MAIER, G. und TÖDTLING, F. (1995): Regional- und Stadtökonomik: Standorttheorie und Raumstruktur, 2. Auflage, Wien.

MAILLAT, D. (1998): Vom ‚Industrial District' zum innovativen Milieu: ein Beitrag zur Analyse der lokalisierten Produktionssysteme; in: Geographische Zeitschrift, Bd. 86, H. 1, S. 1-15.

MARSHALL, A. (1919): Industry and trade, London.

MARSHALL, A. (1949): Principles of economics, London, 8. Auflage, 1961.

MASSEY, D.; QUINTAS, P. und WIELD, D. (1992): High Tech Fantasies. Science Parks in Society, Science and Space, London und New York.

MAYNTZ, R. (1992): Modernisierung und die Logik von interorganisatorischen Netzwerken; in: Journal für Sozialforschung, Jg. 32, H. 1, S. 19-32.

MAYRING, P. (1999): Einführung in die qualitative Sozialforschung. Eine Anleitung zu qualitativem Denken. 4. Auflage, Weinheim.

MCKENZIE, R. B. und TULLOCK, G. (1985): Homo Oeconomicus. Ökonomische Dimensionen des Alltags, Frankfurt am Main.

MEIER, G. und TÖDTLING, F. (1992): Regional- und Stadtökonomik, Wien und New York.

MEINHOLD, M.-L. (2001): Die Wissensnutzung und ihre Hindernisse. Eine institutionell-evolutorische Konzeption mit einem Fallbeispiel zur biologischen Bodensanierung, Wiesbaden.

MEISE, T. (1997): Strategien der Region. Innovations- und Steuerungspotentiale dezentral-kooperativer Politikmodelle, Münster.

MEYER-KRAHMER, F. (1989): Der Einfluß staatlicher Technologiepolitik auf industrielle Innovationen, Baden-Baden.

MEYER-KRAHMER, F. (1990a): Innovationsorientierte Regionalpolitik: Ansatz, Instrumente, Grenzen; in: Gramatzki, H.; Klinger, F. und Nutzinger, H. G. (Hrsg.): Wissenschaft, Technik und Arbeit: Innovationen in Ost und West, Kassel, S. 343-360.

MEYER-KRAHMER, F. (1990b): Evaluation der Wirksamkeit von Instrumenten der Forschungs- und Technologiepolitik; in: Krupp, H. (Hrsg.): Technologiepolitik angesichts der Umweltkatastrophe, Heidelberg, S. 210-224.

MEYER-KRAHMER, F. und GUNDRUM, U. (1995): Innovationsförderung im ländlichen Raum; in: Raumforschung und Raumordnung, Bd. 53, H. 3, S. 177-185.

MEYER-KRAHMER, F. und KUNTZE, U. (1990): Bestandsaufnahme der Forschungs- und Technologiepolitik; in: Grimmer, K.; Häusler, J., Kuhlmann, S. und Simonis, G. (Hrsg.): Politische Techniksteuerung, Opladen, S. 95-117.

MODIGLIANI, F. und MILLER, M. (1958): The cost of finance, corporation finance and the theory of investment; in: American Economic Review, Bd. 48, S. 261-297.

MUELLER, D. C. (1989): Public Choice II, Cambridge.

MULLER, E. (2001): Knowledge, innovation processes and regions; in: Koschatzky, K.; Kulicke, M. und Zenker, A. (Hrsg.): Innovation networks: concepts and challenges in the European perspective, Heidelberg, S. 37-51.

MUSGRAVE, R. A.; MUSGRAVE, P. B. und KULLMER, L. (1990): Die öffentlichen Finanzen in Theorie und Praxis, Bd. 1, Tübingen.

MWMT (1987): Zukunftsinitiave Montanregionen, 1. Zwischenbericht, Düsseldorf.

MWMT (1988): Zukunftsinitiative Montanregionen, 2. Zwischenbericht, Düsseldorf.

MWMT (1990): Zukunftsinitiative für die Regionen Nordrhein-Westfalens (ZIN) 1990 – Zwischenbericht, Düsseldorf.

MWMT (1992a): Regionalisierung – Neue Wege in der Strukturpolitik Nordrhein-Westfalens, Düsseldorf.

MWMT (1992b): Prozessuale Begleitforschung der Regionalisierung der Strukturpolitik in Nordrhein-Westfalen – Kurzfassung –, Düsseldorf.

MWMT (1993a): 10 Jahre Technologiezentren in Nordrhein-Westfalen – eine Zwischenbilanz, Düsseldorf.

MWMT (1993b): Regionalisierungsprozesse in den deutschen Bundesländern – Eine Bestandsaufnahme der bundesweiten Konzepte sowie Ansatzpunkte, Beteiligungen und Handlungsmöglichkeiten der regionalen Akteure –, Düsseldorf.

MWMT (1995): Technologie-Handbuch Nordrhein-Westfalen, 3. Auflage, Düsseldorf.

MWMTV (1997): Minister Clement legt Technologiezentren-Gutachten vor, Pressemitteilung 97/835, Düsseldorf.

MWMTV (1999a): Regionales Wirtschaftsförderungsprogramm (RWP) für die Gewährung von Finanzierungshilfen zur Verbesserung der regionale Wirtschaftsstruktur des Landes Nordrhein-Westfalen vom 31.05.1999, Düsseldorf.

MWMTV und MSWWF (1999): Verbesserung der Kooperation von Wissenschaft und Wirtschaft. Bericht an den Ministerpräsidenten des Landes Nordrhein-Westfalen, Düsseldorf.

NALEBUFF, B. J. und BRANDENBURGER, A. M. (1996): Coopetition – kooperativ konkurrieren: mit der Spieltheorie zum Unternehmenserfolg, Frankfurt am Main.

NELL-BREUNING, O. von (1962): Das Subsidiaritätsprinzip; in: Staatslexikon, Bd. 7, Freiburg, S. 826-833.

NELSON, R. R und WINTER, S. G. (1982): An evolutionary theory of economic change, Cambridge.

NELSON, R. R. (1993): National Innovation Systems: A Comparative Analysis, New York und Oxford.

NELSON, R. R. (1995): Recent Evolutionary Theorizing About Economic Change; in: Journal of Economic Literature, Bd. 33, H. 1, S. 48-90.

NIENHAUS, V. und KARL, H. (1989): Kommunale Wirtschaftspolitik zwischen ökonomischer und politischer Rationalität: Anpassungsprobleme alter Industrieregionen; in: Jahrbuch für Neue Politische Ökonomie, Bd. 8, S. 188-204.

NISKANEN, W. A. (1971): Bureaucracy and Representative Government, Chicago und New York.

NOHRIA, N. und ECCLES, R. G. (1992): Face-to-Face: Making Network Organizations Work; in: Nohria, N. und Eccles, R. G. (Hrsg.): Networks and Organizations. Structure, Form, and Action, Boston, S. 288-308.

NOLTE, B. und STUMMER, F. (2000): Die Beteiligungsgesellschaften der Sparkassen auf dem Deutschen Venture-Capital-Markt; in: Zeitschrift für das gesamte Kreditwesen, Bd. 18, S. 1066-1067.

NOORDERHAVEN, N. G. (1996): Opportunism and trust in transaction cost economics; in: Groenewegen, J. (Hrsg.): Transaction Cost Economics and Beyond, Deventer, S. 105-128.

NORTH, D. C. (1990): Institutions, Institutional Change, and Economic Performance, Cambridge. (deutsch: Institutionen, Institutioneller Wandel und Wirtschaftsleistung, Tübingen 1992).

NORTH, D. C. (1993): Institutions and credible commitment; in: Journal of Theoretical and Institutional Economics, Bd. 148, H. 1, S. 11-23.

NORTH, D. C. (1994): Economic Performance Through Time; in: American Economic Review, Bd. 84, H. 3, S. 359-368.

O. V. (2000): Zukunftswettbewerb Ruhrgebiet; in: Wirtschaft im Revier, Bd. 56, H. 3, S. 13.

OATES, W. E. (1972): Fiscal Federalism, New York.

OATES, W. E. (1990): Decentralization of the Public Sector: An Overview; in: Bennet, R. (Hrsg.): Decentralization, Local Governments, and Markets. Toward a Post-Welfare Agenda, Oxford, S. 43-58.

OBERENDER, P. (1987): Möglichkeiten und Grenzen staatlicher Technologieförderung: Eine ordnungspolitische Analyse; in: Jahrbuch für Sozialwissenschaft: Zeitschrift für Wirtschaftswissenschaften, Bd. 38, H. 2, S. 127-146.

OECD (1992) (Hrsg.): Technology and the Economy – The Key Relationships, Paris.

OLSON, M. (1969): The Principle of Fiscal Equivalence: The Division of Responsibilities among Different Levels of Government; in: American Economic Review, Bd. 59, S. 479-487.

OPPENLÄNDER, K. H. (1986): Zur Innovationskraft kleiner und mittlerer Unternehmen; in: ifo-Studien, Bd. 32, H. 1, S. 131-143.

OUCHI, W. G. (1980): Markets, bureaucracies, and clans; in: Administrative Science Quarterly, Bd. 25, H. 1, S. 129-141.

PANZAR, J. C. und WILLIG, M. D. (1981): Economies of Scope; in: American Economic Review, Bd. 71, S. 268-272.

PEFFEKOVEN, R. (1980): Finanzausgleich; in: Handbuch der Wirtschaftswissenschaften, Köln, S. 608-635.

PEFFEKOVEN, R. (1996): Gemeindesteuersystem und kommunale Selbstverwaltung; in: Junkernheinrich, M. (Hrsg.): Neuordnung des Gemeindefinanzsystems, Berlin, S. 27-44.

PENNOCK, R. J. (1959): Federal and Unitary Government: Disharmony and Frustration; in: Behavioral Science, H. 4, S. 147-157.

PERRIDON, L. und STEINER, M. (1997): Finanzwirtschaft der Unternehmung, 9. Auflage, München.

PERSSON, T. und TABELLINI, G. (1996): Fiscal Constitutions. Risk Sharing and Moral Hazard; in: Econometrica, Bd. 64, H. 3, S. 623-646.

PETT, A. (1994): Technologie- und Gründerzentren: Empirische Analyse eines Instruments zur Schaffung hochwertiger Arbeitsplätze, Frankfurt am Main.

PFAFF, D. und ZWEIFEL, P. (1998): Die Principal-Agent-Theorie. Ein fruchtbarer Beitrag der Wirtschaftstheorie zur Praxis; in: Wirtschaftswissenschafticheś Studium, Bd. 27, H. 4, S. 184-190.

PFAFFMANN, E. (1996): Die vertragstheoretische Ebene der Neuen Institutionenökonomik. Von der neoklassischen Theorie der Unternehmung zum Transaktionskostenansatz; in: Wirtschaftswissenschafticheś Studium, Bd. 25, H. 12, S. 646-648.

PFAFFMANN, E. (1997): Die vertragstheoretische Ebene der Neuen Institutionenökonomik. Relationale Verträge als Rahmen ökonomischer Interaktion; in: Wirtschaftswissenschafticbes Studium, Bd. 26, H. 1, S. 41-43.

PICHOTTA, A. (1990): Die Prüfung der Beteiligungswürdigkeit von innovativen Unternehmungen durch Venture Capital-Gesellschaften, Köln.

PICOT, A. (1982): Transaktionskostenansatz in der Organisationstheorie: Stand der Diskussion und Aussagewert; in: Die Betriebswirtschaft, Bd. 42, H. 2, S. 267-284.

PICOT, A. (1991): Ökonomische Theorien der Organisation – Ein Überblick über neuere Ansätze und deren betriebswirtschaftliches Anwendungspotential; in: Ordelheide, D.; Rudolph, B. und Büsselmann, E. (Hrsg.): Betriebswirtschaftslehre und ökonomische Theorie, Stuttgart, S. 143-170.

PIORE, M. und SABEL, C. F. (1985): Das Ende der Massenproduktion, Berlin.

PITILIK, H. und SCHMID, G. (2000): Zur politischen Ökonomie der föderalen Finanzbeziehungen in Deutschland; in: Zeitschrift für Wirtschaftspolitik, Bd. 49, H. 1, S. 100-124.

PITLIK, H. (1997): Politische Ökonomie des Föderalismus. Föderative Kompetenzverteilung im Lichte der konstitutionellen Ökonomik, Frankfurt am Main.

PLESCHAK, F. (1996): Technologie- und Gründerzentren als Hoffnungsträger kommunaler Wirtschaftsförderung in Ostdeutschland – eine erste Bestandsaufnahme, in: Raumforschung und Raumordnung, Bd. 54, H. 1, S. 26-36.

PLESCHAK, F. (1997): Development Problems of Small Technology-Based Firms and Ways of Overcoming Them; in: Koschatzky, K. (Hrsg.): Technology-Based Firms in the Innovation Process. Management, Financing and Regional Networks, Heidelberg, S. 11-29.

POLANYI, M. (1958): Personal Knowledge, Chicago.

POLANYI, M. (1966): The Tacit Dimension, London.

PORTER, M. E. (1998): Clusters and the new economics of competition; in: Harvard Business Review, H. 11/12, S. 77-90.

POSTLEP, R.-D. (1996) (Hrsg.): Aktuelle Fragen zum Föderalismus – Ausgewählte Probleme aus Theorie und politischer Praxis des Föderalismus, Marburg.

POSTLEP, R.-D. und DÖRING, T. (1996): Entwicklungen in der ökonomischen Föderalismusdiskussion und im föderativen System der Bundesrepublik Deutschland; in: Postlep, R.-D. (Hrsg.): Aktuelle Fragen zum Föderalismus – Ausgewählte Probleme aus Theorie und politischer Praxis des Föderalismus, Marburg, S. 7-44.

POTRATZ, W. (2001): Dezentral und koordiniert?: die Innenwelt der regionalisierten Strukturpolitik in Nordrhein-Westfalen, München.

POWELL, W. W. (1991): Neither market nor hierarchy: network forms of organization; in: Thompson, G. et al. (Hrsg.): Markets, hierarchies, and networks, London, S. 265-276.

PRATT, J. W. und ZECKHAUSER, R. J. (1985): Principals and Agents: An Overview; in: Pratt, J. W. und Zeckhauser, R. J. (Hrsg.): Principals and Agents: The Structure of Business, Boston, S. 1-35.

PRICE, W. J. und BASS, L. W. (1969): Scientific Research and the Innovative Process; in: Science, Bd. 164, S. 802-806.

PRIDDAT, B. (1999a): Forschungspolitik als Wirtschaftspolitik: Überlegungen zur Kooperation von Forschung und Wirtschaft in NRW, Diskussionsbeiträge der Fakultät für Wirtschaftswissenschaft der Universität Witten/Herdecke, H. 21. Witten.

PRIDDAT, B. P. (1999b): Ökonomik, Politik, Beratung – Einige Fragen; in: Wirtschaftsdienst, Bd. 79, H. 3, S. 151-154.

PRIDDAT, B. P. (1999c): reForm – Über den Wunsch nach Form in der Politik. essai politique; in: Priddat, B. (Hrsg.): Der bewegte Staat. Formen seiner reForm. Notizen zur „new governance", Marburg, S. 119-166.

PROFF, H. (2000): Möglichkeiten einer effizienten Förderung von Technologie- und Gründerzentren: eine wirtschaftspolitische Analyse; in: Jahrbuch für Regionalwissenschaft, Bd. 20, H. 2, S. 149-172.

PROGNOS GmbH (1998): Neuausrichtung der Wirtschaftsförderung in der Region Aachen. Untersuchung im Auftrag der AGIT mbH und der IHK zu Aachen, Berlin.

QUIEHL, T. (1995): Vom Gewerbegebiet zur Wissenschaftsstadt. Versuch einer Systematisierung; in: Raumforschung und Raumordnung, Bd. 53, H. 3, S. 187-197.

RAHMEYER, F. (1995): Konzepte privater und staatlicher Innovationsförderung; in: Zeitschrift für Wirtschafts- und Sozialwissenschaften, Bd. 115, H. 1, S. 37-66.

REGIONALKONFERENZ AACHEN (1999): Fortschreibung Regionales Entwicklungskonzept (foREK), Aachen.

REINHARD, M. und SCHMALHOLZ, H. (1995): Technologietransfer in Deutschland. Stand und Reformbedarf; in: ifo Schnelldienst, Bd. 58, H. 33, S. 16-24.

REINHARD, M. und SCHMALHOLZ, H. (1996): Technologietransfer in Deutschland. Stand und Reformbedarf, Berlin und München.

REISS, M. (1996): Grenzen der grenzenlosen Unternehmung. Perspektiven der Implementierung von Netzwerkorganisationen; in: Die Unternehmung, Bd. 50, H. 3, S. 206.

RICHARDSON, G. B. (1972): The Organization of Industry; in: Economic Journal, Bd. 82, S. 883-896.

RICHTER, M. (1997): Regionalisierung und interkommunale Zusammenarbeit. Wirtschaftsregionen als Instrumente kommunaler Wirtschaftsförderung, Wiesbaden.

RICHTER, R. und BINDSEIL, U. (1995): Neue Institutionenökonomik; in: Wirtschaftswissenschaftliches Studium, Bd. 24, H. 3, S. 132-140.

RICHTER, R. und FURUBOTN, E. G. (1999): Neue Institutionenökonomik: eine Einführung und kritische Würdigung, 2. Auflage, Tübingen.

RIDINGER, R. (1995): Regionalförderung der EU und ihre Umsetzung in Deutschland; in: Ridinger, R. und Steinröx, M. (Hrsg.): Regionale Wirtschaftsförderung in der Praxis, Köln, S. 31-48.

RIPPERBERGER, T. (1998): Ökonomik des Vertrauens, Tübingen.

ROLLE, C. (2000): Europäische Regionalpolitik zwischen ökonomischer Rationalität und politischer Macht. Eine föderalismustheoretische und politökonomische Analyse, Beiträge zur Raumplanung und zum Siedlungs- und Wohnungswesen, Bd. 194, Münster.

RÖSCH, A. (2000): Kreative Milieus als Faktoren der Regionalentwicklung; in: Raumforschung und Raumordnung, Bd. 58, H. 2/3, S. 161-172.

ROSENBERG, N. (1982): Inside the Black Box: Technology and Economics, New York.

ROSENSTEIN, J.; BRUNO, A. V.; BYGRAVE, W. D. und TAYLOR, N. T. (1993): The CEO, venture capitalists, and the board; in: Journal of Business Venturing, Bd. 8, S. 99-113.

ROSS, S. (1973): The Economic Theory of Agency: The Principal's Problem; in: American Economic Review, Bd. 63, S. 134-139.

ROTERING, J. (1993): Zwischenbetriebliche Kooperation als alternative Organisationsform: Ein transaktionstheoretischer Erklärungsansatz, Stuttgart.

RUSS, D. und FÄRBER, F. (1989): Das Bremer Innovations- und Transferzentrum und seiner regionalwirtschaftlichen Effekte; in: Bremer Ausschuss für Wirtschaftsforschung, H. 9, Bremen.

SABEL, C. F. (1989): Flexible specialization and the re-emergence of regional economies; in: Hirst, P. Q. und Zeitlin, J. (Hrsg.): Reversing industrial decline?, Oxford, S. 17-70.

SABISCH, H. (1999a): Unternehmensgründung und Innovation – Gesamtüberblick, Aufgaben, Probleme; in: Sabisch, H. (Hrsg.): Management technologieorientierter Unternehmensgründungen, Stuttgart, S. 19-39.

SABISCH, H. (1999b) (Hrsg.): Management technologieorientierter Unternehmensgründungen, Stuttgart.

SABISCH, H. (1999c): Die Finanzierung der Entwicklung, Produktions- und Markteinführung von Produkten und Verfahren als Bestandteil des Innovationsmanagements; in: Koschatzky, K.; Kulicke, M.; Nellen, O. und Pleschak, F. (Hrsg.): Finanzierung von KMU im Innovationsprozeß – Akteure, Strategien, Probleme, Stuttgart, S. 21-37.

SABISCH, H. und GROß, M. (1999): Die Finanzierung von Innovationen und technologieorientierten Unternehmensgründungen; in: Sabisch, H. (Hrsg.): Management technologieorientierter Unternehmensgründungen, Stuttgart, S. 135-159.

SACHVERSTÄNDIGENRAT zur Begutachtung der gesamtwirtschaftlichen Entwicklung (1984): Chancen für einen langen Aufschwung – Jahresgutachten 1984/1985, Stuttgart und Mainz.

SACHVERSTÄNDIGENRAT zur Begutachtung der gesamtwirtschaftlichen Entwicklung (1997): Reformen voranbringen – Jahresgutachten 1996/97, Stuttgart und Mainz.

SALOMO, S. (1999): Förderung von Existenzgründungen in Technologiezentren – eine ordnungspolitische Bewertung; in: List-Forum für Wirtschafts- und Finanzpolitik, Bd. 25, H. 1, S. 23-36.

SAUERLAND, D. (1997): Föderalismus zwischen Freiheit und Effizienz: der Beitrag der ökonomischen Theorie zur Gestaltung dezentralisierter politischer Systeme, Berlin.

SAVIOTTI, P. P. (1996): Technological Evolution, Variety and the Economy, Cheltenham.

SCHÄFFER, W. (1990): Neue Pfade der regionalen Strukturpolitik in Nordrhein-Westfalen; in: WSI-Mitteilungen, Bd. 43, H. 7, S. 461-468.

SCHÄPER, C. (1996): Entstehung und Erfolg zwischenbetrieblicher Kooperation. Möglichkeiten öffentlicher Förderung, Wiesbaden.

SCHARPF, F. W. (1976): Politikverflechtung. Theorie und Empirie des kooperativen Föderalismus in der Bundesrepublik, Kronberg.

SCHARPF, F. W. (1985): Die Politikverflechtungs-Falle: europäische Integration und deutscher Föderalismus im Vergleich; in: Politische Vierteljahresschrift, Bd. 26, H. 4, S. 323-356.

SCHARPF, F. W. (1992a): Die Handlungsfähigkeit des Staates am Ende des Zwanzigsten Jahrhunderts; in: Kohler-Koch, B. (Hrsg.): Staat und Demokratie in Europa, Opladen, S. 93-115.

SCHARPF, F. W. (1992b): Einführung: Zur Theorie der Verhandlungssystemen; in: Benz, A.; Scharpf, F. W. und Zintl, R. (Hrsg.): Horizontale Politikverflechtung. Zur Theorie von Verhandlungssystemen, Frankfurt und New York, S. 11-27.

SCHEFCZYK, M. (1999a): Erfolgsdeterminanten von Venture Capital-Investments in Deutschland. Eine Analyse der Investitionsaktivitäten und des Beteiligungsmanagements von Venture Capital-Gesellschaften; in: Zeitschrift für betriebswirtschaftliche Forschung, Bd. 51, H. 12, S. 1123-1145.

SCHEFCZYK, M. (1999b): Mehr als nur Geld: Notwendigkeit und Nutzen einer Beratungsunterstützung von Portfoliounternehmen durch Venture-Capital-Gesellschaften – eine empirische Untersuchung; in: Berrios Amador, M. (Hrsg.): Beteiligungskapital in der Unternehmensfinanzierung: Grundfragen – Konzepte – Erfahrungen, Wiesbaden, S. 131-152.

SCHEFCZYK, M. (2000a): Finanzieren mit Venture Capital: Grundlagen für Investoren, Finanzintermediäre, Unternehmer und Wissenschaftler, Stuttgart.

SCHEFCZYK, M. (2000b): Erfolgsstrategien deutscher Venture Capital-Gesellschaften: Eine Analyse der Investitionsaktivitäten und des Beteiligungsmanagements von Venture Capital-Gesellschaften, 2. Auflage, Stuttgart.

SCHEFCZYK, M. (2000c): Die Rolle der Finanzierung im Gründungs- und Wachstumsprozess, Vortragsmanuskript zum „bizeps-Kongress 2000: Existenzgründungen aus Hochschulen" am 15. September 2000 in Hagen.

SCHEIDT, B. (1995): Die Einbindung junger Technologieunternehmen in Unternehmens- und Politiknetzwerke. Eine theoretische, empirische und strukturpolitische Analyse, Berlin.

SCHLAGER, S. und ÜNVER, S. (2000): Netzwerke als Gestaltungsgröße der regionalen Strukturförderung; in: Gerken, L. und Schick, G. (Hrsg.): Grüne Ordnungsökonomik: Eine Option moderner Wirtschaftspolitik, Frankfurt am Main, S. 133-152.

SCHMOCH, U.; LICHT, G. und REINHARD, M. (2000): Wissens- und Technologietransfer in Deutschland, Stuttgart.

SCHMOLLER, G. (1900): Grundriß der allgemeinen Volkswirtschaftslehre, München.

SCHNELL, R.; HILL, P. B. und ESSER, E. (1999): Methoden der empirischen Sozialforschung, 6. Auflage, München.

SCHRÖDER, C. (1992): Strategien und Management von Beteiligungsgesellschaften: Ein Einblick in Organisationsstrukturen und Entscheidungsprozesse von institutionellen Eigenkapitalinvestoren, Baden-Baden.

SCHROEDER, K. (1990): Grenzen und Pespektiven staatlicher Technologiepolitik; in: Gramatzki, H.; Klinger, F. und Nutzinger, H. G. (Hrsg.): Wissenschaft, Technik, Arbeit: Innovation in Ost und West, Karlsruhe, S. 163-181.

SCHRUMPF, H. (1995): Die Förderung altindustrialisierter Gebiete durch die Europäische Union (Ziel-2-Förderung) und die Gemeinschaftsaufgabe „Verbesserung der regionalen Wirtschaftsförderung“; in: Ridinger, R. und Steinröx, M. (Hrsg.): Regionale Wirtschaftsförderung in der Praxis, Köln, S. 98-118.

SCHUMPETER, J. A. (1911): Theorie der wirtschaftlichen Entwicklung. Eine Untersuchung über Unternehmergewinn, Kapital, Kredit, Zins und den Konjunkturzyklus, Berlin, 7. Auflage 1987.

SCHUMPETER, J. A. (1932): Business Cycles. A Theoretical, Historical, and Statistical Analysis of the Capitalist Process, New York und London.(deutsch: Konjunkturzyklen: eine theoretische, historische und statistische Analyse des kapitalistischen Prozesses, Bd. 1, Göttingen, 1961).

SCHUMPETER, J. A. (1942): Capitalism, Socialism, and Democracy, New York. (deutsch: Kapitalismus, Sozialismus und Demokratie, Tübingen und Basel, 7. Auflage, 1993).

SCHÜTTE, G. (1985): Regionale Technologieförderung in der Bundesrepublik Deutschland; in: Zeitschrift für Wirtschaftsgeographie, Bd. 29, H. 3/4, S. 145-165.

SENKER, J. und FAULKNER, W. (1996): Networks, tacit knowledge and innovation; in: Coombs, R.; Richards, A.; Saviotti, P. P. und Walsh, V. (Hrsg.): Technological Collaboration. The Dynamics of Cooperation in Industrial Innovation, Cheltenham, S. 76-97.

SIEBERT, H. (1999): Ökonomische Analyse von Unternehmensnetzwerken; in: Sydow, J. (Hrsg.): Management von Netzwerkorganisationen, Wiesbaden, S. 7-27.

SIMON, H. A. (1957): Models of Man – Social and Rational, New York

SIMON, H. A. (1987): „Bounded Rationality"; in: Eatwell, J.; Milgate M. und Newman, P. (Hrsg.): The New Palgrave: A Dictionary of Economics, Bd. 1, London, S. 266-268.

SINN, S. (1990): The Taming of Leviathan. Competition among Governments, Kiel.

SINNING, H. (1995): Verfahrensinnovationen kooperativer Stadt- und Regionalentwicklung; in: Raumforschung und Raumordnung, Bd. 53, H. 3, S. 169-176.

SJURTS, I. (1998): Kontrolle ist gut, ist Vertrauen besser?; in : Die Betriebswirtschaft, Bd. 58, H. 3, S. 283-298.

SLEMBECK, T. (1997): The Formation of Economic Policy: A Cognitive-Evolutionary Approach to Policy-Making; in: Constitutional Political Economy, Bd. 8, H. 3, S. 225-254.

SOHMEN, E. (1976): Allokationstheorie und Wirtschaftspolitik, Tübingen.

SPECHT, G. und BECKMANN, C. (1996): F&E-Management, Stuttgart.

SPREMANN, K. (1987): Agent and Principal; in: Bamberg, G. und Spremann, K. (Hrsg.): Agency Theory, Information and Incentives, Berlin, S. 3-37.

STAEHLE, W. (1991): Redundanz, Slack und lose Kopplung in Organisationen: Eine Verschwendung von Ressourcen?; in: Staehle, W. und Sydow, J. (Hrsg.): Managementforschung, Bd. 1, Berlin und New York, S. 313-345.

STAHLECKER, T. (2001): Netzwerkinitiativen für innovative Gründungen aus Hochschulen – aktueller Stand in Deutschland; in: Fraunhofer-Institut für Systemtechnik und Innovationsforschung (Hrsg.): Wissenschaft und Wirtschaft im regionalen Gründungskontext, Dokumentation der Fachkonferenz am 5. und 6. April 2001 in Karlsruhe.

STAUDT, E. (1996): Brauchen wir eine staatliche Industriepolitik?; in: Mehr Wettbewerb – Mehr Arbeit. Ist Vollbeschäftigung eine Illusion?, Dokumentation des 10. Malenter Symposiums, Baden-Baden, S. 107-135.

STAUDT, E.; BESTEL, S. und LEWANDOWITZ, T. (1996): Existenzgründungsberatung – Kritische Bestandsaufnahme bestehender Angebote; in: Staudt, E. (Hrsg.): Berichte aus der angewandten Innovationsforschung, Bochum, S. 1-27.

STERNBERG, R. (1998): Innovierende Industrieunternehmen und ihre Einbindung in intraregionale versus interregionale Netzwerke; in: Raumforschung und Raumordnung, Bd. 56, H. 4, S. 288-298.

STERNBERG, R. (1999): Innovative Linkages and Proximity: Empirical Results from Recent Surveys of Small and Medium Sized Firms in German Regions; in: Regional Studies, Bd. 33, H. 6, S. 529-540.

STERNBERG, R. und ARNDT, O. (2000): The Firm or the Region – What Determines European Firms' Innovation Behaviour?, University of Cologne, Department of Economic and Social Geography, Working Paper 2000-02, Köln.

STERNBERG, R.; BEHRENDT, H.; SEEGER, H. und TAMASY, C. (1996): Bilanz eines Booms. Wirkungsanalyse von Technologie- und Gründerzentren in Deutschland. Ergebnisse aus 108 Zentren und 1021 Unternehmen, Dortmund.

STIGLITZ, J. E. (1974): On Irrelevance of Corporate Financial Policy; in: American Economic Review, Bd. 64, S. 851-866.

STIGLITZ, J. E. (1987): Learning to learn, localized learning and technological progress; in: Stoneman, P. und Dasgupta, P. (Hrsg.): Economic policy and technological performance, Cambridge, S. 125-153.

STORPER, M. (1992): The Limits of Globalization: Technology Districts and International Trade; in: Economic Geography, Bd. 68, H. 1, S. 60-93.

STREIT, M. (1984): Innovationspolitik zwischen Unwissenheit und Anmaßung von Wissen; in: Hamburger Jahrbuch für Wirtschafts- und Gesellschaftspolitik, Bd. 29, S. 35-55.

SUGDEN, R. (1986): The Economics of Rights, Co-operation and Welfare, Oxford.

SYDOW, J. (1992): Strategische Netzwerke und Transaktionskosten. Über die Grenzen einer transaktionskostentheoretischen Erklärung der Evolution strategischer Netzwerke; in: Staehle, W. und Conrad P. (Hrsg.): Managementforschung, Bd. 2, Berlin, S. 239-311.

SYDOW, J. (1999a): Editorial – Über Netzwerke, Allianzsysteme, Verbünde, Kooperationen und Konstellationen; in: Sydow, J. (Hrsg.): Management von Netzwerkorganisationen, Wiesbaden, S. 1-5.

SYDOW, J. (1999b): Management von Netzwerkorganisationen – Zum Stand der Forschung; in: Sydow, J. (Hrsg.): Management von Netzwerkorganisationen, Wiesbaden, S. 279-314.

TAMASY, C. (1998): Technologie- und Gründerzentren als Instrument der Technologiepolitik in Ostdeutschland; in: Fritsch, M. (Hrsg.): Innovationen in Ostdeutschland: Potentiale und Probleme, Heidelberg, S. 313-326.

TANNER, Egon (1982): Ökonomisch optimale Aufgabenteilung zwischen den staatlichen Ebenen, Bern.

TEUBAL, M.; YINNON, T. und ZUSCOVITCH, E. (1991): Networks and Market Creation; in: Research Policy, Bd. 20, special issue, S. 381-392.

THOMPSON, G. et al. (1991) (Hrsg.): Markets, hierarchies and networks, London, Newbury Park und Neu Delhi.

THÖNI, E. (1986): Politökonomische Theorie des Föderalismus. Eine kritische Bestandsaufnahme, Baden-Baden.

THORELLI, H. B. (1986): Networks: Between markets and hierarchies; in: Strategic Management Journal, Bd. 7, H. 1, S. 37-51.

TIDELSKI, O. (1997): Lernprogramm Wirtschaftspolitik, Tübingen und Basel.

TIEBOUT, C. M. (1956): A Pure Theory of Local Expenditures; in: Journal of Political Economy, Bd. 64, H. 10, S. 416-424.

TIEBOUT, C. M. (1961): An Economic Theory of Fiscal Decentralisation; in: National Bureau of Economic Research (Hrsg.): Public Finances: Needs, Sources, and Utilization, Princeton, S. 79-96.

TOLLISON, R. D. (1982): Rent-Seeking: A Survey; in: Kyklos, Bd. 35, S. 575-602.

TONGER, T. (2000): Unternehmensgründer und Business Angel. Eine Analyse ihrer Agency-Beziehung, Köln.

TULLOCK, G. (1969): Federalism: Problems of Scale; in: Public Choice, Bd. 6, H. 1, S. 19-29.

TULLOCK, G. (1971): The Cost of Transfers; in: Kyklos, Bd. 24, S. 629-643.

TULLOCK, G.; TOLLISON, R. D. und ROWLEY, C. K. (1988): The Political Economy of Rent-Seeking, Boston 1988.

TZ-NRW – Verein der Technologiezentren in Nordrhein-Westfalen (1996): Technologie- und Gründerzentren in Deutschland und in Nordrhein-Westfalen. Fakten und Ergebnisse. Zwischenbilanz 1996. Bochum.

TZ-NRW – Verein der Technologiezentren in Nordrhein-Westfalen (1997): Chancen erkennen – Chancen nutzen, Positionspapier zur Weiterentwicklung der Technologie- und Gründerzentren in Nordrhein-Westfalen, Bochum.

ULLRICH, M. (2000): Gründungsförderung als neues Feld der Wirtschaftsförderung; in: Jung, H.-U. und Ullrich, M. (Hrsg.): Kommunale Wirtschaftsförderung vor neuen Herausforderungen, Hannoversche Geographische Arbeitsmaterialien, Nr. 23-2000, Hannover, S. 47-53.

UTTERBACK, J. M. (1991) (Hrsg.): Network of Innovators; in: Research Policy, Bd. 20, special issue, Montreal Workshop 1–3 May.

VANBERG, V. und KERBER, W. (1994): Institutional Competition among Jurisdictions: An Evolutionary Approach; in: Constitutional Political Economy, Bd. 5, H. 2, S. 193-219.

VIHANTO, M. (1992): Competition Between Local Governments as a Discovery Procedure; in: Journal of Institutional and Theoretical Economics, Bd. 148, H. 3, S. 411-436.

VOELZKOW, H. (1990): Mehr Technik in die Region – Neue Ansätze zur regionalen Technikförderung in Nordrhein-Westfalen, Wiesbaden.

VOELZKOW, H. (1991): Organisatorisch-institutionelle Aspekte einer regionalen Industriepolitik – illustriert am Beispiel Nordrhein-Westfalen; in: Jürgens, U. und Krumbein, W. (Hrsg.): Industriepolitische Strategien: Bundesländer im Vergleich, Berlin, S. 136-154.

VOELZKOW, H. (1994): Die Regionalisierung der Strukturpolitik und neue Formen einer intermediären Interessenvermittlung. Eine steuerungs- und demokratietheoretische Analyse der Teilhabe organisierter Interessen an öffentlicher Politik – dargestellt am Beispiel der Regionalisierung der Strukturpolitik in Nordrhein-Westfalens; in: Kilper, H. (Hrsg.): Steuerungseffekte und Legitimation regionaler Netzwerke, Institut für Arbeit und Technik, Gelsenkirchen, S. 7-39.

VOELZKOW, H. (1995): Die Regionalisierung der Strukturpolitik in Nordrhein-Westfalen: Erfahrungen und Perspektiven; in: Momm, A.; Löckener, R.; Danielzyk, R. und Priebs, A. (Hrsg.): Regionalisierte Entwicklungsstrategien. Beispiele und Perspektiven integrierter Regionalentwicklung in Ost- und Westdeutschland, Bonn, S. 61-74.

WANIEK, R. (1990): Die Zukunftsinitiative für die Regionen Nordrhein-Westfalens, Schriftenreihe des Ruhr-Forschungsinstituts für Innovations- und Strukturpolitik, H. 5, Bochum.

WANIEK, R. (1994): Regionalisierung der Strukturpolitik. Erfahrungen aus der „Zukunftsinitiative für die Regionen Nordrhein-Westfalens“ (ZIN); in: Ridiger, R. und Steinröx, M. (Hrsg.): Regionale Wirtschaftsförderung in der Praxis, Köln, S. 178-200.

WANIEK, R. W. (1992): Die Regionalpolitik der Europäischen Gemeinschaften – eine kritische Bestandsaufnahme, Bochum.

WATRIN, C. (1986): Marktversagen versus Staatsversagen. Zur Rolle von Markt und Staat in der freien Gesellschaft, Zürich.

WEGNER, G. (1993): Kontextsteuerung – Alternative zu Dirigismus und Laissez-Faire?; in: ORDO – Jahrbuch für die Ordnung von Wirtschaft und Gesellschaft, Bd. 44, S. 271-290.

WEICHERT, R. (1987): Probleme des Risikokapitalmarkts in der Bundesrepublik. Ursachen, Auswirkungen, Lösungsmöglichkeiten, Kieler Studien, Nr. 213, Tübingen.

WEICK, K. E. (1976): Educational organizations as loosely coupled systems; in: Administrative Science Quarterly, Bd. 21, S. 1-16.

WEIZSÄCKER, C. C. von (1999): Wissenschaftliche Beratung der Wirtschaftspolitik; in: Wirtschaftsdienst, Bd. 79, H. 3, S. 143-146.

WILLIAMSON, O. E. (1967): Hierarchical Control and Optimum Firm Size; in: Journal of Political Economy, Bd. 75, H. 4, S. 123-138.

WILLIAMSON, O. E. (1975): Markets and Hierarchies: Analysis and Antitrust Implications, New York.

WILLIAMSON, O. E. (1979): Transaction-Cost Economics: The Governance of Contractual Relations; in: The Journal of Law and Economics, Bd. 12, S. 233-261.

WILLIAMSON, O. E. (1985): The Economic Institutions of Capitalism, New York. (deutsch: Die ökonomischen Institutionen des Kapitalismus, Tübingen 1990).

WILLIAMSON, O. E. (1989): Transaction cost economics; in: Schmalensee, R. und Willig, R. D. (Hrsg.): Handbook of industrial organization, Bd. 1, Amsterdam, S. 135-182.

WILLIAMSON, O. E. (1991): Economic Institutions: Spontaneous and Intentional Governance; in: Journal of Law, Economics, and Organization, Bd. 7, special issue, S. 159-187.

WILLIAMSON, O. E. (1993): Transaction cost economics and organization theory; in: Industrial and Corporate Change, Bd. 2, H. 2, S. 107-156.

WILLIAMSON, O. E. (1996): Economic organization: The case for candor; in: Academy of Management Review, Bd. 21, S. 48-57.

WISSENSCHAFTLICHER BEIRAT beim Bundesministerium für Wirtschaft (1997): Wagniskapital, Gutachten, Bonn.

WITT, U. (1996): Innovations, externalities and the problem of economic progress; in: Public choice, Bd. 89, H. 10, S. 113-130.

WUPPERFELD, U. (1996): Management und Rahmenbedingungen von Beteiligungsgesellschaften auf dem deutschen Seed-Capital-Markt, Frankfurt am Main.

WUPPERFELD, U. (1999): Der Beitrag von Gutachtersystemen zur Bewertung technologischer Innovationen; in: Koschatzky, K.; Kulicke, M.; Nellen, O. und Pleschak, F. (Hrsg.): Finanzierung von KMU im Innovationsprozeß – Akteure, Strategien, Probleme, Stuttgart, S. 161-172.

ZAJAC, E. E. und OLSON, C. P. (1993): From Transaction Cost to Transactional Value Analysis: Implications for the Study of Interorganizational Strategies; in: Journal of Management Studies, Bd. 30, S. 131-146.

ZIEGLER, A.; GABRIEL, H. und HOFFMANN, R. (1995): Regionalisierung der Strukturpolitik: neue Ansätze in ausgewählten Bundesländern, Marburg.

ZIMMERMANN, H. (1987): Der Mitnahmeeffekt; in: Wirtschaftswissenschaftliches Studium, Bd. 16, H. 1, S. 339-343.

ZUCKER, L. G. (1986): Production of Trust: Institutional Sources of Economic Structure, 1840-1920; in: Cummings, L. L. und Staw, B. M. (Hrsg.): Research in Organizational Behaviour, Bd. 8, H. 1, S. 53-111.

Internet URL-Quellen

http://www.bizeps.de [Stand: 25.06.2001]

http://www.bvk-ev.de [Stand: 28.03.2001]

http://www.exist.de [Stand: 25.06.2001]

http://www.go-online.nrw.de [Stand: 09.03.2000]

http://www.gruenderregion.de [Stand: 25.06.2001]

http://www.transfer-nrw.de [Stand: 25.06.2001]

http://www.tz-nrw.de [Stand: 25.06.2001]

FSC
www.fsc.org
MIX
Papier | Fördert
gute Waldnutzung
FSC® C083411

Kolibri 360 GmbH
Ferdinand-Jühlke-Straße 7
99095 Erfurt, Deutschland
produktsicherheit@kolibri360.de

Druck:
CPI Druckdienstleistungen GmbH
im Auftrag der
Kolibri 360 GmbH
Ferdinand-Jühlke-Str. 7
99095 Erfurt